高等职业教育系列教材

现代应用文写作教程

主 编 王 田
副主编 成诤磊 傅义赣
　　　　马 玲 张 勤

南京大学出版社

图书在版编目(CIP)数据

现代应用文写作教程 / 王田主编. — 南京：南京大学出版社，2014.8(2021.8 重印)
ISBN 978-7-305-13682-5

Ⅰ. ①现… Ⅱ. ①王… Ⅲ. ①汉语—应用文—写作—高等职业教育—教材 Ⅳ. ①H152.3

中国版本图书馆 CIP 数据核字(2014)第 174141 号

出版发行　南京大学出版社
社　　址　南京市汉口路 22 号　　邮编　210093
出 版 人　金鑫荣

书　　名　现代应用文写作教程
主　　编　王　田
责任编辑　李建国　蒋桂琴　　编辑热线　025-83596997
照　　排　南京开卷文化传媒有限公司
印　　刷　广东虎彩云印刷有限公司
开　　本　787×1092　1/16　印张 17.75　字数 442 千
版　　次　2014 年 8 月第 1 版　2021 年 8 月第 6 次印刷
ISBN　978-7-305-13682-5
定　　价　42.00 元

网　　址：http://www.njupco.com
官方微博：http://weibo.com/njupco
官方微信号：njupress
销售咨询热线：(025)83594756

* 版权所有，侵权必究
* 凡购买南大版图书，如有印装质量问题，请与所购图书销售部门联系调换

前　言

面对 21 世纪的机遇与挑战,为了适应我国社会主义市场经济发展的需要,培养复合型合格人才已成为各高等院校的的共识。一专多能、文理兼通的大学毕业生,在目前就业形势严峻的情况下,广受社会欢迎已是不争的事实。应用文写作作为一门实用学科越来越受到各高校的高度重视,不单是文科院校,更有许多理工科院校都把这门课程列为专业教学计划。学生通过这门课程的认真学习,既能掌握应用文写作的基本要领,又能加强人文素质的修养。

本书不是一本探讨应用文写作理论的学术专著,而是着眼于应用文写作的实用性教程。对必须涉及的写作理论,尽量提纲挈领,不去铺陈;叙述简要精练,少用生僻的词汇;辅以丰富新鲜的范文,供读者学习、分析。力图使读者掌握应用文各常用文种的写作技巧,有效地提高写作水平。

本书由九江职业大学王田担任主编,开封大学成诤,九江职业大学傅义赣、马玲,襄阳职业技术学院张勤担任副主编。具体分工如下:

王田负责绪论、第六章、第八章编写;成诤负责第五章编写;傅义赣负责第一章、第二章编写;马玲负责第三章、第四章编写;张勤负责第七章、第九章编写。全书由王田统稿。

本书在编写过程中,参阅了许多专家学者的有关教材、论文论著,未一一注明,在此一并谨致谢意。

由于编者水平有限,本书难免有疏漏和谬误之处,诚望专家学者、师生读者不吝指正。

编　者
2014 年 5 月

目 录

绪 论 ··· 1
 第一节 应用文概述 ··· 1
 第二节 应用文写作的基本要求 ·· 4

第一章 法定公文 ·· 6
 第一节 命令(令)和议案 ··· 11
 第二节 公告和通告 ··· 17
 第三节 决定和意见 ··· 23
 第四节 通知和通报 ··· 30
 第五节 报告、请示和批复 ·· 48
 第六节 函和会议纪要 ··· 62

第二章 事务文书 ·· 73
 第一节 计划 ··· 73
 第二节 总结 ··· 76
 第三节 调查报告 ·· 85
 第四节 规章制度 ·· 89

第三章 日常专用书信 ·· 110
 第一节 表扬信 ···110
 第二节 感谢信 ···111
 第三节 申请书 ···114
 第四节 证明信 ···115
 第五节 邀请函 ···117
 第六节 辞职信 ···118

第四章 应聘文书 ·· 121
 第一节 求职信 ···121
 第二节 个人简历 ··· 126

第五章　礼仪文书及演讲稿 …… 130
第一节　贺词 …… 130
第二节　答谢词 …… 132
第三节　欢迎词 …… 134
第四节　欢送词 …… 135
第五节　开幕词 …… 137
第六节　闭幕词 …… 139
第七节　演讲稿 …… 140

第六章　科技文书 …… 148
第一节　实验报告 …… 148
第二节　论文 …… 150

第七章　法律文书 …… 158
第一节　法律诉讼文书 …… 158
第二节　法律事务文书 …… 171

第八章　宣传策划文书 …… 183
第一节　广告文案策划 …… 183
第二节　营销策划文书 …… 190
第三节　专题活动策划文书 …… 198

第九章　财经文书 …… 204
第一节　经济合同 …… 204
第二节　招标与投标文书 …… 212
第三节　市场调查与预测 …… 221
第四节　可行性研究报告 …… 242
第五节　经济活动分析报告 …… 264
第六节　产品说明书 …… 271

参考文献 …… 278

绪　论

第一节　应用文概述

一、应用文的概念

应用文是党政机关、企事业单位、社会团体处理日常公务,人民群众办理私人事务时所使用的,具有一定格式的实用性文体的统称。

二、应用文的作用

我国的应用文历史悠久,源远流长。它的用途非常广泛,使用频率很高,在不同的历史时期起着不同的作用。在今天这样一个新的时代,它的作用主要体现在以下几方面:

(一)宣传教育作用

应用文的宣传、教育作用主要体现在公文类和宣传类应用文中。如通过党和政府下发的各类文件、法规、制度等公文,起到宣传党和政府的方针政策,推广先进经验,表扬好人好事,批评不良现象和揭露丑恶行为等作用。其主要功能是为了向广大群众进行宣传教育,加强舆论监督的力度,规范人们的行为,从而更好地推动各项事业健康、有序地发展。

(二)指导规范作用

应用文的指导、规范作用主要体现在上级党政机关颁发的各类公文中。如法规性公文对下属部门或单位以及人民群众的工作或行为具有强有力的规范、约束作用;党和政府下发的各类文件,其中的方针政策对下级做好各项工作能起到明确的指导作用;有些反映工作情况、通报典型事件、总结经验教训的公务类文书,能对下属单位及有关人员起到教育、借鉴作用,同时体现了一定的指导作用。

(三)交际联系作用

应用文的交际、联系作用最为广泛,可以说大部分应用文文体都具有这种作用。如公文,就是加强上下级工作联系的纽带,也是与平级单位或不相隶属的单位沟通联系的有效工具;还有各种专用书信、启事、海报等,在人们的日常生活、经济活动中起到公关交际、沟通联系等作用。

(四)凭证资料作用

在人们的日常工作与经济活动中,应用文大多具有凭证、资料作用。如上级下达的文件、党和政府颁发的法规、有关方面的规章制度等,都可作为开展工作和检查工作的依据;而一些条据、合同等,是经济业务中的凭证,当事人一旦与对方产生经济纠纷,有了这些凭证便可以通过正当的法律途径去追究对方的责任,以维护自身的利益。另外,有些应用文也是档案资料。如要了解某一时期的政治、经济情况,只要查阅当时存档资料便可得知。

三、应用文的分类和特点

应用文的种类很多,各种版本的应用文写作书籍对其分类不完全相同,这是由于划分的标准不同而形成的。一般来讲,有两种划分标准:第一种是按应用文的内容、性质和作用划分,第二种是按应用文的体式进行划分。按第一种的划分方法,应用文通常有以下七大类:公文类、宣传类、法律类、经济类、事务类、礼仪类、涉外类,本教材即按此划分方法对应用文进行分类。

每一大类及每一种文体的应用文都有各自的特点,但就总体而言应用文具有以下基本特征:

(一)使用价值的实用性

应用文的使用价值主要体现在实用性上。实用性是应用文最根本的特点,应用文的其他特点都是由实用性决定的。无论是党政机关、企事业单位、社会团体撰写的公务文书,还是人们在日常生活、学习、工作中撰写的事务类文书,其根本目的都是为了处理或解决实际问题,都是具有实用性的。前面对应用文几大作用的阐述,其实也是应用文实用价值的具体反映。人们通常把应用文称之为实用文,也正是针对其实用性而言的。

(二)内容的真实性

真实性是应用文的生命线。应用文的真实性是指内容完全真实和确凿,绝不容许凭空想象与虚构。因为应用文都是为解决实际问题而撰写的,所以哪怕有一丁点的虚假成分都会带来不良后果或严重的危害。如法律文书中有虚假的材料,就会影响办案的公正性和严肃性,甚至会造成冤假错案;新闻报道中有虚假的内容则会影响新闻舆论的可信度;经济合同中如果有一个数据不是确凿的,就会引起经济纠纷。因此,撰写应用文时应对全文的内容进行严肃认真的核对,大到文中应用的党和国家的方针政策、法规条文及其他各种材料,小到某一个细节、数字,都要准确无误,完全符合事实。

(三)对象的明确性

应用文对象的明确性是指许多应用文有明确、特定的读者对象。如公文中的通知、通报、报告、请示、批复、函都有明确的收文单位、告知对象;事务性应用文中的申请书、建议书、介绍信、证明信、感谢信等,都有明确的读者对象。这些应用文的读者对象如果不明确,就会直接影响收文单位的办事效率,甚至会造成意想不到的严重后果。

(四)撰写的规范性

应用文的使用范围广,使用频率高。为了提高办事的实效性,就必须强调其规范性,这是由它的实用性决定的。应用文的规范性主要包括两个方面:一是使用文种的规范性,二是格式的规范性。使用文种的规范性,即办什么事该用什么文种,有大体的规定,如召开会议可用"通知"而不能用"通报";请求上级机关拨款可用"请示"而不能用"报告"等。格式的规范,即每一种文种在写作上有大体的结构模式,不能随意变更。应用文格式的规范,一部分是由国家统一规定的(如公文),必须严格遵守;还有一部分是在长期的实际使用过程中逐渐约定俗成的,原则上也应遵守。

(五)语言风格的简明、朴实性

应用文的语言要简明、朴实,这也是由应用文的实用性特点所决定的。因为写应用文的目的是为了处理或解决实际问题,行文越简明朴实,对方越容易理解,也就越能提高办事效率。应用文的语言在准确、得体的基础上必须做到简明。"简"就是简练,要求用语精练概括,避免堆砌、累赘,尽量使用短句,将可有可无的字、词、句一律删除;"明"即明白、明确,要求用准确、精当的语言清楚地表达意思,直白而不含蓄,不能有歧义,言简意赅,使看的人一目了然。朴实是应用文语言区别于其他文体语言的基本风格。大多数应用文在笔法上应直陈其事;在表达上多用叙述、说明,一般少用描写、议论;在修辞手法上除少数文体外,应少用或不用比喻、拟人、夸张等修辞方法;在用词上一般很少用华丽的修饰语,而应力求平实易懂。

拿文学创作与应用文写作来做比较。虽然这两者都是写作,都需要较扎实的文字功底、较深厚的语言修养,但两者在角色、基本修养、思维方式、文辞等方面有较大的差异。

1. 角色差异

文学创作是创作者的一种主动行为,创作者在积累了丰富的素材后,有了创作的冲动,才有感而发。无论是写一篇小说还是一篇散文、一首诗都表现出了创作者的主观情感。

应用文中的公文写作从来不是写作人员的一种主观行为,而是一种典型的受命作文的行为。从写作人员承担的拟稿任务来看,无论何种公文都是针对行政管理工作中已经出现或即将出现的实际问题,根据领导授意而起草的。公文内容不是起草者个人思想观念、情感要求、研究成果、意志主张的反映和表达,而是代表一级法人的思想意图,或者说,是代表了发文单位的意志主张。公文起草者的根本使命是"受领导之命,代单位立言"。

2. 基本修养的差异

文学创作者的基本修养是:作为一个创作者,在积累了丰富的实践经验、生活素材的基础上,对现实生活进行艺术加工,创作者应树立正确的世界观、审美观、艺术观,具有较高的文化艺术修养和熟练的艺术技巧。

应用文写作者的基本修养概括起来有以下几个方面:

(1) 理论政策修养

这是应用文起草者运用马克思主义基本理论以及党和国家的方针政策分析认识客观世界、解决实际问题的能力水平的综合体现,因此,加强理论政策修养是公文起草者自身的基本建设要求。

(2) 思想品德修养

应用文起草者应当具有较高的政治思想觉悟和良好的职业道德操守。服从组织、恪尽职守、顾全大局、淡泊名利是公文写作者应该具备的。

(3) 业务知识修养

应用文内容与各行各业的业务活动存在直接关系,为了保证应用文内容切合实际情况,应用文起草者必须加强有关业务知识的学习和积累。

(4) 文体辞章修养

应用文起草者应具备写作应用文体的知识与修养,熟悉应用文的基本表达方式和不同文体的特殊表达要领。

3. 思维方式的差异

艺术作品中可以出现生活中没有甚至不可能有的东西,现实的人和非现实的神可以一起活动;无生命的东西可以具有生命的感情;明知是虚构的情景,也可以使人信以为真,产生情感共鸣等。文学创作是用形象来思维，这是文艺的特殊属性所决定的。

应用文起草者应具有以下这些思维方式：

(1) 越位思维方式

公文起草者要站在领导者的角度，设身处地替领导思考问题。这就要求公文起草者具有越位思维方式，能设想领导对这个问题是怎样认识的，领导在这个场合会怎样表达。

(2) 模式化思维方式

应用文起草行为受应用文文体的制约，具有很强的规范化特征。起草者往往是按照某种文体的特定模式去谋篇布局、遣词造句。形象地说，起草公文是在框框里跳舞，而不是像文学创作那样，可以展开艺术想象的羽翼，任意翱翔。因此，起草者就要运用模式化思维方式，把解决实际问题和传达真实的公务信息放在第一位。比如起草一篇请示，通常要按照这样的顺序构思内容：遇到了什么困难？为什么要请示？提出怎样的请示？我们的具体意见是什么？又如起草一篇通知，一般就要按照这样的思维模式设计内容：为什么制发通知？通知什么事项？要求对方做什么事情？怎样做好这件事？等等。

(3) 对象化的思维方式

对象化思维方式是指围绕客观对象的形状、兴致、规律等进行思维，以便把握写作对象本质特征的思维方式。按照这一要求，应用文起草者需要有意识地将自我关注转化为写作对象的关注，其思维空间完全被写作对象所占用。例如，根据客观实际情况调查某一事实的真相，根据某种需要起草通知，根据某一事物的状况制定规章制度等。公文起草者全力关注对象的特点，从对象的需要出发，做到"文中无我"。这一点和文学创作不同，文学创作不可能"文中无我"，而是文如其人。

4. 文辞上的差异

文学创作要求语言生动形象，文学语言可以使用富有地方色彩的语言甚至方言土语，也可以借鉴和吸收外国语言与古人语言中对我们有价值的东西。应用文写作则不然，它对语言的要求是准确严密、简练明了、庄重严肃、得体适用。

第二节　应用文写作的基本要求

一、端正认识

在高校学生中，对学习应用文写作这门课主要存在以下两种错误的看法：一是认为应用文写作是"小儿科"，是"雕虫小技"，不如写文学作品那样容易出名；二是认为应用文文种多而杂，格式上清规戒律多，既难写又枯燥无味，不如写文学作品那样有趣。这两种看法对学好应用文写作都是极为不利的，必须纠正。应用文写作不是"小儿科"或"雕虫小技"，文体之间绝无高下尊卑之别，而是各有各的作用。不管是应用文还是文学作品，只要写得好，都是有意义、有价值的。写作应用文确实有一定的难度，但事物都是一分为二的，应用文格式的规范化从某种意义上说便于初学者模仿借鉴，更便于初学者遵循写作的基本规律。因此，写作应用文比写其他体裁的文章入门更快，进步更明显。只要方法得当，反复训练是完全可以写好应用文的。

二、提高政策理论水平和了解相关的专业常识

要学好应用文,必须提高政策理论水平。要认真学习马列主义、毛泽东思想、邓小平理论和"三个代表"的重要思想,当前尤其要认真学习科学发展观的重要思想,了解党和政府的有关方针政策、法律法规,以此作为行文的依据和内容分析的理论根据。要学好各类应用文的写作,还要了解相关的专业常识。如写公文必须了解和掌握《国家行政机关公文处理办法》中的具体规定;要写好诉状就要了解必要的法律知识;要写好经济类应用文就必须了解有关的经济常识,等等。如果对写作某一类应用文的相关政策和基本常识不了解、不熟悉,就会闹笑话、出差错,从而影响工作和办事的效率,更严重的还会造成巨大的损失。

三、加强应用文写作的基本训练

应用文写作的基本功主要包括以下几个方面:善于提炼和归纳明确单一的主题;选材要典型适用,组材要详略得当、先后有序;结构安排要严谨、合理;格式要完整、规范;语言表达要准确、简明朴实;标点和数据的使用要正确;文面要整洁美观等。练好这些基本功要靠长期训练。主要训练途径有以下几条:一是认真学习、了解教材中介绍的各类应用文的基础知识,熟悉和掌握它们的格式、写作方法。二是要多看教材中的例文或其他途径提供的各类应用文,从中学习、借鉴他人的写法,在此基础上进行摹写。三是要联系实际,注重实践训练。可结合班级、学校开展的各项活动,可根据个人生活与学习的实际需要,也可利用社会实践活动等各种途径进行有针对性的写作训练。只有在写作实践的过程中才能真正明白应该怎样写、不应该怎样写,才能切实有效地积累丰富的写作经验,提高写作水平。四是要认真修改。即使是较简短的应用文也要修改,绝不能马虎;重要的或篇幅较长的应用文应反复、全方位地修改,从主题的确定、材料的选用、结构的安排、语言的表达、文种的选用及格式的安排等方面进行审核。

上述三个方面,只是学好应用文写作最基本的要求,最重要的还是要靠同学们自己去多实践、多体会,实践出真知这一规律同样适用于应用文写作的训练。

思考与练习

1. 什么是应用文?应用文的作用有哪些?
2. 应用文有哪些特点?
3. 文学创作与应用文写作有哪些差异?

第一章　法定公文

　　公文是公务文书的简称,是国家各级党政机关、企事业单位、人民团体等组织实行管理、处理政务、事务的,具有特定格式的那些文书。古人称公文是"经国之大业,不朽之盛事"。公文有广义、狭义之分。广义的公文,包括法律、财经、文教、外交、军事等各行各业的专用文书。随着时间的推移,社会的发展,有些文书不合时宜被废弃不用,新的文书又不断应运而生。狭义的公文,原先是指1996年5月3日中共中央办公厅发布的《中国共产党机关公文处理条例》中规定的14种主要公文和2000年8月24日国务院办公厅发布的《国家行政机关公文处理办法》中规定的13种行政公文。现在特指2012年4月16日中共中央办公厅、国务院办公厅联合印发的《党政机关公文处理工作条例》中规定的15种公文。《条例》全文如下:

党政机关公文处理工作条例
第一章　总　则

　　第一条　为了适应中国共产党机关和国家行政机关(以下简称党政机关)工作需要,推进党政机关公文处理工作科学化、制度化、规范化,制定本条例。

　　第二条　本条例适用于各级党政机关公文处理工作。

　　第三条　党政机关公文是党政机关实施领导、履行职能、处理公务的具有特定效力和规范体式的文书,是传达贯彻党和国家方针政策,公布法规和规章,指导、布置和商洽工作,请示和答复问题,报告、通报和交流情况等的重要工具。

　　第四条　公文处理工作是指公文拟制、办理、管理等一系列相互关联、衔接有序的工作。

　　第五条　公文处理工作应当坚持实事求是、准确规范、精简高效、安全保密的原则。

　　第六条　各级党政机关应当高度重视公文处理工作,加强组织领导,强化队伍建设,设立文秘部门或者由专人负责公文处理工作。

　　第七条　各级党政机关办公厅(室)主管本机关的公文处理工作,并对下级机关的公文处理工作进行业务指导和督促检查。

第二章　公文种类

　　第八条　公文种类主要有:

　　(一)决议。适用于会议讨论通过的重大决策事项。

　　(二)决定。适用于对重要事项作出决策和部署、奖惩有关单位和人员、变更或者撤销下级机关不适当的决定事项。

　　(三)命令(令)。适用于公布行政法规和规章、宣布施行重大强制性措施、批准授予和晋升衔级、嘉奖有关单位和人员。

　　(四)公报。适用于公布重要决定或者重大事项。

　　(五)公告。适用于向国内外宣布重要事项或者法定事项。

　　(六)通告。适用于在一定范围内公布应当遵守或者周知的事项。

　　(七)意见。适用于对重要问题提出见解和处理办法。

（八）通知。适用于发布、传达要求下级机关执行和有关单位周知或者执行的事项，批转、转发公文。

（九）通报。适用于表彰先进、批评错误、传达重要精神和告知重要情况。

（十）报告。适用于向上级机关汇报工作、反映情况，回复上级机关的询问。

（十一）请示。适用于向上级机关请求指示、批准。

（十二）批复。适用于答复下级机关请示事项。

（十三）议案。适用于各级人民政府按照法律程序向同级人民代表大会或者人民代表大会常务委员会提请审议事项。

（十四）函。适用于不相隶属机关之间商洽工作、询问和答复问题、请求批准和答复审批事项。

（十五）纪要。适用于记载会议主要情况和议定事项。

第三章　公文格式

第九条　公文一般由份号、密级和保密期限、紧急程度、发文机关标志、发文字号、签发人、标题、主送机关、正文、附件说明、发文机关署名、成文日期、印章、附注、附件、抄送机关、印发机关和印发日期、页码等组成。

（一）份号。公文印制份数的顺序号。涉密公文应当标注份号。

（二）密级和保密期限。公文的秘密等级和保密的期限。涉密公文应当根据涉密程度分别标注"绝密""机密""秘密"和保密期限。

（三）紧急程度。公文送达和办理的时限要求。根据紧急程度，紧急公文应当分别标注"特急""加急"，电报应当分别标注"特提""特急""加急""平急"。

（四）发文机关标志。由发文机关全称或者规范化简称加"文件"二字组成，也可以使用发文机关全称或者规范化简称。联合行文时，发文机关标志可以并用联合发文机关名称，也可以单独用主办机关名称。

（五）发文字号。由发文机关代字、年份、发文顺序号组成。联合行文时，使用主办机关的发文字号。

（六）签发人。上行文应当标注签发人姓名。

（七）标题。由发文机关名称、事由和文种组成。

（八）主送机关。公文的主要受理机关，应当使用机关全称、规范化简称或者同类型机关统称。

（九）正文。公文的主体，用来表述公文的内容。

（十）附件说明。公文附件的顺序号和名称。

（十一）发文机关署名。署发文机关全称或者规范化简称。

（十二）成文日期。署会议通过或者发文机关负责人签发的日期。联合行文时，署最后签发机关负责人签发的日期。

（十三）印章。公文中有发文机关署名的，应当加盖发文机关印章，并与署名机关相符。有特定发文机关标志的普发性公文和电报可以不加盖印章。

（十四）附注。公文印发传达范围等需要说明的事项。

（十五）附件。公文正文的说明、补充或者参考资料。

（十六）抄送机关。除主送机关外需要执行或者知晓公文内容的其他机关，应当使用机关全称、规范化简称或者同类型机关统称。

（十七）印发机关和印发日期。公文的送印机关和送印日期。

第十条　公文的版式按照《党政机关公文格式》国家标准执行。

第十一条　公文使用的汉字、数字、外文字符、计量单位和标点符号等，按照有关国家标准和规定执行。民族自治地方的公文，可以并用汉字和当地通用的少数民族文字。

第十二条　公文用纸幅面采用国际标准A4型。特殊形式的公文用纸幅面，根据实际需要确定。

第四章　行文规则

第十三条　行文应当确有必要，讲求实效，注重针对性和可操作性。

第十四条　行文关系根据隶属关系和职权范围确定。一般不得越级行文，特殊情况需要越级行文的，应当同时抄送被越过的机关。

第十五条　向上级机关行文，应当遵循以下规则：

（一）原则上主送一个上级机关，根据需要同时抄送相关上级机关和同级机关，不抄送下级机关。

（二）党委、政府的部门向上级主管部门请示、报告重大事项，应当经本级党委、政府同意或者授权；属于部门职权范围内的事项应当直接报送上级主管部门。

（三）下级机关的请示事项，如需以本机关名义向上级机关请示，应当提出倾向性意见后上报，不得原文转报上级机关。

（四）请示应当一文一事。不得在报告等非请示性公文中夹带请示事项。

（五）除上级机关负责人直接交办事项外，不得以本机关名义向上级机关负责人报送公文，不得以本机关负责人名义向上级机关报送公文。

（六）受双重领导的机关向一个上级机关行文，必要时抄送另一个上级机关。

第十六条　向下级机关行文，应当遵循以下规则：

（一）主送受理机关，根据需要抄送相关机关。重要行文应当同时抄送发文机关的直接上级机关。

（二）党委、政府的办公厅（室）根据本级党委、政府授权，可以向下级党委、政府行文，其他部门和单位不得向下级党委、政府发布指令性公文或者在公文中向下级党委、政府提出指令性要求。需经政府审批的具体事项，经政府同意后可以由政府职能部门行文，文中须注明已经政府同意。

（三）党委、政府的部门在各自职权范围内可以向下级党委、政府的相关部门行文。

（四）涉及多个部门职权范围内的事务，部门之间未协商一致的，不得向下行文；擅自行文的，上级机关应当责令其纠正或者撤销。

（五）上级机关向受双重领导的下级机关行文，必要时抄送该下级机关的另一个上级机关。

第十七条　同级党政机关、党政机关与其他同级机关必要时可以联合行文。属于党委、政府各自职权范围内的工作，不得联合行文。党委、政府的部门依据职权可以相互行文。部门内设机构除办公厅（室）外不得对外正式行文。

第五章　公文拟制

第十八条　公文拟制包括公文的起草、审核、签发等程序。

第十九条　公文起草应当做到：

（一）符合国家法律法规和党的路线方针政策，完整准确体现发文机关意图，并同现行有关公文相衔接。

（二）一切从实际出发，分析问题实事求是，所提政策措施和办法切实可行。

（三）内容简洁，主题突出，观点鲜明，结构严谨，表述准确，文字精练。

（四）文种正确，格式规范。

（五）深入调查研究，充分进行论证，广泛听取意见。

（六）公文涉及其他地区或者部门职权范围内的事项，起草单位必须征求相关地区或者部门意见，力求达成一致。

（七）机关负责人应当主持、指导重要公文起草工作。

第二十条　公文文稿签发前，应当由发文机关办公厅（室）进行审核。审核的重点是：

（一）行文理由是否充分，行文依据是否准确。

（二）内容是否符合国家法律法规和党的路线方针政策；是否完整准确体现发文机关意图；是否同现行有关公文相衔接；所提政策措施和办法是否切实可行。

（三）涉及有关地区或者部门职权范围内的事项是否经过充分协商并达成一致意见。

（四）文种是否正确，格式是否规范；人名、地名、时间、数字、段落顺序、引文等是否准确；文字、数字、计量单位和标点符号等用法是否规范。

（五）其他内容是否符合公文起草的有关要求。

需要发文机关审议的重要公文文稿，审议前由发文机关办公厅（室）进行初核。

第二十一条　经审核不宜发文的公文文稿，应当退回起草单位并说明理由；符合发文条件但内容需作进一步研究和修改的，由起草单位修改后重新报送。

第二十二条　公文应当经本机关负责人审批签发。重要公文和上行文由机关主要负责人签发。党委、政府的办公厅（室）根据党委、政府授权制发的公文，由受权机关主要负责人签发或者按照有关规定签发。签发人签发公文，应当签署意见、姓名和完整日期；圈阅或者签名的，视为同意。联合发文由所有联署机关的负责人会签。

第六章　公文办理

第二十三条　公文办理包括收文办理、发文办理和整理归档。

第二十四条　收文办理主要程序是：

（一）签收。对收到的公文应当逐件清点，核对无误后签字或者盖章，并注明签收时间。

（二）登记。对公文的主要信息和办理情况应当详细记载。

（三）初审。对收到的公文应当进行初审。初审的重点是：是否应当由本机关办理，是否符合行文规则，文种、格式是否符合要求，涉及其他地区或者部门职权范围内的事项是否已经协商、会签，是否符合公文起草的其他要求。经初审不符合规定的公文，应当及时退回来文单位并说明理由。

（四）承办。阅知性公文应当根据公文内容、要求和工作需要确定范围后分送。批办性公文应当提出拟办意见报本机关负责人批示或者转有关部门办理；需要两个以上部门办理的，应当明确主办部门。紧急公文应当明确办理时限。承办部门对交办的公文应当及时办理，有明确办理时限要求的应当在规定时限内办理完毕。

（五）传阅。根据领导批示和工作需要将公文及时送传阅对象阅知或者批示。办理公文传阅应当随时掌握公文去向,不得漏传、误传、延误。

(六)催办。及时了解掌握公文的办理进展情况,督促承办部门按期办结。紧急公文或者重要公文应当由专人负责催办。

(七)答复。公文的办理结果应当及时答复来文单位,并根据需要告知相关单位。

第二十五条 发文办理主要程序是:

(一)复核。已经发文机关负责人签批的公文,印发前应当对公文的审批手续、内容、文种、格式等进行复核;需作实质性修改的,应当报原签批人复审。

(二)登记。对复核后的公文,应当确定发文字号、分送范围和印制份数并详细记载。

(三)印制。公文印制必须确保质量和时效。涉密公文应当在符合保密要求的场所印制。

(四)核发。公文印制完毕,应当对公文的文字、格式和印刷质量进行检查后分发。

第二十六条 涉密公文应当通过机要交通、邮政机要通信、城市机要文件交换站或者收发件机关机要收发人员进行传递,通过密码电报或者符合国家保密规定的计算机信息系统进行传输。

第二十七条 需要归档的公文及有关材料,应当根据有关档案法律法规以及机关档案管理规定,及时收集齐全、整理归档。两个以上机关联合办理的公文,原件由主办机关归档,相关机关保存复制件。机关负责人兼任其他机关职务的,在履行所兼职务过程中形成的公文,由其兼职机关归档。

第二十八条 各级党政机关应当建立健全本机关公文管理制度,确保管理严格规范,充分发挥公文效用。

第二十九条 党政机关公文由文秘部门或者专人统一管理。设立党委(党组)的县级以上单位应当建立机要保密室和机要阅文室,并按照有关保密规定配备工作人员和必要的安全保密设施设备。

第三十条 公文确定密级前,应当按照拟定的密级先行采取保密措施。确定密级后,应当按照所定密级严格管理。绝密级公文应当由专人管理。公文的密级需要变更或者解除的,由原确定密级的机关或者其上级机关决定。

第三十一条 公文的印发传达范围应当按照发文机关的要求执行;需要变更的,应当经发文机关批准。涉密公文公开发布前应当履行解密程序。公开发布的时间、形式和渠道,由发文机关确定。经批准公开发布的公文,同发文机关正式印发的公文具有同等效力。

第三十二条 复制、汇编机密级、秘密级公文,应当符合有关规定并经本机关负责人批准。绝密级公文一般不得复制、汇编,确有工作需要的,应当经发文机关或者其上级机关批准。复制、汇编的公文视同原件管理。复制件应当加盖复制机关戳记。翻印件应当注明翻印的机关名称、日期。汇编本的密级按照编入公文的最高密级标注。汇编,确有工作需要的,应当经发文机关或者其上级机关批准。复制、汇编的公文视同原件管理。

复制件应当加盖复制机关戳记。翻印件应当注明翻印的机关名称、日期。汇编本的密级按照编入公文的最高密级标注。

第三十三条 公文的撤销和废止,由发文机关、上级机关或者权力机关根据职权范围和有关法律法规决定。公文被撤销的,视为自始无效;公文被废止的,视为自废止之日起失效。

第三十四条 涉密公文应当按照发文机关的要求和有关规定进行清退或者销毁。

第三十五条 不具备归档和保存价值的公文,经批准后可以销毁。销毁涉密公文必须严格按照有关规定履行审批登记手续,确保不丢失、不漏销。个人不得私自销毁、留存涉密公文。

第三十六条　机关合并时,全部公文应当随之合并管理;机关撤销时,需要归档的公文经整理后按照有关规定移交档案管理部门。

工作人员离岗离职时,所在机关应当督促其将暂存、借用的公文按照有关规定移交、清退。

第三十七条　新设立的机关应当向本级党委、政府的办公厅(室)提出发文立户申请。经审查符合条件的,列为发文单位,机关合并或者撤销时,相应进行调整。

第八章　附　则

第三十八条　党政机关公文含电子公文。电子公文处理工作的具体办法另行制定。

第三十九条　法规、规章方面的公文,依照有关规定处理。外事方面的公文,依照外事主管部门的有关规定处理。

第四十条　其他机关和单位的公文处理工作,可以参照本条例执行。

第四十一条　本条例由中共中央办公厅、国务院办公厅负责解释。

第四十二条　本条例自2012年7月1日起施行。1996年5月3日中共中央办公厅发布的《中国共产党机关公文处理条例》和2000年8月24日国务院发布的《国家行政机关公文处理办法》停止执行。

第一节　命令(令)和议案

一、命令(令)

(一) 命令(令)的含义

命令是国家机关依照有关法律公布行政法规和规章,宣布施行重大强制性行政措施,嘉奖有关单位及人员时使用的文种。按照使用习惯,有时命令简称为"令",例如通缉令、嘉奖令、戒严令等。

(二) 命令(令)的特点

1. 作者的限定性

根据有关法律规定,国家主席、全国人大常委会委员长、国务院总理及各部门行政首长,以及省、市(地)、县人民政府及其领导人,在法定权限内可以使用命令。党派、企事业单位、人民团体以及基层部门不能使用命令。

2. 作用的强制性

命令的强制性大大高于其他下行公文。由于各种法律规章大都通过命令形式发布,受令单位和有关人员必须绝对服从,坚决执行,不能有丝毫偏差,没有商洽变通的余地,更不允许抵制和违反,否则将受到惩处。俗话说"令行禁止"、"军令如山",充分反映了命令的强制性特征。

3. 行文的严肃性

古人有言:"慎乃出令,令处准行。"由于命令具有极高的权威性和突出的强制力,因此,使用命令必须严肃慎重,不可轻发,不能滥用,更不能出尔反尔、朝令夕改。否则,命令将严重贬值,失去"令行禁止"的威慑力。

4. 内容的限定性

命令主要用于颁布各种法律、法规和行政规章,指挥和处理重大事件,内容所及都限于重大问题,具有相对稳定性。寻常公务和一般工作要求,无需使用命令发布。

(三) 命令(令)内容和结构

命令一般由标题、编号、受令机关、正文、签署和成文日期等部分组成。

1. 标题

命令的标题有多种形式:一是"发文机关＋事由＋文种",如《国务院中央军委关于给武警部队抗洪抢险先进单位及个人授予荣誉称号和记功的命令》,行政令、嘉奖令的标题通常采用这种写法。二是"发文机关(或机关首长)＋文种",如《中华人民共和国主席令》、《中华人民共和国国务院令》等,多适用于任免令和发布令。三是"事由＋文种",如《向全国进军的命令》等。

2. 编号

命令的编号有两种方法:一是当标题三要素齐全时,采用公文发文字号来编号。二是当用领导人名义签署命令时,编号用流水号,即从该届政府或领导人任职时开始编排,至任期届满为止。下届新政府或领导人任职后重新编号。

3. 受令机关

当命令限定发给某些单位时,要在正文前顶格标明受令机关。普发性命令则不需标明受令机关。

4. 正文

命令正文的表述方式,因种类不同而有所差异,主要分为篇段合一式、二段式、三段式三种形式。

(1) 篇段合一式

主要用于发布令,通篇只有一个段落,基本内容是说明发布什么法规以及该法规的实施日期。如:"《中华人民共和国居民身份证法》已由中华人民共和国第十届全国人民代表大会第三次会议于2003年6月28日通过,现予公布,自2004年1月1日起施行。"

(2) 二段式

行政令、任免令多采用这种方式。第一段主要说明发布此令的目的或根据,第二段写明命令的具体内容,即命令做什么和怎样做。

(3) 三段式

主要用于嘉奖令。第一段写明嘉奖理由,即嘉奖对象的功勋业绩,交代时间、地点、事件、原因、过程、结果等要素,使人们了解有关事迹的基本情况,知道为什么要嘉奖。第二段写嘉奖的目的与嘉奖内容,可以授予荣誉称号,也可以记功、晋级或给予奖金等,既重视精神鼓励,也不忽视物质奖励。第三段写明希望和号召,对受嘉奖者给予勉励,同时更注重号召人们向受奖人员学习。

5. 签署

即在正文右下方标明发文机关名称或领导人职衔、姓名,以证实公文的法定效力。

6. 成文日期

在签署之下,写明制发命令的年、月、日。

例文一(发布令)

中华人民共和国主席令

第 57 号

《中华人民共和国出境入境管理法》已由中华人民共和国第十一届全国人民代表大会常务委员会第二十七次会议于 2012 年 6 月 30 日通过,现予公布,自 2013 年 7 月 1 日起施行。

中华人民共和国主席　胡锦涛
二〇一二年六月三十日

发布令用于发布法律和重要规章。发布令正文一般由发布对象、发令根据和实施要求三部分内容组成。"发布对象",即用命令发布的法律、法规或规章。"发令根据",包括通过命令的会议名称或批准命令的机关名称以及命令被通过或批准的日期。有的发布令不写命令根据,而直接以"现发布……"开头,这就告诉人们,文件的发布者也就是文件的批准者。"实施要求",指发布时间、生效时间和实施说明。发布时间和生效时间一致的,写"现予公布之日起施行";不一致的,则在"现予公布"之后说明从何时起施行。如有需要同时废止的相关文件,必须在命令中明确说明。

例文二(行政令)

中华人民共和国国务院令

第 268 号

为了适应经济发展的需要,进一步完善我国货币制度,提高人民币的防伪性能,现决定:

一、责成中国人民银行自 1999 年 10 月 1 日起陆续发行第五套人民币。第五套人民币有 100 元、50 元、20 元、10 元、5 元、1 元、5 角和 1 角八种面额。

二、第五套人民币与现行人民币的比率为一比一,即第五套人民币 1 元和现行人民币 1 元等值,其余类推。

三、第五套人民币发行后,与现行人民币混合流通,具有同等的货币职能。任何单位或个人,均不得以任何理由拒收其中任何一种人民币。

四、第五套人民币各种券别的发行时间,责成中国人民银行陆续公告。

五、凡破坏第五套人民币发行或借发行新版货币之机,扰乱金融秩序者,均依法惩处。对上述违法行为,每个公民均有权向当地人民政府和司法机关检举揭发。

中华人民共和国国务院总理　朱镕基
一九九九年六月三十日

在国家的政治、经济、文化等领域中,凡国家领导机关采取的重大强制性行政措施,都以行政令方式对外宣布。行政令通常由三部分组成:一是发布命令的原因、目的或依据,要写得简洁概括;二是命令的具体内容,大多分条目撰写,要写得准确清楚、周密严谨;三是执行办法,要切实可行。

(四) 撰写命令(令)应注意的几个问题

第一,命令是具有最高权威性和强制力的文件,必须严格按照法定权限制发文件,不能越权行文。

第二,命令所针对的事项必须是重要问题或重大事件,一旦发布,就要求不折不扣地执行,没有商量的余地。因此,撰写命令时,要斟酌是否的确需要发布命令,防止小题大做,更不能随意发号施令。

第三,命令正文的写作,要求表意十分准确,切忌模棱两可;语言庄重严肃,简洁精练;语气斩钉截铁,坚决肯定;令行与禁止相辅相成,前者规定应该做什么和怎样做,后者规定不准做什么和不准怎样做。正确运用禁令语言,有的命令则是禁语较多,寓令于禁。

第四,要明确规定命令的生效、施行日期,确保行文的时效性。

二、议案

(一) 议案的含义

议案适用于各级人民政府按照法律程序向同级人民代表大会(简称人代会)或人民代表大会常务委员会提请审议事项。

议案有很多种类,这里介绍的议案是人民政府向人民代表大会提请审议事项时使用的正式行政公文。按照议案的内容来划分,可以分为重大事项议案、立法议案、批准条约议案等。

中国共产党系统的各级机关不使用议案。

(二) 议案的特点

1. 收发文机关的限制性

作为行政公文,议案只能由人民政府向同级人民代表大会及其常务委员会制发。从这个角度看,议案类似于平行文。

2. 严格的法定程序

议案的提交和受理均有严格的程序要求,议案的内容范围、提出和处理时限等在法律上也有严格规定,必须遵照执行。

3. 主旨的单一性

拟写议案要遵守"一文一案"的原则,不得将两件或两件以上的不同事项写进同一议案,以便于对议案的表决和处理。

4. 受理的期复性

议案经同级人民代表大会或人代会常务委员会受理认定后,必须给予处理和答复。

(三) 议案的内容和结构

议案由标题、主送机关、正文、发文机关、发文时间、附件等部分组成。

1. 标题

采取完整结构,即"发文机关名称＋事由＋文种",如《国务院关于提请审议〈中华人民共和国外商投资企业和外国企业所得税法(草案)〉的议案》。

2. 主送机关

要将同级人民代表大会及其常务委员会名称在正文之前顶格书写。

3. 正文

议案的正文主要由立案理由、具体事项和审议请求三部分组成。

(1) 立案理由

阐述提出议案的原因、根据和目的,要客观、明了。

(2) 议案事项

议案所提出的请求审议的具体事项,主要包括重大事项案、立法案、选举案、罢免案、预决算案等。提请审议事项多数以附件形式附在正文之后,以备审议。

(3) 审议请求

结语部分,多用"以上议案,请审议"或"现提请审议"等惯用语来表述。

4. 发文机关

既可署发文机关名称,也可署发文机关行政首长姓名。

5. 成文日期

按照规范标明发文的年、月、日。

6. 附件说明

议案正文之下通常注明需要审议的法规草案或其他有关文件。

例文一

国务院关于提请审议兴建长江三峡工程的议案

国函〔1992〕24号

全国人民代表大会:

长江是我国第一大河,流域面积占全国总面积的19%,养育着全国1/3的人口,工农业总产值约占全国的40%,在全国国民经济发展中占有重要地位。长江中下游的洪水灾害历来频繁而严重。新中国建立以来,国家在长江流域进行了大规模的防洪建设,对保障中下游地区的经济建设和人民生命财产安全,发挥了很大的作用。但由于多方面的原因,长江资源还没有很好的开发利用,水患尚未根治,上游洪水来量大与中下游河道特别是荆江河段过洪能力小的矛盾依然十分突出,两岸地面高度又普遍低于洪水位,一旦发生特大洪水,堤防漫溃,将直接威胁荆江两岸江汉平原和洞庭湖区的1 500万人口和2 300万亩良田,人民群众的生命财产和许多重要的城市、工矿企业和交通设施,将会遭到巨大损失,严重影响国民经济全局。这是我们国家的心腹大患。

如何解决长江的防洪问题,更好地开发长江资源,中共中央和国务院一直很重视,社会各界也十分关注。经过几十年来的治理实践和对各种意见、方案的反复研究和认证,解决长江中下游的防洪问题，必须采取综合治理措施。兴建三峡工程是综合治理的一项关键性措施。三峡工程兴建后，可将荆江河段防洪标准由目前的十年一遇，提高到百年一遇；配合其他措施，可以防止荆江河段发生毁灭性灾害；还可减轻洪水对武汉地区及下游的威胁。同时，三峡工程还有发电、航运、灌溉、供水和发展库区经济等巨大的综合经济效益和社会效益。三峡工程建成后年发电量840亿千瓦/时，占目前我国年发电总量的1/8，可为华东、华中和川东地区的经济发展提供重要的能源，可以大大提高川江航道通过能力，万吨级船队有半年时间可直达重庆，为发展西南地区的经济和繁荣长江船运事业创造条件。三峡工程还有利于长江中下游城镇的供水，有利于南水北调。总之，三峡工程的兴建，对于加快我国现代化建设进程、提高综合国力，具有重要意义。

国务院对兴建三峡工程历来采取既积极又慎重的方针。近40年来，有关部门和大批科技人员对三峡工程做出了大量的勘察、科研、设计和实验工作。特别是1984年以来，社会各界提出了许多的建议和意见。一些同志本着对国家、人民和子孙后代高度负责的精神，对库区百万移民的安置、生态与环境的保护、上游泥沙的淤积、巨额投资的筹措和回收等疑难问题，从不同角度提出各自的意见，这些意见对于开拓思路、增进论证深度、完善实施方案，起到了十分有益的作用。

经过多年的研究、论证和审查，三峡工程坝址选在湖北省宜昌县三斗坪镇。工程的拦河大坝全长1983米，坝顶高程185米，最大坝高175米。水库正常蓄水位175米，总库容393亿立方米。水电站总装机容量1768万千瓦。工程静态总投资570亿元（1990年价格）。主体工程建设工期预计15年。工程建设第九年即可发电受益，预计在工程建成后不太长的时间里，即能偿还全部建设资金。三峡工程审查委员会对可行性研究报告进行了认真审查，认为三峡工程建设是必要的，在技术上是可行的，经济上是合理的，随着经济的发展，国力是可以负担的。

三峡工程规模空前，技术复杂，投资多，周期长，特别是移民难度很大。对于已经发现的问题要继续研究，妥善解决，对今后可能出现的各种困难和问题，要有足够的思想准备。要谨慎从事，认真对待，使工程建设更加稳妥可靠，努力把这项造福当代、荫及子孙的事情办好。

国务院常务会议经过认真讨论，同意建设三峡工程。建议将兴建三峡工程列入国民经济和社会发展十年规划，由国务院根据国民经济的实际情况和国家财力物力的可能，选择适当时机组织实施。

以上议案，请审议。

国务院总理　李　鹏
一九九二年三月十六日

拟写重大事项议案，关键是要把事项的来龙去脉说明清楚，讲清事物的本质特征。重大建设项目的议案，更要在科学性、可行性、必要性等方面给予充分论证和说明。

还要说明的是，政府议案虽说要提交到同级人大机关审议批准，但是议案本身首先要在政府的一定会议上讨论通过，这是必要的履行手续。

立法议案和批准条约议案的写作方法与重大议案的写作方法大同小异。相同之处是都要在可行性、必要性等方面进行论证和说明,不同之处是前者需要将提请审议的法案和条约作为附件一并提交收文机关。

例文二

国务院关于提请审议
《中华人民共和国经济合同法修正案(草案)》的议案

全国人民代表大会常务委员会：

《中华人民共和国经济合同法》是一九八一年十二月十三日第五届全国人民代表大会第四次会议通过、一九八二年七月一日起执行的。十多年来,经济合同法在保护经济合同当事人的合法权益,维护社会经济秩序,促进社会主义商品经济的发展等方面起了重要的作用。但是,这部法律毕竟是在改革初期制定的,随着改革的不断发展和深化,有些规定与现实经济生活已经不相适应;在一些重要问题上,同后来制定的民法通则、民事诉讼法、涉外经济合同法、技术合同法不相协调,特别是同今年第八届全国人民代表大会第一次会议通过的宪法修正案也存在着不一致的情况。为了适应建立社会主义市场经济体制的迫切要求,需要尽快对经济合同法中急需修改的内容进行修改。国务院法制局在调查研究、广泛征求意见的基础上,经与有关部门共同研究,拟订了《中华人民共和国经济合同法修正案(草案)》。这个修正案(草案)已经国务院常务会讨论通过,现提请审议。

国务院总理　李　鹏
一九九三年六月十日

附:《中华人民共和国经济合同法修正案(草案)》(略)

(四) 议案的写作要求

第一,议案内容必须符合国家和人民利益的需要,符合现行法律法规和有关方针政策。为此,应搞好调查研究,广泛听取各方面意见,经过可行性论证,保证所提议案切实可行。

第二,要熟悉收文机关(同级人民代表大会及其常务委员会)的职权范围,根据法定职权行文。如果某一事项的审议权属于同级人代会或其常委会,就必须提请其审议;如果属于政府职权范围内的事项,则不必提出议案。

第三,议案要言之有理。一定要将理由和根据说明清楚,文字表达要准确严谨、条理分明。

第二节　公告和通告

一、公告

(一) 公告的含义

公告是一种典型的告知性公文,大多用于国家高层领导机关依法向国内外宣布重要事项或法定事项。例如,国家机关颁布法律法规,宣告重大国事活动,公布国家领导人选举结果,公布重大科技成果或需要国内外周知的重大行动安排等。又如,人民法院、航空运输、海关、邮政、银行等特殊部门告知中外某些重要事项等。

根据发文目的及其内容，公告可以划分为三大类：公布法律的公告；告知消息的公告；宣布事项的公告。

（二）公告的特点

1. 作者限定

由于公告所涉及的事项特别重大，所以一般由国家领导人、全国人大及其常委会、国务院及其有关部委、地方人大及其常委会、地方各级政府等领导机关制发。基层单位不具备相应职权，因此不宜使用这个文种。

2. 庄严宣告

公告不是告诉社会各界一般情况，而是代表国家或政府庄严郑重地"宣告"重大事项，具有宣告天下的重要作用。所以在使用时应当慎重，避免出现"小题大做"的情况。

3. 内容单纯

公告的内容单一而具体，即一则公告公布一件事。告知事项十分重大，有些公告是专门对外发布的，如"新华社授权公告"。

4. 受众广泛

公告的受文对象一般不作具体限定，涉及所有社会组织和公民个人。它比其他任何一种公文发布和告知的范围都要宽泛。

5. 表达简洁

公告的表达方式采用直述其事的方式，简洁明了，不作议论发挥，语气庄重严肃。

（三）公告的内容和结构

公告大多由标题、正文、签署和发文日期四个部分组成。因其直接对外发布，因此在规格形式上与其他文种有所差别。

1. 标题

公告的标题一般由发文机关、事由和文种三部分组成。如《中华人民共和国海关总署关于简化进出口旅客通关手续的公告》。

2. 正文

内容简单的公告，采用篇段合一式，直陈其事。如果内容相对复杂，可把全文分为两大层次：第一层次写公告的依据或原因，要求言简意赅；第二层次写公告的具体事项，可分项写。结尾时多用"现予公告"、"特此公告"等结语。

3. 签署

对外张贴的公告，要署发文机关的全称，加盖发文机关印章，以示庄重；也可以由签发文件的领导人在落款处签署姓名或代以签名章。

4. 发文日期

发文机关之下用汉字写明发布公告的年、月、日。

例文一(告知性公告)

中华人民共和国全国人民代表大会公告
第 2 号

第十届全国人民代表大会第一次会议于 2003 年 3 月 15 日选举：
胡锦涛为中华人民共和国主席。
曾庆红为中华人民共和国副主席。
现予公告。

中华人民共和国第十届全国人民代表大会第一次会议主席团
二〇〇三年三月十五日于北京

告知性公告以告知消息为主要目的，是将有关消息准确地公之于世。国家领导人选举结果属于法定必须告知中外的重要事项，也是极为重要的新闻消息，因此以公告形式告知中外。发文要及时，语言要简洁庄重。

例文二(公布性公告)

北京市人民代表大会常务委员会公告

《北京市实施〈中华人民共和国文物保护法〉办法》已由北京市第十二届人民代表大会常务委员会第十四次会议于 2004 年 9 月 10 日通过，现予公布，自 2004 年 10 月 1 日起施行。

北京市第十二届人民代表大会常务委员会
二〇〇四年九月十日

例文属于公布性公告。它采用篇段合一的方式，直陈其事。文字简约，语言庄重，简要说明什么文件在什么会议上已经获得讨论通过，何时公布生效实施即可。

例文三(事项性公告)

中华人民共和国外交部公告
(一九九九年十一月三十日)

中华人民共和国政府恢复对澳门行使主权后，为便利澳门特别行政区同世界各国和各地区人员来往，从 1999 年 12 月 20 日起，目前可免办签证进入澳门的国家及地区的人员进入澳门特别行政区，原则上继续给予免办签证待遇。根据《中华人民共和国澳门特别行政区基本法》第 139 条"对世界各国或各地区的人入境、逗留和离境，澳门特别行政区政府可实行出入境管制"的规定，给予免办签证待遇的国家和地区以及非免办签证国家人员申办赴澳签证的具体办法，将由澳门特别行政区政府决定并予公布。

外国人前往中国内地及香港特别行政区，需办理签证的仍应按现行有关规定申请签证，办理必要的手续。

事项性公告,旨在告知较为具体的事项。此文事出有因,要先对有关背景给予简要说明,然后提出行文根据,并将需要国内外广为周知的有关事项给予准确说明。

(四) 公告的写作要求

第一,应注意公告的发文权限。它原则上由国家的较高级领导机关使用,用来向国内外公布重大事项,基层单位和业务部门不能滥用这个文种。

第二,要明确公告的使用范围。它用于告知重大事项,其内容涉及面广,有必要使中外周知。一般性内容不必告知天下,也不宜使用公告公布。

第三,力求篇幅简短,谨防歧义。行文时一般不必专门讲什么道理,只是直陈其事,不绕弯子。语言要明确肯定,语义要单一,力戒含糊其辞,出现歧义。要通过文字表达的高质量,维护公告简洁凝练、严肃庄重的特点。

第四,对公告所涉及的事实应反复核实,确保准确无误,以免造成不良影响。

二、通告

(一) 含义

通告用于公布社会各有关方面应当遵守或者周知的事项。

通告具有行政约束力和法律效力,其适用范围内的社会各有关方面均应遵守或广泛知晓,如果违反将被追究责任。因此,通告要注明发布机关、执行机关和通告规定条款生效的时间。由于通告是直接面对广大公众的公文,需要其适用范围内的所有人员能及时了解、掌握,所以发布时可以采用张贴、登报、广播、电视等方式,以使大家周知。

(二) 特点

1. 应用领域的广泛性

主要表现在以下三个方面:一是涉及内容广泛。政治、经济、文化各个领域,各行各业,凡需要社会公众遵守和周知的事项均可在通告中发布;二是发布方式多样。无论是政府公报,还是张贴、登报、电视、广播等途径都可发布;三是使用单位广泛。机关、团体、企事业单位都适用通告。

2. 信息内容的周知性

通告直接面对告知范围内的人员,要求人们普遍了解和知晓有关事项,明确政策法令,严格规范自己的行为,而不是在系统内部逐级下达。因此,大多数通告不必标明主送机关。

3. 作用效力的强制性

通告的政策法规效力和制约性很强。它常常对某些事项作出严格规定,适用范围内的人们必须遵守和执行,不得违反,否则将予以教育、处理以致法律制裁。

4. 语言表达的通俗性

通告直面社会上的广大群众,因此,通告事项要使用朴实简明、通俗易懂的语言来表述,如此才能达到行文目的。

(三) 内容和结构

通告由标题、正文、发文机关署名和成文时间四个部分组成。

1. 标题

通告的标题必须要素齐备,可由发文单位、事由和文种三部分组成。如《××市人民政府关于禁止"法轮功"邪教组织活动的通告》;也可由发文机关和文种两部分组成,如《中华人民共和国公安部通告》等。

2. 正文

通告的正文通常是告知某些具体事项和对某些方面作出明确规定,要求告知对象严格遵循。因此,正文多由三部分组成:

第一部分,简要交代通告的根据或目的,以增强发文的权威性和针对性。

第二部分,准确说明通告的具体事项。如果内容较多时,为使条理清晰,要采用分条列项的方式表达。

第三部分,提出贯彻通告的明确要求,如使用"请认真遵照执行",也可以使用"特此通告"等习惯用语来结尾。

3. 发文机关署名

在正文之后写明发文机关名称。

4. 成文时间

在发文机关之下标明发文的年、月、日。

例文

北京市人民政府
关于治理公路货运超载超限的通告
京政发〔2003〕26号

为贯彻落实国务院进一步加强道路交通安全工作电视电话会议精神,预防和减少道路交通事故,保障交通安全畅通,维护道路、桥梁和公路设施,保护生态环境,根据有关法律、法规和规章的规定,现就有关事项通告如下:

一、本市行政区域内禁止载物超过车辆行驶证核定载物质量的车辆(以下简称超载车辆)和未经批准的超限运输车辆通行。

二、超限运输车辆确需在公路上行驶的,必须携带本市路政管理部门批准证件,按要求采取有效的防护措施;影响道路安全的,还应当获得公安机关批准;运载不可解体的超限物品的,应当按照指定的时间、路线、时速行驶,并悬挂明显标志。

三、超载车辆和未经批准的超限运输车辆在本市公路上行驶的,一经发现,由公安交通管理部门和路政管理部门按照职责分工责令改正,当事人应当在指定的场地卸载超载货物。

在指定场地卸载超载货物的,应当与卸载保管方签订货物保管合同,按规定支付装卸和保管费用。逾期不领取货物的,保管方可以依照合同约定变卖货物,并以变卖价款冲抵保管费用。变卖价款冲抵保管费用外尚有结余的,由保管方通知当事人领取,拒不领取的,公证提存。通知及公证提存的费用从变卖价款中支取。

四、超载车辆和未经批准的超限运输车辆在本市公路上行驶的,公安交通管理部门和路政管理部门应当依照《中华人民共和国道路交通管理条例》、《中华人民共和国公路法》等法律、法规和规章的规定给予行政处罚;违法行为对公路造成损害的,当事人还应当依法赔(补)偿损失。

五、本市对违法行驶车辆实行登记制度,定期向车辆注册地有关部门通报车辆违法行驶情况。

六、从事公路货物运输的单位和个人应当自觉接受公安交通管理部门和路政管理部门依法进行的监督管理。对阻碍、拒绝执法人员依法执行公务或者围攻、殴打执法人员的,由公安机关按照《中华人民共和国治安管理处罚条例》的规定予以处罚,构成犯罪的,依法追究刑事责任。

七、本通告自 2003 年 12 月 1 日起施行。

特此通告。

北京市人民政府
二〇〇三年十一月十四日

这篇执行性通告字里行间体现出明显的强制力。它明确告知有关人员禁止哪些行为以及违反通告将受到怎样的惩处。

主体部分采用分条说明的方式,这是这种公文的主要表达形式。其突出效果是政策界限分明,便于阅读、理解和执行。在语言运用方面,"禁止"、"必须"等表态用词精准恰切,分寸得当,语气肯定,不容置疑,表明了人民政府在依法治理公路货运超载超限方面的坚定态度与立场。

结尾用语"特此通告"的使用,增加了该文严肃庄重的语气特征。

(四)通告的写作要求

第一,通告的内容要遵守一文一事原则,主旨要明确。通篇围绕一个中心写出通告事项,表达的内容要清楚明白,使阅读对象有章可循、有规可依。

第二,通告具有法定的约束力。因此,对于"允许做什么"、"禁止做什么"、"做了以后怎么惩处"等内容要明确规定。有些通告以规定禁止事项为主,要求人们不得违反,因此,必须仔细斟酌,避免出现不妥之处而造成发文单位的被动。

第三,尽管通告的约束力很强,但是它毕竟不是单独立法,通告的内容要有法可依,要注意在内容上、在处罚规定上不会与现行法律规章相抵触。

第四,通告的语言要求通俗易懂,语气要庄重严肃。不能使用不容易理解的专门术语或冷僻的词汇,以免影响群众对通告内容的理解和遵守。语气要坚决、肯定,具有不容置疑的权威性。

(五)通告与公告的主要区别

通告与公告都具有公布性和知照性特点,使用时要特别注意二者的不同点。

1. 发布范围不同

公告是告知中外的公文,发布范围最为广泛;通告只是在国内一定区域或业务范围内发布,例如国庆期间天安门实施交通管制的通告,只针对天安门广场范围,只在国庆期间生效。为了加强管理,或者为了某种临时需要,均可发布通告,用以提醒人们必须遵守或需要周知某些事项。

2. 重要程度不同

公告所涉及的都是特别重大的事项；通告所涉及的是相对较为一般的事项。

3. 作用性能不同

公告以宣布重大消息为主要目的，一般对告知对象没有直接的强制力或约束力；通告不仅要告知消息，而且对适用范围内的所有单位和人员都具有明显的强制力和约束力。

第三节　决定和意见

一、决定

（一）决定的含义

决定是党政机关、社会团体、企事业单位对重要事项或重大行动作出决策和安排时制发的指挥、决策性文件，对下级机关的工作或某项活动具有重要影响和强制力。

决定既可以用于宣布党和国家的重大决策，也可以用于宣告重要事项及其处理结果，还可以用于贯彻上级指示精神，部署重要工作，作出有关机构设置及人事安排的决策，或者用于撤销下级单位不适当的决定以及重要事件后的表彰奖励和批评惩处等事项。

（二）决定的基本特征

1. 指挥性

决定是对下级单位或某一方面的工作提出重要的指导性意见，确定具体措施及实施方案，要求下级单位依照执行，具有比较强的指示方向的作用。

2. 权威性

决定一经作出，对下级工作或所辖系统内有关事项具有强制约束力，收文单位和个人必须严格执行。

3. 单纯性

决定具有一文一事的特色，不杂陈多种事项。

4. 决断性

"决"就是拿主意、拍板，"定"就是不能再改变，由此可见决定的决断色彩很浓。发文机关根据有关方针政策以及形势需要，在法定的范围内，有权对有关事项、问题、行动作出决策和安排，不受其他因素、条件的限制。例如，《全国人民代表大会常务委员会关于批准〈上海合作组织成员国关于地区反恐怖机构的协定〉的决定》，就是我国最高国家权力机关依照法律和国际反恐怖活动形势的要求所作出的重要决策，表明了中国政府的鲜明立场。

（三）决定的分类

按照决定的内容和用途，可以分为以下六类：

1. 法规性决定

是由同家权力机关或具有相应职权的政府机关制定、修订和发布施行的法规性文件或行政法规。例如,《全国人民代表大会常务委员会关于惩治侮辱中华人民共和国国旗国徽罪的决定》,对刑法作出了补充规定。文中指出:"在公共场合故意以焚烧、毁损、涂画、玷污、践踏等方式侮辱中华人民共和国国旗国徽的,处以三年以下有期徒刑、拘役、管制或者剥夺政治权利。"这个决定,成为审理侮辱国旗国徽犯罪行为的法律依据。

2. 政策性决定

用来对重要问题进行政策交代或政策引导,或直接规定重大方针政策,对全局工作具有重要而深远的影响。例如,《中共中央关于经济体制改革的决定》等。

3. 批准性决定

主要用于国家机关批准或修改某些具有立法意义的文件。例如,《中华人民共和国建设部关于修改〈城市房屋权属登记管理办法〉的决定》等。

4. 部署性决定

用于制定重大决策或部署重要工作。例如,中共十六届四中全会通过的《中共中央关于加强党的执政能力建设的决定》等。

5. 知照性决定

这类决定不要求收文机关办什么事,只需知晓、了解有关事项。例如,《国务院关于授予作家巴金"人民作家"荣誉称号的决定》(国发[2003]27号)。

6. 奖惩性决定

用于对重要人物、单位、事件的褒奖或惩处事项。例如,《国务院关于表彰全国计划生育工作先进单位的决定》、《国务院关于处理"渤海二号"事故的决定》等。

(四)决定的内容和结构

决定一般由标题、主送机关、正文、落款等部分组成。有的决定需要在会议上讨论通过,则应在标题下以"题注"形式注明通过决定的会议名称和日期,正文写完后,结尾不再落款。

1. 标题

决定的标题一般有两种形式:一种是由"事由+文种"构成,例如,《关于严惩严重危害社会治安的犯罪分子的决定》;另一种是由"发文机关+事由+文种"构成,例如,《全国人民代表大会常务委员会关于惩治侵犯著作权的犯罪的决定》等。

2. 主送机关

决定属于重要的下行文种,要概括写明收文机关名称。例如,《国务院关于进一步推进相对集中行政处罚权工作的决定》的主送机关是:"各省、自治区、直辖市人民政府,国务院各部委、各直属机构"。没有特定收文对象的决定,则不需写主送机关。

3. 正文

根据决定种类的不同,决定的正文有基本型、三段型、直叙型三种结构模式:

(1) 基本型

由"原因+决定事项"两个部分构成。即首先简要说明决定的原因、目的或根据,然后阐明决定内容。可以着重从行文目的写起,例如"为了加强对城镇待业人员的管理,决定……";也可以着重从根据写起,例如"根据省人民政府第十八次常务会议研究,决定……"。凡是内容较少的决定,可以紧接在原因之后写出决定事项。奖惩性决定大都采用这种结构形式,前后两个部分基本属于因果关系。内容较多的决定,应当采用分条列项的方法阐明决定事项,以便受众阅读和执行。

(2) 三段型

由"原因＋决定事项＋号召"三个部分构成。即在基本型的基础上,增加发出号召或提出实施要求部分。重大政策性决定、部署性决定,大都采用三段型的结构方式。

(3) 直叙型

采用起笔入题方式,直接阐明决定事项。例如,《北京市人民政府关于修改〈北京市城市建筑物外立面保持整洁的管理规定〉的决定》的写法:"市人民政府决定对《北京市城市建筑物外立面保持整洁的管理规定》作如下修改:一、第一条修改为:'为了保持建筑物、构筑物外立面的整洁、美观和完好,根据《北京市市容环境卫生条例》,制定本规定。'"

以上三种正文结构模式,只是基本的参考形式。在实际写作中,正文到底如何安排,应视表达主旨的具体需要而定,没有千篇一律的模式。

4. 发文机关与成文日期

一般的决定在落款处注明发文机关和成文日期。经会议论通过的决定,发文机关和成文日期采用"题注"的形式,在公文标题之下的括号内标明。例如,"(二○○四年九月十九日中国共产党第十六届中央委员会第四次全体会议通过)"。

例文

关于进一步加强水利管理的决定

各市、县、自治县人民政府,省府直属有关单位:

为加强我省水利基础设施和基础产业的管理,保障国家和人民生命财产的安全,适应国民经济和社会发展的需要,特作如下决定:

一、充分认识加强水利管理的必要性和重要性

水利是国民经济的基础设施和基础产业,是经济发展、社会稳定、人民生命财产安全的重要保障。党的十四届五中全会要求,继续加强水利等基础设施建设,使之与国家经济发展相适应。各级政府要从战略高度重视水利问题,切实加强对水利工作的领导,动员社会各方面的力量,齐心协力,共同搞好水利建设与管理;各部门、各行各业要一如既往地支持水利工作,为水利建设与管理创造良好的发展环境。1992年省委、省政府颁发了《关于进一步加强水利建设的决定》(粤发〔1992〕16号),提出了加强我省水利建设的目标、任务与要求,明确了各项有关政策措施,各级政府和有关部门要继续认真贯彻执行。

建国以来,我省兴建了一大批水利水电工程设施,对保障国家和人民生命财产安全,促进我省国民经济和社会发展,发挥了巨大的作用。但是,由于多方面的原因,我省水利管理还存在许多亟待解决的问题。去年我省部分地区发生洪涝灾害,给水利工程的安全带来了严重的威胁,给国家和人民生命财产造成了重大的损失,也暴露了我省水利管理的一些薄弱环节。各级政府要居安思危,认真总结经验教训,加强领导。要充分认识到从根本上解决水利管理问题,是关系到国民经济能否持续发展、人民群众的生活和社会是否稳定的大事,高度认识加强水利管理的重要性和必要性,采取有力措施全面加强水利管理。

二、强化依法治水、管水

（略）

三、理顺水利管理体制

（略）

四、加强水利工程建设的管理

（略）

五、加强水利工程设施的保护

（略）

六、切实做好"三防"工作

（略）

七、提高水利管理队伍整体素质和科学管理水平

各级政府要认真实施科教兴水战略，进一步提高水利建设与管理的科技含量，加强水利水电科技的研制开发、成果转化工作和人才培养工作。每个工程管理单位要按有关部门规定配置不同层次不同专业的管理人才。对有重大贡献的水利水电科技人员要给予表彰和奖励。

广东省人民政府
一九九九年一月二十一日

这个决定是部署性决定，正文采用基本型写法，即"原因＋决定事项"的写法，围绕进一步加强水利管理工作作出重要部署，制定了一系列重要政策，主题集中，内容丰富。

开头部分很单纯，只是简要说明决定的发文目的，突出反映了文件的针对性。

主体部分的内容不仅非常重要，而且相当丰富，主要解决"做什么"和"怎么做"的问题。为了表达内容条理分明，便于理解和贯彻执行，采用开列小标题的方式，分别从七个方面对相关工作进行部署和说明。这种表述方式简明清晰，富有逻辑性，是部署工作或阐发政策的公文所常用的，尤其适合内容丰富、篇幅较长的公文。

这个决定，采用了"意尽而言止"的结尾方法，并没有刻意安排结尾部分，显得干净利落，无拖沓。

此文也有不足之处。例如，第一个小标题下的内容属于解决思想认识层面的问题，即务虚的内容，不属于需要部署的决定事项，因此，如果将其调整到文章开头部分，作为行文以及发文的重要性、必要性，即作为解决"为什么"的问题来说明，效果更好。

（五）决定的写作要求

第一，决定属于重大决策性公文，其内容必须与党和国家的有关方针政策、现行法律法规、上级单位的规定精神保持一致；在内容安排上要考虑决定的长久影响，务求决定中所提出的各项原则与措施务实而稳妥，观点正确，是非清楚，政策界限分明。

第二，决定重在对重大问题或事项作出规范与部署，所以原因部分要写得简明扼要。写发文的法律根据时，引用法律条文不能有丝毫偏差；写决定的理由时，要讲得清楚、透彻、详细；若是根据形势发展需要所作出的决定，就要讲清形势，阐明意义。

第三，决定事项是决定的核心与实质性内容，必须紧紧围绕发文主旨和中心议题。决定事项有的很简短，只是一两句话；有的则事项较多，就必须分条说明。有的决定的条文理论性、政

策性、规定性很强。各项内容一定要实事求是，符合客观实际，制定的政策措施要经得起实践的检验，具有针对性和可行性。有的决定主要不是阐明什么理论和政策，而是要讲"做什么"和"怎样做"，那就要将这两点写清楚、具体、准确。

第四，撰写决定，一定要注意到政策的连续性。新的决定应该是过去同类决定的继续和发展，要能够对党的建设、经济建设和社会进步等起到推动作用。

第五，决定事关重大，影响长远，所以必须注意结构严谨、文字准确简洁、避免歧义。

二、意见

（一）含义

意见适用于对重要问题提出见解和处理办法，是使用较广泛的文种。

（二）特点

根据《国务院办公厅关于实施〈国家行政机关公文的处理办法〉涉及的几个具体问题处理意见》的精神，从行文关系角度说，意见是比较特殊的文种，无论作为下行文、上行文和平行文都可以使用。

1. 作为下行文的意见

意见具有指导和指示的功能，应当向下级提出明确的要求，以便下级遵照执行。如文中没有明确的要求，下级可参照执行。

2. 作为上行文的意见

意见具有请示的功能，可以按照请示的程序和要求办理。所提意见如涉及其他部门职权范围，主办部门应召集相关部门的负责人出面进行协商；如难以达成共识，可列明各方的理由和依据，提出建设性意见，与有关部门会签，然后报请上级单位处理或给予答复。

3. 作为平行文的意见

提出的意见可供对方参考。

（三）内容和结构

意见的结构模式与撰写方法如下所述：

1. 标题

意见的标题可以写明发文机关、事由和文种，例如，《中共中央国务院关于促进农民增加收入若干政策的意见》；也可以省略发文机关，只写事由和文种，例如，《关于扶持城镇退役士兵自谋职业优惠政策的意见》。

2. 题注或落款

属于在会议上通过的意见，应当在标题之下以题注的方式标明通过意见的会议名称和通过意见的具体日期。不属于在会议上通过的意见，则按照公文落款的方式来处理，即在正文右下方标写发文机关名称或加盖印章，下面写明成文日期。

3. 正文

意见的正文一般都比较长，所以写作时应特别注意层次分明。一般分开头、主体和结尾三部分。开头应讲明制发意见的缘由、政策依据及其发文意义，有时也须说明发文背景。这部分应简明扼要。主体是意见的核心内容,一般要采用分条列项的方式,表明对有关问题的态度和处理意见,也可以拟制相应的小标题,统领各部分内容。结尾要强调提出实施要求或重要性,提出希望等。

例文

中共中央国务院关于促进农民增加收入若干政策的意见

(二〇〇三年十二月三一日)

中发〔2004〕1号

在党的十六大精神指引下,2003年各地区各部门按照中央的要求,加大了解决"三农"问题的力度,抵御住了突如其来的非典疫情的严重冲击,克服了多种自然灾害频繁发生和严重影响,实现了农业结构稳步调整,农村经济稳步发展,农村改革稳步推进,农民收入稳步增加,农村社会继续保持稳定。

同时,应当清醒地看到,当前农业和农村发展中还存在着许多矛盾和问题,突出的是农民增收困难。全国农民人均纯收入连续多年增长缓慢,粮食主产区农民收入增长幅度低于全国平均水平,许多纯农户的收入持续徘徊甚至下降,城乡居民收入差距仍在不断扩大。农民收入长期上不去,不仅影响农民生活水平提高,而且影响粮食生产和农产品供给;不仅制约经济发展,而且制约整个国民经济增长;不仅关系农村社会进步,而且关系全国建设小康社会目标的实现;不仅是重大的经济问题,而且是重大的政治问题。全党必须从贯彻"三个代表"重要思想,实现好、维护好、发展好广大农民群众根本利益的高度,进一步增强做好农民增收工作的紧迫感和主动性。

现阶段农民增收困难,是农业和农村内外部环境发生深刻变化的现实反映,也是城乡二元结构长期积累的各种深层次矛盾的集中反映。在农产品市场约束日益增强、农民收入来源日趋多元化的背景下,促进农民增收必须有新思路,采取综合性措施,在发展战略、经济体制、政策措施和工作机制上有一个大的转变。

当前和今后一个时期做好农民增收工作的总体要求是:各级党委和政府要认真贯彻十六大和十六届三中全会精神,牢固树立科学发展观,按照统筹城乡经济社会发展的要求,坚持"多予、少取、放活"的方针,调整农业结构,扩大农民就业,加快科技进步,深化农村改革,增加农业投入,强化对农业的支持保护,力争实现农民收入较快增长,尽快扭转城乡居民收入差距不断扩大的趋势。

一、集中力量支持粮食生产区发展粮食产业,促进种粮农民增加收入

(一)加强主产区粮食生产能力建设。当前种粮效益低、主产区农民增收困难的问题尤为突出,必须采取切实有力的措施,尽快加以解决。抓住了种粮农民的增收问题,就抓住了农民增收的重点;调动了农民的种粮积极性,就抓住了粮食生产的根本;保护和提高了主产区的粮食生产能力,就稳住了全国粮食的大局。从2004年起,国家将实施优质粮食产业工程,选择一部分有基础、有潜力的粮食大县和国有农场,集中力量建设一批国家优质专用粮食基地。要着力支持主产区特别是中部粮食产区,重点建设旱涝保收、稳产高产基本农田。扩大沃土工程实施规模,不断提高耕地质量。加强大宗粮食作物良种繁育、病虫害防治工程建设,强化技术集成能力,优先支持主产区推广一批有重大影响的优良品种和先进适用技术。围绕农田基本建

设,加快中小型水利设施建设,扩大农田有效灌溉面积,提高排涝和抗旱能力。提高农业机械化水平,对农民个人、农场职工、农机专业户和直接从事农业生产的农机服务组织购置和更新大型农机具给予一定补贴。

(二)支持主产区进行粮食转化和加工。(略)

(三)增加对粮食主产区的投入。(略)

二、继续推进农业结构调整,挖掘农业内部增收潜力

(四)全面提高农产品质量安全水平。(略)

(五)加快发展农产品持量安全水平。(略)

(六)加强农业产业化经营。(略)

三、发展农村二、三产业,拓宽农民增收渠道

(七)推进乡镇企业改革和调整。(略)

(八)大力发展农村个体私营等非公有制经济。(略)

(九)繁荣小城镇经济。(略)

四、改善农民进城就业环境,增加外出务工收入

(十)保障进城就业农民的合法权益。(略)

(十一)加强对农村劳动力的职业技能培训。(略)

五、发挥市场机制作用,搞活农产品流通

(十二)培育农产品营销主体。(略)

(十三)扩大优势农产品出口。(略)

六、加强农村基础设施建设,为农民增收创造条件

(十四)继续增加财政对农业和农村发展的投入。(略)

(十五)进一步加强农村基础设施建设。(略)

七、深化农村改革,为农民增收减负提供体制保障

(十六)加快土地征用制度改革。(略)

(十七)深化粮食流通体制改革。(略)

(十八)继续推进农村税费改革(略)

(十九)改革和创新农村金融体制。(略)

八、继续做好扶贫开发工作,解决农村贫困人口和受灾群众的生产生活困难

(二十)完善扶贫开发机制。(略)

(二十一)认真安排好灾区和困难农户的生产生活。(略)

九、加强党对促进农民增收工作的领导,确保各项增收政策落到实处

(二十二)要把解决好农业、农村、农民问题作为全党工作的重中之重。(略)

做好新阶段的农业和农村工作,努力增加农民收入,意义重大,任重道远。我们要紧密团结在以胡锦涛同志为总书记的党中央周围,高举邓小平理论伟大旗帜,认真实践"三个代表"重要思想,坚定信心,奋力开拓,扎实工作,为全面建设小康社会作出新的贡献。

这是中共中央、国务院针对增加农民收入的政策问题下达的重要指示性意见。《意见》紧密结合我国"三农"的实际情况,具有很强的政策性、思想性,是指导各级党委和政府做好农民增收工作的纲领性文件。《意见》通篇分成导语、主体、结尾三个部分。结构清晰,内容丰富,表

述严谨。

《意见》的开头高屋建瓴,用五个"稳步(定)"高度概括了当前"三农"发展的主流,然后摆出了"三农"中的矛盾和问题,紧接着提出了解决"三农"问题的总体要求。这些内容均围绕该文主题,突出体现了《意见》的针对性,使人们清晰地了解意见的产生背景。

《意见》的主体部分,采用分条列项的表述形式,并列分设九个标题,分别展开阐述,前后总共22条意见,眉目清楚,丰富而富有条理。采用单列标题的方法,将《意见》所表达的思想内容按照不同问题归纳为九个方面,内容相对集中,便于把握、理解和贯彻落实,避免了因篇幅过长容易出现的阅读烦累的问题。

结尾部分呼应《意见》的主题,采用号召式方法,使用多个短句,坚定而有力地提出了明确的要求。

(四)撰写意见的要求

1. 要找准行文角度

意见具有多重"身份",行文比较灵活。因此,找准行文"角度"十分重要。如果是请求上级审批的意见,应按请示的要求来写;如果是向下行文,就要提出符合实际、具体可行的政策与措施要求,切实发挥指导作用;假如向同级单位发出意见,则应以协商的态度,阐明本单位的意见和主张。

2. 要讲究语言得体

不同的行文方向,需要运用相应规格的语言表达形式。请示性的意见,语言和语气要向请示靠拢;计划指导性的意见,语言和语气要具有指示性的特色,态度坚决而肯定。总之,意见在文字表述上应当做到准确、简明、得体。

3. 要注重条理清晰

意见大多篇幅较长。为了达到良好的表达效果,必须保证结构严谨、言之有序、层次分明,富有条理性。一般采用分条列项的方式表达,或适当设置小标题,突出发文机关的见解和主张。

4. 要注意主题集中

撰写意见,应围绕一个主题,将一项工作、一个问题的性质、特点、利弊、政策主张与解决办法,讲深讲透,切忌洋洋洒洒、漫无边际、主题分散。同时,还要注意符合党和国家的方针政策、法律法规,从实际出发,提出正确的主张与切实可行的方法措施。

5. 要讲究政策性

意见是发文单位政策见解的体现,起草人必须深刻理解和掌握党和国家的有关方针政策,以此作为提出意见的指导思想,这是写好意见的基础。起草人要掌握大量第一手资料,善于对事物的本质进行分析研究,反映事物的发展规律。

第四节　通知和通报

通知、通报属于周知性公文。社会组织的许多公务信息是利用这种周知性公文传播出去的。一开始接触公文写作的文秘人员,大多是从通知、通报写起的。所以,文秘人员都要学会如何撰写通知、通报。

一、通知

（一）通知的含义

通知是用来批转下级单位的公文,转发上级单位和不相隶属单位的公文,传达要求下级单位办理和需要有关单位周知或者执行的事项,任免人员等。在各单位的公文使用中,使用频率最高、应用范围最广的就是通知。

（二）通知的分类

根据通知的性能与用途,可分为如下几类:

1. 指示性通知

用于传达领导单位的重要指示精神,部署工作任务以及要求下级单位执行某些事项。指示性通知注重从重大原则性问题、思想认识层面以及今后一段时期的工作方面作出方向性指示,给人以启发,指导作用明显。这是通知中最为重要的一类。例如,党的十六大闭幕后,党中央及时下达了《中共中央关于认真学习贯彻党的十六大精神的通知》,这是对于全党全国学习贯彻十六大精神的工作作出的重大部署。

2. 规定性通知

用于对某些方面的工作制度、政策提出规范和要求。与指示性通知相比,它侧重于操作层面的内容,规定在什么时间做什么工作、应该怎样做、不应当怎样做,具有很强的规范作用。

3. 事务性通知

用于办理临时性的具体工作事项。与指示性、规定性通知相比,事务性通知是在更具体的层面告知人们办什么事、在哪里办、何时办理、怎样办理等。这类通知的正文篇幅一般都比较简短,只要将有关要素写的准确、具体、清楚即可。

4. 知照性通知

用于要求有关单位周知某一临时性活动或一般事项以及沟通公务信息等。例如,某单位报送文件、召开会议、调整机构、安排节假日、变更电话号码时,可制发通知,告知有关单位和相关人员。

5. 批转、转发、发布性通知

用于批转下级单位的公文,转发上级单位和不相隶属单位的公文,发布条例、规定等规范性文件。例如,《国务院批转环保总局〈关于三峡库区水面漂浮物清理方案的通知〉》、《北京市人民政府办公厅转发国务院办公厅〈关于严格控制举办城市周年庆典活动的通知〉》、北京市人民政府办公厅《关于印发北京市遏制与防止艾滋病行动计划实施方案的通知》等。

6. 聘任通知

专门用于任免干部和聘用有关人员。

（三）通知的特点

1. 适用广泛

通知的行文主体,包括各级各类社会组织及其部门;通知的内容,既包括上级指示事项,也包括部署工作任务或告知重要公务信息;从行文关系来说,用于下行文和平行文均可。

2. 主体单纯

通知具有主体单一的特点,恪守一文一事的原则,一件通知只涉及一件工作、一个问题、一项公务活动。

3. 时效明显

凡是下达的通知,收文单位都要在一定时间范围内执行和办理,因此正文中通常包括时间要素。

4. 便于操作

通知要具体说明执行要点和要求,这些要点和要求必须具体明白而不能含糊其辞,收文机关按照通知要求去做,即可完成任务。

5. 表述灵活

根据通知内容的繁简程度,表述形式可以多层多段,也可以篇段合一。另外,在内容安排上也比较灵活,没有固定不变的表达方式。

(四) 通知的内容和结构

通知都要具备标题、主送单位、正文、生效标识、成文日期等基本要素。

1. 标题

通知的标题要做到三要素齐备,特别要准确标明事由部分,以便下级单位准确理解、执行和办理。特殊紧急情况下的发文,可以在标题中体现紧急程度。内部会议通知、聘任通知等可以适当精简发文单位或事由部分。凡属于批转、转发、发布文件的通知,标题中应写明"批转"、"转发"、"发布"、"印发"等字样,应在原文标题外加注书名号,否则不加书名号。

2. 主送单位

在正文之前的左侧顶格标明。如果下达普发性通知,应当概括标明下级单位名称。例如国务院发文,经常采用"各省、自治区、直辖市人民政府,国务院各部委、各直属机构"这样的统称方式。

3. 正文

正文是通知的主体部分。正文的内容一般包括三部分:通知的缘由、目的、意义或依据,通知事项,通知的执行要求或希望。具体表述时,内容简单、篇幅简短的通知,可以采用篇段合一的方式;内容重要和篇幅稍长的通知,应当采用分层表达的方式,即依次分为开头、主体和结尾。一般来说,通知的事项应分条列项表达。不同类别的通知,正文写法差别比较大,要根据实际情况而定。

有些通知需要带有补充说明和用作参考的附件,应当在正文之下标注附件名称和份数,以免漏阅。

4. 生效标识

准确标明发文单位名称并加盖单位印章。

5. 成文日期

在发文单位署名之下右侧,用汉字标明发文的年、月、日。

例文一（指示性通知）

中共中央关于认真学习贯彻党的十六大精神的通知

各省、自治区、直辖市党委，各大军区党委，中央各部委，国家机关各部委党组（党委），军委各总部、各军兵种党委，各人民团体党组：

为深入学习贯彻党的十六大精神，把全党和全国各族人民的思想统一到十六大精神上来，同心同德地完成十六大确定的各项任务，确保党和国家在新世纪新阶段奋斗目标的胜利实现，现就有关问题通知如下：

一、充分认识学习贯彻十六大精神的重大意义

党的十六大是我们党在新世纪召开的第一次代表大会，也是我们党在开始实施社会主义现代化建设第三步战略部署的新形势下召开的一次十分重要的代表大会。大会把"三个代表"重要思想同马克思列宁主义、毛泽东思想、邓小平理论一道确立为党的指导思想，提出了新世纪新阶段党和国家的奋斗目标和行动纲领。大会批准了江泽民同志代表十五届中央委员会所作的《全面建设小康社会，开创中国特色社会主义事业新局面》的报告，批准了中央纪律检查委员会的工作报告，审议通过了《中国共产党章程（修正案）》，选举产生了新一届中央领导集体。这次大会是一次团结的大会、胜利的大会、奋进的大会，极大地振奋了全党和全国各族人民的精神，进一步展示了我们党坚持改革开放、维护世界和平与促进共同发展的良好形象，对我们党和国家事业的发展具有重大的历史意义。

江泽民同志的报告，坚持以马克思列宁主义、毛泽东思想和邓小平理论为指导，从历史和时代的高度，全面分析了我们党面临的国际国内形势，科学总结了改革开放以来特别是十三届四中全会以来党领导人民建设中国特色社会主义的基本经验，进一步阐述了"三个代表"重要思想的历史地位和贯彻"三个代表"重要思想的根本要求，明确提出了全面建设小康社会的奋斗目标和推进各方面工作的方针政策，深刻回答了关系党和国家未来发展的一系列重大理论和实际问题，对建设中国特色社会主义经济、政治、文化和加强党的建设等各项工作作出了全面部署。报告主题鲜明、内涵丰富、思想深刻、论述精辟，体现了解放思想与实事求是的高度统一，理论创新与实践创新的高度统一，总结过去与规划未来的高度统一，立足国情与面向世界的高度统一，具有很强的理论性、思想性、前瞻性和指导性，是一篇马克思主义的纲领性文献，是我们党在新世纪新阶段的政治宣言，是全面建设小康社会、加快推进社会主义现代化的行动纲领。

认真学习贯彻十六大精神，是全党当前和今后一个时期的首要政治任务。用十六大精神统一全党和全国各族人民的思想，激励全党和全国各族人民继续艰苦奋斗，奋力开创中国特色社会主义事业新局面，对于确保社会主义中国在风云变幻的国际局势中始终保持安定团结和强大生机，确保我们党始终走在时代前列和不断增强创造力、凝聚力、战斗力，确保我们胜利实现全面建设小康社会的奋斗目标，具有重大的现实意义和深远的历史意义。

二、全面准确地把握十六大的基本精神

高举邓小平理论伟大旗帜，全面贯彻"三个代表"重要思想，继往开来，与时俱进，全面建设小康社会，加快推进社会主义现代化，为开创中国特色社会主义事业新局面而奋斗，这是十六大的主题。要紧紧围绕这个主题，认真学习江泽民同志的报告，全面把握十六大精神。

"三个代表"重要思想是十六大的灵魂。确立"三个代表"重要思想在全党的指导地位，把"三个代表"重要思想写入党章，是十六大的一个历史性贡献。学习贯彻十六大精神，首先要抓住学习贯彻"三个代表"重要思想这个中心环节。要全面深入地领会"三个代表"重要思想的科学内涵和精神实质，牢牢把握贯彻"三个代表"重要思想的根本要求，在全党兴起一个学习贯彻"三个代表"重要思想的新高潮。充分认识"三个代表"重要思想是对马克思列宁主义、毛泽东思想和邓小平理论的继承和发展，反映了当代世界和中国的发展变化对党和国家工作的新要求，是加强和改进党的建设、推进我国社会主义自我完善和发展的强大理论武器，是党必须长期坚持的指导思想；充分认识始终做到"三个代表"，是我们党的立党之本、执政之基、力量之源；充分认识贯彻"三个代表"重要思想，关键在坚持与时俱进，核心在坚持党的先进性，本质在坚持执政为民。要通过学习，引导广大党员干部进一步提高对"三个代表"重要思想历史地位和重大意义的认识，进一步增强贯彻落实"三个代表"重要思想的自觉性和坚定性。

要深刻理解坚定地站在时代潮流的前头，团结和带领全国各族人民，实现推进现代化建设、完成祖国统一、维护世界和平与促进共同发展这三大历史任务，在中国特色社会主义道路上实现中华民族的伟大复兴，是历史和时代赋予我们党的庄严使命。深刻理解十三届四中全会以来以江泽民同志为核心的第三代中央领导集体带领全党和全国各族人民在改革、发展、稳定等各方面取得的巨大成就，对团结全党、振奋民心、鼓舞斗志、开创未来，具有重大而深远的意义。深刻理解党领导人民建设中国特色社会主义的基本经验是党长期探索和实践的结晶，是全党的宝贵财富，必须认真坚持并在实践中不断丰富发展。深刻理解全面建设小康社会是党在新世纪新阶段的奋斗目标，必须最广泛地动员全党和全国各族人民为实现这一目标而努力奋斗。深刻理解必须把发展作为党执政兴国的第一要务，坚持以经济建设为中心，坚定不移地深化改革和扩大开放，不断解放和发展社会生产力。深刻理解必须把坚持党的领导、人民当家作主和依法治国有机统一起来，发展社会主义民主政治，建设社会主义政治文明。深刻理解必须牢牢把握先进文化的前进方向，大力培育和弘扬民族精神，发展中国特色社会主义文化，建设社会主义精神文明。深刻理解全面建设小康社会、开创中国特色社会主义事业新局面，就是要发展社会主义市场经济、社会主义民主政治和社会主义先进文化，不断促进社会主义物质文明、政治文明和精神文明的协调发展。深刻理解必须始终不渝地奉行独立自主的和平外交政策，促进世界多极化，提倡国际关系民主化，同各国人民共同推进世界和平与发展的崇高事业。深刻理解完成十六大提出的各项任务，必须毫不放松地加强和改善党的领导，全面推进党的建设新的伟大工程。深刻理解面对很不安宁的世界和艰巨繁重的任务，全党必须增强忧患意识，居安思危，倍加顾全大局，倍加珍视团结，倍加维护稳定。

坚持党的思想路线，解放思想、实事求是、与时俱进，是我们党坚持先进性和增强创造力的决定性因素，也是十六大报告的精髓。学习贯彻十六大精神要紧紧把握这个精髓，使全党同志深刻懂得，世界在变化，我国改革开放和现代化建设在前进，人民群众的伟大实践在发展，迫切要求我们认真总结实践的新经验，在理论上不断扩展新视野，作出新概括；使全党同志深刻懂得，通过理论创新推动制度创新、科技创新、文化创新以及其他各方面的创新，不断在实践中探索前进，永不自满，永不懈怠，这是我们要长期坚持的治党治国之道。要引导党员干部自觉地把思想认识从那些不合时宜的观念、做法和体制的束缚中解放出来，从对马克思主义的错误的和教条式的理解中解放出来，从主观主义和形而上学的桎梏中解放出来，善于在解放思想中统一思想,用发展着的马克思主义指导新的实践。

三、大力发扬理论联系实际的学风

坚持理论联系实际的马克思主义学风,是学习贯彻好十六大精神的根本保证。只有学以致用,坚持用十六大精神指导实践,同时在实践中不断加深对十六大精神的理解,才能真正把十六大精神落到实处。要把运用十六大精神指导实践、推动工作,作为学习的出发点和落脚点,作为衡量学习成效的重要标准。要通过扎实有效的工作,把学习贯彻十六大精神,落实到发展先进生产力、发展先进文化、实现最广大人民的根本利益上来。

要紧密联系本地区、本部门的工作实际,着眼于进一步做好改革、发展、稳定的各项工作。要根据十六大的战略部署,深入研究涉及本地区、本部门工作的重大战略性问题,明确奋斗目标,理清发展思路,推动经济社会协调发展。要适应经济全球化发展趋势和加入世界贸易组织的新形势,研究新情况,解决新问题,制定深化改革、扩大开放的具体措施,创造性地开展工作。要坚持立党为公、执政为民,认真解决当前经济社会生活中的突出矛盾和人民群众在生产、生活中遇到的突出问题,努力提高人民群众的物质文化生活水平。

要紧密联系本地区、本部门党员干部的思想实际,着眼于全面推进党的建设新的伟大工程。要按照十六大的部署,深入开展以"三个代表"重要思想为主要内容的保持党的先进性的教育,既做好经常性工作,又抓紧解决存在的突出问题,努力提高党的领导水平和执政水平,提高拒腐防变和抵御风险的能力。各级党组织和广大党员干部要通过学习贯彻十六大精神,保持奋发向上的精神状态,更好地全心全意为人民服务,永远同人民群众心连心,始终保持共产党人的蓬勃朝气、昂扬锐气和浩然正气。

四、领导干部要带头学习贯彻十六大精神

执行党的路线方针政策,领导干部具有决定性作用。学习贯彻十六大精神,完成十六大确定的各项任务,实现十六大确定的宏伟目标,关键在各级领导干部。要坚持以县(处)级以上领导干部为重点,推动全党学习的深入开展。广大干部特别是高中级干部要带头学习贯彻十六大精神,努力成为勤奋学习、善于思考的模范,解放思想、与时俱进的模范,勇于实践、锐意创新的模范。

各级领导干部都要认真学习江泽民同志的报告,学习党章,在掌握基本观点和领会精神实质上下功夫,努力提高理论素养和领导水平。要把学习贯彻十六大精神同学习党的基本理论、基本路线、基本纲领和基本经验结合起来,同学习马克思主义发展史结合起来。通过学习,不断深化对共产党执政规律、社会主义建设规律和人类社会发展规律的认识,不断提高科学判断形势的能力、驾驭市场经济的能力、应对复杂局面的能力、依法执政的能力和总揽全局的能力,更好地担负起团结和带领广大人民开创中国特色社会主义事业新局面的历史重任。

要采取多种形式组织好县(处)级以上领导干部的学习,切实把十六大精神学习好、领会好、掌握好、贯彻好。党委(党组)中心组要把学习十六大精神作为当前和今后一个时期的重点工作,把集中学习与个人自学、通读文件与专题研讨结合起来,力求多学一点、学深一点。党校、行政学院要有计划地对领导干部进行培训和轮训。中央将举办省部级主要领导干部学习十六大精神研讨班。各地也要参照中央的做法,作出相应安排。

五、切实加强对学习贯彻十六大精神工作的领导

各级党委要增强政治意识、大局意识、责任意识,围绕主题,把握灵魂,狠抓落实,切实抓好

学习贯彻十六大精神的工作。要按照中央的部署,结合本地实际,提出具体要求,迅速兴起学习十六大精神的热潮。要全面了解学习情况,切实加强指导,总结推广经验。中央将于12月初组织学习十六大精神宣讲团赴各地宣讲。各地也可参照这一做法,组织宣讲团开展宣讲活动,把学习贯彻十六大精神不断引向深入。

各级组织部门要把学习贯彻十六大精神与干部教育培训工作、加强领导班子建设和基层党组织建设有机结合起来,认真做好组织协调和督促检查工作。各级宣传部门要把宣传学习贯彻十六大精神作为当前和今后一个时期工作的重中之重,充分发挥新闻媒体的宣传主导作用,牢牢把握正确导向,在全社会形成学习贯彻十六大精神的良好氛围。工会、共青团和妇联等人民团体要充分发挥广泛联系各界群众的优势,开展各具特色的学习教育活动。党校、社会科学院、高校等单位,要围绕十六大报告中提出的重大理论和实际问题,集中力量,加强研究,推出一批有深度、有分量的研究成果。

企业、农村、机关、学校、部队和社区的基层党组织,要通过举办讨论会、报告会等形式,发挥基层党校、职工学校、市民学校等各类基层宣传文化阵地的作用,组织广大党员干部和群众深入学习十六大精神,引导人们胸怀全局、立足本职,为全面建设小康社会、加快推进社会主义现代化而勤奋工作。各类大中专院校要把学习十六大精神作为思想政治教育、教学和党团组织活动的重要内容,引导青年学生牢固树立中国特色社会主义的理想,坚定跟党走的信念,发奋学习、早日成才、报效祖国。

各地区、各部门要及时将学习贯彻十六大精神的情况报告中央。

中共中央
二〇〇二年十一月十七日

指示性通知是通知中最重要的一种,反映了领导机关的重要指示意图。撰写这种通知要注意写清发文目的、依据或意义,有时需要交代行文背景。通知的主体内容,一般采用分条列项的方法表达,或者列出标题分别表达。要讲究内容的逻辑联系,可以采用并列结构或递进结构的逻辑方法。采用并列逻辑结构(也叫横向结构)时,可以分别写明与通知主题相关的几个问题或不同侧面。采用递进逻辑结构(也叫纵向结构)时,按照从一般到具体的顺序排列内容,即从阐述指导原则或重要性入手,然后提出工作任务,讲明工作步骤、措施要求,直至提出注意事项,这是先务虚后务实的写法;也可以按照从具体到一般的排列方法,即先交代具体工作事项,这是先务实后务虚的写法。

这篇通知开头部分明确提出发文目的,直切主题;结尾部分提出发文要求,与开头紧密呼应。通知的主体围绕学习贯彻十六大精神这个主题,分列五个小标题,分述主体内容。主体的五个问题采用纵向逻辑结构,可以概括为三大方面。简言之,第一个问题是讲"为什么要学习";第二个问题是讲"学习什么";第三、第四、第五个问题是讲"怎样学习"。

在"为什么要学习"的问题里面,含有三个层次:首先指出十六大的历史地位及其深远影响;其次说明江泽民报告的重要贡献与指导意义;最后提出学习贯彻十六大精神是当前和今后一个时期首要的政治任务。之所以这样安排层次,是因为要学习贯彻十六大精神,先要介绍十六大的地位与影响;有了这个前提,再提十六大报告就更加顺理成章;认识了十六大和十六大报告的历史地位和深远影响,才能比较全面地理解了学习贯彻十六大精神的意义。

第二个问题主要讲"学习什么",这是全文的重点,占五分之二的篇幅。在表达上高度精练,运用排比方式,简要概括了十六大的基本精神特别是十六大报告的主要思想,行文严密而紧凑。

通知主体内容的第三个方面讲"怎样学习"。这更加体现了文件的现实指导意义。通知分别从学风要求、领导带头、组织保障三个层面展开阐述,体现了要求严肃、措施周密、逻辑严密、语言精准的特点。

例文二(规定性通知)

北京市人民政府　北京卫戍区
关于做好 2003 年冬季退役士兵安置工作的通知
京政发〔2003〕27 号

各区、县人民政府,市政府各委、办、局,各市属机构,驻京各部队:

根据《国务院中央军委关于 2003 年冬季士兵退出现役工作的通知》精神,为做好本市退役士兵的安置工作,现将有关事项通知如下:

一、接收对象

(一)义务兵服现役满 2 年未被选取为士官的;

(二)调整精简单位服现役未满规定年限的编余士兵;

…………

二、接收时间

(略)

三、认真做好退役士兵的接待运送工作

(略)

四、深入开展退役士兵的思想政治教育工作

(略)

五、切实做好退役士兵的接收安置工作

(略)

各区县政府、市政府各有关部门要以党的十六大精神和"三个代表"重要思想为指导,认真贯彻执行国家及本市有关安置工作的政策法规,通过政府安置就业和自谋职业相结合的安置办法,确保 2003 年冬季退役士兵得到妥善安置。

(一)加大对城镇退役士兵安置工作的力度。(略)

…………

(五)加强对退役士兵安置工作的组织领导和严格管理。

军、地有关部门要严格执行有关政策规定,切实维护退役士兵的合法权益。城镇退役士兵待安置期间的生活补助费原则上从 2004 年 2 月份开始发放。对提前退役士兵的安置,要与服役期满的退役士兵同等对待,按时接收,纳入 2004 年安置计划。

对办理假材料谋取安置资格、占用农业户口指标入伍、非户口所在地入伍的城镇退役士兵,以及在农村入伍后购买城镇户口的,一律不享受城镇退役士兵的安置政策;对无正当理由不服从分配的城镇退役士兵,取消其安置资格;对拒不接收安置任务或不按规定落实有偿转移安置的单位,要追究其主要负责人的责任并予以处罚;对积极完成安置任务的行业和单位要按规定予以表彰和奖励。

北京市人民政府
中国人民解放军北京卫戍区
二〇〇三年十二月四日

规定性通知属于严肃郑重的需要执行的下行文种,无需讲什么道理,注重要求必须遵守的事项。这篇规定性通知,围绕做好退役士兵安置工作这个主题,对接收对象、接受时间、接受运送、思想工作等一系列相关内容分条列项做出明确规定,态度明确、要求具体、措施到位、赏罚分明,充分体现了发文单位的权威性,而且文字表明简约凝练,行文语气不容置疑,为做好退役士兵安置工作提供了明确依据。

例文三(事务性通知)

关于开展迎国庆爱国卫生检查的通知
京爱卫字〔2003〕26号

城八区爱卫会、各委员部门:

目前我市正在广泛开展创建国家卫生区活动,且东城、西城、石景山区已经通过市创建国家卫生区的考核验收。为了促进"创卫"工作的开展,改善城市环境面貌,同时进一步贯彻落实我市防治"非典"的工作要求,定于9月下旬在全市开展爱国卫生检查,具体安排如下:

一、检查时间和地区

1. 9月24日　丰台区
2. 9月25日　海淀区　宣武区
3. 9月26日　朝阳区　崇文区
4. 东城、西城、石景山区8月中下旬已接受市爱卫会"创卫"工作考核,不再检查。

二、检查内容和数量

依据《国家卫生区标准》,每个区抽查2个街道办事处(2002年接受检查的街道除外),检查内容和具体分组如下:

1. 市容环境组:每个街道办事处内检查4条大街、4条胡同、4个公厕、2个集贸市场,每条大街检查5个门前三包单位。

2. 食品卫生组:每个街道内随机检查1个副食商场、5个餐馆。2个街道内随机抽查2个宾馆饭店(或中小旅社)。

3. 公共场所卫生组:2个街道内随机抽查2个宾馆饭店(或中小旅社),每个街道内各随机抽查2个美容美发厅、2个洗浴中心、1个二次供水单位。

4. 除四害组:2个街道内随机检查5个餐饮场所、1个副食商场、1个社会单位、1个医院、1个集贸市场和1个宾馆饭店。

5. 单位居民组(分2组):每个街道内检查4个单位、2个居民区。

6. 资料组:分别检查区和街道爱国卫生和创建国家卫生区工作资料。

三、有关要求

1. 检查当天抽签完毕后直接进行检查,不听取汇报,检查结束后由市爱卫会对检查结果进行汇总反馈。

2. 本次检查的目的是为了促进我市创建国家卫生区工作的深入开展,各区、各街道应本着务实的态度,实事求是地解决一些社会卫生问题,同时要推广先进做法,力戒形式主义。

3. 为了以整洁的城市面貌迎接"十一",各区应做好对未检街道的爱国卫生检查工作,加强执法检查,以整洁的卫生面貌迎接国庆54周年。

望各区接此通知后,积极行动,认真做好迎接检查的准备,把创建国家卫生区工作推向新的高潮。

北京市爱国卫生运动委员会
二〇〇三年八月二十八日

事务性通知旨在通知有关单位或人员去干具体的事情。拟定这种通知,要特别注意讲清有关事项的要素,突出可操作性。

例文四(知照性通知)

关于召开信息工作会议的通知

局各科室、区公用事业指挥部、区城市化办公室:

为进一步做好我局信息工作,加强信息员队伍建设,提高我局信息工作整体水平,经研究,决定召开信息工作会议。现将有关事项通知如下:

一、时间:

2009年4月10日下午3:00

二、地点:

区行政中心管理大楼6楼1号会议室

三、参加人员:

(一)各科室、站所负责人,公用事业指挥部、区城市化办公室综合科负责人,各信息员;

(二)2008年度信息工作先进个人。

四、会议内容:

(一)表彰2008年度信息工作先进个人;

(二)学习政务信息写作技巧;

(三)学习政务公开有关知识;

(四)学习网站维护知识;

(五)研究制定信息员工作制度。

五、有关要求

(一)各科室、站所根据自身工作实际,确定信息工作人员,并于2009年4月8日前报局办公室。原则上要求至少一名,其他愿参与信息工作的同志亦可报名。联系人:廖翔,联系电话:86966700。

(二) 信息工作人员应热爱信息工作,具有一定的综合写作和计算机操作能力。

(三) 请与会人员安排好工作,准时参加。

中共温州市龙湾区建设局委员会
二○○九年四月二日

例文是一则知照性通知,其主要目的是为了向有关单位告知有关事项或重要消息。拟定这种通知,在内容安排上要做到周到细致,表达清楚,使受文者不产生疑问。这种通知的正文,可以采用分层表达或篇段合一两种表述方式。无论如何,都要将需要告知的有关事项准确、简明、具体地说明清楚,其内容事项要根据不同情况而定。会议通知即属于知照性通知范畴,要确保将会议时间、地点、内容、参加人员、要求等事项告知清楚,避免与会者或收文单位为此心存疑问。

例文五(批转性通知)

国务院中央军委批转全国拥军优属拥政爱民工作领导小组民政部
总政治部全国拥军优属拥政爱民工作会议纪要的通知
国发〔2004〕15号

各省、自治区、直辖市人民政府,国务院各部委、各直属机构,各军区、省军区、各军,各军兵种、各总部、军事科学院、国防大学、国防科学技术大学,武警部队(军级以上单位):

现将全国拥军优属拥政爱民工作领导小组、民政部、总政治部《全国拥军优属拥政爱民工作会议纪要》批转给你们,请结合实际,认真贯彻执行。

拥军优属、拥政爱民是我党我军我国人民的优良传统和特有的政治优势,军政军民团结是中国革命和建设事业取得胜利的重要保证。进一步做好新形势下的双拥工作,加强军政军民团结,对于维护国家安全、统一和社会政治稳定,保证改革开放和社会主义现代化建设的顺利进行,实现全面建设小康社会的宏伟目标,推进国防和军队建设,具有重大而深远的意义。《全国拥军优属拥政爱民工作会议纪要》系统总结了十多年来双拥工作的经验,对新形势下开展双拥工作的指导思想、基本任务、创新发展和组织领导提出了明确要求,是当前和今后一个时期开展双拥工作的基本依据。地方各级人民政府和全军各部队,要以邓小平理论和"三个代表"重要思想为指导,站在国家长治久安和民族兴旺发达的高度,把双拥工作作为事关全局的战略任务来抓,不断巩固和发展军政军民同呼吸、共命运、心连心的大好局面,为促进国家改革发展稳定和军队现代化建设做出新的贡献。

附件:《全国拥军优属拥政爱民工作会议纪要》

国务院 中央军委
二○○四年五月十一日

批转性通知是上级单位对下级单位发文审批之后的一种转发行为。之所以称为批转性通知,是因为其具有批准该文生效和指示如何执行的性质。

例文是一则批转性通知,用于批转下级单位的公文。正文有两种表述方式:

其一,阐发式。对所批转的公文在表明态度的基础上,针对有关内容进一步阐述指示性意见,说明此项工作的意义、执行重点与注意事项等,旨在强调所批转公文的指导作用。

其二,表态式。使用极为简短的语言,对所批转的公文表明态度,要求收文机关贯彻执行。表态用语多为"同意……"、"批准……"等。

拟写批转性通知有两个步骤。首先,根据被批转公文的情况,酌情写好批语部分。其次,对被批转公文(请示、报告、意见等)做一些技术性处理,去除其眉首、公章、版记等独立行文标志,因为它已成为批转性通知的组成部分,不再是独立行文了。批转性通知的格式相对固定,关键在于语言准确、精练,语气肯定无疑。

例文六(转发性通知)

**国务院办公厅转发文化部等部门关于开展
网吧等互联网上网服务营业场所专项整治的意见的通知**

国办发〔2004〕19号

各省、自治区、直辖市人民政府,国务院各部委、各直属机构:

文化部、工商总局、公安部、信息产业部、教育部、财政部、司法部、中央文明办、团中央《关于开展网吧等互联网上网服务营业场所专项整治的意见》已经党中央、国务院领导同志同意,现转发给你们,请认真贯彻执行。

网吧管理事关青少年的健康成长,事关社会主义精神文明建设,事关健康、积极向上社会风气的形成。近来,一些地方网吧违法违规经营现象突出,特别是黑网吧已经成为社会公害,必须尽快开展一次专项整治行动。地方各级人民政府要以"三个代表"重要思想为指导,从立党为公、执政为民的高度,充分认识加强网吧管理、开展专项整治的必要性和紧迫性,本着对党负责、对人民负责、对子孙后代负责的精神,加强领导,精心组织,周密部署,守土有责,把专项整治列入重要工作日程,建立健全专项整治工作组织保障体系,切实落实各项措施。各有关部门要各司其职,相互支持,密切配合,及时督促检查,严厉打击网吧等互联网上网服务营业场所违法违规行为,确保专项整治工作取得预期成效,使网吧等互联网上网服务营业场所尽快走上健康有序发展的轨道,为青少年的健康成长创造良好的社会环境。

各省、自治区、直辖市人民政府可根据本通知制订具体实施意见。

附件:《关于开展网吧等互联网上网服务营业场所专项整治的意见》

国务院办公厅
二〇〇四年二月十七日

转发性通知用于转发上级单位、同级单位和不相隶属单位的公文。这种通知由转发语和被转发公文组成,撰写方法与批转性通知基本相同。由于转发性通知比批转性通知应用范围要广泛,所以实际生活中它比批转性通知应用得更多一些。

转发性通知的转发语言有两种写法:

其一,表态型。对所转发的公文表明态度或说明情况,明确提出执行要求。

其二,阐发式。对所转发的公文在表明态度、提出执行要求后,可以指出此项工作的重大意义、工作措施和方法;也可以结合本单位或本系统的实际情况作些补充说明。

(五)撰写通知的注意事项

1. **通知事项要明确**

通知的操作性很强,因此,拟写通知必须将需要传达、贯彻、落实、周知的事项交代清楚,便于接受单位理解和执行,绝不能含糊其辞、模棱两可。

2. **公文主题要集中**

通知是为了解决实际问题的,因此,要严格执行一文一事的行文制度,每件通知明确说明一件事情、布置一项工作,保证主题单一,让人一看就明,以便迅速执行与办理。

3. **确保清晰表达**

通知是以说明表达方式为主的文种,无论采用篇段合一方式还是分层表达方式,通知在文字表达上都要求做到准确简练、层次分明、条理清晰,使读者一目了然,不生歧义。

4. **讲究发文依据**

为了保证行文效果,要注意增强发文的权威性,导语部分应当尽可能将发文的政策法规依据或事实依据给予明确交代。针对问题下达的指示性通知,要注意将行文背景正反两个方面的情况说明清楚,以增强行文的针对性。

二、通报

(一)通报的含义

通报用于表彰先进、批评错误、传达重要精神或情况。从行文关系看,通报属于下行公文,是进行宣传教育、指导工作、传达重要情况时常用的一种公文。党政机关、人民团体、企事业单位、学校都可以使用。

(二)通报的分类

按照通报的内容及其目的,可以分为三种类型:

1. **表彰性通报**

旨在宣传先进思想和事迹,倡导优良的社会风尚,树立正气;鼓励人们学习先进,做好工作。主要用于表彰突发事件中的好人好事,如救人、救火、勇斗歹徒、拾金不昧等事迹;也用于确认和公布先进集体、先进个人的表彰结果,介绍先进经验,树立先进典型。

2. **批评性通报**

是与表彰性通报相对的,即用来批评错误、宣传纪律处分结果等,旨在教育干部和群众引以为戒,防止发生类似的错误。

3. **情况通报**

主要用于对某些特殊社会动态、人的思想状况或一定时期某方面工作进展情况以及各种重要信息,进行交流沟通,引起广泛关注;或用于传达领导机关的指示意图,以便统一认识,统一行动,共同完成任务;也用于为领导决策提供重要情况。

(三)通报的特点

从通报的功能与用途上看,具有如下特点:

1. 使用广泛

由于通报所涉及的人物或事件具有典型性,旨在进行宣传教育、启发引导或广泛沟通,因此,不受作者权限限制,各单位均可使用。

2. 客观真实

通报的内容均是实际工作中已经发生的真实情况,具有事实上的绝对准确性,这是起到广泛教育推动作用的基础。

3. 寓理于事

通报不像通知、通告、决定等文件那样以说理为主来直陈要求,而是重在叙事说理,寓理于事,以事明理,通过对正反两方面事实的陈述,对人们起到指导、示范、教育、督促、警戒作用。

4. 正面引导

无论是表扬先进、批评错误,还是传达重要情况,其目的都在于通过典型可信的人和事,引导人们明辨是非,吸取教训,弘扬正气,树立新风。

(四)通报的内容和结构

通报一般由标题、主送单位、正文、署名与发文时间组成。

1. 标题

一般由发文单位、事由、文种组成。通报的标题要能够突出其所传达的信息,通报事项要准确概括,使人一目了然。其中,特别要准确揭示事实的性质。撰写褒奖性通报,常常用"授予××××称号"或"表彰"等一类词语表明发文单位的倾向与立场。若拟写批评性通报,可以使用"给予××××处分"或"擅自"等词语,表明态度。另外,通报的标题有直述式和转述式两种写法。直述式写法用于发文单位直接发出的内容单一的通报,即在标题中直接叙述有关事由,如《××研究所关于授予梁××"勤政爱民好干部"荣誉称号的通报》;转述式写法用于发文单位转发已有成文的通报,例如《××市人民政府关于××县抗洪救灾捐款使用情况的通报》所转发的附件是《××县人民政府关于抗洪救灾捐款使用情况的通报》,这时,通报的正文只起到一种按语的作用。

2. 主送单位

采用统称的方法,标明收文单位名称。

3. 正文

正文是通报的核心部分。不同类别的通报具有不同的写法。但它们都是建立在客观事实的基础上,其目的都是为了沟通有关情况、说明道理。因此,正文的构成都离不开"事实"和"道理"两个方面。其具体的表达通常包括这样几个基本部分:叙述事实与介绍情况、评价分析与标明态度、说明对事件的表彰或批评方法及其对收文单位的指导性意见或希望与要求。

4. 署名

写明发文单位名称或加盖公章。

5. 发文时间

准确标明发文的年、月、日。

例文一(表彰先进集体通报)

××省人民政府　××省军区
关于表彰全省国防教育先进单位和先进个人的通报

各市人民政府,各县(市、区)人民政府,省政府各部门、各直属机构,各大企业,各高等院校,各军分区、警备区、预备役师(旅),各县(市、区)人民武装部,省军区各部:

自1990年《××省国防教育条例》颁布实施以来,全省各级党委、政府和国防教育工作机构以及广大干部群众,认真贯彻落实党中央、国务院、中央军委关于加强国防教育、增强全民国防观念的一系列指示精神,积极适应国际军事斗争形势的新变化,适应市场经济和改革开放深入发展的新特点,不断研究解决国防教育遇到的新情况、新问题,努力探索依法搞好国防教育的形式和方法,组织开展了形式多样、各具特色、富有成效的国防教育活动,在多次参加全国性的国防教育活动中取得了优异成绩,始终走在全国国防教育前列。通过广泛持久、深入扎实的国防教育,全省广大干部群众面对风云变幻的国际形势,增强了居安思危的忧患意识;面对实现祖国统一、维护国家安全的严峻局势,增强了热爱祖国、保卫祖国的国防观念;面对我省的重要战略地位,增强了建设海防、守卫海防的责任意识。这对促进我省的政治进步、经济发展和社会稳定起到了积极的推动作用。

多年来,全省各行各业、各个单位和广大干部群众在开展国防教育中做了大量工作,付出了辛勤努力,取得了显著成绩,涌现了众多先进单位和先进个人。为了总结经验,表彰先进,推动全省国防教育深入发展,省政府、省军区决定,对××钢铁集团总公司等100个国防教育先进单位和齐亚珍等100名国防教育先进个人给予通报表彰(先进个人不享受省级劳模待遇)。

希望受表彰的单位和个人要珍惜荣誉,戒骄戒躁,再接再厉,为全省国防教育作出更大的贡献。各单位和广大干部群众要认真学习先进,不断开拓进取,努力把我省国防教育推向新的水平。

附:国防教育先进单位、先进个人名单

××省人民政府
中国人民解放军××省军区
二○○一年九月七日

例文是一份表彰先进集体的通报,旨在介绍先进经验和先进典型。从主送单位的标写方法可以看出,它属于普发性的多级下行文。由于受到表彰的对象较多,不可能一一介绍表彰对象的先进事迹,因此我们看到,在叙述事实的过程中,最突出的特点就是高度概括,以有别于表彰好人好事的通报。

全文分为三个部分：

一是介绍有关情况，将开展国防教育工作的依据、目的、时间、参加部门和人员、工作成效等，概括交代清楚，对先进经验予以充分肯定。

二是概括说明在国防教育工作中涌现的先进典型情况，列举先进单位和先进个人名称，说明表彰单位的数量状况，归纳其具体做法。

三是勉励受到表彰的先进单位和个人戒骄戒躁，并向全省各单位和广大干部群众提出学习先进的号召和希望。

例文二（表彰好人好事通报）

××省化工总公司党委关于授予张××"优秀共产党员"荣誉称号的通报

×化发〔2001〕××号

各分公司党委，总公司党委各部门、各直属机构：

张××同志是××分公司所属天宏化工厂管道维修工人，共产党员。今年8月12日上午8时30分，该厂成品车间后处理工段油气管道突然爆炸起火。正在利用公休日清理夜间施工现场的张××被爆炸气浪猛烈推倒，头部、右臂和大腿等多处受伤，鲜血直流，鞋子也被甩出很远。在这危急关头，张××强忍剧痛，迅速爬起来，顾不得穿鞋和查看伤势，踩着玻璃碎片，冲入烈火之中，迅速关闭了喷胶阀门、油气分层罐手阀、蒸汽总阀。接着先后用了10余个干粉灭火器扑救颗粒泵、混胶罐等处的大火，在随后赶来的保安人员的援助下，共同英勇奋战十余分钟，最终将大火全部扑灭，避免了火势的蔓延。

张××同志在身体多处受伤、火势凶猛并随时可能发生更大爆炸的万分危急关头，将个人生死置之度外，果断处理突发事件，为遏制火势蔓延，防止事故扩大，减少国家财产损失，作出了突出的贡献。他的行为体现了为保护国家财产和人民利益而置个人生命安危于度外的崇高精神品质，谱写了一曲保持共产党人先进性的正气之歌。韩××同志不顾危险，奋力救火，充分表现了忠于职守、不怕牺牲的精神，不愧为一名称职的保安人员。

为此，总公司党委研究决定：

一、将张××和韩××奋力灭火的英勇事迹通报全公司，予以公开表彰。

二、授予张××"优秀共产党员"荣誉称号，晋升一级工资，并颁发灭火奖金5 000元，以资鼓励。

三、为韩××晋升一级工资，并颁发灭火奖金1 000元，以资鼓励。

希望各分公司党委、总公司党委各部门、各直属机构组织广大共产党员和干部职工认真学习总公司党委的表彰通报，以张××、韩××的英雄事迹和崇高精神为动力，落实安全生产责任，努力做好本职工作，为化工行业的改革与发展作出更大的贡献。

××省化工总公司党委（印）
二〇〇一年八月二十日

这是一篇表彰好人好事的通报。首先，采用记叙的表达方式，简要叙述了事件经过，写明何人在何时、何地做了何事,结果如何,记叙文的各要素完备清晰,使人一目了然,事故扑救经过部分虽然着墨不多,却写得精彩感人,给人留下了深刻的印象。

其次,采用议论的表达方式就事论理,紧密结合张××、韩××英勇扑救烈火的事迹,进行恰如其分的评论,语言简要明确。我们看到,文章省略了推理论证的过程,只留下结论性的意见,即使用论断性的语言标明了发文机关的鲜明态度。

最后,采用引用说明的方式,转达了总公司党委表彰决定的内容:授予荣誉称号,给予物质奖励。结尾时提出希望和要求,号召大家向先进模范学习,进一步突出了制发本通报的目的,体现了通报所具有的广泛宣传教育功能。

需要说明的是,撰写表彰性通报与撰写先进事迹的材料要区分开来。通报所选取的素材多数是突发性的事项,如救人、灭火、勇斗歹徒、拾金不昧等,这应当是通报着重反映的事项。而先进事迹材料所要表彰的是一贯长期积极工作的先进模范人物,它是供评选先进工作者使用的材料,它更应当侧重于写出表彰对象的一贯表现,从平凡中见不平凡。

例文三(批评性通报)

关于对文成驾校学员考试舞弊情况的通报

全市各驾校:

为进一步严格驾考纪律,督促驾校对学员考试纪律的教育,现对123号部令实施以来,第一例科目三"安全文明驾驶常识"考试舞弊行为查获情况通报如下:

2013年3月5日上午,考试中心安全文明驾驶常识考场工作人员在巡视考场时发现考生刘柏亮外貌特征与照片不符,疑是替考。经请示考试中心领导后,暂扣其准考证,并带离考场。经民警询问查明,文成驾校浙C1930教练车学员刘柏亮因第一次参加安全文明驾驶常识考试不及格,该刘急于想拿到驾照,故托其兄弟刘成良来替考,被当场查获。

根据公安部123部令及相关文件规定,经车管所考试中心研究,决定采取以下措施:

一、取消学员刘柏亮已考科目的成绩,且一年内不得再次申领机动车驾驶证。另外,对替考人刘成良进行批评教育。

二、对教练车浙C1930停止报考申请7天。

三、责令文成县长途汽车运输有限公司机动车驾驶员培训学校深刻反思,限期整改,并将整改结果上报市交警支队车管所考试中心,整改不到位,将停止报考申请。

以上通报,全市各驾校要认真吸取教训,引以为戒,切实加强考试纪律教育,管好自己的车,管好自己的人,杜绝此类事件的再次发生。

温州市车管所考试中心
二○一三年三月十一日

例文是温州市车管所考试中心针对一起考试舞弊事件发出的批评性通报。其主旨突出,结构清晰,态度明朗,针对性很强,表述严谨规范。

拟写批评性通报的正文,要把握住其基本构成部分:事故概况、起因分析、对有关责任人员的处理以及引以为戒的指导性意见。

首先,概括叙述事件的梗概,说明事件性质。可以用引叙的方式开头,例如"据××事故调查组报告……",把在什么时间、什么地点发生了什么事件,以及事件主要经过和造成损失情况进行简要叙述。也可以采取直叙方式,直接交代经过调查了解的事件情况。总之,必须将事件的真实情况简要叙述清楚,并为事件定性,提出本文的行文目的。

其次,对事件原因进行具体分析,查明责任,为处理事件的责任人提供依据。

再次,对事件责任人量情处理。通报具体写明了对直接责任人和相关人员的处理决定,态度明确,语气坚决果断。

最后,概括出经验教训。这是通报的主要目的所在,是行文的着眼点和落脚点。

例文四(情况通报)

国务院办公厅关于水利专项资金审计情况的通报

各省、自治区、直辖市人民政府,国务院各部委、各直属机构:

1998年,审计署组织对全国31个省、自治区、直辖市的2 139个地(市)、县水利部门,以及水利部长江、淮河等6个流域水利委员会1996年至1997年度水利专项资金的筹集、管理和使用情况进行了审计。在国家财力十分紧张的情况下,1996年、1997年中央和地方财政预算内水利资金的投入继续保持了一定的增长,同时,国家建立了水利建设基金,专项用于水利基础设施建设,这对于加快水利建设,保障大江大河的安全等发挥了重要作用。但从审计结果看,当前水利专项资金在筹集、管理和使用中存在一些突出问题,有的还相当严重。根据国务院领导的指示精神,现将有关审计情况通报如下:

一、(略)

二、(略)

三、(略)

四、(略)

五、(略)

水利是农业的命脉和国民经济的基础产业。今年长江、嫩江和松花江流域的特大洪水再一次警示我们,必须高度重视并切实搞好水利建设,决不能有丝毫懈怠。水利专项资金审计中发现的上述问题,必须予以高度重视,采取切实有效措施加以解决:

(一)各级政府及审计、监察等部门对这次审计查出的水利专项资金筹集、管理和使用中存在的问题,必须逐一依法严肃查处,决不能姑息迁就。除给予经济处罚外,还必须追究有关直接责任人和领导人的行政责任;构成犯罪的,依法追究刑事责任。有关地区和部门应将上述问题的处理结果,于1999年4月30日前报审计署,由审计署汇总后报国务院。今后,要进一步加大审计监督力度,坚决查处各种挤占、挪用水利专项资金的行为,确保专款专用,使有限资金发挥最大的效益。

(二)各级政府及有关部门要认真贯彻国务院关于建立水利建设基金的决定,积极做好基金的筹集和管理工作。财政部、水利部近期要对各地筹集水利建设基金的情况进行一次全面检查,确保各地的水利建设基金按规定及时、足额筹集到位。今后对不能及时、足额筹集水利建设基金的地区,中央财政要相应减少对该地区的水利专项拨款。

(三)各级财政、水利主管部门要切实加强对水利专项资金的管理和监督,特别要针对这次审计发现的问题,举一反三,认真汲取教训,决不允许再出现挤占、挪用水利专项资金的问题。水利部要带头加强对流域机构的管理和监督,认真执行国家有关财经法规和水利建设计划,确保国家水利资金的合理有效使用。

中华人民共和国国务院办公厅
一九九九年一月二十二日

例文是一份情况通报,旨在传达上级机关的重要精神或工作中出现的新情况、新问题、新动向等需要下级机关周知的事项。

拟写情况通报正文的要领如下:

首先,概述通报的是何种情况,是在什么时间空间范围内发生的情况,以及这些情况的来源。

其次,把情况的来龙去脉、前因后果等阐述清楚,可以分条列项说明。

最后,写明上级机关的指示性意见,提出下级机关应当注意的问题。

撰写情况通报,要注意有情况、有分析、有结果,能够起到沟通认识、交流信息、督促后进、激励先进、推动全盘工作的作用。

(五)撰写通报的注意事项

1. 通报的事实必须准确无误

一定要在撰写之前搞好调查研究,反复核实有关情况,包括事件的细节都必须了解清楚,不能有丝毫出入,以免造成失信、被动的后果,给发文单位的声誉带来不良影响。

2. 通报的事实必须具有典型意义

要选择那些典型性强、富有通报价值的事例行文,充分发挥通报对工作的指导作用和对干部群众的教育功能。

3. 通报的语言表达必须恰如其分

通报是在发文单位对客观事实有了明确的态度与原则立场之后的行文,对事实的分析和评价要实事求是,合情入理,讲究分寸;不能空发议论,借题发挥;尤其是对事件的定性要慎重推敲,切忌片面化和绝对化,要做到表扬不溢美,批评不扬恶。

4. 通报要讲究时效性

通报的事实必须尽快传达出去,引起广泛注意,才能促进工作的开展,因此要"趁热打铁",及时行文,以求最佳表达效果。如果时过境迁再来行文,通报的效果就会大打折扣。

第五节 报告、请示和批复

一、报告

报告是党政机关执行报告制度的结果。报告的使用在党政机关工作中由来已久。早在1948年1月7日,毛泽东就为中共中央起草了《关于建立报告制度》的党内指示。毛泽东指出:"为了及时反映情况,使中央有可能在事先或事后帮助各地不犯或少犯错误,争取革命战争更加伟大的胜利起见,从今年开始,规定如下的报告制度。"这是中共中央坚持民主集中制、反对无纪律无政府倾向的长期斗争在新形势下的发展。以毛泽东起草的这份党内指示为标志，以往在党的组织系统实行的下级向上级报告工作的做法被当作一项制度确立下来。新中国成立后，定期报告的制度得到广泛推行。

（一）报告的含义

报告用于向上级单位汇报工作、反映情况，以及答复上级单位的询问的公文。

（二）报告的分类

按报告的内容和目的，可将报告划分为以下几种类型：

1. 工作报告

旨在向上级单位汇报工作进展情况，以便上级单位统一协调和掌握下属单位工作情况，实行有针对性的领导。根据报告内容又可以具体分为综合性报告和专题性报告。例如，《××县人民政府政府2003年工作报告》，就属于综合性报告；《关于改进企业工资基金管理办法的报告》，就属于专题性报告。

2. 情况报告

旨在向单位机关反映有关情况，如社会动态、职工思想状况、严重自然灾害以及其他需要上级单位及时了解和掌握的特殊情况，例如，《××牧场牲畜冻伤冻死情况的报告》。

3. 答复性报告

这是一种被动性行文。当上级单位有所咨询时，对于较为简单的问题，可以口头答复，较为复杂的问题，往往要用书面报告形式答复，例如，《关于××市人大代表团出国考察的报告》。

（三）报告的内容和结构

报告的基本结构由以下几个部分组成。

1. 标题

一般采用"发文单位名称＋事由＋文种"的形式。综合报告的标题可以省略介词结构"关于……的"，例如，《××市人民政府2003年工作报告》；专题报告的标题要注意将事由概括准确，例如，《××县林业局2003年春季植树造林工作的报告》。定期执法的报告需要标明针对的时间，以示区别。

2. 主送单位

在正文上一行顶格书写一个直接上级单位的名称，要全称和规范的简称。不能多头主送，也不能直接写领导者姓名。

3. 正文

报告的正文，通常这样安排：

一是说明报告的缘由。即为什么要写报告，是遵照领导的要求行事，还是认为有必要让领导了解有关工作情况，或是为了答复上级的询问。还应交代报告涉及的主要内容、时间空间范围、总体情况等。

二是陈述报告的主要内容。报告主要工作进展情况是要突出重点，抓住核心，有成绩、有经验、有不足、有改进意见。

三是结语。一般使用"特此报告，请审阅"、"特此报告"等，不能用请示的结语。

4. 发文单位名称

按照要求标明发文单位名称并加盖单位印章。

5. 成文时间

使用汉字标明成文的年、月、日。

例文一(工作报告)

天津市林业局关于2009年春季植树造林工作的报告

国家林业局：

2009年春季，在国家扩大内需，新增造林投资的带动下，天津市各级财政投入林业生态建设资金大幅增加。同时，今年又是我市实施2009—2012年林业建设规划的第一年，市委、市政府对春季植树造林高度重视，主要领导和分管领导多次亲临造林现场指导工作。经努力，我市春季造林绿化工作取得了较大的成绩，截至目前，共完成造林面积26万亩，完成年度计划造林的122%。其中，京津风沙源治理工程0.89万亩，三北及沿海防护林工程25.11万亩。按林种分：防护林13.97万亩，用材林10万亩，经济林2万亩，特用林0.03万亩。

一、造林绿化主要特点

（一）领导重视，组织得力。市委、市政府出台了《关于加快林业发展建设绿色天津的意见》，市政府批转了《2009—2012年天津林业建设规划》，进一步明确了今后四年我市林业发展布局、目标任务和相关政策。为加强绿色天津建设各项工作的组织领导，市政府成立了重点造林绿化工程建设指挥部，主管林业的副市长任指挥部总指挥。高丽书记、兴国市长多次听取汇报，并作出重要批示。兴国市长亲自参加全市加快林业发展建设绿色天津动员大会，对2009年的造林绿化工作，特别是市级重点造林绿化工程建设，进行了动员，提出了具体要求。文喜副市长多次召开会议，研究部署工作，并多次深入工程建设现场检查指导，为今年春季植树造林圆满完成做好了充分准备。

（二）重点工程建设有突破。由于前期准备工作比较到位，相比去年，各项市级重点绿化工程建设更加规范，标准更高。一是工程规模大，今年市级重点工程造林任务共安排12万亩，占全市总体任务的56%，规模远远大于往年，截至目前，市级重点工程完成12.9万亩；二是苗木规格符合设计要求，重点工程苗木胸径均达到4厘米以上，部分苗木达到了6厘米以上；三是林带结构比较合理，高速公路绿化带由里到外低矮灌木、亚乔木、高大乔木的配置，层次非常分明；四是栽植质量较高，由于前期市林业局和各区县均进行了相关栽植技术培训，科学营造，科技营林，因此，栽植质量比去年也有较大的提高。

（三）片林发展势头猛。各区县积极贯彻落实兴国市长关于加大片林建设的批示要求，充分利用片林建设的扶持政策，积极开展片林建设，特别是宁河、静海、宝坻，今年片林建设的力度非常大。全市完成的26万亩造林任务中，片林面积占到60%以上。市级重点工程建设完成的10.9万亩片林，占今年12万亩市级重点工程总任务的90.8%。为了加快我市片林发展进程，加大绿化资金扶持政策，实施栽植与责任为一体，栽植与补贴为一体，栽植与管护为一体的方法，使我市片林工程有了新的特色。

（四）政策、资金扶持力度大。市政府制定出台了建设绿色天津的相关补贴扶持政策，加大了财政扶持力度，同时在《2009—2012年天津林业建设规划》中也明确了造林补助标准及相关政策,为加快建设绿色天津提供了强有力的资金保障。我市西青区根据市财政局、市林业局关于《天津市林业建设工程财政补助资金管理办法》,结合实地建设情况,制定出台了《西青区林业建设工程财政补助资金管理办法》,明确了资金拨付程序、渠道,确保了绿化工程的顺利完成。

(五)宣传力度大。春植以来,充分利用广播、电视报纸等新闻媒体宣传植树造林对当前实现人与自然和谐相处,实现经济社会可持续发展,建设生态文明社会的重大意义。我市津南区开展了声势浩大的绿色宣传月活动,加强宣传造林绿化的知识、意义、造林动态、水平,提高了人们对生态建设的认识,切实增强了老百姓植绿、护绿、兴绿、爱绿的绿色文明意识,使广大群众对造林技术、林木知识、管护常识有了新的认识,增强了造林的主动性。

二、存在问题

今年我市春季造林绿化工作,虽然取得了很大成绩,但在充分肯定成绩的同时,也清楚地看到还存在一些不容忽视的问题:

(一)高速公路绿化带存在个别绿化死角。一是坑塘、堤埝综合整治不到位,没有按要求进行整治或绿化,有的坑塘与高速平行的堤埝栽上了树,但与高速垂直的堤埝未进行绿化,影响了效果。二是高速公路与路、河、渠的衔接部位存在死角、断带现象,整治得不够彻底。三是个别地段因土地调整不到位,或因特殊地形,只栽植了2、3行树木,林带宽度较窄,影响了绿化效果。四是部分路段存在脏乱差现象,特别是在城郊结合部地段或沿线途径村镇、企业的地段,存在垃圾没有清理、整体环境脏乱差的现象。五是外环线及部分高速林带内有零星或成片的坟头,造成了绿化带断带或影响了绿化带的整体效果。

(二)部分农田林网单薄。由于多数林网只能栽植单行或双行树木,且株行距较大,感觉林网过于单薄、不够厚实,视觉效果不理想。

(三)养管措施存在不到位现象。许多新植树木没有及时涂白、培土,浇灌后倾斜、倒伏的苗木,没有及时扶正,枯死苗木没有及时更换。

三、下一步主要工作

(一)建立健全养护制度,确保绿化成果。加强养护管理工作,建立健全养护管理制度,严格管护责任制,成立专业管护队伍,加强对新植树木的清除杂草、浇灌、涂白等养管工作,防止人、畜破坏,确保植树成果,同时对枯死苗木及时更换、补植,确保景观效果。

(二)加强监督检查,做好技术指导。在监理公司对绿化工程进行全程监理的基础上,认真核实好完成工程任务量,作为进一步兑现政策的依据。全面掌握新植树木生长情况,针对不同季节、不同地段、不同情况,做好技术指导,因地制宜采取各种管护措施,提高成活率和保存率。

(三)做好今年雨季及今冬明春植树造林安排。切实抓好我市雨季造林的前期准备工作,主要是组建造林专业队,苗木的落实等工作,确保顺利完成雨季造林工作。按照《2009—2012年天津林业建设规划》制定的目标任务,提早下达今冬明春造林任务,明确市级重点造林绿化工程,并积极做好规划设计、技术培训、苗木准备等工作。

特此报告,请审阅。

天津市林业局
二〇〇九年六月二日

工作报告的正文一般安排三大部分。

首先,引据部分。这是报告的开头,要用简练的语言概要叙述全文所涉及的主要内容或工作梗概,也可以陈述报告的背景。从实际情况看,多涉及报告的行文依据、针对时间、主要工作进程、总体绩效评价等。总的原则是开门见山、落笔入题、点到而止、不必展开,切忌戴"帽子"、兜"圈子"。引据部分完成后常常使用过渡句"为此,特作以下报告"或"现将有关情况报告如下"引出主体内容。经济工作部门、公司企业的报告注重用数据说话,开头部分通常采用同期比较的方式,客观的说明工作发展情况或经济效益不断提高的良好势头。

其次,报告事项部分是正文的主题核心,要准确客观、条理清晰地将有关事项或工作情况阐述清楚,并作出扼要的分析,让上级全面、深刻并且有重点地了解下级工作情况。报告的重点内容要根据主旨或行文目的来确定。如果是以汇报情况为主体的报告,重点部分就是工作完成情况、取得的主要成绩、采取的主要措施以及主要的经验体会;同时,要本着实事求是的原则,找出存在的主要问题、不足之处或薄弱环节,说明解决问题的办法;还要对下一步工作提出设想、安排意见或表明进一步做好工作的愿望。如果是反映问题为主的报告,应首先对所要反映的问题或情况及其造成的影响或损失进行概括或叙述,然后重点分析产生问题的主客观原因,最后提出解决问题和改进工作的方法。总之,工作报告的整体布局,要与报告目的和主旨相互协调,要注意区分重点内容与一般内容,做到主次有序,有详有略。

结尾部分通常使用较为固定的结语,如"特此报告,请审阅"、"如有不当,请指正"等。结尾部分应另起一段,独占一行。

在工作实践中,人们归纳出了工作报告的一些撰写要求:

第一,以概括记叙为主。可以按照时间顺序或工作步骤,概述工作内容及完成情况,既不用细节描写,也不要避免罗列大量实例的做法。有的人写报告时只顾大量地罗列事实,不知道择其要点、适当概括,读起来让人感到很繁琐,不得要领。

第二,重点突出,有点有面。重点突出,是指以本单位为中心工作进展情况为重点内容,不要写成"流水账"。有点有面,就是点面结合、相辅相成之意。有"点"无"面",文章显得零乱纷杂;有"面"无"点"文章内容失之空泛,缺乏力度。正确的做法是,在叙述中心工作进展情况的前提下,对普遍情况要概括性叙述,适当应用一些数据,增强说服力。概括不等于笼统,事实要写清楚,情况要说透彻,以便给上级留下深刻印象。

第三,要尊重事实的本来面貌,工作没有十全十美,存在问题或不足很正常。报告工作时,要遵循事实求是的原则,不夸大成绩,不缩小问题,不仅报喜,也要报忧。

第四,报告中不能写请示事项。报告通常不需要答复,因此报告中不宜提出请示事项,否则很容易耽误工作。

例文二(答复性报告)

××规划建设委员会办公室
关于××县拟建工业开发区的报告
×规办〔19××〕×号

××市人民政府:

根据张××副市长的批示,我们就××县人民政府《关于建立工业开发区的请示》(×政

〔19××〕110号)中的有关问题,曾转市规划局、规划院研究,今年1月13日在规划办系统联席会议上再次进行了研究,现将我们的意见报告如下:

一、××县人民政府提出在现状××公路以南(即××县城西南)地区建立工业开发区,与××县城总体规划没有矛盾,可原则同意。

二、现状××公路以南至规划××公路之间可用于工业的用地共2平方公里,其中,规划的自来水九场××至××县段管线巡线路以北地区为1.2平方公里(略)

三、由于现状××公路和规划××公路之间地区是自来水八场的水源补给区,因此,在选择工业项目时,必须注意保护环境。(略)

……………

特此报告。

附件:××县工业区规划图

××规划建设委员会办公室
一九××年××月××日

答复性报告是一种被动行文,是因上级的询问而产生的。其正文的安排一般包括以下三个部分。

开头部分简要写明答复的缘由。包括哪位领导在何时对问题进行了批示或询问了哪些事项,本机关得知后的反映情况。

主体部分围绕上级询问或批办意见,简明扼要地陈述处理意见或结果,与询问无关的问题不涉及。

结尾部分使用结语"特此报告,请审阅"。

答复性报告的撰写要求如下:

第一,要求体现报告的针对性。正文最适宜开门见山地针对有关询问报告情况,切不可闪烁其词、转弯抹角,更不能夹带其他不相关的事项。

第二,内容要准确。对上级询问的情况,事先要认真进行调查研究,搞清问题的实质、具体情节、处理结果以及有关数据。要力求具体、清楚、简洁。

第三,要注重时效,及时答复上级询问,以免误时误事。

例文三(情况报告)

××市公安局关于我市当前经济犯罪的情况报告

××市人民政府:

根据中央《紧急通知》精神和市委、公安部指示,我市各级公安机关迅速组织力量,与有关部门密切配合,依靠群众,研究、发现线索,抓紧侦察,破获了一批重大经济犯罪案件。现将初步掌握的关于我市经济犯罪的规律性情况报告如下:

第一,大量走私生产原材料和稀有、贵重物品及违禁品。

前几年,走私贩卖电视机、收录机和手表风行一时,目前主要是走私进口和转手倒卖尼龙丝、汽车,非法套购和走私出境珍珠、兔毛等,其约占侦查案件中的58%。××市机械工业局销售经理李××等,从广州购进尼龙丝五百余吨,转手倒卖,单位非法获利10余万元,李等非法所得2

万余元。港商陈××等通过厦门等特区有关部门,雇佣上海的黄牛掮客,深入产地非法收购珍珠1 000公斤,价值80余万元,使国家遭受重大损失。走私文物、古玩、名人字画也是当前的一个突出情况。××市无业人员张××,在本市收购字画167幅、瓷器300件、金玉器118件,通过邮件、托运、携带运到广州后,交给"马仔"闯关出境,在香港高价出售,其中7幅就卖得港币19 000元。据海关统计,今年一季度已查获此类案件200多起,并有继续发展的趋势。

第二,在经济犯罪成员中,国家工作人员占了很大比重,其中还有共产党员和某些领导干部。

在已破获的××起案件所涉及的××名犯罪成员中,国家机关干部和工厂企业干部、职工××名,占36%。其中,共产党员××名,厂长、经理、科级和社队干部等××名,还有少数处级以上干部和部队的干部。他们有职、有权、有物、有人,把上海作为联络点、中转站和集散地,内外勾结,形成走私、投机倒把犯罪集团。有的帮助走私、投机倒把份子抢购套购,闯关出境;有的把特区进口物资内地销,倒手转卖,谋取暴利。更严重的是,有少数领导干部的家属、子女,利用其特殊身份,形成一个"地下外贸集团",钻我外贸部门制度不健全的空子,掌握了部分出口物资,与外商、港商和社会上的黄牛掮客相互勾结,进行私下交易,转手买卖,从中拿取"佣金",谋取暴利。据初步调查,这个集团成员达百人以上。他们自称"代理人",设立"办事处",与港商、外商通气,把外贸出口货物名称、规格、牌价泄露出去。有的把第一批货物掌握在手里,在港商中买来卖去,哄抬价格,索取佣金,收受贿赂;还有的竟与黑社会分子、特务间谍私下来往,具有更大的危险性。

第三,在犯罪手法上多利用公开身份,披上合法外衣,掩盖非法活动。

有的地区、单位明知珍珠、兔毛是国家重点出口物资,有严格的管理制度,但他们却利欲熏心,不顾党纪国法,直接与港商签订合同,联合收购并准许出口,给非法活动打上合法印记。有的利用各种手段骗取合法手续,掩护非法活动;有的则利用某些单位思想麻痹、制度不健全和作风不正确的漏洞,披着"合法"的外衣,进行非法活动。如上海有一个自称"金融股票研究小组"的诈骗集团,他们以"国民党党政人员留下的黄金券、航空券、火车票可以兑换外汇,并可以从中拿去奖金"作为诱饵,将骗取的某县政协的"证明"加以复制,到处招摇撞骗。有6人被骗取所谓"信用金"、"活动费"3 000余元。还有些刑满释放人员在一些企业内挂上"供销员"招牌,以"采购员"名义,随身携带各种空白介绍信,与其他企业签订"合同",并以请客送礼等各种方式打通关系,取得方便,用未发货先提款和从银行汇款中提到部分现金手段,骗取大量物资和现金。

针对上述情况,我们将进一步研究对策,总结经验,采取措施并与有关部门及广大群众配合,更有力地打击各种经济犯罪活动,维护治安,保卫国家经济建设。

××市公安局
一九××年××月××日

情况报告的正文一般包括以下三个部分:

首先,简要说明行文依据。提示本篇报告的核心内容,或说明情况来源。

其次,具体陈述有关情况。根据所报告情况的特点,叙述情况发生的时空范围、基本特征、严重程度、紧迫性、特殊性、造成的损失等情况,例如案情、灾情、疫情等。

最后,提出处置措施。说明已经采取的处置措施、解决问题的建议与思路,结尾时可以用"特此报告,请审阅"等结语。

情况报告的撰写要求如下：

第一，行文要及时。对当前出现的新情况、新问题以及有关事件,应及时向上级领导机关汇报,切莫延误时间,以便上级及时了解情况并作出正确决策,避免造成更大损失。

第二，内容要集中。情况报告大都属于专题报告,要一事一报,中心明确,不枝不蔓,以便上级了解和掌握具体情况。

第三，情况要属实。情况报告是领导决策的重要依据,贵在真实可靠。因此,要深入了解有关情况并如实报告,既不夸大,也不缩小,切忌言过其实,也不能有意"隐恶扬善",提供虚假信息。否则会造成决策失误,其后果不堪设想。

二、请示

（一）请示的含义

请示是下级请求上级给予指示、批准和批转时使用的文种。

请示是特定条件下使用的,有特定应用范围。一般遇到以下情况才需要请示：

1. 对上级单位的法规、政策及其决定等有不解之处,或认为他们不适应本单位情况需要变通处理时,需要请求上级单位予以解释、指示和认可。
2. 请求批准人员编制、机构设置、干部免职、经费预算以及重要人员或事故的处理。
3. 请求审批或批转本单位制定的重要文件。
4. 请求解决本单位无法解决的困难和问题。
5. 根据规定必须履行审批手续的事项

总之,任何依法成立的机关、组织和企事业单位,都享有独自解决和处理问题的法定职权,超出其职权范围的事项,则需请示上级,获准后方可执行和办理。擅自处理不该由本单位处理的问题,是错误的行为。

（二）请示的特点

1. 条件性

请示事项必须是超出本单位职权范围事项。下级既要尊重上级领导与指导,并及时请求上级解决问题,也要在职权范围内尽职尽责,切实办好该由自己办理的事项。

2. 超前性

请示必须在事前行文,不能"先斩后奏",这是制发请示的重要原则。事前行文不仅是尊重上级的表现,也有助于提请上级对重要事项帮助把关,避免出现重大失误。

3. 主旨单一

请示必须严格执行一文一事原则,确保主旨单一,以便上级单位及时答复,缩短公文办理周期,提高行文效率。有人认为一件请示多讲几件事情可以提高工作效率,殊不知这样往往造成文件在上级单位的几个部门旅行,很容易相互影响,耽误工作。

4. 时效性

请示事项多数比较急迫或关系重大。上级单位收到文件后应尽快批复。一旦延误时机,就可能造成较大损失。市场经济条件下,时机是最重要的发展条件之一,若上级延误了答复下级请示的时间,很容易使下级丧失发展良机。因此,上级单位收到请示后要力争在最短的时间内回复下级。

5. 期复性

请示发出后,上级单位无论同意与否,都要予以答复,这是由请示的期复性特点决定的。有请必复是请示与报告的重要区别。

(三) 请示的种类

根据请示的不同目的,可以将其分成以下三类:

1. 请求指令类的指示

针对工作中出现的不知如何办理的具体问题,向上级说明有关理由或情况,请求予以答复或提出明确的处理意见。例如,对有关的法律精神或政策难以把握,工作中遇到特殊情况无所依据等均应请求上级给予解释或指示。行文中,应把重点放在对有关情况的说明上,可以写本单位的建议,以便上级单位批复时参考。

2. 请求批准类的请示

这是请求中最普遍的一种,即在涉及机构设置、领导班子调整、人员编制、财务运算、重要事件或重要任务处理时,在提出本单位处理意见或具体方案的前提下,请上级单位审核批准。行文中,要把有交代批注的事项阐述清楚,重点放在处理意见、办法、方案的说明上。必要时应采用附件形式,提供有关事项的完备资料,以便上级单位了解有关情况和批准审核。

3. 请求批转类的指示

针对本单位提出的涉及重大事项的解决方案、工作部署意见,或拟定重要规章制度,请求上级转批在相关单位或部门范围内执行。这种请示的关键,是针对有关单位的实际情况,注重文件的适用性。

(四) 请示的内容和结构

无论哪类请示,其基本结构大致相同。即要由标题、主题、主送单位、正文、生效标识、发文时间等部分组成。此外,在公文眉首部分,必须标明签发人。

1. 标题

标题通常由发文机关、事由、文种组成,例如,《民政部关于增加选举工作干部编制名额的请示》、《政治系关于改革考试方法的请示》等。要特别注意文种使用上的规范,不能将"请示"写成"申请"或"请求";"请示"与"报告"不能混用,也不能写成"报告请示"。有些人将请示的标题写成《关于请求××××的请示》或《关于申请××××的请示》,造成语义重叠,属于不规范的做法,应当将标题中的"请求"、"申请"删除。

2. 主送单位

只能标明一个直接上级单位名称。受双重领导的单位向上级请示,应根据请示的具体内容,主送其中一个上级单位并将请示抄送另一个上级单位。

3. 正文

为了保证行文效果,撰写请示的正文时一般考虑三个方面的内容:

(1) 简要说明请示的原因

之所以要请示,一定事出有因。因此,撰写请示首先要从陈述开始,说明请示的理由、根据

和目的,有时也要说明请示事项的背景。例如,《××局关于增设老干部管理工作办公室的请示》中,就说明了这样的缘由:

"近年来,随着干部制度的改革和时间的推移,我局离休干部逐渐增多,目前已经达到65名,他们的实际困难难以解决。为了加强对离休老同志的管理和服务工作,根据中共××省委有关文件的规定和离休老干部的迫切要求,我局增设老干部管理工作办公室。将现有关事项请示如下。"

这段话简明扼要,有根有据,主旨突出,不仅说明了请示的背景,也体现了增设老干部管理工作室的必要性、紧迫性,一句"现将有关事项请示如下"很自然地引出了主题内容。

(2) 针对请示事项提出解决问题的意见或建议

这是请示的主体部分。重点在于说明该怎么办,要拿出本单位的具体建议,多数情况下需要提出解决问题的初步方案,供上级定夺。若有可供选择的不同方案或建议,则需要提出本单位的倾向性意见。提倡积极帮助上级出谋划策的态度与做法,反对简单消极地上交矛盾的态度和做法。

(3) 结尾

采用征询的语气和祈请的语言,明确提出请求上级给予指示、批准或批转的要求。通常以"以上请示(意见)当否,请批示"、"以上请示如无不当,请批准"、"以上请示如无不当,请批转各有关单位执行"、"特此请示,请予批准"等惯用结语表达行文要求。避免使用表意不清、咄咄逼人甚至"最后通牒"式的语言。

4. 落款部分

标明发文单位名称并加盖公章。

5. 成文日期

用汉字标明成文的年、月、日。

例文

××省高级人民法院
关于交通肇事是否给予被害人家属抚恤问题的请示
××法行〔19××〕××号

最高人民法院:

据我省××市中级人民法院的请示,他们对交通肇事致使被害人死亡是否要给被害人家属抚恤的问题,有不同意见。一种意见认为,被害人是有劳动能力的人并遗有家属要求抚养的可以给,被害人是没有劳动能力的老人或儿童不给;一种意见认为,只要不是被害人自己过失所引起的死亡,不管被害人有无劳动能力都应酌情给予抚恤。我们同意后一种意见,认为这样有利于安抚死者家属。

此做法因无现行法律或有关政策、指示作依据,是否妥当,请批示。

××省高级人民法院
一九××年××月××日

这是一则请求指示类的请示。这类请示使用比较频繁。当工作中遇到具体问题或困难需要解决,但是没有相关法律或政策为依据,也无先例可循,或者出现上级的指示规定不完全适应本单位的情况,就要请求上级交代政策法规,或作出明确指示。作为下级,应当积极进言献策。此文主旨明确,表达简洁清楚,不仅把下级的两种不同意见和盘托出,而且明确提出了本单位的建议,并且讲出的理由合情合理。

(五)请示的写作要求

第一,行文之前要主动与主管领导取得联系,做好沟通工作,最好能够当面陈述有关请示意见,求得领导的同情、理解和支持。经验证明,加强与上级领导的沟通是请示获得批准的重要因素。

第二,要把握好请示的内在逻辑。不论请示什么问题,也不论文字多少,请示的内在逻辑一般包括"为什么请示"和"请示什么问题"两个层次。前一层突出请示事项的理由,要在"解决问题的可能性"、"方案的可行性"或"解决问题的有利条件"上面做文章。

第三,请示目的要明确。要做到提出的建议和要求具体明白,解决问题的措施、办法切实可行。

第四,严格遵循一文一事原则,一件请示只讲一个问题,切忌数事混杂。

第五,严格按照隶属关系逐级行文,不能越级请示,不能多头主送,也不能主送领导者个人(领导人明确要求的除外)。

第六,请示必须在事前行文,切忌先斩后奏;未获上级批复之前,请示不得抄送下级。

三、批复

(一)批复的含义

批复是上级单位答复下级单位请示事项时所用的文种。请示在先,批复随后,请示是批复产生的唯一因素,因而批复是被动性公文。

(二)批复的特点

1. 指示性

批复是属于一种下行文种,反映了领导单位的指示性、决策性意见,具有较强的约束力,下级单位必须遵照执行。

2. 针对性

批复是专门针对下级单位请示事项而写的,属于回复性文件。领导单位既可以肯定下级单位的请示事项,亦可以否定请示事项。但无论如何,批复都必须紧紧围绕请示事项行文。

3. 结论性

一般而言,批复具有"一锤定音"的性质,批复的内容相当于对下级请示事项的最终结论性意见。因此,批复只发给提出请求的单位,不像其他公文那样有着较广泛的适用范围。如答复的问题具有普遍性,或批复事项涉及其他单位时,就要用通知形式批转有关单位。

4. 简明性

批复的行文直来直去,简明扼要,用语精炼简要,语气肯定。

（三）批复的种类

1. 按照批复内容的表达方式，可以分为表态式批复、阐发式批复两种类型。表态式批复，内容比较简单，只是针对请示事项表明同意或不同意的态度。

阐发式批复，通常是针对新事物或重大而又长远影响的事项，在明确表态的基础上，进一步阐发政策性、指示性意见，指导下级单位处理好有关问题。

2. 按照批复内容的性质，可分为肯定性批复、否定性批复、解答性批复三种类型。

肯定性批复，即同意下级单位请示事项的批复。

否定性批复，即不同意下级单位请示事项的批复。

解答性批复，即针对下级单位请示中所询问的有关事项给予明确解答的批复。

（四）批复的内容和结构

1. 标题

批复的标题与其他文种的标题有所区别。具体写法有以下两种：

（1）发文机关＋请示事项＋文种

例如，《北京市人民政府关于燕房卫星城总体规划的批复》，标题中"燕房卫星城总体规划"是原请示的事项。

（2）发文机关＋表态词＋请示事项＋文种

例如，《国务院关于同意贵州省设立遵义市汇川区的批复》，标题中特别明确了批复的表态意见，增强了批复的针对性。

当批复的内容为同意下级单位请示事项时，标题中应使用"同意"这个表态词；如果不同意下级单位的请示事项，标题中不宜标明"不同意"的字样，而在正文中阐述不同意的理由。

2. 机关

写明批复所针对的请示单位名称。

3. 正文

正文写法应视批复的实际情况而定，但是有基本固定的格式可以借鉴。一般来说，批复的正文要分为以下三个部分：

（1）引据部分

即正文的开头往往只用一句话说明是针对什么机关的什么请示而批复。通常引用请示的来文日期、文号和标题。例如，"你中心 2004 年 7 月 28 日《关于加强和完善新任公务员培训工作的请示》（×发〔2004年〕32号）收悉。"这是体现了批复的针对性的特点。

（2）批复意见

即写清批复的主题内容，针对请示事项明确表态，予以答复。一般以"经研究，现批复如下"引出批复意见，也可以直接用"经研究，同意……"写明批复的事项是什么，通常是针对请示事项逐项说明。态度要明朗，观点要鲜明，所提意见、做法要切实可行，符合党和国家的政策法规。批复的意见不能无的放矢，含糊其辞，似是而非，使下级难以理解，无所适从。

(3) 批复结语

可以用"此复"、"特此批复"结束全文,也可以写明希望和要求,如"望(希)遵照执行"等。有的批复没有结尾用语,把批复事项或问题说完即可。

4. 发文机关署名

在正文的右下方写明制发批复的机关名称并加盖印章。

5. 成文日期

在机关名称或印章下面写明批复的年、月、日。

例文一(表态式批复)

都江堰市人民政府
关于同意新增城市公共汽车的批复

市交通运输局:

你局《关于新增城市公交车的请示》(都交发〔2012〕2号)收悉,经研究,同意新增公交车50辆。

一、新增车型:柳州五菱GL646624型小公交车。

二、新增线路:共六条。

(一)31路:中医院——塔子坝中学——青城桥头;全程共4.5公里,共15个站点。

(二)32路:翔凤路口——龙潭湾——奎光塔公园;全程共4.6公里,共18个站点。

(三)33路:三官桥——团结小学——民主小区2.5环路口;全程共4.5公里,共26个站点。

(四)34路:申家巷——都江堰中学——友爱学校;全程共4.5公里,共20个站点。

(五)35路:银杏广场——学府路口——柏条河北路2.5环路口;全程共3公里,共14个站点。

(六)36路:外北街口——北街小学——政务中心;全程共5.6公里,共24个站点。

望你局接此批复后按相关规定及时办理新车入户及运营相关手续。

此复。

都江堰市人民政府
二〇一二年二月十三日

表态式批复,即对下级单位请示事项作出明确表态,表明"经过研究,批准(或同意)……"即可。这主要用于肯定性批复。除了表明批准或同意的态度外,不再提出什么指示、规定、意见、要求。

例文从标题的事由部分到正文主体内容都表现出了"同意"都江堰市交通运输局关于新增城市公共汽车的请求,态度肯定而明朗。由于请示事宜得到了圆满解决,正文中也就不需要再多用笔墨。

例文二（阐发式批复）

国务院关于同意吉林省
完善城镇社会保障体系试点实施方案的批复
国函〔2004〕35号

吉林省人民政府：

你省《关于申请批准吉林省完善城镇社会保障体系试点实施方案的请示》（吉政文〔2004〕40号）收悉。现批复如下：

国务院原则同意《吉林省完善城镇社会保障体系试点实施方案》。在吉林省进行扩大完善城镇社会保障体系试点工作，是党中央、国务院做出的重大决策。你省要按照党中央、国务院的部署和要求，围绕改革发展稳定大局和实施振兴东北地区等老工业基地战略，加强领导，精心组织，认真做好试点工作，为完善我国城镇社会保障体系进一步积累经验。要结合你省实际并认真借鉴辽宁省试点经验，把国有企业下岗职工基本生活保障向失业保险并轨工作与促进再就业紧密结合起来，将城镇登记失业率控制在合理的范围内；要切实做好"三条保障线"的衔接，妥善解决下岗失业人员和生活困难人员的生活保障问题；要积极探索建立可持续发展的城镇企业职工基本养老保险制度；要进一步提高就业和社会保障工作的管理服务水平；要充分考虑社会各方面的承受能力，积极稳妥地推进试点工作，及时研究解决试点工作中出现的问题，确保企业和社会稳定。试点工作中，确需调整政策要报经国务院批准，重要情况要及时向国务院报告。

附：《吉林省完善城镇社会保障体系试点实施方案》

国务院
二〇〇四年五月十三日

这是一份阐发性批复。它与表态性批复的重要区别在于：它不仅要表明同意实施某一方案或请示事项的态度，更要着眼于某一方案或请示事项的特殊性、示范性或重要意义，围绕该方案或请示事项进一步阐发指示性、政策性意见。此文针对的是吉林省扩大完善城镇社会保障试点工作，是党中央和国务院开辟的"试验田"，具有为完善我国城镇社会保障体系积累经验的意义，其得失成败关系重大。为此，国务院在行文中一连用了5个"要……"的排比句，从构建"社保体系"的角度，提出了明确的指示性意见，并且严肃的指出，确需调整政策要报经国务院批准，有重要情况及时报告。这些指示性意见，条理清晰，要点明确。

例文三（否定性批复）

××县人民政府关于××乡人民政府兴建砖瓦厂的批复
×发〔1998〕××号

××乡人民政府：

你乡1998年4月10日《关于兴建砖瓦厂的请示》（××发〔1998〕×号）收悉，经研究，现答

复如下:

改革开放以来,农村盖房使用砖瓦量确实明显增加,因此各乡纷纷兴建了砖瓦厂。据调查,我县已经有40%的农户盖了新房;约30%的农户今年内不拟盖新房,砖瓦需求量相对趋于缓和。其余拟盖新房户所需砖瓦的数量,我县现有砖瓦厂完全可以满足。因此,凡申请新建砖瓦厂的请求不予同意,以免供过于求,出现新的问题。

特此批复。

××县人民政府(印)
一九九八年四月二十日

否定性批复,即否定请示事项,也否定请示理由。但在行文中不能以权压人,不能采取简单武断的方法一棍子打回去,而是要做到以理服人。要以认真负责的态度,简明精当地讲清否定的理由,避免下级单位误解上级的意图。以上否定性批复例文很实在,用调查了解到的事实说明不能再建砖瓦厂的道理,体现了人民政府为人民着想、对工作负责的态度。语言准确简洁,内容紧贴请示事项,具有很强的针对性。

(五)批复的撰写要求

第一,批复是下级机关处理工作或解决问题的依据。因此,批复的行文要非常慎重。行文前要对有关事项认真进行调查核实工作,根据不同情况搞好论证工作。要根据职权范围批复,绝不可贸然行文。

第二,批复态度要鲜明。不管同意与否,切忌含糊其辞、模棱两可,也不能回避请示内容,答非所问,或似是而非,使下级单位无所适从。部分同意请示或完全不同意请示的批复,在引述来文、表明态度之后,还需要说理分析,然后才是结束语。但要注意的是,说理要力求简洁得体,以体现下行文的语体特点;分析不要求详细,点到为止即可。

第三,要一文一复。不可把毫不相干的几件请示的批复意见集中起来写一个批复当中,否则,会导致批复内容混杂,下级执行起来困难,而且还拖延了批复的时间。

第四,要讲究时效。批复要及时,以免贻误工作。如果超出下级机关要求的时限,应及早说明原因。

第六节 函和会议纪要

一、函

(一)函的含义

函(习惯称公函)用于同级和不相隶属的单位之间商洽工作,询问和答复问题,请求批准和答复审批事项。

(二)函的性质

公函属于典型的平行文种。"不相隶属单位之间"不论级别高低,都没有职权上的指挥与服从、领导与被领导关系,都是平等协作关系,相互行文均使用函。政府的专门职能部门,如财政、人事、卫生、环保、劳动保障、市政管理等部门,都具有相应事项的专门管理职权,同级部门或下级政府遇到这方面的问题需要解决时,必须请求它们批准。这时应当使用"函"请求批准,而不能使用"请示"。只有下级向上级请求批准时,才能以"请示"行文。

党委和政府的综合职能部门(办公厅、室)根据领导授权可以代行党委和政府的部分职权,用公函答复下级机关的请示事项,此时公函具有指导和批准的作用。

(三)函的特点

1. 适用广泛

无论平行或不相隶属的单位之间相互往来公文,不受各自级别限制,都可以用公函行文。

2. 内容单纯

拟写公函要遵循一文一事的原则。每份公函都要交代清楚具体时间、具体事项、具体经办人等。

3. 文字简练

函的表达直截了当、简洁精练,篇幅宜短小。

4. 行文规范

公函属于国家法定公文文种,在格式上有严格规范。例如:

中华人民共和国××部办公厅
×办函〔2003〕××号

××部办公厅关于××××××××函
××××:
　　(正文)××。

单位名称(公章)
二〇〇二年××月××日

(四)函的种类

根据发函的目的和内容,可以分为商洽函、询答函、批请函、告知函等。

1. 商洽函

旨在向对方了解有关事情,请求予以协助解决某个问题。

2. 询答函

即不相隶属机关之间相互询问和答复有关具体问题的函。询答函又可分出"询问函"和"答复函"。有些不明确的问题向有关机关和部门询问,用询问函;对机关和部门所询问的问题做出解释答复,用答复函。问答函涉及的多数是问题而不是具体的工作。

3. 批请函

即用于不相隶属机关之间请求批准和答复审批事项的函。批请函可以分为"请批函"和"审批函"。请批函用于向不相隶属的主管部门请求审批事项,而审批函则用于主管部门答复不相隶属机关单位的请批事项。

4. 告知函

即告知不相隶属机关有关事项的函。

(五)函的内容和结构

1. 标题、字号和主送机关

(1) 标题

作为正式公文的函,其标题和一般公文的写法一样,由发文机关名称、主要内容(事由)、文种组成。例如,《国务院办公厅对国家工商行政管理局关于贯彻〈食用盐加碘消除碘缺乏危害管理条例〉有关问题请示的复函》、《国务院办公厅关于羊毛产销和质量等问题的函》等;也可以采用省略发文机关名称的写法,例如,《关于请求批准××市节约能源中心编制的函》。

(2) 函的发文字号

公函要有正规的发文字号,写法与一般公文相同,由机关代字、年号、顺序号组成。大机关的函,可以在发文字号中显示"函"字。如《国务院公报》2000 年第 10 号同时发表了国务院办公厅以"国办函〔2000〕××号"为发文字号的七篇复函。

(3) 函的主送机关

函的行文对象一般情况下是明确、单一的,所以多数函的主送机关只有一个。但有时内容涉及部门多,也有排列多个主送机关的情况,例如,《国务院办公厅关于羊毛产销和质量等问题的函》(国办函〔1993〕2 号)的主送机关,有七个之多:"国家计委、经贸办、农业部、商业部、经贸部、纺织部、技术监督局"。

2. 正文

其结构一般由开头、主体、结尾、结语等部分组成。

(1) 开头

主要说明发函的缘由。一般要求概括交代发函的目的、根据、原因等内容,然后用"现将有关问题说明如下:或"现将有关事项函复如下:"等过渡语转入下文。复函的缘由部分,一般首先引叙来文的标题、发文字号,然后再交代根据,以说明发文的缘由。

(2) 主体

这是函的核心内容部分,主要说明致函事项。函的事项部分内容单一,一函一事,行文要直陈其事。无论是商洽工作,询问和答复问题,还是向有关主管部门请求批准事项等,都要用简洁得体的语言把需要告诉对方的问题、意见叙写清楚。如果属于复函,还要注意答复事项的针对性和明确性。

(3) 结尾

一般用礼貌性语言向对方提出希望。或请对方协助解决某一问题,或请对方及时复函,或请对方提出意见,或请主管部门批准等。

（4）结语

通常应根据函询、函告、函商或函复的事项，选择运用不同的结束语。如"特此函询（商）"、"请即复函"、"特此函告"、"特此函复"等。

3. 结尾落款

一般包括署名和成文时间两项内容。署名机关单位名称，写明成文时间年、月、日；并加盖公章。

例文一（商洽函）

关于商洽委托代培涉外秘书人员的函

××大学文学院：

  随着人才流动制度的启动，我厅部分秘书人员先后调整到很多涉外部门工作，新近上岗的秘书人员缺乏专门的涉外秘书知识，业务素质亟待提高。据报载，贵院将于今年9月起开办涉外秘书培训班，系统讲授涉外秘书业务、公关礼仪、实用文书写作等课程。这个培训项目为我厅新上岗的涉外秘书人员提供了一个难得的在职进修机会。为了尽快提高我厅涉外秘书人员的从业素质，拟选派8名在岗秘书人员随该班进修学习，委托贵院代培。有关代培费用以及其他相关经费，我厅将按时如数拨付。

  如蒙慨允，即请函复为盼。

××省外贸厅（印章）
二〇〇三年七月二十日

  商洽函要在标题中写明商洽事项，给对方传达明确的信息。正文大都分为两个层次：首先说明商洽的理由，一般以实际工作中出现的事实为背景，或以上级要求作为商洽理由。例文首先说明本厅在岗秘书人员素质亟待提高这个事实。其次说明商洽事项，这是商洽函的目的所在。例文明确提出了行文目的，以及要商洽的具体事项和本单位的意见。如果商洽事项涉及几个方面的问题，可以分条列项，以便对方考虑研究。商洽函态度要谦和，语言要恳切。结尾语是对回函的期待，要注重语言语气得体，可以用"请予以支持"、"如你们同意，请尽快复函"或"如蒙慨允，请即复函"等结束语。例文一的结语得体规范。

例文二（请求函）

××省人民政府办公厅关于请求拨款维修省政府机关办公室的函

省财政厅：

  省政府机关办公室大多数修建于80年代，不少门窗已经变形和破损，部分门窗漏水严重，急需维修。为保证省政府机关正常办公，拟请拨给房屋修缮费12万元。

  请予批准。

××省人民政府办公厅
一九××年×月×日

例文二的最大特点是语言简洁凝练,表意清晰。它的正文主要写明了三层意思:一是发请求函的缘由;二是请求批准的具体事项;三是要求批准。

例文三(批准函)

国务院办公厅关于同意发行特种邮票使用国旗国徽图案的复函
国办函〔2003〕75号

信息产业部:

你部《关于申请授权使用国旗国徽图案的函》(信部办函〔2003〕363号)和《关于补充说明申请授权使用国旗国徽图案情况的函》(信部办函〔2003〕421号)收悉,经研究并报领导同志批准,同意国家邮政局在2004年国庆节发行的《国旗国徽》特种邮票上使用国旗和国徽标准图案。望正确使用,切实维护国旗国徽尊严。

特此函复。

国务院办公厅
二〇〇三年十一月七日

批准函类似于答复函,所不同的是,它侧重于在一定的职权范围内批准有关单位的请示事项。答复的意见具有结论性,带有"一锤定音"的特点。因此,要针对来函请求的事项明确表态,说明是否同意或批准对方的请求事项。

(六)函的撰写要求

公函是国家法定的公文,虽然也属于信函,但写公函却不同于写信。公函拟写要符合公文规范。具体来说,要注意以下事项:

第一,要简洁明了。正文内容要直切主题,开门见山,无论发函还是复函,都要直陈其事,不要转弯抹角,不需要客套和空泛的议论。

第二,要严守一文一事的规则。一份公函就谈一件事情,以便处理和答复。

第三,行文要庄重。讲究格式规范,维护公文的严肃性。

第四,语言要规范得体。发函要使用平和、礼貌、商洽的语言。对上级要尊重,对下级要平和,对平级和不相隶属的单位要诚恳,切忌使用生硬、命令性的语言。复函的态度要明朗,语言要肯定确切,不能含糊笼统、犹豫不定。

二、会议纪要

(一)会议纪要的含义

会议纪要用于记载和传达会议基本情况和议定事项,是贯彻落实会议精神、指导工作、解决问题、交流经验的重要工具,是综合传达会议信息的主要载体之一。

(二)会议纪要的分类

按照会议纪要的内容,可以划分为以下几种类型:

1. 决议性会议纪要

决议性会议纪要主要记载和反映领导层制定的决策事项,作为传达和部署工作的依据,对今后的工作具有指导作用。常用于领导办公会议。

2. 研讨性会议纪要

研讨性会议纪要主要记载和反映经验交流会议、专业会议或学术性会议的研讨情况,旨在阐述各方的主要观点、意见或情况。大多用于职能部门和学术研究机构召开的专业会议或学术研讨会议。

3. 协议性会议纪要

协议性会议纪要主要记载双边或多边会议达成协议的情况,以便作为会后各方执行公务和履行职责的依据,对协调各方今后的工作具有约束作用。常用于领导机关主持召开的多部门协调会或不同单位联席办公会。

(三) 会议纪要的内容和结构

会议纪要的格式相对灵活。通篇分为版头、主体和文尾三大部分。

1. 会议纪要版头有两种形式

一种是专用的纪要版头,用于定期召开的办公室会议,由会议纪要名称(会议名称+纪要)、编号、编制日前构成,一些大型机关或高级领导机关,往往设计有多种纪要版头格式,以满足不同类型会议的需求。另一种类似于下行文件的格式,由发文机关标识和发文字号构成,主要用于专题会议。例如:

××部常务会议纪要
第×期

××部办公厅　　　　　　　　　　　　　　　　　　　2004年×月×日

2. 会议纪要主体

主要由标题和正文两个部分组成。标题由"会议名称+纪要"或"会议事由+会议纪要"构成。例如,《华东地区档案工作协会会议纪要》、《关于××机场候机楼改扩建工程协调会议纪要》等。例行办公会,由于涉及事项较多而琐碎,加之使用专门设计的头版,已经能够说明会议性质,也可省略标题。

会议纪要的正文一般包括会议概况和主要精神两个部分。

(1) 会议概况部分——用来反映会议的组织情况。

会议概况即会议纪要的开头部分,可以采用概述式和分项式两种形式。

概述式是将会议时间、地点、参加人、列席人、会议议程、主持人等会议要素用一段文字概括叙述,以使人们对会议情况有一个基本了解。例如××省林业局制发的《全省林业局长会议纪要》开头写道:

"经省人民政府批准,全省林业局局长会议于2003年6月24日至6月28日在××市召开。参加会议的有各地、州、市、区、县林业局长和省有关部门负责同志。省委副书记王××、副省长李××分别到会并发表重要讲话。省林业局局长王××主持了会议。会议期间,学习传达了全国林业局长会议精神,研究部署了全省森林资源普查、退耕还林、森林防火以及林业管理干部队伍建设等工作。现将会议主要精神和议定事项纪要如下:"

这段话文字不多,但把会议概况交代得很清楚。

分项式是将会议的各个要素分条列项写明,使人们对会议的基本情况一目了然。以《××区环保局现场办公会议纪要》为例:

会议时间:2004年6月12日
会议地点:××区垃圾无害化处理工程建设指挥部办公室
出席人员:(略)
列席人员:(略)
主持人:邢××(区环保局局长)

(2) 会议主要精神——用来反映会议的议定事项和结果。

这个部分是对会议主要精神和议定事项的系统整理和集中反映,也是要求与会单位或有关方面贯彻落实会议精神的法定依据,实际上是在传达与会人员的共识,因此,它是会议纪要的核心部分。会议主要精神多数用"与会代表一致认为……"、"代表们指出……"等,也可以采用以会议为第三人称的口吻概括说明,如"会议听取了……"、"会议讨论了……"、"会议认为……"、"会议指出……"、"会议决定……"等。

对会议精神的概括,必须尊重会议的精神实质,忠实于会议的实际内容,不能以偏概全,不可随意增减,更不能借题发挥,尤其不能将执笔者个人见解掺杂进去,这是撰写纪要的基本原则。同时,还应注意,纪要又是对会议基本精神的提炼和概括,它既要反映会议讨论情况,特别是领导人重要讲话精神,又必须综理其要,提炼概括,不应成为会议记录的全面重复。

会议纪要主体内容的表达方式有以下几种:

(1) 条款式

将会议研究决定的事项用条款方式简要说明,分别冠以一、二、三、四的标号,每条写一个事项。这样表达简明扼要,适合于部署工作的会议或办公会议,也适合于工程协调会、现场办公会等,以便明确各有关部门责任、事后督促检查。

(2) 概述式

有些会议内容比较集中单一,可把会议内容或讨论意见概括成几个方面或几层意思,依次阐发。这种形式适合研讨会议、纪念会议等。

(3) 归纳分类式

有些工作会议或理论研讨会议涉及内容较广,讨论的问题较多,实际上是某项业务工作的全面安排部署,这就要按讨论的问题、议定的事项分类整理,分别列出序号、标题来叙述。每个标题下面,视内容多少,或分段、或分条来写。

(4) 发言记录式

有的会议主题单一,可按发言摘要整理;有些日常例会,研究的问题较多,比较具体,可按议题顺序,在会议记录的基础上逐项整理,并进行提炼和概括。

3. 会议纪要文尾

主要由发送范围、印制单位、印发日期、印数等部分构成。

例文一(决议性会议纪要)

××市人民政府
关于研究解决创建国家卫生区工作有关问题的会议纪要
×政会〔2002〕3号

2001年12月27日,翟××副市长主持召开会议,研究解决创建国家卫生区和市级卫生村工作有关问题。

会议听取了市爱卫会关于创建国家卫生区和市级卫生村的情况汇报,讨论了《××市创建国家卫生城市方案》。

会议认为,创建国家卫生区和市级卫生村,对于促进全市经济建设、社会发展和举办一届最出色的奥运会具有重要意义,各级政府、各有关部门要提高认识,加强领导,明确分工,狠抓落实。

会议确定,今后几年本市创建国家卫生区和市级卫生村工作的目标是:按照"政府组织,地方负责,部门协调,群众动手,科学治理,社会监督,分类指导"的工作方针,全面开展创建国家卫生区和市级卫生村工作,到2006年底前,城八区全部达到《国家卫生区标准》,并力争2007年底以前通过国家卫生城市的考核验收;近郊区的农村全部达到《××市卫生村标准》;1/2的远郊区(县)政府所在地达到《国家卫生区标准》;平原地区公路干线(国道、市道)两侧和风景旅游区周围5公里内的行政村、山区公路干线两侧和风景区周围2公里内的行政村达到《××市卫生村标准》。到"十五"末期,市级卫生村的总数超过全市行政村总数的1/5。

会议议定事项如下:

一、原则同意市爱卫会提出的创建工作方案,会后,由市爱卫会对方案修改完善后印发各区县政府和委员单位。

二、为确保创建工作目标按期完成,按照创建国家卫生区和市级卫生村的标准进行任务分解。

由市政管委、市环保局负责市容环境卫生、环境保护工作;由市卫生局负责健康教育、食品卫生、公共场所及饮用水卫生、传染病防治工作;

由市爱卫生会负责爱国卫生组织管理、除四害、单位及居民区卫生和民意测验、宣传、监督检查评比、信息交流等工作;由市爱卫会、市农委负责创建市级卫生村工作。各区县政府要按照属地管理的原则,加强组织领导,做好协调配合工作。

三、市爱卫会牵头负责创建工作,要充分发挥综合协调职能,转变工作方法,结合实施奥运行动规划,提高爱国卫生工作的科技水平,将创建工作作为城市管理和建设的重要内容抓紧抓好,并注意及时总结经验,鼓励先进。要充分发挥新闻媒体的作用,宣传创建工作的目的和意义。各区县、各部门和单位也要利用多种形式,广泛开展宣传活动,发动群众积极参与创建工作。

出席:(略)

主题词:卫生 会议纪要

送:××、×××、×××、×××同志。

中直机关事务管理局,总后卫生部,武警北京总队,市政管委,市卫生局,市爱卫会,市爱卫会各委员单位,各区县政府。

　　　　　　　　　　××市人民政府办公厅　　2002年1月18日印发
　　　　　　　　　　共印18份

　　例文属于决议性会议纪要。前两个自然段概括了会议基本情况。然后,采用以会议为第三人称的方式,分别用"会议认为……"和"会议决定……"概括反映会议的基本精神,这些实际上是与会者的共识。紧接着,将会议结论意见概括为三个方面给予简要说明。这一部分反映了会议结果,这样就抓住了会议的关键内容,为会后贯彻落实会议内容提供了直接依据。从整体上来看,整篇纪要内容明确肯定,议定事项清楚,语言表达简明,格式严谨规范。

例文二（研讨性会议纪要）

××××工程学院新增本科专业培养计划研讨会议纪要

　　2003年2月21日至23日,新增本科专业培训培养计划研讨会议在四楼第二会议室召开。院党委书记刘××,院长谢××出席会议。张××副院长主持会议。会议期间,市教委副主任赵××应邀到会介绍全市高校本科专业分布情况,教务处、人事处及有关系部领导参加会议,有关处室负责人列席了会议。

　　一、会议经过深入研究,确定如下事项:

　　1. 确立了行政管理专业发展方向、人才培养目标、专业特色及培养计划。该专业要以行政管理与秘书工作有机结合为发展方向;以行政管理为基础,以信息管理及秘书业务技能为专业特色;培养既了解信息安全业务,又懂科学管理、会做秘书工作的综合性应用人才。根据专业建设规划,结合学院定位和行政管理专业培养目标的实际,对该专业人才培养计划作了相应调整,并确立了课程体系、课程设置、运行计划。会议同意将该专业培养计划报院学术委员会批准实施。

　　2. 确定了电子工程专业发展方向、人才培养目标、专业特色及培养计划。该专业要以电子工程和信息工程为发展方向;以发展信息安全技术为专业特色;以培养能从事各类电子设备和信息安全系统的研究、设计、开发及应用的高等工程技术人才为目标。在充分研究的基础上,适当调整了该专业人才培养计划,并确定了课程体系、课程设置、运行计划。会议同意将该专业培养计划报院学术委员会批准实施。

　　3. 确定了两个专业实践性教学环节的内容、课时、总体规划,包括:计算机实习、电子实习、专业实习、社会实践、公益劳动、毕业设计、毕业论文等。由于这些环节涉及面广,内容繁杂,具体的运行安排、先后次序、设备场地条件等将另行讨论确定。

　　二、会议最后讨论了与新增本科专业密切相关的师资队伍建设、教学保障条件及教学与科研的关系等问题。

　　与会同志积极发言,针对学研教学工作提出了不少积极的建设性意见。系、部领导与学院领导坦诚沟通,为学院的建设与发展达成广泛的共识。大家共同认为:改革是学院建设与发展的必经之路,建设一支精良过硬的教师队伍是学院发展的关键,要积极探索实行一些改革措施,以确保教学工作为中心落到实处。经学院党委书记刘××和院长谢××与大家一起广泛深入研究,院领导指出:师资队伍要稳定,要加大吸引人才力度,但进人要精挑细选、严格把关;教学部门要以教学为主,兼顾科研;加快教学改革步伐,人事配置改革要局部试点,先改革起来,先干起来。最后,主管教学工作的副院长××强调,在院党委领导下,各教学系、部及其他教学单位领导要带头认真履行岗位职责,调动教师的积极性,勇于开拓,勇于创新,团结合作,以充分的准备、积极有效地工作迎来2003年新增本科专业的学生。

  出席人员名单:(略)
  列席人员名单:(略)
(文尾部分省略)

  例文属于研讨性会议纪要。这类会议纪要必须将讨论情况、议定事项、达成共识、重大意见等内容准确、简明、充分地反映出来。与会者的共识和议定事项,是会议精神的重点和主要内容,也是会后需要落实和解决问题的主要依据,必须准确无误地表达。

(四)会议纪要的撰写要求

1. 做好写作前的准备,尽可能多地了解情况

要了解会议的宗旨和指导思想,熟悉会议议程,预计会议可能出现的情况,做到胸中有数,以便较好地把握会议的精神,搞好会议记录,为编写会议纪要奠定基础。

2. 忠实于会议内容,掌握会议要点

编写会议纪要,要准确真实地反映会议的精神实质,关键是要抓住与会者达成的共识和议定事项,要围绕会议宗旨和讨论情况进行整理概括,不要把个别人的意见当作共识来反映。在研讨性会议纪要中,则要求既要写清一致意见,也要写清重要的不同意见,这也是忠实于会议内容的表现。

3. 掌握提炼结论的要领,避免以偏概全

在概括会议主要精神或结论性意见时,人们总结出来的"四要"值得借鉴:一要抓住主要领导人或某些权威人士的发言内容,领会其精神实质;二要抓住主持人发表的意见,特别是他的总结性发言内容;三要区分讨论过程中的意见和表态性的结论性意见;四要把握多数人的意见,尤其对重大问题意见不完全统一时,要按照少数服从多数的原则,以多数人的意见为结论性意见。

4. 注意表达的逻辑性和条理性

可以用第三人称的方法,如"会议认为"、"会议决定"等区分纪要的不同层次,可以用列小标题的方法,区分不同的问题,以增强逻辑性和条理性。

思考与练习

一、简答题

1. 公告与通告的特点是什么?
2. 公报的结构和拟写要求是什么?
3. 通知的特点、结构及各类通知的写作方法如何?
4. 说说通报的特点、结构及各类通报的写作方法。
5. 说说会议纪要的特点、结构及写作方法。

二、写作题

1. 根据下列素材拟写通知。

××市司法局根据目前许多律师事务所的工作状况,决定召开一次各区、县司法局长参加的整顿律师事务所工作座谈会,学习贯彻省司法局加强律师事务所管理工作的有关文件精神,研讨整顿工作措施,布置整顿工作任务。会期两天,提前报到,统一安排食宿,地点在市司法局礼堂二楼会议室。

2. 根据下列素材以武汉市公安局的名义拟写一则通报,可以在准确理解素材的基础上合理发挥。

武汉市"十大女民警"、市公安局强制戒毒所副所长,因劳累过度,最终病倒在岗位上,2004年7月14日,年仅34岁的她再也没有醒来。

昨日,武汉市公安局作出决定,对肖琳追记个人二等功。武汉市委常委、市公安局局长黄关春称赞英年早逝的肖琳是"我们身边的任长霞"。

肖琳是今年6月1日突发高烧的,刚开始,她每天在医务室打完点滴后继续工作,一干就是几天几夜不合眼。6月13日,她终于累倒在工作岗位上,此后病情急剧恶化。

大学文化的肖琳,1991年参警,曾荣立三等功两次,1999年被评为武汉市"十佳女民警"。熟悉她的人都知道,十多年来,她长期高负荷运转,工作总是抢在最前面,再累再苦也从不吱声。

1994年3月,青山红钢城发生一起火车与汽车相撞的重大恶性交通事故,时任新沟桥派出所民警的肖琳,最先赶到现场,奋不顾身抢救伤员,救出了多名群众。

1998年2月24日凌晨,时任第一看守所管教民警的肖琳,在对一名女嫌犯进行入监检查时,通过察言观色,慧眼识破其夹带剧毒物品欲行自杀的图谋,消除了一起重大隐患。

殉职前,她还在攻读中国人民公安大学在职研究生。

第二章　事务文书

事务文书是党政机关、社会团体、企事业单位在处理日常事务时用来沟通信息、规范行为、指导工作、总结得失、研究问题的实用性文书,是应用文写作的重要组成部分。事务文书属于广义的公文范畴,它与法定公文的区别在于:一是无统一规定的文本格式;二是不能单独作为文件发文,只能作为公文的附件行文。常用的事务文书有计划、总结、调查报告、规章制度等。

第一节　计　划

一、计划的含义

计划是机关、团体或个人,根据党和国家的有关方针政策以及上级的指示精神,依据自己的实际情况,对未来一定时期内的工作、生产、学习等事务的安排,是事务文书的常用文体。计划类公文包括:规划、设想、方案、安排、意见等。

一般来说,"规划"是具有全局性、长远性、方向性、概括性特征的计划,如《××省经济和社会发展十年规划》;"设想"是初步的、不很成熟的、只提供参考的计划,如《××市关于建立工业园区的设想》;"方案"是明确了指导思想、主要目标、工作重点、实施步骤以及措施办法等具体内容的计划,如《××省关于推广全民健身活动的方案》;"安排"适用于内容具体单一、时间较短,偏重工作步骤的计划,如《××大学关于2010年毕业生工作的安排》;"意见"适用于对重要问题提出见解和处理办法,原则性较强,如《××市关于整治河流污染、关闭排放超标企业的意见》。

计划具有目的性、指导性、约束性等特点。按照不同划分标准,可以将计划划分为不同的种类:

按性质划分,有工作计划、生产计划、学习计划等;

按范围划分,有国家计划、部门计划、个人计划等;

按时间划分,有跨年度计划、年度计划、季度计划、月计划等。

二、计划的内容和结构

根据计划种类和要求不同,在写作中形式会有所差别,但其基本构成是相近的,一般由标题、正文、落款和日期构成。

(一)标题

完整的标题是:单位名称+时限+内容+文种,如《××市卫生局2010年财务计划》。有时标题中可以没有单位名称或时限,在正文中标明。如果计划尚未正式确定,是征求意见稿或讨论稿,就应在标题的后面或下方用括号注明"草稿"、"初稿"或"讨论稿"等字样。

(二)正文

一般包括前言、主体和结尾三部分内容。

正文的前言主要是简要地说明计划的依据和理由,制订计划的背景条件以及计划的目的和任务。

主体部分包括目标、措施、要求三项内容。"目标"要明确计划最终要达到的效果;"措施"要详细说明完成任务的具体步骤、安排、方式等;"要求"是对完成任务的质量、数量、时间等做出规定。

结尾一般是提出希望和号召或是对实现计划的展望,也可以提出相关注意事项。

(三)落款和日期

在正文后右下方写上制订计划的单位名称和日期。如果在标题处已标明,这里就不必再标明。

此外,如有与计划相关的材料,不便在正文中表达,可以另附图表说明。

三、计划写作的注意事项

首先,计划的制订要符合国家的方针、政策和法规,这是制订计划的基本原则。在此基础上处理好计划中所涉及的个人和集体、部门与整体、地方与国家之间的关系。

其次,计划的制订必须实事求是、切实可行、具体明确,行文忌夸大其词或含糊不清,以免产生歧义,执行时发生偏差。

再次,计划的表达方式以说明、叙述为主,宜朴素自然、简洁明了,少议论、少修辞。

例文一

县食品药品监督管理局 2014 年"三普"教育培训计划

为认真贯彻落实县委、县政府关于在本县公职人员中开展"三普"教育培训的相关会议和文件精神,进一步提高我局公职人员的整体素质和综合能力,结合我局实际,现制定××县食品药品监督管理局 2014 年开展教育培训实施方案。

一、组织领导

在县"三普"教育培训工作领导小组领导下,成立××县食品药品监督管理局"三普"工作领导小组,人员如下:

组长:××同志　局长

副组长:××同志　副局长

成员:××同志(办公室副主任)　外语培训骨干

　　　××同志　计算机培训骨干

　　　××同志　普通话培训骨干

二、培训及测试对象的认定

根据"三普"教育文件的相关要求,认真核验本单位人员的普通话登记证书、四级证书及计算机等级证书等原件,对至今无等级证书、有证未达标、持有过期及无效证书的人员,进行认真的统计,并组织参加培训测试。其中,由××同志带领局中的××、××、××、××、××、××、××、××、××等 9 名同志参加外语培训,由××带领局中的××、××、××、××、××、××、×××等 7 名同志参加计算机培训;由××同志带领××参加普通话培训。

三、培训及测试方法

依据县"三普"教育培训相关要求,安排相应人员参加培训学习,并组织好其他人员的培训工作。具体是由××、×××、××三名培训骨干,组织全局所有需要培训的人员,利用业余时间,每天进行两个小时的培训辅导。

四、培训费用

公职人员培训测试费由单位统一安排(补考费用自付)。

此次培训工作将作为公职人员年度考核、职务晋升、转正定级的重要依据。培训测试不合格的公职人员年度考核不得评先推优,不得晋升职务,不得参与转正定级。对拒绝参加培训测试的人员,当年年终考核确定为不称职。

××县食品药品监督管理局
2014年1月5日

例文二

××局党委20××工作计划(节略)

20××年是实现我市"十五"绿化规划的第二年。新的一年里,要坚定不移地全面贯彻执行党的基本路线,牢牢把握搞好××园林绿化这个中心,深入改革,扩大开放;要进一步加强各级领导班子建设,加强党支部建设,抓好党员教育管理工作;要进一步广泛深入地开展社会主义教育和精神文明建设;要进一步解放思想,振奋精神,实事求是,充分调动干部职工的社会主义积极性,确保全年各项任务完成和超额完成,使园林绿化工作再上一个新台阶,以优异成绩迎接"十八大"和市第七次党代表大会的召开。

一、认真做好十八大和市第七次党代会的代表选举工作和局党委的改选换届工作。中央和市委确定今年第四季度召开中国共产党第十八次全国代表大会和市第七次党代表大会。这两次大会将是我国、我市社会主义现代化建设中一次承前启后继往开来的重要会议。具体选举工作将按照市委部署进行。本届局党委改选工作,在报经市委批准后,拟在第二或第三季度进行改选。

二、继续抓好领导班子建设,充分发挥直属单位党组织的政治核心作用。(略)

三、加强基层党支部建设,提高基层党支部的战斗力加强基层党支部建设,要按照"支部是主体、党员是基础、制度是保证"的原则,重点做好三方面工作:(略)

四、(略)

五、(略)

六、广泛开展群众性精神文明建设活动。

今年精神文明建设工作的总要求是:继续深入开展以"做文明职工、创文明单位"为主要目标的活动,进一步实现优美环境、优良秩序、优质服务。(1)广泛开展"为人民服务,对人民负责"、"满意在园林"、"假如我是一个游人"的大讨论,推动"优质售货员"、"优质服务岗"、"优质服务柜台"、"优质服务商店"活动的深入开展。每个岗位、每个柜台、每个商店都要认真落实责任制,事事有人负责。要做到职责分明、赏罚分明。(2)认真抓好职业道德、职业纪律教育,树立××意识和园林意识。把"高标准、严要求、创一流、做表率"的××意识落实到"美化环境、服务群众、团结协作、艰苦奋斗"的园林意识教育中去。各单位要从实际出发,结合"中国友好观光年"、"××黄金旅游年"广泛进行教育,以增强广大职工的荣誉感和责任心。(3)广泛开展"学雷锋、树新风"活动,在实践中培养提高广大职工的共产主义精神。

七、进一步加强对工会、共青团的领导,发挥群众组织的作用。

要继续贯彻中共中央〔20××〕××号和市委〔20××〕××号文件精神,切实加强对工会、共青团的领导。各级党委专门研究工会、共青团的工作,全年不少于两次;党委的有关会议应吸收工会、共青团的主要负责人参加或列席;要为工会、共青团组织创造必要的工作条件和解决必要的经费;结合换届选举调整充实工会、共青团干部。工会、共青团要在党委的统一领导下,紧密围绕党委的中心任务,独立自主地开展工作。工会要在抓好全心全意依靠工人阶级、实现职工当家做主上下功夫;在劳动竞赛的深层次发展上下功夫;在调查研究、参与改革上下功夫;在提高职工思想政治素质和科学文化素质上下功夫;在加强班组建设上下功夫;在进一步加强工会自身建设上下功夫。各级团组织要认真贯彻局第四次团代会精神,以社会主义教育为主线,以加强基层团支部建设为重点,全面落实团的思想建设、组织建设和建功立业三大任务。认真执行《团委工作实施细则》(讨论稿),逐步把共青团工作引向规范化、制度化的轨道。

八、把关心职工生活作为政治思想工作的一项重要任务来抓。

各级党组织要牢记我党全心全意为人民服务的宗旨,千方百计把群众关心的一些问题解决好。要切实抓好食堂、幼儿园、浴室、宿舍、医务室的建设。要搞好房改和房屋分配工作。各级领导对病号、老职工、困难户、鳏寡孤独职工要体贴入微,切实解决困难,把党组织的温暖送到他们的心坎上。

九、加强政工干部队伍建设。

今年,政治工作在机构设置上,党委一级组、宣、纪要分设,组织科、宣传科和纪委不能只设一个科长,要根据需要配备相应的工作人员,直属总支要设办公室,配备组、宣、纪专职干部。基层党支部除党员和职工人数较少外(党员3人以下、职工50人以下),原则上都要设专职支部书记。要大力提高政工干部素质。首先,要认真学习马克思主义理论,毛泽东同志和邓小平同志著作和"三个代表"的重要思想,增加政治敏感性,善于从政治上观察和处理问题。其次,要学会和掌握调查研究的基本工作方法。第三,要讲党性、讲原则,严格组织纪律。第四、要振奋精神,解放思想,创造性地开展工作,努力创造第一流工作水平。

中共××市××局委员会
20××年×月××日

第二节　总　结

一、总结的含义

总结是对结束了的某一阶段工作进行全面系统性的回顾、分析和评价,找出经验教训,形成书面材料,用以指导未来工作实践的事务性文书。总结类文书包括小结、体会等。

总结不仅可以通过汲取经验教训来指导未来的工作,还有交流信息、互相借鉴的作用。按照不同划分标准,可以将总结划分为不同的种类:

按内容划分，有工作总结、学习总结、生产总结等；
按范围划分，有全国性计划、地区性总结、部门性总结等；
按时间划分，有年度总结、季度总结、月总结等。

二、总结的内容和结构

总结的种类各异，在写作中形式会有所差别，但其基本构成是相近的，一般由标题、正文、落款和日期构成。

（一）标题

总结的标题有公文式和非公文式两种。公文式标题由"单位名称＋时限＋事由＋文种"构成，如《××学院2009年度思想政治工作总结》；也有的总结标题不出现单位名称；还有的标题只写《工作总结》。非公文式标题写法灵活，类似一般文章，点明主旨，如《加强人才培植，推动人才交流》；还可以用正副标题的形式，正标题点明总结主旨，副标题采用公文式标题的形式，如《严肃党纪国法，推进反腐倡廉——外经贸委党委专项整风总结》。

（二）正文

一般包括前言、主体和结尾三部分内容。

正文的前言也叫导言，一般是简单概述全文的内容和主旨。前言可以介绍工作或学习背景、时间和地点等基本情况，对主要内容进行提示性的简要概括；也可以先在此提出总结的结论，以明确重点。

主体部分是在全面回顾工作情况的基础上，分析提炼取得成绩的经验以及存在问题的教训。其写作结构一般是先描述基本情况，包括环境背景、具体任务、实施步骤等；再写经验教训，总结出带有规律性、具有指导意义的体会。

结尾可以概述全文，说明好经验带来的效果，还可以针对问题，提出解决方法以及将来的设想或建议等。

（三）落款和日期

在全文右下角署名并在署名下标明日期。如以单位或党政机关名义署名，可放标题下，也可放文末。

三、总结写作的注意事项

（一）总结须建立在事实基础上，占有充分的材料，作出全面、客观的评价。
（二）行文宜简洁，逻辑层次要求清晰，突出规律性的东西。
（三）表达方式以叙述、议论为主。

例文一

××学校学习实践科学发展观活动总结（节略）

深入学习实践科学发展观活动自2009年10月启动以来，我校认真贯彻落实上级党委关于学习实践科学发展观的有关会议精神，按照天心区教育局党委学习实践科学发展观活动的统一部署，紧密结合学校实际，以党员干部受教育为基础，以科学发展上水平为核心，以人民群众得实惠为目的，以"深入学习实践科学发展观，努力办人民满意的学校"为实践载体，做到思想上高度重视,组织上严谨细致,行动上迅速坚决,措施上得力到位,扎扎实实推进学习实践活动三个阶段的各项工作,取得了明显实效。现将我校开展学习实践科学发展观活动工作总结如下:

一、整体情况

我校深入学习实践科学发展观活动自 2009 年 10 月开始,将于 2010 年 1 月中旬结束,历时 4 个月,参加对象为学校领导班子和全体党员、教师。学校根据区委学习实践科学发展观活动领导小组《开展第二批深入学习实践科学发展观活动的实施意见》和《天心区教育系统〈开展第二批深入学习实践科学发展观活动的实施方案〉的通知》(天教党发〔2009〕35 号)精神,及时成立了学习实践活动工作领导小组,认真制定了《××学校开展深入学习实践科学发展观活动的实施方案》。在学习实践活动中,学校坚持解放思想,坚持群众路线,突出正面教育为主,注重实效抓学习,着眼实践抓工作,切实抓好学习调研、分析检查、整改落实三个阶段的各项工作,圆满地完成了学习实践科学发展观活动的各项工作任务,有力地促进了学校各项工作全面、协调、可持续发展。

二、主要做法

(一)第一阶段:精心组织,深入调研。

……

(二)第二阶段:找准问题,理清思路。

……

(三)第三阶段:突出重点,整改落实。

……

三、主要成效

1. 形成了共识。通过学习实践活动,广大党员领导干部和教职工充分认识到,学校教育工作要取得显著成绩,关键在于能够用科学发展观统领学校工作,统筹学校协调发展。贯彻落实科学发展观,就要切实提高人才培养质量、教育教学水平和科学育人的能力。

2. 明确了方向。对照科学发展观的要求,解决影响和制约学校科学发展的突出问题,推动学校又好又快发展,就要进一步加大改革力度,积极构建具有学校特色的现代化中学管理制度;就要不断强化内涵建设,从提高教学育人质量、增强创新能力、加大教科研工作力度、提升师资和管理队伍建设水平等方面入手,切实提高学校的综合实力;就要以改革创新精神不断加强党建和思想政治工作,为学校的可持续发展提供坚强保证。

3. 推动了工作。通过开展学习调研、经验交流、广开言路、建言献策,广大教职工认真负责的态度,充分体现了我校教职工认真求实、爱校重教、关心学校事业发展的主人翁精神,也使广大党员干部对推进学校工作又好又快发展的热情和干好本职工作的积极性有了进一步提高,尤其是在精神状态、思想境界、发展举措、工作思路、思想作风、办事效率等方面有了显著提高,有力地推动学校党建和教育教学工作的开展。

4. 转变了作风。通过学习实践活动,广大党员领导干部进一步树立了以人为本、创新发展等科学发展的思想观念,自觉把科学发展观转化为推动科学发展的坚定决心、谋划发展的正确思路、促进科学发展的具体措施,转化为增强党性修养、提高思想觉悟的实际行动,坚持求真务实的作风,密切联系师生,不断提高服务质量,展现出了新的作风和新的形象。

四、主要体会

1. 必须把加强学习贯穿始终。在学习中突出学习重点,在学习中不断提高认识,在学习中注重结合思想实际和工作实际,不断提高用中国特色社会主义理论体系武装头脑,提高认识、指导实践、促进工作的自觉性和主动性。

2. 必须把领导带头贯穿始终。在这次学习实践活动中,党员领导干部特别是校级领导充分发挥了表率作用,带头深入学习、带头征求意见、带头分析检查、带头批评与自我批评、带头整改落实,为广大党员树立了榜样,调动了积极性。

3. 必须把群众路线贯穿始终。我们充分相信和依靠广大师生,坚持开门办学,充分发扬民主,在每个环节都注重征求群众意见,吸收群众特别是党外人士参与,全程监督,把群众满意作为评价活动成效的重要依据,使学习实践活动成为尊重群众、贴近群众、惠及群众、引导群众、凝聚群众的过程,形成了群众有序参与、监督有力、评价客观的良好局面。

4. 必须把促进工作贯穿始终。开展学习实践活动必须与学校教育教学工作实际相结合,必须落脚到解决现实问题和推动实际工作上,必须坚持把实践特色贯穿活动全过程,把学习实践活动与学校日常工作有机结合,统筹安排,精心组织,既要扎实推进学习实践活动,又要有效推动各项重点工作,以学校持续、快速、协调、健康发展的实际成效展现学习实践活动的成果。

五、存在的问题

通过学习实践活动,提高了认识,发现了问题,制定了措施,形成了机制,有效地促进了学校教育事业发展。但从高标准要求,还有不尽如人意的地方。一是科学发展观是一个开放理论系统,博大精深,与时俱进,我们在学习的深度和广度上都有待进一步提高。二是对科学发展观的学习、理解和把握上还不平衡,个别同志对学习的重要性、必要性认识不够高,学习的主动性、自觉性不够强,效果不够理想。三是理论结合实际,特别是用科学发展观理论指导新时期教育工作实践上有待进一步加强。

六、努力的方向

1. 要在继续学习上下功夫。这是时代的需要、改革的需要、发展的需要。因此,要树立经常学、终身学的理念,切实把科学发展观理论学习好、理解好、把握好、运用好,真正用科学发展观指导工作、立身做人、面向未来。

2. 要在结合实际上下功夫。在深入学习的基础上,努力找准科学发展观和新时期教育工作发展之间的结合点、对接点、共振点,切实用科学发展观指导工作、规范工作、检验工作,进一步促进学校教育工作又好又快发展。

3. 要在形成体制上下功夫。通过学习实践活动,真正看到了存在的问题,找到了问题的原因,制订了整改的措施,最终形成了一些卓有成效的体制机制。但要在建立和完善学校各项管理制度、提高资源效益、提高教育质量、促进学校发展等方面,做到下大功夫,有所作为,开创学校工作的新局面,为创建教育强区做出应有的贡献。

××学校党支部
2010 年 1 月 22 日

例文二

××所 2013 年上半年工作总结

2013 年上半年,我所按照区政府、区建设局的要求,紧紧围绕全年目标任务,强化管理,进一步加大设施养护监管与考核力度,努力提升设施管理水平,较好地完成了上半年各项工作任务。

一、2013年上半年完成的主要工作

（一）抓好养护管理工作

1. 较好地完成日常养护任务

截至5月底，市政方面共维修车行道15 135平方米、人行道11 115平方米、路牙沿2 804米、疏通主管81.7公里、支管46.59公里、更换雨箅井框盖143套、河道打捞、外运漂浮物882立方米。绿化方面共修剪行道树992株、行道树拔芽25 783株、修剪灌木60 101株、修剪植物板块919 753.7平方米、修剪草坪129 891平方米、浇水20 079.5立方米、出动洒水车206台班、施肥880公斤、更换花卉70 480盆。

2. 努力抓好专项工程

（1）配合完成2013年街巷整治工程普查及工程立项工作。根据我区申报并通过市平台审核，已对我区和会街、南冬瓜市等15条市政设施道路和云南路支巷、洪庙一巷等13条非市政道路立项实施出新改造，计划总费用852.5万元。目前整治工程已正式启动，计划于9月底完工。

（2）完成凤凰街、凤凰东街排水管网改造。其中凤凰街管网改造更换直径500 cm主管124米、400 cm主管82米、支管156米，改造窨井、雨水井共26座；凤凰东街管网改造共更换直径500 cm主管183米、400 cm主管204米、支管73.9米，改造窨井、雨水井共38座。

（3）实施金银街、长江新村道路出新工程。全面出新了金银街道路，共完成了车行道2 159平方米，水泥浇制人行道601平方米，更换路牙沿850米，提升窨井12座，新建雨水井10座，铺设支管36米。为迎接全市重洽会，三月中旬，组织养护企业用一周的时间完成了长江新村道路出新工程。该工程共铺设人行道305平方米，铣刨并铺设了车行道325平方米、更换路牙沿115米。

（4）积极做好冬春栽补植及新模范马路苗木迁移工作工作。根据市绿化处下达的冬春栽补植计划，结合新模范马路苗木迁移工作，做好相关移植计划，对缺株的主次干道、广场游园等进行大量的苗木补植。其中道路重点补植了南瑞路、江东北路、三牌楼大街、西康路、虎踞路、虎踞北路、中山北路；游园重点补植了三牌楼和橡胶厂；市民广场重点补植了阳月光广场，尤其是阳月光广场在原有基础上增加了香樟、水杉等20多个品种，提升了档次。截至5月中旬，已超额完成补植任务，共栽植大树660株，花灌木91 237株，草坪、地被1 836平方米，更换草花70 480盆。

（5）认真抓好病害防治工作。由于今年出现了"暖冬"现象，平均气温偏高，各种病菌、虫害来势凶猛，给今年的植保工作带来了难度。因此，我所在日常养护巡查中加大对病虫害的观察，做到了早发现、早警报、早安排，使病虫害未在我区大面积爆发，保证了植物生长及景观效果，未对市民的出行带来不良影响。

3. 调整考核方式，加大监管与巡查工作力度

今年市政、绿化养护考核在去年的基础上作了相应调整，一方面在内容上增加了设施完好抽考项目，另一方面在方法上将市级相关专业考核与月度考核结合起来，提高了养护考核的标准，扩大了考核抽查数量。

在市政方面，加大对河道保洁工作的监督力度，将河道保洁工作作为日常巡查的必看项目，针对薄弱环节加大管理与措施力度，敦促养护企业加大人员、设施的投入，对于水务公司的

施工遗留问题紧抓不放,积极协调,持续跟踪,敦促解决。

在绿化方面,对于江东北路金盛大市场段绿化隔离带、三牌楼大街游园绿化人为践踏破坏现象,在力所能及的范围进行呼吁,通过媒体配合,做好设施维护工作,取得一定效果。

4. 做好防台防汛准备工作

根据市市政平台和园林局绿化处的要求,制定了防台防汛预案,强化了职责,明确了重点防台防汛路段的抢险措施和抢险队伍,从组织上为防台防汛工作提供了保证。同时抓好防台防汛落实工作,确保设施安全度汛。自三月份以来,安排养护企业开展了汛前自查工作,及时排除安全隐患,对管辖范围的行道树、广场、游园等公共绿地展开了自查自纠工作。截至目前,绿化方面,处理死险树砍伐 41 株、扶正 53 株,清理枯挂枝 435 株,树线矛盾修剪 253 株,险树修剪 72 株。市政方面,对全区 7 处水文测量点逐一检查,确保设施完好,敦促上报人员的落实,做好应急预案和抢险准备,随时应对突发事件;市政对易淹水地段增加绞拉和清捞次数,雨量较大时派人上路巡查,做好排水工作。

(二)做好设施监管工作

1. 做好数字化信息案件的监管

按时完成接收的城市信息化管理案件。做到及时登记、整理、派遣、督办、销案。上半年完成 776 起,其中市政 576 起,绿化 200 起。

2. 抓好重点工程的监管

协助快速内环北线完成树木移植、绿地占用等工作。做好市政、绿化配套工程的合同签订、费用的洽谈、支付工作。在实施过程中,派专人在现场协调和监管,全过程跟踪,安全优质地完成了任务,前期共移植大树 300 余株,移植花灌木及占用绿地约 10 000 平方米,由于我们服务到位,得到市建委领导的好评。

3. 搞好行政许可审批工作

完成行政许可任务,依法初审绿化申请项目,上半年共完成 66 起,基本做到件件落实。同时做好审批后绿化监管:主要有南医大基建工地树木伐移、3 503 工厂基建移植、快速内环北线沿线树木、绿地迁移、宁海路街道社区服务用房的树木伐移等,做到既按许可要求办事,又能保护城市绿化成果,让政府满意、申请单位满意和单位领导满意。特别是快速内环模范马路项目建设涉及的移植行道树,我们安排补植到其他道路作为行道树,花灌木板块就近迁移,成效快,效果好,为今后道路改造树木移植摸索出了成功方法。

4. 及时制止破坏设施违法行为

及时制止破坏市政设施违法行为,保证市政设施完好。通过巡查和群众举报,发现并查处违章事件 22 起,如绿化方面:苏宁银河毁绿、区房产局及环卫在绿地中搭临时工棚、龙江开发在龙园西路毁绿建硬化路面、某房产中介在西康路私自伐树、省体育局服务中心铲除草坪建停车场、汇林绿洲物业在其门口铲除绿地草坪等。市政方面:米兰开发公司在厚载巷违章占道、新城市私自排污堵塞校门口下水道、牯岭路省级机关出新占用并损坏道路以及其他管线单位的私挖、乱接、乱排现象都得到圆满解决,有的单位补缴了规费,有的单位写出了检查,作出了保证,达到了管理目的,保障了设施的完整。

5. 为民办实事,做好服务

受理属管辖范围内的投诉、举报 73 起,做到件件落实,不能解决的向投诉人说明,同时,热情解决群众遇到的绿化、市政方面的困难和问题。主要有琅琊路大树影响房屋问题,莫干路、宁海路、牯岭路以及其他干道行道树和社区居民院落大树影响居民生活以及危树、险树的消险、紫竹林某老人后院银杏的迁移、戴家巷某居民家院内大树倒伏在墙上等问题得到及时协调解决。由于服务及时、到位，我们的工作得到服务对象的好评。

今年共处理人大、政协代表提案 9 件，回头看提案 5 件。对提案中所反映的问题，积极与养护公司联系，了解情况，共同协商解决的办法，对能够解决的问题及时安排处理，对非我所管辖范围的问题，也耐心作出解释，均达到满意。

6. 积极配合市平台做好各类监管工作

完成市政公用局审批案件的监管 77 起，主要有凤凰东街排水管网改造、利奥大厦水电气接入、新城市污水管的建设、福建路拍卖广告位的施工工程等，从施工围挡、现场标志、施工期限、开挖面积等各方面进行监管，规范其施工行为。

（三）加强内部管理工作

1. 为配合新一轮收入分配制度改革工作，我们积极与职称主管部门联系，设身处地为职工切身利益考虑，年初完成了本所的专业技术职务岗位聘任工作，使职工在工改实施时得以按所聘任的专业技术职务兑现工资。对因岗位设置等原因暂无法聘任的职工，我们也是多方努力，拟出专题报告，上报职称办，积极争取对本所岗位设置的调整。上半年还完成经济类专业职称考试报名工作。

2. 今年是事业单位收入分配制度改革实施之年，工改涉及职工的切身利益，政策性强，情况复杂。我们在对工改文件进行认真学习的基础上，仔细做好各项基础工作，反复核对后上报，首轮调资工作于 4 月底完成审批并补发到位。下一步的正常晋升工作也已完成，等待上级审批后执行。

3. 根据有关部门的文件规定，认真做好新一轮养老保险、失业保险的基数测算、资料核对工作，按时完成上报。同时认真做好劳动和社会保障证的年检、变更和社会保险登记证的办理工作。

4. 及时完成春节、元宵节、劳动节、端午节等节日以及夏季劳保、高温费等福利费、福利品采购和发放工作。

5. 做好财务管理工作，完成收支分类账目，及时、准确地反映财务信息，为领导提供决策依据。积极与结算中心联络，及时做好报账工作。做好账务核算，及时收取和拨付相关工程款、养护经费和专项资金。上半年共收取虎踞路、中山北路、新模范马路、地铁等改造工程款 279.4 万元，拨付养护经费 1 255 万元，专项资金 527.68 万元。

6. 严格按区财政局、区物价局的规定，做好预算外行政收费工作，并配合建设局完成了 2012 年度物价收费许可证的年检工作，获得满分。

7. 积极做好宣传工作，努力扩大单位知名度，及时通报养护、监管信息。上半年完成信息 16 篇，其中 4 篇被《鼓楼信息》录用，6 篇被市平台网站录用。同时，为更好地展示我们的工作成果，年初还积极与广告公司联系，精选了部分 2006 年街巷出新前后的对比照片，配以文字，设计制作了 1 000 份宣传折页，在与兄弟单位及外省市相关单位交流中都起到了较好的宣传作用。

（四）大力开展群众绿化

1. 采用多种形式，广泛宣传发动

今年，我们以创建"绿模城"为切入点，采用多种形式，广泛宣传发动，营造全民参与共创"绿模城"的氛围。

植树节前夕,区委书记鲍永安带领区委、区人大、区政府、区政协领导及区江东新区管委会、区建设局、江东街道办事处的部分机关干部,来到江东新区龙腾街参加义务植树劳动。共种植法桐大苗70余株。

3月10日下午,区绿化委员会、区建设局、湖南路街道、区市政设施综合养护管理所、万荣公司、鼓楼公园、乌龙潭公园等单位在山西路广场举办了"你我共参与,创建绿模城"的宣传咨询活动,宣传"绿色南京,生态鼓楼"建设成就,近年来开展全民义务植树运动成果展示,城市绿化、义务植树科学知识、政策法规宣传等。还进行了认建认养绿化报名,腰鼓队文艺表演活动,发放了宣传纸杯、雨伞、屋顶绿化手册等宣传品,答题赠花600余盆,现场气氛热烈,群众参与踊跃,互动频繁,赠品供不应求。

争创全国绿化模范城市,不仅是政府部门的中心任务,更是全体人民的共同心愿,鼓楼区的市民纷纷行动起来,参与创建。街道成立或调整地区绿化协会,在辖区中心进行宣传咨询。社区出黑板报、宣传栏、写标语,充实绿化环保志愿者队伍,签订认建认养协议,居民们或报名植树赏绿,或给花卉盆景松土,或清扫绿地的枯枝落叶。为表示参与创建的决心,湖南街道办事处的干部、城管队员在"创建绿化模范城市,建设东部城市绿色中心"的条幅上庄严地签下了自己的名字。条幅在山西路广场,在丁家桥、高云岭、五条巷、湖北路、大方巷等社区轮流传递,各界居民们扶老携幼纷纷在条幅上签名。

为把创建绿模城活动推向基层,4月13日下午,在鼓楼区莫愁街道凤凰新村社区,区信访局的党员领导、区绿委办的党员和社区党支部的全体党员积极分子联合举办了"党员义务奉献日"活动。活动中,全体同志在写有"创建绿化模范城市,建设东部城市绿色中心"的横幅上签下了自己的名字,表达了为人民服务、参与创建绿化模范城市的信心和决心。60名党员和积极分子,在绿委办同志的技术指导下,修剪花灌木、球形树、绿篱,清理绿地内的枯枝落叶、垃圾杂物,不怕脏、不怕累,干得热火朝天,每个人脸上都挂满了汗水,得到了群众的称赞和好评。此次活动共修剪花灌木30株、球形树4株、绿篱70米、清理绿地等卫生1 500平方米,清运垃圾3车。

2. 重点工程,有序推进

今年老城增绿共有7块绿地,其中鼓楼街1 200平方米已完成。南祖师庵5 600平方米已完成一期绿化工程,二期将增加大树、亮化灯光设施、休闲坐凳、管理用房等。八字山公园建设已经基本完成,5月份对游人开放。中央门绿地6 100平方米,也已建成开放。晚市绿地、福建路绿地、察哈尔路西延北侧绿地正在办理审批手续。江东新区完成新增绿地4 332平方米,大树种植204株。乌龙潭公园综合整治,正在紧锣密鼓地进行,旧锁龙桥拆除,新锁龙桥主体基本完工,污水截流工程正在有序推进,西大门出新方案正在细化。垂直绿化种植云南黄馨、爬藤蔷薇、爬墙虎计7 210株。屋顶绿化今年计划建设10 000平方米,重点在鼓楼广场和电视塔周围,现已完成选点调查、方案设计和概算。

二、存在问题

(一) 养护标准不高,缺乏亮点

市政、绿化养护还不够精致,标准还不够高;游园绿地亮点不突出,损绿毁绿现象比较突出。对市政设施综合管理还缺乏更科学更先进的管理方法,管理水平还有待于进一步提高。

(二) 设施监管力度不够

因违章处罚权不在我所,给我们的设施监管工作增加了难度。同时,由于人员少、交通工具缺乏,而管辖范围的设施量大、范围广、战线长,工作效率受到影响,部分路段和部位的违章占道和私自挖掘现象还局部存在,毁绿行为还时有发生。

(三) 服务意识有待于加强

工作中要进一步加强服务意识,转变工作作风,热情为百姓、为企业服务,提高服务的标准和质量。

(四) 费用缺口较大

由于对设施养护管理的要求较高,日常养护管理开支较大,上级下达的养护管理经费均拨付给了各养护单位,而财政核拨的人头经费也有限,用于办公开支和职工福利的费用缺口较大。

(五) 人员力量不足

我所现有编制人员16名,因其他工作需要有3名人员长期外借,面对辖区范围内繁重的管理任务,我们感到工作难度较大,常有监管不到位的地方。随着城市管理工作的提档升级,迫使我们必须进一步提高我区的设施管理水平,而人手的缺乏让我们感到管理工作难以深入开展。

三、下步工作重点

(一) 加强对工作人员业务知识培训

加大业务培训力度,根据上级部门的要求,组织员工参加业务培训,不定期地组织内部业务知识交流,不断提升员工的业务素质,以便于做好新形势下的养护管理工作。

(二) 加强养护管理的过程监控

进一步加强养护现场的查看工作,实施过程监控。对照养护企业每月上报的养护计划,到养护现场查看养护作业实施情况,检查实际工作量、养护质量、安全措施落实情况等,与月度考核相结合,对监控过程中发现的问题在月度考核中重点核查。

(三) 抓好落实各类专项工程的质量管理和安全工作

进一步探索专项工程的有效监管方法。如前期准备方面要做哪些工作;施工过程中质量如何跟踪监管;现场文明施工如何管理;资料整理与工程进度如何同步完成等等。精心组织实施各类专项工程、出新工程,确保每一个环节符合质量要求和安全规范,并安排专人进行现场管理和协调,督促施工企业严格按照相关技术规范和文明施工要求进行施工,以确保工程顺利开展。

(四) 加大日常设施监管力度

加大日常巡查力度,做到责任具体化、明确化。工作中,将片区、工作内容、协调任务等分别实行责任到人,同时,严格执行谁管辖谁负责、谁处理谁负责的责任制度。深入、细致地开展工作,保障设施的完好。按时完成城市信息化管理案件处理工作,提高结案率。

××市××所

2013年7月30日

第三节　调查报告

一、调查报告的含义

调查报告是对某项工作、某一事物或问题进行实际调查、分析、研究后，将调查中收集到的材料加以系统整理，以书面形式向组织和领导或者向社会公开汇报调查情况的一种文书。

二、调查报告的特点

调查报告有以下几个特点：

（一）客观性

调查报告是在占有大量现实和历史资料的基础上，用叙述性的语言实事求是地反映某一客观事物。充分了解实情和全面掌握真实可靠的素材是写好调查报告的基础。

（二）针对性

调查报告有明确的意向——针对某项工作、某一事物、某一问题，相关的调查取证都是针对特定对象展开的。所以，调查报告具有强烈的针对性，反映的问题集中而有深度。

（三）启示性

调查报告是对核实无误的数据和事实进行严密的逻辑论证，探明事物发展变化的原因，预测事物发展变化的趋势，提示事物的本质和规律，得出科学的结论，以达到引导认识、指导工作的目的。因此，调查报告具有明确的启示性。

三、调查报告的作用

（一）引导作用

调查报告通过真实地反映实际情况和问题，可为日常工作提供信息参考，也可为制定方针、政策及领导者的正确决策提供依据，使政府各部门制定的方针政策和领导决策更符合实际。

（二）教育作用

调查报告可通过典型调查，宣传、介绍先进经验和先进人物事迹，或揭露不良现象，鞭挞恶劣行径，起到弘扬正能量、教育广大干部群众的作用，从而促进工作的改进。例如：《华为公司是如何崛起的》、《中国首例特大有害化工废料进境事件追踪调查》。

（三）信息传递作用

调查报告可通过调查揭示真相，向大众传递准确无误的信息。当社会上对某一事件、某一问题争论不休或众说纷纭，在真相不清、谣传离奇的情况下，就需要用调查报告来揭示事实真相，向社会传递正确、准确的信息，帮助群众分清是非和真伪。比如《"躲猫猫"事件的前前后后》。

四、调查报告的类型

日常工作中，常见的调查报告主要有以下几类：

(一)情况调查报告

这类调查报告是为了弄清情况,供决策者使用。一般是就一个单位的多方面情况进行较全面的调查,或围绕一个问题进行多方面的普遍调查,或就某个问题对许多单位进行广泛调查,然后加以综合分析的报告。综合分析调查报告的内容一般包括调查目的、概况,重点问题综合分析,提出建议等。

(二)典型经验调查报告

这类调查报告是通过分析典型事例,总结工作中出现的新经验,从而指导和推动某方面工作的一种调查报告。这类调查报告主要是反映先进单位或先进个人的典型经验,具有较强的示范引路作用。如《宋鱼水同志先进事迹的调查报告》。

(三)问题调查报告

这类调查报告是针对某一方面的问题,进行专项调查,澄清事实真相,判明问题的原因和性质,指出造成的危害,并提出解决问题的途径和建议,为问题的最后处理提供依据,也为其他有关方面提供参考和借鉴的一种调查报告。这类调查报告是对现实社会中某些丑恶现象、恶劣行径和社会弊端进行揭露,并分析和归纳出教训,以引起有关部门及社会的关注和重视,促进对相关工作、相关人物、相关现象、相关事件的整改。如《三鹿奶粉事件的调查报告》。

五、调查报告的内容和结构

调查报告的格式一般由标题和正文两部分构成。

(一)标题

调查报告的标题有两种形式:单行标题、双行标题。

1. 单行标题

一般有两种写法:一种是公文式,通常由"事由+文种"组成。如《关于哈药六厂崛起的调查报告》等。另一种是文章式,通常由调查报告的基本内容概括而成。如《沙尘暴频繁侵袭中国北方的原因何在》。

2. 双行标题

由正题和副题组成,正题突出主题,副题标明调查对象和内容及文体名称。如《绿水青山,就是金山银山——鄱阳湖生态经济发展的调查》。

(二)正文

调查报告的正文一般分为导语、主体和结尾三部分。

1. 导语

导语的文字一定要高度概括,提纲挈领,简明扼要,紧扣主题。

这部分侧重说明调查的目的、对象、经过、时间方法、范围、结果和意义等。其目的主要是便于读者了解整个调查报告的概况和基本内容。

2. 主体

这是调查报告的核心部分。这部分的内容包括作者所要报告的调查事实、作者的观点或调查结论。

主体的结构形式多种多样,常见的有如下几种:

(1) 横式结构

也叫并列式。即按主要经验或问题及各部分之间的逻辑关系安排层次。总结经验和反映、分析情况的调查报告常常采用这种结构形式。

(2) 纵式结构

即按事件、问题的发生、发展和结局的先后顺序进行叙述和议论。这种纵式结构较简单,所以内容单一集中的事件调查报告常用这种形式。

(3) 对比式

即把两个不同对象加以对比来写。它用对比的方式组织和安排材料。

(4) 交叉式

这种结构形式兼有横式和纵式的优点,但较复杂。在叙述和议论事件的发展过程时采用纵式结构;谈经验教训、体会、收获时采用横式结构。它适用于涉及面较广、内容较复杂的调查报告。

3. 结尾

调查报告的结尾多种多样,以自然收束为上品,要求简明扼要、意尽即止。可以总结全文,得出结论;可以精辟议论,深化主题;可以展望未来,提出希望和建议等等。也有些调查报告没有明显的结语,主体写完就自然收束。

(注:具体的调查报告的内容,在写作上因调查目的的不同而各有其特殊要求,请在写作时注意区别。)

六、调查报告写作的注意事项

(一) 深入实际,充分掌握真实材料

掌握真实材料,是写好调查报告的基础和前提。要有第一手真实的材料,就必须深入实际,开展调查研究——深入了解和掌握群众普遍关心的、迫切需要解决的,并带有普遍性、倾向性问题和材料。只有深入调查才能使掌握的材料真实可靠、确凿无误,写出来的调查报告才不会失去它的科学价值。

(二) 精选典型材料

选定材料,是分析研究问题的依据,是调查报告写作的基础。要有目的地选择典型材料——紧紧围绕调查的目的、主题,精选典型材料和典型事例。典型材料能够有力、贴切、生动地说明问题和观点。典型材料贵精不贵多,选得精,用得好,可以发挥"以一当十"的作用。

(三) 以叙述为主,叙议结合

调查报告主要以叙述、说明、议论为表达方式,且以叙述为主。介绍调查经过、基本情况、事实材料都要用叙述,并辅以说明,同时对调查的事实加以分析综合、归纳结论、总结经验,因而以叙为主,夹叙夹议、叙议结合是调查报告的主要写作特色。

(四) 语言生动

调查报告是实用性很强的应用文体,容纳的事实材料很多,叙述要力求简洁、明了、具体、生动。用简洁明了的语言,具体准确地把事实和观点表达出来。同时,要注意使用活泼、生动

事例,用富有表现力的语言加强文章的说服力。

例文

沃尔玛转基因大米再调查报告

尽管时间已经过去半月,但湖南转基因大米风波仍未完全平息。

"昨天接到沃尔玛的电话,说他们准备起诉绿色和平组织中国总部(下称绿色和平)。"3月29日,涉及转基因大米风波的湖南汨罗龙舟米厂老板湛昔辉向记者透露事件的最新进展。

3月15日,绿色和平发布调查报告称,在长沙沃尔玛超市检出含有抗虫转基因成分的"猫牙米",这些米部分来自龙舟米厂。

"问题"大米很快被下架,湖南农业部门随即进行抽样调查,但湖南省农业厅随后公布的抽样检测却显示,所有送检的大米和稻谷样本并未检出转基因成分。

"送检的样本中确实没有转基因成分,至于转基因大米到底能不能吃,现在还不好说。"湖南省农业厅转基因办工作人员向记者表示。

"我们目前并没有要起诉绿色和平的计划。"3月30日,沃尔玛中国总部公关总监李玲在接受记者电话采访时表示,沃尔玛一直在跟零售行业协会和政府进行沟通,希望尽快查清事件,并妥善处理。

为何两次检测结果会有如此大的差异?在商业化生产和流通并未获得批准的前提下,绿色和平指称的转基因大米究竟来自何处?本报记者对此展开了调查。

两次检测,不同结果

2010年3月15日,绿色和平一纸《超市生鲜散装食品调查报告》令全球零售巨头沃尔玛陷入困境。报告称沃尔玛长沙黄兴南路店出售非法转基因大米,涉事产品系来自湖南汨罗龙舟米厂的"猫牙米"。

3月20日,湖南省农业厅发布通告,公布了对"猫牙米"的抽样检测结果,称"本次检测共抽取了包括'猫牙米'在内的32个大米及稻谷样品,经转基因生物产品成分检测机构检测,32个样品均未检出抗虫转基因成分"。

然而,记者从第三方检测机构获得的一份检测报告中看到,在"猫牙米"的样本DNA检测中发现含有Bt内毒素特异性基因序列,也就是说被检测的大米中确实含有转基因成分。

为何检测结果会产生如此大的差异?

"绿色和平抽查的大米是在2009年11月取的样,而湖南省农业厅抽的样是今年3月份的。"绿色和平中国总部发言人王伟康告诉记者,取样时间的不同可能是导致检测结果差异的原因,"我们的检测结果是委托第三方机构公正检测后得出的"。

他同时透露,在与"猫牙米"同一批次的检测中,绿色和平还发现沃尔玛的部分蔬菜和水果上残留的农药存在问题。"比如,本该用于西红柿的农药被用于小白菜,而且有些农药是联合国建议禁止使用的品种。"

王伟康表示,2009年11月抽样检查前的两个月,绿色和平曾与沃尔玛进行沟通,此后又分别在2009年12月和2010年3月与沃尔玛联系,但对方始终没有给出信息反馈。"感觉沃尔玛一直在逃避责任,并没有真正审视自身问题并对消费者负责。"

但沃尔玛似乎另有说法。李玲表示,绿色和平仅仅在报告发布前一天通过电子邮件告知沃尔玛,并没有与沃尔玛进行联系。"至于绿色和平,我们确实没有主动跟其联系。"

追查转基因大米源头

沃尔玛惊现转基因大米的消息很快传遍湖南,并影响到大米供应商龙舟米厂的生产销售。记者日前赶赴湖南汨罗红花乡东冲村龙舟米厂采访时,发现米厂大门紧闭,数名工人在米厂旁边的平房中打麻将。

"16日就停产了,也没有客户上门,现在还没有恢复(生产)。"湛昔辉告诉记者,自己的工厂是2004年底开的,由于经营对路,信誉较好,很快成为汨罗100多家米厂中的销量排名前三的米厂,年销量达到3 000多吨,2009年11月,湛在长沙的一个经销商告诉他米厂的米已经进入沃尔玛销售,湛当时颇为高兴。

"谁想到会出这个事,收稻谷的时候哪个会看种子类型?"湛表示自己收购稻谷一般是看稻谷的成色和品质等,至于是什么谷种类型则很少关注,他同时坚称自己的工厂从未生产过转基因大米。

而湖南省农业厅的检测结果显示,从龙舟米厂的抽样中并未检出转基因成分,这也似乎证实了湛的清白,那么转基因大米究竟从何而来?

湛昔辉透露,自己工厂加工大米的稻谷主要来自东冲村周围100公里以内,范围涵盖湖南岳阳、长沙的一些农村,以及湖北的部分地区。记者调查得知,2005年前后汨罗地区确实有"华恢1号"、"Bt 籼优63"等国家禁止种植的转基因水稻销售,但是目前已经绝迹。

"当时种子是从怀化那边传过来的,它的抗病虫能力很强、产量比较高。"64岁的老农刘江勋告诉记者,尽管自己并不清楚转基因水稻是啥回事,但"Bt 籼优63"这个特殊的稻种还是让他记忆尤深。

湖南某米业企业首席工程师对记者表示,转基因水稻在生态方面的风险已经开始显现,此前湖南怀化地区的转基因稻种在种植过程中曾经造成周围部分植物物种的灭绝,破坏了农业生态链,"这或许也是当年有关部门迅速禁绝转基因稻种的主要原因之一"。

相关调查显示,目前仅长沙沃尔玛和武汉中百[10.56—2.31%]仓储出现转基因大米,其他城市并未出现相同案例,而国家一直禁止转基因水稻商业化种植,此次转基因大米来源一时成疑。

"转基因稻种目前在我国应该是只存在实验室里,但不排除多个转基因稻种杂交衍生新的转基因稻种。"前述工程师谨慎分析转基因大米的可能来源。

第四节 规章制度

规章制度是以书面形式表达的,经过相关权力机关批准、发布的,国家机关、社会团体、企业事业单位等制定的有关行政管理、生产操作、学习和生活等方面的各种规则、章程和制度的总称。

一、规章制度的特点

(一)约束性

规章制度明确规定了应该做什么,不应该做什么。它是人们的行为准则,一经批准生效,有关单位或个人就必须严格遵守或遵照执行。如果违反有关条款,就要受到相应的处罚。

(二)权威性

规章制度的权威性来源于机关单位的权威性。规章制度的作者是法定的,即依法能以自己的名义行使权利与承担义务的组织。规章制度是这些法定作者根据自己的职责和权限制订的,是本级机关权力意志的反映。

(三)稳定性

规章制度既然是人们的行为准则,就不宜经常变动和修改,应具有相对稳定性。因此,不能将脱离实际的条文,属于临时性的、个别性的问题,暂还没有条件实行的问题引入规章制度。

但规章制度也不是一成不变的,在条件成熟或环境发生变化时,我们应及时修改并完善它,以适应现实的需要。

二、规章制度的作用

规章制度的使用范围极其广泛,大至国家机关、社会团体、各行业、各系统,小至单位、部门、班组。它是国家法律、法令、政策的具体化,是人们行动的准则和依据,因此,规章制度对社会经济、科学技术、文化教育事业的发展,对社会公共秩序的维护,有着十分重要的作用。

(一)规章制度在日常管理中能够对人们起到引导和教育的作用:能够让人们清楚地知道自己的权利和义务是什么,怎样享受权利,如何履行义务;可以防止管理的任意性,保护人们的合法权益,满足人们公平感的需要;通过合理设置权利义务,使人们能够预测到自己的行为和努力的后果,激励人们为企业的目标和使命努力奋斗;可以告诉人们违反甚至严重违反规章制度的后果是什么。在规章制度的实施过程中,通过对违规甚至严重违规者的处罚能够起到对其他人的警示作用。

(二)规章制度可以保障管理有序化、规范化,将发生争议和纠纷的可能性降到最低,降低管理成本。

(三)在发生争议时,合法有效的规章制度是相关部门合法作为的依据。

三、规章制度的种类

规章制度按照其内容和管理范围的不同可以分为四类:包括行政法规、章程、制度、公约等。不同的类别分别反映不同的需要,适用于不同的范围,起着不同的作用。

(一)法规类

法规是由行政部门颁布的具有法律性约束力的社会管理规范性文件。在法律体系中,法规主要指行政法规、地方性法规、民族自治法规及经济特区法规等。

行政法规是国务院为领导和管理国家各项行政工作,根据宪法和法律,并且按照《行政法规制定程序暂行条例》的规定而制定的政治、经济、教育、科技、文化、外事等各类法规的总称。

地方性法规是省、直辖市人民代表大会和它们的常务委员会,在不与宪法、法律、行政法规相抵触的前提下,制定并报全国人民代表大会常务委员会备案的地方性经济、社会管理规范性文件。

常见的法规类规范性文件有:条例、规定、办法、细则等。

1. 条例

条例是对某一方面行政工作比较全面、系统的规定。条例是具有法律性质的文件,是对有关法律、法令作辅助性、阐释性的说明和规定;是对国家或某一地区政治、经济、科技等领域的某些重大事项的管理和处置作出比较全面、系统的规定;是对某机关、组织的机构设置、组织办法、人员配备、任务职权、工作原则、工作秩序和法律责任作出规定或对某类专门人员的任务、职责、义务权利、奖惩作出系统的规定。它的制发者是国家最高权力机关、最高行政机关(国务院各部委和地方人民政府制定的规章不得称"条例")。例如:《中华人民共和国失业保险条例》、《中华人民共和国人民币管理条例》、《中华人民共和国学位条例》。

2. 规定

规定是对某一方面行政工作所作的部分的、阶段性的规定。规定是为实施贯彻有关法律、法令和条例,根据其规定和授权,对有关工作或事项作出局部的具体的规定。是法律、政策、方针的具体化形式,是处理问题的法则。主要用于明确提出对国家或某一地区的政治经济和社会发展的某一方面或某些重大事故的管理或限制。规定重在强制约束性。它的制发者是国务院各部委、各级人民政府及所属机构。例如:《关于制止低价倾销工业品的不正当价格行为的规定》、《关于出版物上数字用法的试行规定》、《关于奥运期间北京交通管理的暂行规定》。

3. 办法

办法是国家行政主管部门对贯彻执行某一法令、条例或进行某项工作的方法、步骤、措施等,提出具体规定的法规性公文。

办法的特点:(1)法规约束性侧重于行政约束力;(2)每项条款具体、完整,重在可操作性。

它的制发者是国务院各部委、各级人民政府及所属机构。例如:《广东省普及九年制义务教育实施办法》就是针对如何落实《义务教育法》制定的实施办法;《产品质量监督实施办法》就是针对如何具体落实国务院颁布的《标准化管理条例》而制定的实施办法;《奥运期间车证管理办法》就是针对如何保障北京奥运会期间车辆运行安全这一具体事项而制定的。

4. 细则

细则是为实施"条例"、"规定"、"办法"作详细、具体或补充的规定,对贯彻方针、政策起具体说明和指导的作用。它的制发者是国务院各部委、各级人民政府及所属机关。例如,《〈对外汉语教师资格审定办法〉实施细则》、《审批个人外汇申请施行细则》、《中华人民共和国专利法商标法实施细则》等。

(二)章程类

章程是政党组织、社会团体、学术组织用以说明该组织的宗旨、性质、组织原则、机构设置、职责范围等的纲领性文件,具有准则性与约束性的特征。它的制发者是政党或社会团体。例如,《中国共产党章程》、《中国人民政治协商会议章程》、《中国写作学会章程》等。

(三)公约类

公约是人民群众或社会团体经协商决议而制定的共同遵守的准则。是人们为了维护公共秩序,经集体讨论,把约定要做到的事情或不应做的事情,应该宣传的事情或必须反对的事情明确写成条文,作为共同遵守的事项。它的制发者是人民群众、社会团体。例如,《居民文明公约》、《小区卫生公约》、《北京市各界人民拥军优属公约》、《班级纪律公约》等。

（四）制度类

制度一词有广义的解释与狭义的解释。就广义而言，在一定条件下形成的政治、经济、文化等方面的体系就是制度（或叫体制），如政治制度、经济制度、社会主义制度、资本主义制度等。就狭义来讲，是指一个系统或单位制定的要求下属全体成员共同遵守的办事规程或行动准则，如工作制度、财务制度、作息制度、教学制度等。

任何合法的单位、团体、组织或机关都有权制定关于其内部事务的管理制度。制度可使某个单位、团体、组织或机关的所有成员共同遵守某些办事规程和行动准则，从而为完成任务或目标提供保证。具体包括：制度、规则、规程、守则、须知等多种。

1. 制度

制度是有关单位和部门制订的要求所属人员共同遵守的准则，是机关单位对某项具体工作、具体事项制订的必须遵守的行为规范。它的制发者是机关团体、企事业单位及其部门。例如，《安全生产制度》、《××地区环保局廉政制度》、《办公室卫生管理制度》、《学校领导巡课制度》等。

2. 规则

规则是机关单位为维护劳动纪律和公共利益而制定的要求大家遵守的关于工作原则、方法和手续等的条规。它的制发者是机关团体、企事业单位及其部门。例如，《全国安全生产委员会专家组工作规则》、《九江职业大学图书馆借书规则》等。

3. 规程

规程是生产单位或科研机构，为了保证生产安全与产品质量，使工作、试验、生产按程序进行而制定的一些具体规定。它的制发者是机关团体、企事业单位及其部门。例如，《化学实验操作规程》、《车间操作规程》、《计算机操作规程》、《吊装作业安全规程》等。

4. 守则

守则是机关团体、企事业单位要求其成员遵守的行为准则，它倡导有关人员遵守一定的行为、品德规范。它的制发者是机关团体、企事业单位及其部门。例如，《全国职工守则》、《汽车驾驶员守则》、《高等学校学生守则》、《社区公共安全守则》等。

5. 须知

须知是有关单位、部门为了维护正常秩序，搞好某项具体活动，完成某项工作而制定的指导性、规定性的守则。它的制发者是有关单位、部门。例如，《乘客须知》、《小学生安全须知》、《世博园区游览须知》等。

四、规章制度的写作要求

规章制度作为一种事务文书，看起来只是一些条条框框，内容单一，篇幅不长，似乎没有多少文采，不需要什么写作技巧。但要真正写好它，却并不那么容易。

在规章制度的写作中，必须努力把握其写作特点：

（一）符合党和国家的有关方针、政策、法规，切合本单位或本部门的实际需要。

（二）结构严谨，内容简要。

（三）语言简明、规范。

(四) 定期检查,进行修订或补充。

五、规章制度的写法

由于规章制度的种类不同,内容、范围各异,所以,写作格式和写法也有所不同。但它们的结构写法又有许多相同之处,一般包括标题、正文和落款三部分。

(一) 标题

规章制度的标题一般有三种写法:

1. 由单位名称、事由和文种三部分组成。如《财政部关于企业财务检查中处理财务问题的若干规则》。

2. 由制发单位名称和文种组成。如《中国作家协会章程》。

3. 由事由和文种组成。如《关于企业国有资产办理无偿划转手续的规定》。

如果该规章制度是试行、暂行,则应在标题内文种前写明,如《沪宁高速公路管理暂行规定》。如果该规章制度是草案,则应在标题后用括号加以注明。有些规章制度在标题下面用括号注明该规章制度何时、何部门、何会议发布、通过、批准、修订等项目。

(二) 正文

规章制度种类很多,各个文体的写法也有所不同。从全文来看,规章制度的基本结构方式主要有两大类:章条式和条款式。

1. 章条式

章条式即分章列条款式。即将规章制度的内容分成若干章,每章又分若干条,根据需要条下有时又分若干项。第一章是总则,中间各章叫分则,最后一章叫附则。

(1) 总则

一般写原则性、普遍性的内容,包括的主要内容有:制定依据、目的(宗旨)和任务、基本原则、适用范围、有关定义、主管部门(该项有时也可视具体情况置于分则或附则中)等情况,类似于文章的前言,对全文起统领作用。

(2) 分则

从总则以下到附则以上,中间的若干章均为分则。分则是全文的主体部分,通常按事物间的逻辑顺序,或按各部分内容的联系,或按工作活动程序以及惯例分条列项,集中编排。表述奖惩办法的条文也可单独构成罚则或奖励则作为分则的最后条文。

(3) 附则

附则通常是全文的最后一章,一般说明该规章制度的实行程序与方式、生效日期、与有关文件的关系及其他未尽事宜的处置办法、作解释权的单位名称等内容。附则只设一章,根据需要,下分若干条,也有附在最后不单独成章的。

法规、条例、准则、规则、章程等条文较多、内容较全面和系统的多采用章条式。

2. 条款式

这种写法不分章,而是分条列项来阐述。适用于内容比较简单的规章制度,如守则、公约、须知等。条款式有两种形式:一种是前言+条款式,一种是条款到底式。

(1) 前言、条款式

这种形式分前言和主体两部分。前言不设条,而是简要概述制定该文的目的、依据、性质、意义,常用"为了……特制定本规定"或"为了……,根据……,特制定本守则。"主体部分通常分若干条款写明规定的事项,一般按先主后次、先原则后具体的顺序,逐条写来。

(2) 条款到底式

这种方式全文都用条款来表述,一贯到底,不分段作说明。这种写法并非不要前言、结尾,而是将前言、结尾都用条款标出。

规章制度采用分章列条款式或条款式写法,条理清晰,层次分明,便于记忆、阅读,便于查找、引证,便于贯彻执行。

(三) 落款

在正文结尾后右下方写制定本规章制度的单位名称,名称下方写上发文时间年、月、日。如果标题已反映出这一部分内容,末尾则不必再写。

例文一

北京市绿化条例
(2009年11月20日北京市第十三届人民代表大会常务委员会第十四次会议通过)

第一章 总 则

第一条 为了加强本市绿化建设和管理,改善和保护生态环境,建设宜居城市,促进生态文明建设,根据有关法律和行政法规,结合本市实际情况,制定本条例。

第二条 本条例适用于本市行政区域内绿化的规划、建设、保护、监督和管理。法律、法规对森林、古树名木、公园、自然保护区、风景名胜区有规定的,适用其规定。

第三条 本市绿化工作应当贯彻科学发展观,体现人文北京、科技北京、绿色北京的理念,坚持以人为本、生态优先、城乡统筹和政府组织、全民参与、共建共享的原则,妥善协调、处理各种利益关系,依法明晰树木权属,完善生态公益林建设和管护补偿补助机制,保护树木所有权人和管护者合法权益,促进首都绿化事业可持续发展。

第四条 市和区、县人民政府应当加强对绿化工作的领导,将绿化事业纳入本级国民经济和社会发展规划,确定本行政区域绿化覆盖率目标,实行绿化目标责任制,保障公共绿地建设和养护经费的投入。乡、镇人民政府和街道办事处依职责做好本辖区内的绿化工作。

第五条 市人民政府绿化行政主管部门负责全市行政区域内的绿化工作。区、县绿化行政主管部门在市绿化行政主管部门的指导下,负责本行政区域内的绿化工作。

第六条 基层群众性自治组织、学校应当结合本单位实际,教育居民和在校师生履行绿化义务,保护绿化成果,做好本社区、本单位的绿化工作。

第七条 新闻媒体应当加强绿化科学知识、绿化法律法规和建设环境友好型社会的宣传工作,增强公民履行绿化义务和保护绿化成果的意识。

第八条 本市推进林业碳汇工作,普及碳排放知识,倡导低碳生产生活方式和实现碳中和的绿色环保理念,引导公众参与碳补偿活动。

第九条 本市鼓励和支持绿化科学技术的基础研究和转化应用,选育、引进适应本市自然条件、节水耐旱及兼顾冬季绿化美化效果的植物品种。引进植物品种应当防止有害植物侵入。

第十条 任何单位和个人都有权制止、投诉和举报损害绿化、破坏生态环境的行为。

第十一条 本市对在绿化工作中做出显著成绩的单位和个人给予表彰、奖励。

第二章 规划与建设

第十二条 市和区、县人民政府应当根据绿化事业发展需要和实际情况,按照因地制宜、科学布局、切实可行的原则组织编制和实施绿化规划。

绿化规划应当符合城市总体规划、土地利用总体规划,适应防灾避险需要,保持历史风貌,体现首都特色。

绿化规划包括绿地系统规划、植树造林规划等专项规划。

绿地系统规划确定的各类绿化用地按照国家有关规定实行绿线管理。

第十三条 市和区、县绿地系统规划应当包括各类绿地的功能形态、绿地指标、绿地布局面积和控制原则等内容。区、县绿地系统规划还应当包括分期建设计划和建设标准等内容。

绿地防火设施建设应当纳入所在地区消防规划。

第十四条 市绿地系统规划由市绿化行政主管部门编制,市规划行政主管部门组织审查,报市人民政府审批后纳入本市城市总体规划。

区、县绿地系统规划由区、县人民政府组织编定,并符合市绿地系统规划,与所在地控制性详细规划相衔接。

建制镇绿地系统规划由镇人民政府组织编定,并与区、县绿地系统规划相一致,与所在地控制性详细规划相衔接。

第十五条 绿地系统规划报批前,组织编制部门应当将规划草案予以公示,并可以采取论证会、听证会或者其他形式征求有关部门、社会公众和专家的意见。

绿地系统规划在实施中因特殊情况确需变更的,应当按照原批准程序重新审批。

第十六条 本市依照北京城市总体规划,建设绿化隔离地区,改善城市生态环境。

绿化隔离地区建设应当坚持城乡统筹原则,维护农民合法权益,合理安排土地利用,扶持与绿化隔离地区功能定位相适应的绿色产业发展,促进城乡经济社会发展一体化。

绿化隔离地区建设按照市人民政府的规定执行。

第十七条 本市加强城市公园、郊野公园、乡村公园建设,为公众提供更多绿色活动空间。

第十八条 绿地建设应当严格按照绿化规划实施,坚持生态、景观、文化协调统一和节约资源的原则,充分利用乡土植物,注重营造植物景观,突出生物多样性,形成合理的种植结构。

第十九条 绿地建设责任按照下列规定确定:

(一)公共绿地由区、县绿化行政主管部门组织建设。其中,城市道路、公路、河道等用地范围内的公共绿地分别由各有关主管部门组织建设;

(二)建设工程附属绿地由开发建设单位建设;

(三)铁路、湖泊、水库管理范围内的绿地由有关主管部门组织建设;

(四)村庄规划绿地由村民委员会或者村集体经济组织建设。

前款规定以外的绿地建设责任不明确的,由所在区、县人民政府根据实际情况,按照有利于建设并方便管护的原则确定。

公共绿地由市和区、县人民政府确定并公布。

第二十条 建设工程应当按照规划安排绿化用地。

规划行政主管部门在办理相关审批手续时,应当按照绿地系统规划和详细规划确定建设工程附属绿化用地面积占建设工程用地总面积的比例。其中,新建居住区、居住小区绿化用地面积比例不得低于30%，并按照居住区人均不低于2平方米、居住小区人均不低于1平方米的标准建设集中绿地；成片开发或者改造的地区应当按照规划要求建设集中绿地，绿地建设费用纳入开发建设总投资。

建设单位报送的建设工程设计方案应当包括附属绿化用地平面图并标明绿化用地的面积和位置。

第二十一条　绿化工程建设应当符合国家和本市有关标准和规范。从事绿化工程设计、施工、监理活动的单位应当具备相应资质。依法应当实行招标的绿化工程，按照国家和本市的有关规定进行招标。

第二十二条　公共绿地绿化施工前，绿化工程设计方案应当报送市绿化行政主管部门。绿化行政主管部门可以组织专家对设计方案进行论证并提出意见。

建设工程附属绿地面积达到1 000平方米的，建设单位应当在绿化施工的30日前，书面告知绿化行政主管部门，并报送绿化工程设计方案。绿化行政主管部门应当对建设工程附属绿化工程建设提供技术服务。

第二十三条　建设工程附属绿化工程应当与主体工程同步建设。绿地建设费用应当纳入建设工程总投资。

居住区、居住小区建设工程分期建设的，其附属绿化工程的具体建设时序应当作为国有土地使用权出让合同或者划拨土地条件的内容并予以明确。

居住区、居住小区建设工程附属绿化用地的面积和位置应当在房屋买卖合同中予以明示。

第二十四条　公共绿地建设工程竣工后，市或者区、县绿化行政主管部门应当组织验收，验收合格后方可交付使用。

建设工程附属绿化工程应当纳入建设工程竣工验收范围，规划行政主管部门应当对附属绿化用地的面积和位置是否符合规划许可的内容予以核实；建设单位应当组织绿化工程的设计、施工、工程监理等有关单位对绿化工程是否符合设计方案进行验收，将验收结果载于建设工程竣工验收报告，并按照有关规定报建设行政主管部门备案。

公共绿地建设工程、建设工程附属绿化工程竣工验收后，有关资料应当纳入城市建设档案进行管理。

第二十五条　居住区、居住小区附属绿化工程竣工后，建设单位应当制作绿地平面图标牌，在居住区、居住小区的显著位置进行永久公示。

第二十六条　露天停车场地面应当按照技术规范进行绿化，种植可以达到遮阳效果的树木。

鼓励屋顶绿化、立体绿化等多种形式的绿化。机关、事业单位办公楼及文化体育设施，符合建筑规范适宜屋顶绿化的，应当实施屋顶绿化。

第二十七条　经土地行政主管部门确定为闲置土地的，土地使用权人应当按照有关规定进行临时绿化，所需费用由土地使用权人承担。

第二十八条　农村地区应当科学布局绿化用地，按照村庄园林化、道路林荫化、河渠风景化、农田林网化的要求实施绿化；提高农村绿化科学技术和艺术水平，兼顾绿化的生态效益和经济效益。

第二十九条　村民委员会或者村集体经济组织应当组织村民参加村庄绿化建设，组织村民对荒山、荒沟、荒丘、荒滩和村庄周围的空地、村庄内的闲置土地进行绿化，支持村民对住宅庭院和周边的空地进行绿化美化。

绿化行政主管部门应当为村庄绿化建设提供技术服务。

第三十条 农村居民在住宅房前屋后种植树木的,树木收益归种植者所有。

第三章 义务植树

第三十一条 本市行政区域内的单位和有劳动能力的适龄公民,应当按照有关规定履行植树义务。

第三十二条 机关、团体、企业事业单位及其他单位应当组织本单位适龄公民参加植树活动。鼓励个人参加所在地区的义务植树活动。

驻本市的中国人民解放军和武警部队,依据国务院和中央军委有关规定参加义务植树活动。

各级绿化委员会统一领导、组织协调本地区的义务植树和造林绿化工作。

第三十三条 单位和个人可以通过植树造林、认建认养树木绿地、购买碳汇、参与绿化宣传咨询等多种形式履行植树义务。

第三十四条 各级绿化委员会应当建立义务植树登记卡制度,核定并记录单位参与义务植树的情况。

第三十五条 单位和个人将种植或者养护的树木移交绿地、树木管护责任单位的,所移交树木应当符合有关规定并经过验收。

绿化委员会应当指导各单位义务植树责任区和义务植树基地的建设和管理,做好服务工作。

第三十六条 单位因特殊原因无法完成义务植树任务的,可以向所在区、县绿化委员会提出协助完成义务植树任务的申请。接到申请的区、县绿化委员会应当组织专业绿化单位代其完成植树任务,所需费用由申请单位承担。

第三十七条 单位或者个人通过认养公共绿地履行植树义务的,可以在区、县绿化委员会指导下与公共绿地管护单位签订协议,按照要求对公共绿地实施养护,并根据协议对公共绿地享有一定期限的冠名权。

第三十八条 各级人民政府、各单位应当根据义务植树规划和年度计划,每年安排一定资金用于开展义务植树活动。

第四章 绿地保护

第三十九条 加强对绿地、树木的管理和保护(以下简称管护)。绿地、树木的管护责任按照下列规定确定:

(一)公共绿地由绿化行政主管部门负责落实。其中,城市道路、公路、河道用地范围内的绿地分别由各有关主管部门或者区、县绿化行政主管部门负责;

(二)单位所属绿地,由该单位负责;

(三)居住区、居住小区内依法属于业主所有的绿地由业主负责,业主可以委托物业服务企业进行管护;

(四)建设工程范围内保留的树木,在建设期间由建设单位负责;

(五)铁路、湖泊、水库等用地范围内的绿地由各有关主管部门负责;

(六)村庄绿地由村民委员会或者村集体经济组织负责。

前款规定以外的绿地或者零星树木及管护责任不清或者有争议的,由所在区、县绿化行政主管部门确定管护责任。

第四十条 管护单位应当按照国家和本市绿地、树木养护规范对绿地、树木进行管护并做好防火工作。

绿化行政主管部门应当对绿地、树木的管护给予技术指导。

第四十一条 管护单位应当加强道路附属绿地的管护,按照公安交通管理部门的要求制定作业方案。占用道路施工影响交通安全畅通的,应当征得公安交通管理部门同意。公安交通管理部门应当为道路绿化养护作业提供道路交通安全保障。

第四十二条 居住区内严重影响居住采光、通风、安全的树木,管护单位应当按照有关技术规范及时组织修剪。当事人应当协助管护单位做好修剪工作。

第四十三条 影响管道、线路、交通等公共设施使用和安全的树木,管护单位应当按照树木修剪规范及时修剪。

新设管道、线路、交通等公共设施,需要修剪树木的,应当经区、县绿化行政主管部门批准。

第四十四条 因抢险救灾和处理突发事件等紧急情况需要,可以对树木进行修剪或者砍伐。组织紧急情况处理的单位应当在处理结束之日起10日内,将有关处理情况报告所在区、县绿化行政主管部门。

因抢险救灾和处理突发事件等紧急情况修剪或者砍伐树木,造成公民、法人和其他组织财产损失的,按照国家有关规定给予补偿。

第四十五条 市政、交通、电力、通讯等建设工程项目影响绿化的,建设单位应当按照有关规定采取保护绿地和树木的措施,并在施工前告知管护单位。

第四十六条 开发利用绿地地下空间的,应当符合国家和本市有关建设规范,不得影响树木正常生长和绿地使用功能。

第四十七条 矿山、砂石开采场、砖瓦窑的生产经营活动造成地表植被破坏的,责任单位应当负责植树造林、恢复植被,不得造成地表裸露。

第四十八条 森林和野生动物类型自然保护区的保护,应当科学确定适宜的保护范围,保护天然植被和植物资源的自然特性。

第四十九条 各级风景名胜区应当坚持保护优先、利用服从保护的原则,保护绿化资源的完整性与观赏性。游览者和风景名胜区内的居民有保护林草植被和各项绿化设施的义务。

第五十条 禁止下列损害绿化的行为:

(一)在树木旁或者绿地内倾倒、排放污水、垃圾、渣土及其他废弃物;
(二)损毁树木、花草及绿化设施;
(三)在树木或者绿化设施上悬挂广告牌或者其他物品;
(四)在绿地内取土、搭建构筑物;
(五)在绿地内用火、烧烤;
(六)其他损害绿化成果及绿化设施的行为。

第五十一条 本市实行树木所有权登记制度。树木所有权不明确的,由所在区、县人民政府确定。登记工作按照国家和本市有关规定执行。

第五章 监督与管理

第五十二条 市和区、县绿化行政主管部门应当根据绿化事业需要制定绿化规范和标准,加强绿化工作监督检查,及时处理有关绿化违法行为的投诉和举报,依法查处有关违法行为。

发展和改革、环境保护、规划、建设、农业、财政等部门依照职责分工做好绿化相关工作。

交通、水务、市政管理、卫生、教育等有关部门应当组织做好本行业、本系统的绿化监督与管理工作。

第五十三条　绿化行政主管部门应当加强对绿化工程的监督；对使用国有资金投资或者国家融资的绿化工程应当进行质量监督。

第五十四条　乡、镇人民政府和街道办事处应当配备专职或者兼职绿化管理人员，做好绿化管理工作；对本辖区内违反本条例的行为应当及时予以制止，或者向市和区、县有关部门报告，并配合有关部门进行查处。

村民委员会、居民委员会发现本区域内违反本条例行为的，应当予以制止或者向有关部门报告。

第五十五条　市和区、县绿化行政主管部门在监督检查中，可以进行现场检查，调查了解有关情况，查阅、复制有关文件、资料，采取责令停止违法行为、限期恢复等措施。

被监督检查的单位和人员不得拒绝、阻挠、妨碍行政执法人员依法进行监督检查。

第五十六条　规划行政主管部门对建设项目作出规划许可前，应当就建设工程设计方案中有关绿化用地的内容征求绿化行政主管部门的意见。绿化行政主管部门应当在7个工作日内反馈意见。

第五十七条　任何单位和个人不得擅自改变绿地的性质和用途。中心城、新城、建制镇范围内，因基础设施建设等特殊原因需要改变公共绿地性质和用途的，应当经市人民政府批准。需要改变其他绿地性质和用途的，应当经市绿化行政主管部门审核、市规划行政主管部门批准。

因前款情形造成公共绿地面积减少的，建设单位应当在该绿地周边补建相应面积的绿地。

第五十八条　严格限制移植树木。因城市建设、居住安全和设施安全等特殊原因确需移植树木的，应当经绿化行政主管部门批准。移植许可证应当在移植现场公示，接受公众监督。

同一建设项目移植树木不满50株的，由区、县绿化行政主管部门批准；一次或者累计移植树木50株以上的，由市绿化行政主管部门批准。

第五十九条　严格控制砍伐树木。符合下列情形之一的树木，经批准可以砍伐：

（一）已经死亡的；

（二）发生检疫性病虫害无保留价值或者发生其他严重病虫害的；

（三）因抚育或者更新改造需要且无移植价值的；

（四）因城市建设、居住安全和设施安全等特殊原因确需移植但无法移植或者无移植价值的。

同一建设项目砍伐树木胸径小于30厘米并且不满20株的，由区、县绿化行政主管部门批准；砍伐树木胸径30厘米以上的，以及一次或者累计砍伐树木20株以上不满50株的，由市绿化行政主管部门批准；一次或者累计砍伐树木50株以上的，由市绿化行政主管部门报市人民政府批准。

砍伐许可证应当在砍伐现场公示，接受公众监督。

第六十条　未经批准不得临时占用绿地。因特殊情况确需临时占用绿地的，应当经绿化行政主管部门批准。其中临时占用中心城公共绿地的，由市绿化行政主管部门批准；临时占用其他绿地的，由区、县绿化行政主管部门批准。临时占用期限最长不得超过2年。临时占用绿地期满后,占用人应当按照规定恢复原状。

第六十一条 代征的城市绿化用地,建设单位应当自规划验收合格之日起30日内交区、县绿化行政主管部门组织绿化,不得擅自转作他用。

第六十二条 市和区、县绿化行政主管部门应当每5年开展一次绿化资源清查,建立绿化资源档案,并根据国家有关规定,开展资源监测和效益评估。

市和区、县绿化行政主管部门应当加强绿化植物的检疫和有害生物防治,建立有害生物疫情监测预报网络,编制有害生物灾害事件应急预案,健全有害生物预警预防控制体系。

林业植物检疫机构应当按照有关规定,做好绿化植物的检疫和有害生物防治工作。

第六章 法律责任

第六十三条 违反本条例第二十五条规定,建设单位未按照要求公示绿地平面图的,责令限期改正;逾期不改正的,处5 000元罚款。

第六十四条 违反本条例第二十七条规定,土地使用权人未按照规定对闲置土地进行临时绿化的,责令限期改正;逾期不改正的,处2 000元以上2万元以下罚款。

第六十五条 违反本条例第四十条规定,管护单位未按照养护规范进行养护并做好防火工作的,责令限期改正;逾期不改正,造成树木死亡、绿化设施损毁、景区风貌破坏的,处2 000元以上2万元以下罚款。

第六十六条 违反本条例第四十六条规定,未按照国家和本市有关建设规范开发利用绿地地下空间,影响树木正常生长或者绿地使用功能的,责令限期改正;逾期不改正的,处2万元以上10万元以下罚款。

第六十七条 违反本条例第五十条规定,损害绿化成果及绿化设施的,责令停止违法行为。情节较轻的,处20元以上50元以下罚款;情节严重的,处50元以上500元以下罚款。

第六十八条 违反本条例第五十七条规定,未经许可擅自改变绿地性质和用途的,责令限期改正、恢复原状,并按照改变的面积处取得该处土地使用权地价款3至5倍的罚款。

第六十九条 违反本条例第五十八条规定移植树木的,责令限期改正;无法改正的,责令在规定地点补种移植株数5倍的树木,并可以处所移植树木价值3至5倍的罚款。

第七十条 违反本条例第五十九条规定砍伐树木的,责令停止违法行为,并在规定地点补种砍伐株数10倍的树木,处所砍伐树木价值5至10倍的罚款。

第七十一条 违反本条例第六十条规定,未经许可临时占用绿地的,责令限期改正、恢复原状,并可按照占用面积处取得该处土地使用权地价款3至5倍的罚款。临时占用绿地期满后不按照规定恢复原状的,按照擅自改变绿地性质予以处理。

第七十二条 违反本条例第六十一条规定,建设单位未按照规定将代征绿地交区、县绿化行政主管部门组织绿化的,责令限期交回,并处每日每平方米0.5元的罚款。

第七十三条 本章规定的行政处罚由市或者区、县绿化行政主管部门实施。市人民政府决定由城市管理综合行政执法部门行使行政处罚权的,由城市管理综合行政执法部门实施。

第七十四条 违反本条例规定,按照规划、建设、环境保护等法律、法规和规章的规定应当给予行政处罚的,由各有关部门依法给予处罚。

第七十五条 各级绿化行政主管部门及其工作人员玩忽职守、滥用职权、徇私舞弊的,由所在单位或者上级主管部门给予行政处分;构成犯罪的,依法追究刑事责任。

第七十六条 违反本条例规定,造成树木、花草或者绿化设施损坏、灭失的,应当承担相应的民事责任;构成犯罪的,依法追究刑事责任。

第七十七条 违反本条例规定,经责令改正,逾期不改正的,绿化行政主管部门可以委托有资质的专业单位代为履行,所需费用由违法行为人承担。

第七章 附 则

第七十八条 本条例自2010年3月1日起施行。1990年4月21日北京市第九届人民代表大会常务委员会第十九次会议审议通过、1997年4月16日北京市第十届人民代表大会常务委员会第三十六次会议修改的《北京市城市绿化条例》和1988年9月2日北京市第九届人民代表大会常务委员会第四次会议审议通过、1997年4月15日北京市第十届人民代表大会常务委员会第三十六次会议修改的《北京市郊区植树造林条例》同时废止。

例文二

普通高等学校学生管理规定

第一章 总 则

第一条 为维护普通高等学校正常的教育教学秩序和生活秩序,保障学生身心健康,促进学生德、智、体、美全面发展,依据教育法、高等教育法以及其他有关法律、法规,制定本规定。

第二条 本规定适用于普通高等学校、承担研究生教育任务的科学研究机构(以下称高等学校或学校)对接受普通高等学历教育的研究生和本科、专科(高职)学生的管理。

第三条 高等学校要以培养人才为中心,按照国家教育方针,遵循教育规律,不断提高教育质量;要依法治校,从严管理,健全和完善管理制度,规范管理行为;要将管理与加强教育相结合,不断提高管理水平,努力培养社会主义合格建设者和可靠接班人。

第四条 高等学校学生应当努力学习马克思列宁主义、毛泽东思想、邓小平理论和"三个代表"重要思想,确立在中国共产党领导下走中国特色社会主义道路、实现中华民族伟大复兴的共同理想和坚定信念;应当树立爱国主义思想,具有团结统一、爱好和平、勤劳勇敢、自强不息的精神;应当遵守宪法、法律、法规,遵守公民道德规范,遵守《高等学校学生行为准则》,遵守学校管理制度,具有良好的道德品质和行为习惯;应当刻苦学习,勇于探索,积极实践,努力掌握现代科学文化知识和专业技能;应当积极锻炼身体,具有健康体魄。

第二章 学生的权利与义务

第五条 学生在校期间依法享有下列权利:

(一)参加学校教育教学计划安排的各项活动,使用学校提供的教育教学资源;

(二)参加社会服务、勤工助学,在校内组织、参加学生团体及文娱体育等活动;

(三)申请奖学金、助学金及助学贷款;

(四)在思想品德、学业成绩等方面获得公正评价,完成学校规定学业后获得相应的学历证书、学位证书;

(五)对学校给予的处分或者处理有异议,向学校或者教育行政部门提出申诉;对学校、教职员工侵犯其人身权、财产权等合法权益,提出申诉或者依法提起诉讼;

(六)法律、法规规定的其他权利。

第六条 学生在校期间依法履行下列义务:

(一)遵守宪法、法律、法规;

（二）遵守学校管理制度；
（三）努力学习，完成规定学业；
（四）按规定缴纳学费及有关费用，履行获得贷学金及助学金的相应义务；
（五）遵守学生行为规范，尊敬师长，养成良好的思想品德和行为习惯；
（六）法律、法规规定的其他义务。

第三章 学籍管理
第一节 入学与注册

第七条 按国家招生规定录取的新生，持录取通知书，按学校有关要求和规定的期限到校办理入学手续。因故不能按期入学者，应当向学校请假。未请假或者请假逾期者，除因不可抗力等正当事由以外，视为放弃入学资格。

第八条 新生入学后，学校在三个月内按照国家招生规定对其进行复查。复查合格者予以注册，取得学籍。复查不合格者，由学校区别情况，予以处理，直至取消入学资格。

凡属弄虚作假、徇私舞弊取得学籍者，一经查实，学校应当取消其学籍。情节恶劣的，应当请有关部门查究。

第九条 对患有疾病的新生，经学校指定的二级甲等以上医院（下同）诊断不宜在校学习的，可以保留入学资格一年。保留入学资格者不具有学籍。在保留入学资格期内经治疗康复，可以向学校申请入学，由学校指定医院诊断，符合体检要求，经学校复查合格后，重新办理入学手续。复查不合格或者逾期不办理入学手续者，取消入学资格。

第十条 每学期开学时，学生应当按学校规定办理注册手续。不能如期注册者，应当履行暂缓注册手续。未按学校规定缴纳学费或者其他不符合注册条件的不予注册。

家庭经济困难的学生可以申请贷款或者其他形式资助，办理有关手续后注册。

第二节 考核与成绩记载

第十一条 学生应当参加学校教育教学计划规定的课程和各种教育教学环节（以下统称课程）的考核，考核成绩记入成绩册，并归入本人档案。

第十二条 考核分为考试和考查两种。考核和成绩评定方式，以及考核不合格的课程是否重修或者补考，由学校规定。

第十三条 学生思想品德的考核、鉴定，要以《高等学校学生行为准则》为主要依据，采取个人小结，师生民主评议等形式进行。

学生体育课的成绩应当根据考勤、课内教学和课外锻炼活动的情况综合评定。

第十四条 学生学期或者学年所修课程或者应修学分数以及升级、跳级、留级、降级、重修等要求，由学校规定。

第十五条 学生可以根据学校有关规定，申请辅修其他专业或者选修其他专业课程。

学生可以根据校际间协议跨校修读课程。在他校修读的课程成绩（学分）由本校审核后予以承认。

第十六条 学生严重违反考核纪律或者作弊的，该课程考核成绩记为无效，并由学校视其违纪或者作弊情节，给予批评教育和相应的纪律处分。给予留校察看及以下处分的，经教育表现较好，在毕业前对该课程可以给予补考或者重修机会。

第十七条 学生不能按时参加教育教学计划规定的活动，应当事先请假并获得批准。未经批准而缺席者，根据学校有关规定给予批评教育，情节严重的给予纪律处分。

第三节 转专业与转学

第十八条 学生可以按学校的规定申请转专业。学生转专业由所在学校批准。

学校根据社会对人才需求情况的发展变化，经学生同意，必要时可以适当调整学生所学专业。

第十九条 学生一般应当在被录取学校完成学业。如患病或者确有特殊困难，无法继续在本校学习的，可以申请转学。

第二十条 学生有下列情形之一，不得转学：

（一）入学未满一学期的；

（二）由招生时所在地的下一批次录取学校转入上一批次学校、由低学历层次转为高学历层次的；

（三）招生时确定为定向、委托培养的；

（四）应予退学的；

（五）其他无正当理由的。

第二十一条 学生转学，经两校同意，由转出学校报所在地省级教育行政部门确认转学理由正当，可以办理转学手续；跨省转学者由转出地省级教育行政部门商转入地省级教育行政部门，按转学条件确认后办理转学手续。须转户口的由转入地省级教育行政部门将有关文件抄送转入学校所在地公安部门。

第四节 休学与复学

第二十二条 学生可以分阶段完成学业。学生在校最长年限（含休学）由学校规定。

第二十三条 学生申请休学或者学校认为应当休学者，由学校批准，可以休学。休学次数和期限由学校规定。

第二十四条 学生应征参加中国人民解放军（含中国人民武装警察部队），学校应当保留其学籍至退役后一年。

第二十五条 休学学生应当办理休学手续离校，学校保留其学籍。学生休学期间，不享受在校学习学生待遇。休学学生患病，其医疗费按学校规定处理。

第二十六条 学生休学期满，应当于学期开学前向学校提出复学申请，经学校复查合格，方可复学。

第五节 退　学

第二十七条 学生有下列情形之一，应予退学：

（一）学业成绩未达到学校要求或者在学校规定年限内（含休学）未完成学业的；

（二）休学期满，在学校规定期限内未提出复学申请或者申请复学经复查不合格的；

（三）经学校指定医院诊断，患有疾病或者意外伤残无法继续在校学习的；

（四）未请假离校连续两周、未参加学校规定的教学活动的；

（五）超过学校规定期限未注册而又无正当事由的；

（六）本人申请退学的。

第二十八条 对学生的退学处理，由校长会议研究决定。

对退学的学生，由学校出具退学决定书并送交本人，同时报学校所在地省级教育行政部门备案。

第二十九条 退学的本专科学生，按学校规定期限办理退学手续离校，档案、户口退回其家庭户籍所在地。

退学的研究生,按已有毕业学历和就业政策可以就业的,由学校报所在地省级毕业生就业部门办理相关手续;在学校规定期限内没有聘用单位的,档案、户口退回其家庭户籍所在地。

第三十条　学生对退学处理有异议的,参照本规定第六十一条、第六十二条、第六十三条、第六十四条办理。

第六节　毕业、结业与肄业

第三十一条　学生在学校规定年限内,修完教育教学计划规定内容,德、智、体达到毕业要求,准予毕业,由学校发给毕业证书。

第三十二条　学生在学校规定年限内,修完教育教学计划规定内容,未达到毕业要求,准予结业,由学校发给结业证书。结业后是否可以补考、重修或者补作毕业设计、论文、答辩,以及是否颁发毕业证书,由学校规定。对合格后颁发的毕业证书,毕业时间按发证日期填写。

第三十三条　符合学位授予条件者,学位授予单位应当颁发学位证书。

第三十四条　学满一学年以上退学的学生,学校应当颁发肄业证书。

第三十五条　学校应当严格按照招生时确定的办学类型和学习形式,填写、颁发学历证书、学位证书。

第三十六条　学校应当执行高等教育学历证书电子注册管理制度,每年将颁发的毕(结)业证书信息报所在地省级教育行政部门注册,并由省级教育行政部门报国务院教育行政部门备案。

第三十七条　对完成本专业学业同时辅修其他专业并达到该专业辅修要求者,由学校发给辅修专业证书。

第三十八条　对违反国家招生规定入学者,学校不得发给学历证书、学位证书;已发的学历证书、学位证书,学校应当予以追回并报教育行政部门宣布证书无效。

第三十九条　毕业、结业、肄业证书和学位证书遗失或者损坏,经本人申请,学校核实后应当出具相应的证明书。证明书与原证书具有同等效力。

第四章　校园秩序与课外活动

第四十条　学校应当维护校园正常秩序,保障学生的正常学习和生活。

第四十一条　学校应当建立和完善学生参与民主管理的组织形式,支持和保障学生依法参与学校民主管理。

第四十二条　学生应当自觉遵守公民道德规范,自觉遵守学校管理制度,创造文明、整洁、优美、安全的学习和生活环境。

学生不得有酗酒、打架斗殴、赌博、吸毒,传播、复制、贩卖非法书刊和音像制品等违反治安管理规定的行为;不得参与非法传销和进行邪教、封建迷信活动;不得从事或者参与有损大学生形象、有损社会公德的活动。

第四十三条　任何组织和个人不得在学校进行宗教活动;

第四十四条　学生可以在校内组织、参加学生团体。学生成立团体,应当按学校有关规定提出书面申请,报学校批准。

学生团体应当在宪法、法律、法规和学校管理制度范围内活动,接受学校的领导和管理。

第四十五条　学校提倡并支持学生及学生团体开展有益于身心健康的学术、科技、艺术、文娱、体育等活动。

学生进行课外活动不得影响学校正常的教育教学秩序和生活秩序。

第四十六条　学校应当鼓励、支持和指导学生参加社会实践、社会服务和开展勤工助学活动，并根据实际情况给予必要帮助。

学生参加勤工助学活动应当遵守法律、法规以及学校、用工单位的管理制度，履行勤工助学活动的有关协议。

第四十七条　学生举行大型集会、游行、示威等活动，应当按法律程序和有关规定获得批准。对未获批准的，学校应当依法劝阻或者制止。

第四十八条　学生使用计算机网络，应当遵循国家和学校关于网络使用的有关规定，不得登录非法网站、传播有害信息。

第四十九条　学校应当建立健全学生住宿管理制度。学生应当遵守学校关于学生住宿管理的规定。

第五章　奖励与处分

第五十条　学校、省（自治区、直辖市）和国家有关部门应当对在德、智、体、美等方面全面发展或者在思想品德、学业成绩、科技创造、锻炼身体及社会服务等方面表现突出的学生，给予表彰和奖励。

第五十一条　对学生的表彰和奖励可以采取授予"三好学生"称号或者其他荣誉称号、颁发奖学金等多种形式，给予相应的精神鼓励或者物质奖励。

第五十二条　对有违法、违规、违纪行为的学生，学校应当给予批评教育或者纪律处分。

学校给予学生的纪律处分，应当与学生违法、违规、违纪行为的性质和过错的严重程度相适应。

第五十三条　纪律处分的种类分为：

（一）警告；

（二）严重警告；

（三）记过；

（四）留校察看；

（五）开除学籍。

第五十四条　学生有下列情形之一，学校可以给予开除学籍处分：

（一）违反宪法，反对四项基本原则、破坏安定团结、扰乱社会秩序的；

（二）触犯国家法律，构成刑事犯罪的；

（三）违反治安管理规定受到处罚，性质恶劣的；

（四）由他人代替考试、替他人参加考试、组织作弊、使用通讯设备作弊及其他作弊行为严重的；

（五）剽窃、抄袭他人研究成果，情节严重的；

（六）违反学校规定，严重影响学校教育教学秩序、生活秩序以及公共场所管理秩序，侵害其他个人、组织合法权益，造成严重后果的；

（七）屡次违反学校规定受到纪律处分，经教育不改的。

第五十五条　学校对学生的处分，应当做到程序正当、证据充足、依据明确、定性准确、处分恰当。

第五十六条　学校在对学生作出处分决定之前，应当听取学生或者其代理人的陈述和申辩。

第五十七条　学校对学生作出开除学籍处分决定,应当由校长会议研究决定。

第五十八条　学校对学生作出处分,应当出具处分决定书,送交本人。对学生开除学籍的处分决定书报学校所在地省级教育行政部门备案。

第五十九条　学校对学生作出的处分决定书应当包括处分和处分事实、理由及依据,并告知学生可以提出申诉及申诉的期限。

第六十条　学校应当成立学生申诉处理委员会,受理学生对取消入学资格、退学处理或者违规、违纪处分的申诉。

学生申诉处理委员会应当由学校负责人、职能部门负责人、教师代表、学生代表组成。

第六十一条　学生对处分决定有异议的,在接到学校处分决定书之日起5个工作日内,可以向学校学生申诉处理委员会提出书面申诉。

第六十二条　学生申诉处理委员会对学生提出的申诉进行复查,并在接到书面申诉之日起15个工作日内,作出复查结论并告知申诉人。需要改变原处分决定的,由学生申诉处理委员会提交学校重新研究决定。

第六十三条　学生对复查决定有异议的,在接到学校复查决定书之日起15个工作日内,可以向学校所在地省级教育行政部门提出书面申诉。

省级教育行政部门在接到学生书面申诉之日起30个工作日内,对申诉人的问题给予处理并答复。

第六十四条　从处分决定或者复查决定送交之日起,学生在申诉期内未提出申诉的,学校或者省级教育行政部门不再受理其提出的申诉。

第六十五条　被开除学籍的学生,由学校发给学习证明。学生按学校规定期限离校,档案、户口退回其家庭户籍所在地。

第六十六条　对学生的奖励、处分材料,学校应当真实完整地归入学校文书档案和本人档案。

第六章　附　则

第六十七条　对接受成人高等学历教育的学生、港澳台侨学生、留学生的管理参照本规定实施。

第六十八条　高等学校应当根据本规定制定或修改学校的学生管理规定,报主管教育行政部门备案(中央部委属校同时抄报所在地省级教育行政部门),并及时向学生公布。

省级教育行政部门根据本规定,指导、检查和督促本地区高等学校实施学生管理。

第六十九条　本规定自2005年9月1日起施行。原国家教育委员会发布的《普通高等学校学生管理规定》(国家教育委员会令第7号)、《研究生学籍管理规定》(教学[1995]4号)同时废止。其他有关文件规定与本规定不一致的,以本规定为准。

例文三

中国作家协会章程

总　则

第一条　中国作家协会是中国共产党领导的、中国各民族作家自愿结合的专业性人民团体,是党和政府联系广大作家、文学工作者的桥梁和纽带,是繁荣文学事业、加强社会主义精神文明建设的重要社会力量。

第二条　中国作家协会以马克思列宁主义、毛泽东思想、邓小平理论和"三个代表"重要思想为指导,全面落实科学发展观,贯彻执行党的基本路线和方针政策,坚持文艺为人民服务、为社会主义服务的方向,实行百花齐放、百家争鸣的方针,弘扬主旋律,提倡多样化,尊重文学规律,发扬艺术民主,团结和组织全国各民族作家,发展和繁荣社会主义文学事业,满足人民群众日益增长的精神文化需求,提高全民族的思想道德素质和科学文化素质,为推动社会主义经济建设、政治建设、文化建设和社会建设,把我国建设成为富强、民主、文明、和谐的社会主义现代化国家而努力奋斗。

第三条　中国作家协会的一切活动以《中华人民共和国宪法》为根本准则,遵守国家的各项法律、法规,按照自身特点积极主动地开展工作。

第四条　中国作家协会在工作和活动中坚持民主、团结、服务、倡导的原则。

任　务

第五条　组织作家学习马克思列宁主义、毛泽东思想、邓小平理论和"三个代表"重要思想,树立科学发展观,学习党的方针政策,践行社会主义荣辱观,不断提高文学队伍的思想道德修养、科学文化素养、文学艺术学养。

第六条　坚持文学创作的正确方向,树立精品意识,实施精品战略;提倡题材、体裁、形式的多样化,推动多种艺术风格、流派的充分发展;继承和发扬中华民族优秀文学传统和革命文学传统,学习和借鉴世界各国优秀文化成果,鼓励探索和创新,不断提高作品的思想水平和艺术水平,多出优秀作品,把最好的精神食粮贡献给人民。对优秀的创作成果和文学人才,给予表彰和奖励。

第七条　加强文学理论建设和文学评论工作。提倡和鼓励不同学术观点和学派的自由讨论;开展健康、科学的文学评论,树立和发扬与人为善、实事求是的文学批评风气,切实加强对创作思想的引导。

第八条　坚持贴近实际、贴近生活、贴近群众的原则,鼓励和帮助作家从现实生活中汲取营养,丰富自己,努力反映以爱国主义为核心的民族精神和以改革创新为核心的时代精神,反映人民群众建设新生活的伟大实践,为建设和谐文化、巩固社会和谐的思想道德基础作出贡献。

第九条　发现和培养文学创作、评论、编辑、翻译的新生力量,关心青年作家的成长,发展和壮大社会主义文学队伍。

第十条　大力培养少数民族作家。尊重少数民族文学的传统和特色;尊重少数民族作家使用本民族语言文字进行创作。加强各民族之间的文学交流,促进各少数民族文学的繁荣与发展。

第十一条　努力办好本会所属的报纸、杂志、出版社和网站。坚持正确导向,不断提高质量,努力实现思想性和艺术性的统一,社会效益与经济效益的统一。

第十二条　高举爱国主义的旗帜,巩固和扩大全国各民族作家的大团结,增进同香港特别行政区、澳门特别行政区和台湾地区作家以及海外同胞中作家的联系、交流和友谊,加强民族团结,维护祖国统一。

第十三条　推进中外文学交流,参加国际文学活动,增进同世界各国作家的友谊,维护世界和平,促进社会进步。

第十四条　依据宪法和法律的规定,加强协会管理,加强会员自律,维护会员的民主权利和正当的经济权益,保障会员从事正当的文学活动的自由。

第十五条　加强与社会各界的联系,并与政府有关部门密切合作,为会员从事创作、评论和其他文学活动创造良好的环境和氛围,提供必要的条件和服务;举办作家的福利事业,积极帮助会员解决生活、工作、学习等方面的困难。

第十六条　广泛联系志在繁荣社会主义文学的文学社团;做好业务由本会主管的全国性文学社团的管理工作。

会　员

第十七条　本会由个人会员和团体会员组成。

第十八条　凡赞成本会章程,发表或出版过具有一定水平的文学创作、理论研究、翻译作品者,或从事文学的编辑、教学、组织工作有显著成绩者,由本人申请,团体会员推荐,或个人会员二人介绍经本会书记处征求申请人所在地区或系统团体会员的意见,由本会书记处会议审议批准,即为个人会员。

第十九条　凡赞成本会章程,并有相当数量个人会员和健全的办事机构的省、自治区、直辖市作家协会和全国性的产业作家协会等,向本会提出申请,经主席团审议批准,即为本会团体会员。

第二十条　会员有遵守本会章程,执行本会决议,参加本会活动,接受本会委托的工作,缴纳会费的义务;有选举权、被选举权,对本会工作及领导人的建议、批评和监督权,享用本会的福利设施等权利。会员有退会自由。

第二十一条　本会对团体会员负有联络、协调、服务的职责。团体会员接受本会的委托,负责代为联系本会在该地或该系统的个人会员。

第二十二条　会员的创作成果、著作权和其他合法权益受到侵犯时,有权要求本会予以保护,本会有责任提供法律咨询、协调纠纷等服务,依法维护会员的合法权益。

第二十三条　本会会员如严重违反本会章程或有严重违法行为、触犯刑律,经本会书记处通过,停止或取消其会籍。

组　织

第二十四条　本会的组织原则是民主集中制。

本会的最高权力机构为中国作家协会全国代表大会。全国代表大会的职责是:

一、决定本会的工作方针和任务;

二、审议和批准全国委员会的工作报告;

三、制定和修改中国作家协会章程;

四、选举产生全国委员会;

五、决定其他重大事项。

全国代表大会的个人代表,由团体会员组织居住本地或本系统所属的个人会员,通过民主协商,选举产生;全国代表大会的团体会员代表,由团体会员从其主要负责人中通过民主协商,推举产生。

在全国代表大会闭会期间,全国委员会负责行使下列职权:

一、执行全国代表大会的决议;

二、审议本会年度工作报告;

三、批准全国委员会委员的变更和增补;

四、决定其他重大事项。

全国委员会闭会期间,由主席团负责执行全国代表大会和全国委员会的决议。

第二十五条　全国代表大会每五年举行一次。必要时由全国委员会决定提前或延期召开。

第二十六条　全国委员会由全国代表大会选举产生。其中各团体会员参加全国委员会的委员实行团体委员制,由团体会员从其主持工作的主要负责人中通过民主协商,推举产生,报请全国代表大会主席团审议通过。在全国代表大会闭会期间,各团体会员推举的全国委员会团体委员,如因工作变更等原因出现缺额时,替补人选由原单位另行推举,报请主席团审议通过。全国委员会会议每年举行一次,由主席团召集,必要时由主席团决定提前或延期召开。

第二十七条　全国委员会选举主席一人,副主席、主席团委员各若干人组成主席团。主席团会议由主席或常务副主席召集,每年举行一至二次。

第二十八条　主席团推举书记若干人组成书记处,负责处理本会的日常工作,并根据需要以及有关规定建立相应的工作机构和若干由作家、评论家等组成的专门委员会。

第二十九条　本会必要时设立名誉职务。具体人选由全国委员会推举或主席团聘请。

经费及资产管理

第三十条　本会的经费来源:一、财政拨款;二、会员会费;三、社会资助;四、其他合法收入。

本会鼓励和争取多方吸纳社会资金,为繁荣社会主义文学事业服务。

第三十一条　中国作家协会的资产受法律保护,任何单位和个人不得侵占、挪用和任意调拨。中国作家协会所属企业、事业的资产隶属关系不得任意改变。

附　则

第三十二条　中国作家协会简称中国作协。

中国作家协会的英文全称:CHINESE WRITERS' ASSOCIATION,英文缩写是:CWA。

中国作家协会的会徽(暂用):图案外形是一支笔尖,也是一本打开的书,正中圆圈内的图案是中华民族的象征——长城。

中国作家协会会址设在北京。

第三十三条　本章程解释权属于中国作家协会全国委员会。

思考与练习

1. 计划的写作要注意哪些?
2. 写一篇新学年学习计划。
3. 总结的写作要点有哪些?
4. 请你对本学期的学习情况或实习情况写一篇总结。
5. 常见的调查报告主要有哪几种?
6. 请就2009年本地区大学毕业生就业状况写一篇调查报告。
7. 规章制度按照其内容和管理范围的不同可以分为哪几类?
8. 请为本班级拟定一份"班级卫生管理制度"。

第三章　日常专用书信

日常专用书信是借助书面语言,在人与人、人与组织、组织与组织之间,为解决特定问题,在特定的范围进行的信息沟通,事项商洽,思想感情交流的一种常见的应用文体。它包括表扬信、感谢信、申请书、证明信、邀请函、辞职信等。从格式上看,专用书信和一般书信大同小异,但一般书信不写标题,而专用书信要写标题。

第一节　表扬信

一、表扬信的含义

表扬信是对他人的行为表示赞扬的信函。在表扬信中应反映他人的事迹与品质,赞扬不要太过分,语言要热情而简朴。

表扬信可以直接写给表扬对象,也可以写给表扬对象的所在单位,还可以写给报刊社、电台、电视台等新闻媒体。

二、表扬信的内容和结构

表扬信通常由标题、称谓、正文、结尾和落款五部分构成。表扬信是向特定受信者表达对被表扬者优秀品行颂扬之情的一种专用书信。它主要用于作者在日常工作、生活中受益于被表扬者的高尚品行或被其品行所感动,特向被表扬者所在单位或其上级领导致信,以期使其受到表彰、奖励,使其精神发扬光大。

(一)标题

一般而言,表扬信标题单独由文种名称"表扬信"组成。位置在第一行正中。

(二)称谓

表扬信的称呼应在开头顶格写上被表扬的机关、单位、团体或个人的名称、姓名。写给个人的表扬信,应在姓名之后加上"同志"、"先生"等字样,后边加冒号。若直接张贴到某机关、单位、团体的表扬信,开头也可以不再写受文单位。

(三)正文

正文的内容要另起一行,空两格书写。一般要求写出下列内容:

1. 交代表扬的理由

用概括、叙述的语言,重点叙述人物事迹的发生、发展、结果及其意义。叙述要清楚,突出最本质的方面,让事实说话,少讲空道理。

2. 指出行为的意义

在叙事的基础上进行评价、议论,赞颂该人所作所为的道德意义。如指出这种行为属于哪种好思想,好风尚,好品德。

(四) 结尾

该部分要提出对对方的表扬,或者向对方的单位提出建议,希望对某某某给予表扬。如"某某某同志的优秀品德值得大家学习,建议予以表扬。"写给个人的表扬信,则应适当谈些"深受感动"、"值得我们学习"等方面的内容。并要求在结尾处写上"此致敬礼"等结束用语。但"此致"、"祝"、"谨表"等字写在末尾,其余的字,要另起一行,顶格写。

(五) 落款

落款应写明单位名称或写作者个人姓名,并在右下方注明成文日期。

例文

表扬信

××大学：

  我们是中国人民解放军某部三连的全体官兵。2月4日,我连一名干部的妻子陈某自杭州携三岁的女儿来部队探亲,不慎在某火车站失窃所有的现金和火车票。正当陈某母女俩万分焦急之时,贵校的张某和施某同学向她们伸出援助之手。这两位同学不仅掏钱为她们买了到某某的火车票,而且一路上为陈某母女俩买饭买菜,递茶递水,以后又为她们叫好出租车并预先付了车费,陈某母女俩这才平安到达部队驻地。

  张某和施某同学这种助人为乐的"雷锋精神",令我们全体指战员感动万分。我们十分感谢张某、施某同学助人为乐的优秀行为,我们号召全连干部战士向这两位同学学习,在建设四化、保卫祖国的工作中奉献我们的青春,同时也希望学校领导对张某、施某同学予以表扬。

中国人民解放军某部三连
2014年2月20日

第二节 感谢信

一、感谢信的含义

  感谢信是向帮助、关心和支持过自己的集体(党政机关、企事业单位、社会团体等)或个人表示感谢的专用书信,有感谢和表扬双重意思。

  写感谢信既要表达出真切的谢意,又要起到表扬先进、弘扬正气的作用。它广泛应用于个人与个人之间、个人与组织之间、组织与组织之间,用以向给予自己帮助、关心和支持的对方表示感谢。

二、感谢信的种类

  感谢信依据不同的标准可以有不同的分法：

（一）按感谢对象的特点来分

1. 写给集体的

这类感谢信，一般是个人处于困境时，得到了集体的帮助，并在集体的关心和支持下，自己最终克服了困难，渡过了难关，摆脱了困境，所以要用感谢信的方式表达自己的感激之情。

2. 写给个人的

这类感谢信，可以是个人也可以是单位或集体为了感谢某个人曾经给予的帮助或照顾而写的。

（二）按感谢信的存在形式来分

1. 公开张贴的

这种感谢信包括可在报社登报、电台广播或电视台播报的感谢信，是一种可以公开张贴的感谢信。

2. 寄给单位、集体或个人的

这种感谢信直接寄给单位、集体或个人。

三、感谢信的特点

（一）感谢对象要确指

感谢信都有确切的感谢对象，以便让大家都清楚是在感谢谁。

（二）表述事实要具体

感谢别人是有具体的事由的，否则就会显得抽象空洞。

（三）感情色彩要鲜明

感动和致谢的色彩强烈鲜明，言语里充满感激之情。

四、感谢信的内容和结构

感谢信通常有标题、称呼、正文、结语和落款五部分构成。

（一）标题

感谢信标题的写法有这样几种形式：《感谢信》——单独由文种名称组成的；《致×××的感谢信》——由感谢对象和文种名称共同组成的；《××街道致××剧院的感谢信》——由感谢双方和文种名称组成的。

（二）称呼

开头顶格写被感谢的机关、单位、团体或个人的名称或姓名，并在个人姓名后面附上"同志"等称呼，然后再加上冒号。

（三）正文

感谢信的正文从称呼下面一行空两格开始写，要求写上感谢的内容和感谢的心情。应分段写出以下几个方面：

1. 感谢的事由

概括叙述感谢的理由并表达谢意。

2. 具体事迹

具体叙述对方的先进事迹,叙述时务必交代清楚人物、事件、时间、地点、原因和结果,尤其重点叙述关键时刻对方给予的关心和支持。

3. 揭示意义

在叙述事实的基础上指出对方的支持和帮助对整个事情成功的重要性以及体现出的可贵精神。同时表示向对方学习的态度和决心。

4. 结语

收束时表示敬意的话、感谢的话。如"此致敬礼"、"致以最诚挚的敬礼"等。

5. 落款

感谢信的落款署上写信的单位名称或个人姓名,并且署上成文日期。前者在上,后者在下。

五、写作注意事项

(一)内容要真实,评誉要恰当

感谢信的内容必须真实,确有其事,不可夸大溢美。感谢信以感谢为主,兼有表扬,所以表达谢意时要真诚。评誉对方时要恰当,不能过于拔高,以免给人一种失真的印象。

(二)用语要适度,叙事要精练

感谢信的内容以叙述或者概括主要事迹为主,详略得当。篇幅不能太长,所谓话不在多,点到为止。感谢信的用语要求是精炼、简洁,遣词造句要把握好一个度,不可过分雕饰,否则会给人一种不真实、虚伪的感觉。

例文

感谢信

××农科所:

  今年五月,在我乡玉米发生大面积虫害,严重影响玉米生长的紧急时刻,贵所派出全部农业技术人员来我乡根治病虫害,避免了上千亩玉米绝收。目前作物长势良好,丰收在望。谨向你们表示衷心感谢!我们决心在党的十五大精神指引下,继续努力生产,以实际行动答谢你们的帮助和关怀。

  此致

敬礼

××乡人民政府

2013年6月20日

第三节　申请书

一、申请书的含义

申请书是个人或集体向组织、机关、企事业单位或社会团体表述愿望、提出请求时使用的一种文书。

申请书的使用范围十分广泛，随着人们的交往活动越来越频繁，申请书的使用大有用武之地。个人对党团组织和其他群众团体表述志愿、理想和希望，要使用申请书；下级在工作、生产、学习、生活等方面对上级有所请求时，也可以使用申请书。申请书把个人或单位的愿望、要求向组织或上级领导表述出来，让组织和领导加深了对自己或下级的了解，争取了组织和领导的帮助与批准，加强了上下之间、集体与个人之间的关系，对促进社会主义物质文明和精神文明的建设具有不可替代的作用。

申请书是一种专用书信，但它同一般书信一样，也是表情达意的工具。申请书要求一事一议，内容要单纯。

二、申请书的内容和结构

申请书的结构由标题、称谓、正文、结语和落款五部分构成。

（一）标题

申请书的标题有两种形式：

1. 性质加文种构成，如《入团申请书》。
2. 用文种《申请书》做标题。

（二）称谓

另起一行，顶格写明接收申请书的单位名称或领导人姓名并加冒号。如"×××团支部："、"系总支领导同志："等。

（三）正文

正文包括三项内容：

1. 申请内容

开篇就要向领导、组织提出申请什么。要开门见山，直截了当，不能含糊其辞。

2. 申请原因

为什么申请，也就是说明申请书的目的、意义及自己对申请事项的认识。

3. 决心和要求

最后进一步表明自己的决心、态度和要求，以便组织了解写申请书的人的情况，应写得具体、详细、诚恳、有分寸，语言要朴实准确，简洁明了。

4. 结语

申请书可以有结语也可没有。结语一般是表示敬意的话，如"此致敬礼"等。也可写表示感谢和希望的话，如"请组织考验"、"请审查"、"望领导批准"等。

5. 落款

在右下方署明申请人姓名;并在下面注明年、月、日。

例文

入党申请书

敬爱的党组织:

  我志愿加入中国共产党,愿意为共产主义事业奋斗终生。我衷心地热爱党,她是中国工人阶级的先锋队,是中国各族人民利益的忠实代表,是中国社会主义事业的领导核心。中国共产党以实现共产主义的社会制度为最终目标,以马克思列宁主义、毛泽东思想、邓小平理论为行动指南,是用先进理论武装起来的党,是全心全意为人民服务的党,是有能力领导全国人民进一步走向繁荣富强的党。她始终代表中国先进生产力的发展要求,代表中国先进文化的前进方向,代表中国最广大人民的根本利益,并通过制定正确的路线方针政策,为实现国家和人民的根本利益而不懈奋斗。

  中国共产党党员是中国工人阶级的有共产主义觉悟的先锋战士,必须全心全意为人民服务,不惜牺牲个人的一切,为实现共产主义奋斗终生。中国共产党党员永远是劳动人民的普通一员,不得谋求任何私利和特权。在新的历史条件下,共产党员要体现时代的要求,要胸怀共产主义远大理想,带头执行党和国家现阶段的各项政策,勇于开拓,积极进取,不怕困难,不怕挫折;要诚心诚意为人民谋利益,吃苦在前,享受在后,克己奉公,多作贡献;要刻苦学习马列主义理论,增强辨别是非的能力,掌握做好本职工作的知识和本领,努力创造一流成绩;要在危急时刻挺身而出,维护国家和人民的利益,坚决同危害人民、危害社会、危害国家的行为作斗争。

  我郑重地向党提出申请:我志愿加入中国共产党,拥护党的纲领,遵守党的章程,履行党员义务,执行党的决定,严守党的纪律,保守党的秘密,对党忠诚,积极工作,为共产主义奋斗终生,随时准备为党和人民牺牲一切,永不叛党。

  此致

敬礼

申请人:王明
2013 年 10 月 10 日

第四节　证明信

一、证明信的含义

  由组织或个人出具的,证明有关人员或事件的真实情况的书面材料,通常称证明信或证明书。个人或单位为证明某人身份、经历、表现或有关事实真相时,经常使用这类书信。

二、证明信的种类

  (一) 个人证明:以个人的名义开具的书信。

（二）集体证明：以组织的名义开具的书信。

三、证明信的内容和结构

（一）标题

一般把所要证明的主要内容作为标题。如《关于××受贿情况的证明》；也可以只写《证明信》、《证明书》，标题应居中书写。

（二）抬头

有些证明材料有明确的主送单位，就要在证明材料的开头顶格写明主送单位的全称；有些通用证明材料也可以不写主送单位。写主送单位，应该顶格，并在主送单位后加冒号。

（三）正文

这是证明材料的主体部分，空两格书写，要把需要证明的有关人员或事件的真实情况写清楚。如系调查证明材料，还可以提供有关调查线索。

正文后，另起一行，空两格，写"特此证明"。

（四）署名和日期

署名和日期与一般的书信格式相同。证明材料写好后，要将提供证明材料的单位全称或个人姓名写在证明材料的右下方。是单位的应该盖上单位的公章，并注明证明的日期。

四、证明信写作的注意事项

（一）写证明材料的人，应当以对党、对被证明人高度负责和严肃认真的态度对待，坚持实事求是的原则，不得徇私情而出具与事实不符的证明，更不能作假证明。

（二）证明材料的语言要十分明确、肯定，不能含含糊糊、模棱两可，不能用"大概"、"可能"、"据分析"之类的含糊不清的词语。

（三）一切证明材料都应经本单位负责人审阅，并加盖公章。由个人出具的证明材料，本人要签名盖章（或留指印），单位要在证明材料上注明证明人的职务、政治情况等。

例文

贫困证明

××大学：

贵校学生×××其家长属本地居民，家庭基本情况如下：

一、家庭人口×人，家庭成员组成：_____。家庭年收入约_____元

二、主要收入来源：_____

三、目前家庭主要困难：_____

确属贫困家庭。

特此证明

村委会（街道居委会）　　　乡、镇民政部门　　　县区政府民政部门
　　　盖章　　　　　　　　　　盖章　　　　　　　　　盖章
　　年　月　日　　　　　　　年　月　日　　　　　　年　月　日

实习证明

兹证明×××从2013年9月1日到2013年12月30日在我单位××岗位实习。现已通过实习。

特此证明。

此致

敬礼

××××单位
××××年×月×日

第五节　邀请函

一、邀请函的含义

邀请函是单位或个人邀请亲朋好友或知名人士、专家等参加某项活动时所发的约请性书信。在国际交往以及日常的各种社交活动中，这类书信使用广泛。

二、邀请函的内容和结构

（一）标题

文种《邀请函(书)》单独做标题或由事项＋"邀请函(书)"，如《亚太城市信息化高级论坛邀请函》。

值得注意的是："邀请函"三字是完整的文种名称，与公文中的"函"是两种不同的文种，因此不宜拆开写成《关于邀请出席××会议的函》。

（二）称呼

邀请函的发送对象有三类情况：

1. 发送到单位的邀请函，应当写单位名称。由于邀请函是一种礼仪性文书，称呼中要写××单位全称，不宜用泛称(统称)，以示礼貌和尊重。

2. 邀请函直接发给个人的，应当写个人姓名，前冠"尊敬的"敬语词，后缀"先生"、"女士"、"同志"等。

3. 网上或报刊上公开发布的邀请函，由于对象不确定，可省略称呼，或以"敬启者"统称。

（三）正文

要把邀请函的内容写得具体而详细。如会议邀请函，应该将会议议题、地点、时间、有关活动、注意事项、食宿安排、交通路线等具体情况交代清楚。

（四）结尾

可以写"此致敬礼"，也可以不写。

（五）落款

如果是单位发出的邀请函，因邀请函的标题一般不标注主办单位名称，所以落款处应当署主办单位名称并盖章。

（六）成文时间

写明具体的年、月、日。

三、邀请函写作的注意事项

（一）正确书写被邀请对象的姓名、身份、人数。

（二）明确邀请的原因，活动的内容、时间、地点和有关事项。如果是会议邀请，要写明报到的时间、地点、联络人和食宿、车旅费用的支付、报销等事宜；如果是邀请观看表演、展览的，应附上入场券。

（三）用语应典雅大方，谦恭有礼，根据具体的场合、对象、内容，认真措辞。

例文

邀请函

尊敬的××先生/女士：

  我们很荣幸地邀请您参加将于5月15到16日在北京21世纪饭店举办的"第27届联合国粮食及农业组织亚太地区大会非政府组织磋商会议"。本次会议的主题是：从议程到行动——继"非政府组织粮食主权论坛"之后。此次磋商会议由联合国粮农组织（FAO）和国际粮食主权计划委员会亚洲分会（IPC-Asia）主办，中国国际民间组织合作促进会协办。届时，来自亚太地区80多个民间组织的100余名代表将参加会议。本次会议宣言将在5月17到21日召开的第27届联合国粮食及农业组织亚太地区大会上宣读。本次会议的主要议题包括：

  1. 亚太地区粮食和农业领域的非政府组织如何在地区和国家层面执行"全球行动议程/公民社会战略"。

  2. 亚太地区粮食和农业领域的非政府组织如何根据目前形势确定今后行动的参与者。

  3. 参会机构起草非政府组织建议书提交给第27届联合国粮食及农业组织亚太地区会议，继续呼吁维护农民的利益。

  真诚地期待着您的积极支持与参与！

中国××国际计划委员会
2007年4月20日

第六节　辞职信

一、辞职信的含义

  辞职信也叫辞职书或辞呈，是辞职者向原工作单位辞去职务时写的书信。呈交辞职信是辞职者在辞去职务时的一个必要程序。

二、辞职信的内容和结构

(一)标题

在辞职申请书第一行正中写上申请书的名称。一般辞职申请书由事由和文种名共同构成,即以《辞职申请书》为标题。标题要醒目,字体稍大。

(二)称呼

要求在标题下一行顶格处写出接受辞职申请的单位组织或领导人的名称或姓名称呼,并在称呼后加冒号。

(三)正文

正文是申请书的主要部分,正文内容一般包括三部分。首先要提出申请辞职的内容,开门见山,让人一看便知;其次申述提出申请的具体理由。该项内容要求将自己有关辞职的详细情况一一列举出来,但要注意内容的单一性和完整性,条分缕析;最后要提出自己提出辞职申请的决心和个人的具体要求,希望领导解决的问题等。

(四)结尾

结尾要求写上表示敬意的话。如"此致敬礼"等。

(五)落款

辞职申请的落款要求写上辞职人的姓名及提出辞职申请的具体日期。

三、辞职信写作的注意事项

(一)态度恳切、措辞委婉

辞职是件对双方来说都很严肃的问题,可能会涉及双方的利益,所以一定要交代辞职时的工作安排。另外,辞职信也是一种申请,用语要谦虚、恳切。

(二)不要批评对方

山不转水转,即使是对工作不满,也应礼貌。

(三)简洁性

将辞职的内容以及辞职相关原因陈述清楚,另外善后事宜交代明白,基本就可以了,没有必要提以前工作中的麻烦或发牢骚等。

例文

辞职信

尊敬的李经理:

  您好!我很遗憾自己在这个时候向公司正式提出辞职。

  我来公司也快一年了,也很荣幸自己成为××公司的一员。在公司工作的一年中,我学到了很多知识与技能,公司的经营状况也处于良好的态势。非常感激公司给了我在这样的良好环境中工作和学习的机会。

  但是我因为个人原因需要辞职,因我新购房屋在城南,到公司的距离超过15公里,每天往返公司的时间超过 3 个小时,这对我的工作已造成不良影响(离职原因也可以写成:因本人身体的缘故,需回家调养,希望不要因为我的个人原因,影响了工作的进展——编者注),因此,我不得不忍痛离开热爱的岗位。

我希望在××年×月××日之前完成工作交接,请领导安排工作交接人选。在未离开岗位之前,我一定会站好最后一班岗,我所在岗位的工作请领导尽管分配,我一定会尽自己的职,做好应该做的事。

望领导批准我的申请,并请协助办理相关离职手续。

祝您身体健康,事业顺心。并祝公司以后事业蓬勃发展。

申请人:×××
××××年×月×日

思考与练习

1. 请根据下列一则材料,拟写一份邀请函。

××大学为庆祝建校 100 周年,该校党委宣传部决定在 2008 年 12 月 20 日在学校体育馆举办一场大型文艺晚会,并邀请××大学的领导来校观看汇演。为此,请你拟写一则邀请函。

2. 根据下面提供的材料,拟写一则证明信。

王明明要去当兵,现××武装部需要了解他在高中所读学校生活和学习表现情况。请以班主任的身份为王明明写一则他在校表现的证明信。

第四章　应聘文书

　　求职信和个人简历是自我举荐求职时用到的书信类文体,它具有自我介绍的性质,内容一般介绍本人情况,包括年龄、职业、专业特长、工作简历、性格爱好等。
　　求职信和个人简历的目的是希望得到对方的信任和欣赏并取得相应的工作职位,达到自荐求职的目的。写作时要求实事求是,不可言过其实,夸夸其谈。

第一节　求职信

一、求职信的含义

　　求职信是求职者向用人单位或单位领导人介绍自己的实际才能、表达自己就业愿望的一种书信。求职信是大中专毕业生、待业人员、想重新调换工作人员等进入理想单位的一块敲门砖,从求职的角度上讲,意义重大。

二、求职信的特点

　　一般说来,求职信可以归纳三个特点:针对性、展示性、求实性。

（一）针对性

　　求职信对身份、地位、职位没有特别的界定,但一封有效的求职信,必须符合用人单位的需求条件。求职信一般是针对用人单位对某岗位、某职位的需求而发的。没有针对用人单位的需求条件而发的求职信,一般效果甚微。

（二）展示性

　　求职信是毛遂自荐,应该充分的展示自己的才干、业绩和特点,争取在求职者中脱颖而出,引起用人单位的注意和兴趣。

（三）求实性

　　求职信不可以夸大其词,言过其实,必须实事求是。

三、求职信的作用

　　求职信是自我表白,毛遂自荐。其目的和作用要是让人事主管过目,好的求职信可以拉近求职者与人事主管(负责人)之间的距离,获得面试机会多一些。

四、求职信的内容和结构

　　求职信的格式主要有标题、称谓、正文、结尾、附件、署名、日期几部分。

（一）标题

　　标题是求职信的眉目,一般在第一行居中写上《求职信》、《应聘信》或《自荐信》。

（二）称谓

称谓写在第一行，顶格加冒号，另起一行，写上问候语"您好"。对于不甚明确的单位，可以写用人单位全称或规范化简称，也可写成"尊敬的人事处（人力资源部）领导"、"尊敬的某某公司领导"等等；对于明确了用人单位负责人的，可以写出负责人的职务、职称和姓氏，如"尊敬的林教授"、"尊敬的蒋处长"、"尊敬的刘经理"等等。称谓要恰当得体，以体现求职者对对方的尊重。

（三）正文

正文要另起一行，空两格开始写求职信的内容。这是求职信的重点和核心，内容较多，要分段写。用精炼的文字将求职的理由、优势、特点充分具体的表达出来。这样，便于用人单位依据求职信考核录用。

本部分大致包括以下几个方面内容：

1. 写求职者的个人情况和求职的原因

如：姓名、性别、年龄、籍贯、毕业院校、专业、文化程度、职业、职称等要素。接着要直截了当地说明从何渠道得到有关信息以及写此信的目的。如："我叫李民，现年22岁，男，是一名财会专业的大学本科毕业生。从报上我看到贵公司招聘一名专职会计人员的消息，不胜喜悦。以本人的水平和能力，我不揣冒昧地毛遂自荐，相信贵公司定会慧眼识人，使我有幸成为贵公司的一名会计人员。"这段是正文的开端，也是求职的开始，介绍有关情况要简明扼要，对所求的职务，态度要明朗。而且要吸引受信者有兴趣将求职信读下去，因此开头要有吸引力。

2. 写求职者应聘所具备的优势

求职者对自己的能力要作出客观公正的评价，并努力使自己的描述与所聘职位要求一致，这部分是求职的关键。介绍自己与应聘相关职位的有利条件，特别突出自己的优势和"闪光点"，以使对方信服。如："我于1996年7月毕业于东北财经学院财会专业。毕业成绩优秀，在省级会计大奖赛中，获得技术能手嘉奖（见附件），在《海南金融》等杂志上发表过多篇学术论文（见附件）。"

写作这段内容，语言要中肯，恰到好处；态度要谦虚诚恳，不卑不亢。达到见字如见其人的效果。要给受信者留下深刻印象，进而相信求职者有能力胜任此项工作。

3. 提出希望和决心

向受信者提出希望和决心。如："希望您能为我安排一个与您见面的机会"或"盼望您的答复"或"敬候佳音"之类的语言。并且表明如果被录用，将如何去做。这段属于信的内容的收尾阶段，要适可而止，不要拖泥带水，更不要苛求对方。

4. 结尾

另起一行，空两格，写表示敬祝的话。如："此致"然后换行顶格写"敬礼"、或祝"工作顺利"、"事业发达"等相应的祝颂词。祝颂词不必过多寒暄，以免画蛇添足。

5. 署名和日期

求职者的姓名和成文日期写在信的右下方。姓名写在上面，成文日期写在姓名下面。姓名前面不必加任何谦称的限定语，以免有阿谀之感，或让对方轻看你的能力。成文日期要年、月、日俱全。

6. 附件

有说服力的附件是对求职者的鉴定的凭证。所以求职信的附件是不可忽视的组成部分。

附件可在信的结尾处注明。如：附件 1. 学历证书；2. 相关等级证书；3. 职业资格证书；4. 各种荣誉证书等。然后将附件的复印件单独订在一起随信寄出。附件不需太多，但必须有分量，足以证明你的才华和能力。

五、求职信写作原则和技巧

（一）语气自然

语言和句子要简单明了。写信就像说话一样，语气可以正式但不能僵硬。

（二）语言直白

要直截了当，不要拐弯抹角。

（三）通俗易懂

写作要考虑读者对象的知识背景，不要使用生僻词语、专业术语。

（四）言简意赅

在重点突出、内容完整的前提下，尽可能简明扼要，切忌事无巨细、面面俱到。

（四）具体明确

不要使用模糊、笼统的字眼；多使用实例、数字等具体的说明。

六、毕业生求职信写作常见的误区

通过写信求职是一种常见方式，但必须避免以下四种失误以提高求职命中率。

（一）不够自信，过于谦虚

求职者应当扬长避短，在信中强调自己的强项。即使不可避免地要说明自己的弱项，也要注意措辞和表达，以免给用人单位不佳的印象。

（二）主观意愿，推理不当

许多求职者为了取悦于招聘单位，再三强调自己的成绩，而不知有关经验与能力对职位的重要性。

（三）语气过于主观

对于招聘单位来讲，他们大都喜欢待人处世比较客观与实际的人，因而求职者在信中尽量要避免用"我认为"、"我觉得"、"我看"、"我想"等字眼。

（四）措词不当，造成反感

写求职信最忌用词不当，例如："有我这样的人才前来应聘，你们定会大喜过望。"对方看到这样的词语表述，怎么会不反感呢？

例文一

求职信

尊敬的领导：

您好！

感谢您在百忙之中阅读我的求职信，这是我的荣幸也是我的骄傲。

我是××大学交通管理系2014年应届毕业生,面临就业。我满怀憧憬和期待,将我的求职材料函呈上,坦诚地向贵单位推荐自己,敬请领导审阅。

我毕业于一所年轻的学校,十六年的寒窗苦读造就了自强不息的我。大学四年生活短暂而充实,一千来个日日夜夜,我荡起智慧之舟,迎朝阳,送落霞,遨游于知识的海洋。我明白:现代社会,机遇与挑战并存;我懂得:只有不懈的努力才会有好的收获。正是凭着这种信念,我以乐观向上的进取精神,勤奋刻苦的学习态度,踏实肯干的工作作风,团队合作的处世原则,开拓进取,超越自我,力争成为一名有创新精神、积极开放的复合型人才。

大学生活是我人生中最重要的一个阶段,是我探索人生,实践真知,超然智慧,走向更加成熟的过程。在这期间我不但学习了课本上的知识,如高等数学,大学英语,路基路面工程,道路勘测设计,道路交通规划,交通工程学,道路建筑材料,理论力学,材料力学,结构力学,水力学等,泛读、口语、听力、写作、翻译等专业课程,以及数学文化、经济管理基础、逻辑思维与方法、心理学等选修课程,还真正懂得了人生的意义,人生的价值。在以后的工作中,我能够从事英语翻译,工程施工,工程技术,道路施工,道路设计,道路选线,英语教育,现代办公,文秘以及进出口贸易等相关工作。几年来,我立志做一个学好本专业的优秀大学生,我不仅有扎实的理论基础,而且有一定的实际操作能力以及吃苦耐劳的团队合作精神。出生于农村家庭使我具备了勤奋、吃苦、务实、向上的精神和作风。农村生活铸就了我淳朴、诚实、善良的性格,培养了我不怕困难挫折,不服输的奋斗精神。

大学期间,我不断完善自己的知识结构,提高自己的综合素质。"天道酬勤",今日的我已系统的学习并掌握了本系所开设的所有课程,并且熟悉国家形势的发展需要。正因如此,在大学期间多次参加社会实践活动。并且能够理论联系实际,在校内外积极进行的实践中,检验自己所学的知识的同时,使自己具备了较强的分析问题和解决问题的能力。同时,学生会的生活更增强了我的组织和领导及管理能力,尤其是暑假在北京施工单位实习的两个月的磨炼更是锻炼加增强了我的胆略和自信。自信和执着是我的原则,沉着和乐观是我处事的态度,爱好广泛使我更加充实。面临择业,我对社会和自己都充满信心,渴望得到社会的认可,能有机会发挥自己的聪明才智,对社会有所贡献。

"十年磨一剑,今日把示君"。我没有名牌大学的文凭来保荐,也没有丰富的政治背景来装潢,但我拥有一个健康自然的我,自信而不狂妄,稳重而富有创新,成熟而充满朝气。我愿凭着这个自然的我以最诚挚的心和其他大学生一起接受您的挑选。"英雄有几称夫子?忠义怕公号帝君",现实社会中,人才如恒河沙数,即宇宙之神也难以一一捡拾,我是否能够脱颖而出,唯有实践验见真知。回首过去,是我勇于探索、勤于求学的知识蕴积之路;展望未来,将是我乐于奉献于业务的事业开拓之途。

"良禽择木而栖,贤臣择主而事"。尊敬的领导,雄鹰展翅急需一方天空,良马驰骋尚待一方路径。贵单位所开创的业绩和远大的开拓前景我仰慕已久。深信我会用自己勤勉的汗水与同仁一道为贵公司的锦绣前程奋斗不息,奉献我的年轻的热忱和才智!我真诚希望成为其中一员。

我相信:是金子总会发光!过去的成绩已成为历史,未来的辉煌需要坚持不懈地努力去创造和实现。在这斑斓多彩、日新月异的年代,只有高素质、高质量、高能力的综合性人才才能够在激烈的竞争中立于不败之地。相信您的信任和我的实力的结合将会为我们带来共同的成功。蒙阁下抽暇一顾此函,不胜感激!谨祝工作顺利!

致此
敬礼！

求职者：××
2014年×月×日

例文二

求职信

尊敬的公司领导：
　　您好！
　　非常感谢您在百忙之中阅读我的求职材料，感谢您给了我一次迈向成功的机会。
　　我是湖南财经大学的2014届本科大学学生，我叫×××，经历了近四年的大学教育，目前毕业在即，收获在望，等待着时代的选择，等待着您的垂青。我是一个农民的儿子，血管里流着的是泥土的芳醇和农民的憨厚，也有着坚韧不拔的处事准则和方法，家庭的贫困、父母的期望、社会的竞争是我学习的动力。
　　我十分珍惜大学四年的学习机会。四年里，本着严谨求学的态度，认真学习了专业知识，掌握了公路桥梁等方面的专业知识，同时我注重实际能力的培养，把专业知识与实践相结合，实践中积极动手，理论与实际相结合，不断增强自己的工作能力。经过四年的学习锻炼，掌握了公路桥梁施工与管理的相关专业知识，较为优秀地完成了各项专业课程的学习，为今后开展各项工作打下了坚实的基础。我注重"一专多能"，在学好专业知识的同时，充分地利用课余时间自学了微机课程，现在能熟练操作windowsXP/2000平台，能够熟练应用Office2000办公软件（Word、Excel、FrontPage等）。
　　尊敬的领导，您作为现代社会的英明管理者，物色一名精干得力的工程技术人员，一定是您早有的夙愿。即将完成学业的我，既有专业知识又有奋斗的信心和前进的动力；对工作认真与负责；怀着自信的我向您推荐自己，希望能在贵单位、一个文明团结进步的集体中从小做起，从现在做起，虚心尽责、勤奋工作，在实践中不断学习，发挥自己的主动性、创造性，竭力为公司的发展添一份光彩。给我一次机会，我将还您一份惊喜！
　　本人性格开朗，对待事情有较强的积极性和责任性，工作有耐心，遇到挫折不屈服；上进心强、勤于学习能不断提高自身的能力与综合素质。待人真诚有礼貌，适应能力强。做事有主见，敢于承担责任。正值年轻季节，我不怕吃苦受累，只希望通过自己富有激情、积极主动的努力为企业创造财富，实现自身价值！
　　最后，再次感谢您阅读此信，愿贵公司兴旺发达！
　　此致
敬礼！

求职者：×××
××××年×月×日

第二节　个人简历

一、个人简历的含义

个人简历是个人向有关单位或领导者推荐自己或者陈述个人具体情况的文书。它比求职信更加简略，也不用针对明确而具体的用人单位。

二、个人简历的特点

（一）完整性

个人简历要求用最简练的语言具体、全面、完整地概括求职者的个人相关情况和特点，能让用人单位通过个人简历就可以准确而完整地把握求职者的基本信息。

（二）广泛性

求职信一般是针对用人单位对某岗位或某职位的需求而发的，一信难以多投，但个人简历可以发送给任何潜在的用人单位。

（三）求实性

个人简历必须如实地反映个人信息，不能有任何虚假成分。

三、个人简历的种类

按照个人简历的成型样式划分，个人简历可以分为表格式和陈述式两种。表格式个人简历一般称为"毕业生自荐表"，陈述式个人简历我们一般称为"个人简历"。

四、个人简历的内容和结构

个人简历的内容包括了标题、个人的基本情况、个人简要经历、学业成绩和奖励情况、社会实践活动情况等。

（一）标题

第一行居中写上《个人简历》。

（二）正文

以表格或者陈述的方式，用精确的语言表达个人相关的信息。这部分大致可以分为以下几个方面。

1. 个人基本情况

包括姓名、性别、年龄、籍贯、政治面貌、就读院校、专业、职业等要素。

2. 个人简要经历

突出与工作相关的学习、工作经历，毕业生一般侧重于学习经历。

3. 学业成绩和奖励情况

简要地说明学习中取得的成绩和曾获得的荣誉或者工作的业绩、奖励。

4. 社会实践活动

这部分一般适合毕业生写,主要体现毕业生的理论和实践的结合性。

例文

个人简历

姓　　名:范文　　　　　　　　国　　籍:中国
目前住地:广州　　　　　　　　民　　族:汉族
户　籍　地:清远　　　　　　　身高体重:160 cm　48 kg
婚姻状况:未婚　　　　　　　　年　　龄:27 岁
人才类型:普通求职　　　　　　应聘职位:人力资源经理/主管、招聘经理/主管
工作年限:2 年　　　　　　　　职　　称:无职称
求职类型:全职　可到职日期:随时
月薪要求:2 000～3 500　　　　希望工作地区:广州
工作经历:公司名称:清远市恒福房地产开发有限公司　2008.06—2010.03
公司性质:民营企业所属行业:房地产,建筑,安装,装潢
担任职务:人事行政专员
工作描述:人力资源工作:

1. 编制人力资源管理制度
2. 编制、更新各部门职责说明书、各岗位说明书
3. 编制招聘管理制度
4. 编制培训管理制度,且在公司首创内部讲师制度,并组织执行
5. 编制绩效考核体系
6. 招聘管理:进行招聘需求调查,编制招聘计划、招聘信息编写和发布、简历初步筛选和合格人员推荐、组织笔试和面试、参加现场招聘、校园招聘;笔试和面试的组织;招聘渠道开拓和管理
7. 入职、离职管理:入、离职手续办理
8. 组织员工转正的考核
9. 劳动合同管理:劳动合同的签订、报表的更新等;防范用工风险
10. 公司内部培训组织
11. 工伤事故跟进处理

行政工作:
1. 修订、修改公司规章制度:印章管理制度、会议管理制度、采购管理制度、车辆管理制度、档案管理制度、考勤管理及休假规定、办公室管理规定、8S 管理制度等
2. 体育竞赛活动组织
3. 年终总结会组织
4. 协助组织年终酒会活动
5. 协助组织年终评优活动
6. 节日礼金、员工生日礼金和生日贺卡的编制和发放

7. 营业执照、组织机构代码证年审
8. 公司网络的基本维护
9. 电话报装、迁移办理
10. 档案管理

其他工作：
1. 商品房合同审核
2. 其他各项经济合同的审核
3. 公章管理
4. 与现场施工管理人员沟通

教育背景

毕业院校：广东工业大学

最高学历：本科获得学位：管理学学士　毕业日期：2008.06.01

所学专业：人力资源管理　第二专业：

培训经历

2004.09—2008.06　广东工业大学　人力资源管理　毕业证

2007.09—2007.11　广州雨旸人力资源培训中心　人力资源管理　企业人力资源管理师（三级）

2009.09—2009.09　深圳南晟德管理咨询公司　内审员培训　内审员证

语言能力

外　　语：英语　良好

国语水平：精通　粤语水平：精通

工作能力及其他专长

1. 系统掌握人力资源管理六大模块理论知识，了解各模块实操技能，并掌握一定的被扣技巧。

2. 熟练office办公操作系统，如word、excel；熟悉Visual FoxPro小型数据库开发。曾做过三次基于Visual FoxPro的课程设计。

3. 语言：普通话：熟练；粤语：熟练；英语：一般。

4. C1驾照。

详细个人自传

1. 一年半行政人事工作经验；
2. 一年以上招聘工作经验；熟悉招聘工作流程；
3. 学习能力强，通过英语四级；
4. 人缘好，善于倾听；性格温和，有耐心；正直诚实，个性稳重，具有高度责任感；
5. 具有较强的公文写作能力。

思考与练习

1. 大中专毕业生写作求职信应该注意些什么？
2. 结合你个人的真实情况，请设计一份与之相符的个人简历。

第五章　礼仪文书及演讲稿

第一节　贺　词

一、贺词的含义

贺词是组织机构或个人在重大节日、喜庆仪式、隆重典礼或重大活动胜利时,向有关对象表示庆贺道喜的应用文体。如节日贺词、生日贺词、新婚贺词、宴会贺词、周年纪念贺词等。贺词既可表达致词者良好由衷的祝愿,也可加深彼此间的了解和情感,协调彼此间的关系,增进相互间的合作。

二、贺词的内容和结构

贺词的基本格式一般由以下四部分构成:

（一）标题

一般是在首行正中写明《贺词》;也可以把祝贺者或受贺者、事由和文种都写明。如《××公司十周年厂庆贺词》;还可以用复合标题,即由主标题和副标题共同构成,主标题可以表达贺词的中心意思。如《携手2009年,共创辉煌篇章——重庆市××实业有限公司总经理致全国客户的新年贺词》。

（二）称谓

在标题的下一行顶格写。若受贺者系个人,要写受贺人的尊称;若受贺者系单位,要写受贺单位的全称。若受贺者人数广泛,只要写"女士们、先生们"或"朋友们"、"同志们"即可。

（三）正文

一般分开头、主体和结语三部分。

正文的开头先表明祝贺之意。应交代清楚祝贺双方的身份,以及祝贺的理由。常用的句式有"值此……之际,我谨代表……祝……","欣闻……,特表示祝贺"等。也可以引用诗句或名言表达美好的祝愿。

主体部分一般包括以下几层意思:祝贺的缘由;对受贺者的成绩概括或肯定性评价;对未来的要求和希望。根据祝贺场合、性质的不同,贺词的内容也会有所区别,比如致词者和受贺者是平行或下级和上级之间的关系,主体部分的结尾也可能是表示向对方虚心学习的内容。

结语一般是根据具体场合、背景,或表示祝愿,或承诺,或共勉,或倡议,或号召等。

（四）署名

署上致贺者的单位名称或个人姓名,并写明日期。

三、贺词的写作要求

首先,写作内容要求切合情境、针对祝贺缘由,生动活泼,不拘一格。

其次,要有感情色彩,字里行间应充满喜悦、褒扬、赞誉的情绪。

再次,语言要简练而有力度,热烈而恰当,并适合口语表达。

例文

××书记与××院长致校友的新年贺词

亲爱的海内外校友:

"山水有清音,珠树自绕千古色;云霞生异彩,笔花遍开四时春"。在这辞旧迎新之际,我们代表母校全体师生员工向你们致以新年的问候和节日的祝福!谨祝大家万事如意,虎年吉祥!

刚刚过去的2009年是隆重庆祝祖国六十华诞的大喜之年,大江南北盛典华章,举国上下喜气洋洋。2009年也是母校纪念从事师范教育105周年及向更高办学目标迈进的一年,奋进与攀登,铸就着成功与喜悦。

在这不平凡的一年里,在全校师生员工的团结奋斗和广大校友的大力支持下,母校深入开展学习实践科学发展观活动,以申硕和学科建设为龙头,以教学工作为中心,加快实施博雅教育、校地合作、精细化管理等几大改革,不断拓展优质办学资源,优化内部管理机制,各项事业取得了可喜成绩:

——教育教学工作平稳推进,人才培养成效日益凸显。2009年,学校坚持一体化全员育人,全面推行博雅教育,教职员工积极投身培才育人工作,万众一心打造师范教育品牌,努力培养高素质复合型人才,不断促使学校成为培养优秀教师和社会经济发展需要的各类高素质专业人才摇篮。一年来,全校来自十五个省份地区的24 092名学子不断强化科学精神、人文素养和实践创新精神,勤学苦练、积极进取,110多项人次在全国和省级各类重大比赛中荣获佳绩;123名优秀毕业生考取了国家各大学硕士研究生;本科毕业生总体就业率达到了96.53%以上。

——科研创新成果丰硕,学科建设上新台阶。2009年,全校教职员工积极探索、不懈攀登科学高峰,一年来共承担各级科研项目107项,其中增获国家级科研项目2项,省部级项目12项(3个省高校学科建设专项资金重点实验室项目);三大索引收录学术论文51篇;获得各级各类科研成果奖79项,其中市厅级3项,省部级8项;出版学术著作、教材152部;据不完全统计,过去一年我校教职员工在各级刊物发表各类文章、学术论文达1 070多篇,科研成果居省内同类院校前列。申硕工作取得了阶段性进展,学校被列入广东省2008—2015年新增硕士学位授予单位建设规划,被批准联合招收培养硕士研究生。

——师资队伍实力增强,整体素质不断提升。2009年,学校加大优秀人才引进力度,引进博士15人,高级职称教师7人。学校师资队伍力量得到进一步强化。截至2009年底,教授、博士分别增至106人和147人,学校专任教师达到853人,硕士学位以上教师586人,有多名教授、博士被兄弟院校聘为硕士、博士生导师,有7名专家享受政府特殊津贴,87人成为广东省"千百十工程"培养对象,47人次被评为全国劳动模范、全国优秀教师、南粤优秀教师和南粤教坛新秀。

——校地合作交流广泛,开放办学力度加强。2009年,学校积极开展校地交流合作,召开以校地合作为专题的干部暑期读书班,出台多项校地合作措施,铺开了从祖国北疆的西藏林芝地区教育局到南粤的湛江地区单位、湛江市教育局、中国移动湛江分公司、赤坎区等地方部门单位的合作洽谈。同时也加强与境外高校和教育机构部门紧密合作关系的建立,2009年分别与越南、日本、中国台湾等(国、境)外5所高校签订交流合作协议书,选派多名教师和学生赴国外开展学术交流、文化学习和教育培训。

"宏图将举,经略既张"。迎着2010年希望的朝阳,我们任重道远,新年即将召开的第三次党代会和四届一次教代会,将对学校"十一五"时期办学成绩和发展经验全面总结,并着手研究制定"十二五"办学事业发展规划。面对新一轮的发展形势和任务,让我们将理想化作实践的动力,全面增强责任感和使命感,同心同德,励精图治,奋发进取,为共同把母校建设成为一所有鲜明办学特色的优质师范院校而继续努力奋斗!

"日出江花红胜火,春来江水绿如蓝"。校友们,朋友们,2010年的风帆已经扬起,一个美好的年轮已经呈现在我们面前,让我们携手共进,满怀信心,用激情、智慧和汗水谱写出××师范学院2010年的崭新篇章!让我们共同祝愿伟大的祖国更加繁荣昌盛!祝愿××师范学院的明天更加灿烂辉煌!祝愿大家家庭幸福、事业有成、春节快乐!

××师范学院　党委书记:××
院　　长:×××
2010年1月18日

第二节　答谢词

一、答谢词的含义

答谢词是指在特定的公关礼仪场合,主人致欢迎词或欢送词后,客人所发表的对主人的热情接待和多方关照表示谢意的讲话。答谢辞也指组织机构或个人取得某项成绩后或在某种特殊情境时对有关对象表达谢意的应用文体。如升学答谢词、生日答谢词、升职答谢词等。

二、答谢词的内容和结构

答谢词的基本格式一般由以下三部分构成:

(一) 标题

一般用文种《答谢词》做标题。

(二) 称谓

在标题的下一行顶格写。为表示尊重,宜用全称,并加上职衔或"女士"、"先生",称谓前常用"亲爱的"、"敬爱的"、"尊敬的"等修饰语表示亲切。

(三) 正文

分开头、主体和结语三部分。

正文的开头应先向有关对象致以感谢之意。

主体部分，视答谢性质内容有所不同。对于访问接待性质的答谢，一般包括以下几层意思：讲述对主人的美好印象，对主人所做的一切安排给予高度评价；对主人的盛情款待表示衷心的感谢；阐发访问取得的收获和意义等。对于取得成绩后或在特殊情境时的答谢，内容则主要由阐明个人或组织所获得的成就，感谢有关人士的帮助，申述将来的愿望等部分构成。

结语主要是再次表示谢意，或对双方关系的进一步发展表示诚挚的祝愿。

三、答谢词的写作要求

答谢词的写作重点在于表达出对有关对象的真挚感谢之情。

首先，感情要真挚而热烈；

其次，语言简练而不失敬意。

例文

答谢词

尊敬的领导，来宾，各位业界同仁和朋友们：

大家好！很高兴在今天这个特别的日子里，我们能够相聚一堂，共同庆祝××大酒店隆重开业！首先，请允许我代表××大酒店的全体员工，向今天到场的领导、董事长和所有的来宾朋友们表示衷心的感谢和热烈的欢迎！

××大酒店位于无锡市××区中心地带，集商铺、办公、酒店、餐饮、休闲、娱乐于一体，按照四星级旅游涉外饭店标准投资兴建的新型综合性豪华商务酒店。值得一提的是，它是无锡首家客房内拥有干湿分离卫生间及景观阳台的星级酒店。其优越的地段、豪华的环境，优质的服务和智能化的配套设施，必将给您耳目一新的感受。它是顺应无锡特大型城市建设发展的精品建筑，是××区的地标，是各商家投资、置业、理财的财富洼地。

正如我们的董事长所说，××大酒店是"我们××人智慧和汗水的结晶"。它的筹划和诞生，倾注了我们××人的所有心血，凝聚了××全新的信念。值得欣慰的是，有这么多的朋友默默的关心和支持着我们，陪伴我们一路走来。其中，有××区领导的高度重视和政策指导，我们××集团高层的殷切关怀和鼎力扶持，有社会各界朋友的热心帮助等等，这一切都让我们感激不已。

作为总经理，××大酒店的具体运营者，我深知自己肩负的重担和使命。我的一言一行、一举一动，都将和××大酒店乃至整个无锡未来的建设发展联系在一起。我深知，困难与希望同在。这么多朋友的关心和指导，是支撑××大酒店存在并运作的信心和源泉！面对挑战，我坚信，××大酒店必将在市场上傲然挺立，拥有一席之地！为此，我将携××全体工作人员，用良好的业绩来回报各界，以不辜负领导、董事长和社会各界的期望！同时，我们××大酒店全体员工，将坚持求变创新的开拓精神，和诸位业界同仁一起，全力以赴，共同致力于××区的建设发展，为无锡进一步的繁荣昌盛添上辉煌灿烂的一笔！正如我们××大酒店的宗旨所阐述的一样，我们要做好无锡××区的地标和窗口，要奏响新区的最强音，要为无锡人民创造一个永不落幕的新都会！最后，我要特别感谢××区领导的莅临指导，感谢董事长于百忙之中能够亲临开业现场致词！

再次感谢各位朋友的光临！谢谢大家！

第三节　欢迎词

一、欢迎词的含义

欢迎词，是指客人光临时，主人为表热情的欢迎，在座谈会、宴会、酒会等场合发表的热情友好的礼仪性致辞。欢迎词的使用范围很广，外宾来访、视察参观、各种会议宴请、新学员报到等，都会用到欢迎词来表达主人的心意和情感。欢迎词可以起到宣传形象，增进了解，促进友谊，发展关系的作用，成为当代社会一种重要的礼仪文书。

二、欢迎词的内容和结构

欢迎词的基本格式一般由以下三部分构成：

（一）标题

一般直接在首行正中写明文种"欢迎词"；也可采用"场合＋文种"的形式，如《在宋楚瑜先生演讲会上的欢迎词》；还可在场合与文种前再加上致辞人的姓名或职务，如《陈建华院长在首届"泛珠三角区域城市规划院院长论坛"上的欢迎词》。后两种标题形式常用于报刊杂志刊登时。

（二）称谓

在标题的下一行顶格写被欢迎者的名称。重要的宾客前要加上职务和头衔，通常还要在前面再加上"尊敬的"、"敬爱的"、"亲爱的"等表敬意和亲切的词语。在重要宾客下面，有时还要加上泛称如"女士们"、"先生们"、"同志们"、"朋友们"等等，表示对所有到场者的尊重。如清华大学在欢迎台湾亲民党宋楚瑜主席访问清华大学时，欢迎辞的称谓是："尊敬的亲民党主席宋楚瑜先生和夫人陈万水女士，尊敬的亲民党大陆访问团各位成员，各位来宾，老师们，同学们"。另外，对外国元首的称谓，要加上"阁下"、"殿下"等；在称谓排序中，要注意女士在前，男士在后。

（三）正文

分开头、主体和结语三部分。

正文的开头通常开宗明义，说明此时在举行何种欢迎仪式，发言人是以什么身份代表哪些人向宾客表示欢迎，开头部分要表达出发言人的热烈欢迎的感情。

主体部分一般包括以下几层意思：根据双方的关系，或叙述彼此的交往、友谊、合作成就，或向与会者介绍宾客的品质、经历、成就等；阐明宾客来访的意义、作用；展望美好的未来。

结语一般根据具体情况，或预祝来访成功，或预祝来宾愉快，或对今后的互相往来和合作提出展望和期待。

三、欢迎词写作的注意事项

首先，既要感情真挚热烈，又忌滥用溢美之词。恰到好处地使用客套用语，情感应自然流露。

其次，语言简练精到，忌冗长累赘。所述内容只要点到为止，无须详细论证。整个重点应落在传递出对宾客的热情欢迎之情上，而不是论证具体事宜。

再次，口语化表达。欢迎词一般是在特定场合用口语表达，而非以刊登在报纸杂志上为主要目的,所以要求朗朗上口、富于节奏性,少用长句。

例文

陈建华院长在首届"泛珠三角区域城市规划院院长论坛"上的欢迎词

尊敬的各位领导,各位来宾,朋友们:

上午好!六月花城,凤凰花开。今天,我们迎来了首届泛珠三角区域城市规划院院长论坛的顺利召开。在此,我谨代表广州城市规划勘测设计研究院向参加本届论坛的各位领导、各位来宾和朋友们表示衷心的感谢和热烈的欢迎!

当前,加快区域合作已成为中国经济社会发展的趋势。泛珠三角区域地缘相邻、人缘相亲、互补性强,联系与交流由来已久。自2004年6月《泛珠三角区域合作框架协议》签署以来,区域合作不断向多领域、全方位发展。2005年9月,借中国城市规划协会主办的全国城市规划院院长年会召开之机,泛珠三角区域主要城市规划院的领导聚集大连,为加强区域合作与交流,共同提出了举办泛珠三角区域城市规划院院长论坛的倡议,并得到了积极的响应。经过半年多的筹备,我们此刻相聚羊城,共办此次论坛。

本论坛的设立是为了促进区内兄弟规划院进行技术、管理、经营等多方面的交流,按倡议论坛将开展院长交流、专家讲座、专业技术交流、规划师联谊、城市规划建设成就考察等活动。我们希望,在各方的共同努力下,论坛将成为泛珠三角区域规划行业一年一度的盛事,提供一个长期的广泛的开放式交流平台,促进泛珠三角区域城市规划行业的改革与发展。

另外,本届论坛得到了中国城市规划协会和广州市城市规划局的直接指导,以及《城市规划学刊》编辑部和广州市城市规划协会的大力支持,在此,我代表主办方表示衷心的感谢!

最后,我预祝本届论坛取得圆满成功!祝各位来宾身体健康,心情愉快,工作顺利!

第四节 欢送词

一、欢送词的含义

欢送词,是指在欢送宾客的仪式、集会、宴会上主人对宾客即将离去表示热烈欢送的一种礼仪文书。欢送词的适用情形有客人访问结束、会议闭幕、学生毕业、员工离职等。欢送词和欢迎词一样,有表达情谊、增进友谊、发展关系的作用,是当代社会一种重要的礼仪文书。

二、欢送词的内容和结构

欢迎词的基本格式一般由以下三部分构成:

(一)标题

可直接在首行正中写明文种"欢送词";也可以用"场合+文种"的形式,如《退伍老兵欢送词》;还可以由被欢送者和文种构成标题,如《致史密斯先生的欢送词》。另外欢送词还可以用"致词人+场合+讲话"的形式,如《县领导在欢送新兵大会上的讲话》。后面三种欢送词标题形式常用于刊登在报纸杂志上。

（二）称谓

在标题的下一行顶格写被欢送者的名称。前面可再加上"尊敬的"、"敬爱的"、"亲爱的"等表敬意或亲切的修饰语。称谓后可加头衔，也可加"先生"、"女士"、"夫人"等。如："尊敬的兄弟学校领导，尊敬的各位来宾"。另外，对外国元首的称谓，要加上"阁下"、"殿下"等；在称谓排序中，要注意女士在前，男士在后。和欢迎词一样，称谓中既要突出主要人物，又要用泛称将所有在场者包括进来，以示尊重。

（三）正文

分开头、主体和结语三部分。

正文的开头，一般要说明此时在举行何种欢送仪式，发言人是以什么身份代表哪些人向对象表示欢送。致辞人在开头部分通常还要向对象所取得的成绩表示祝贺，表达留恋惜别之情。

主体部分一般包括以下几层意思：回顾欢聚的美好时光，叙述彼此的友谊；肯定对方的积极作为和成就贡献；表达进一步发展双方友好关系的愿望或意义等。也可委婉表示照顾不周的歉意。

结语通常再次对对方的即将离去表示真诚的欢送，并可视具体情形或表示依依惜别之情或表达美好的祝愿，还可向对方发出再访的邀请。

三、欢送词写作的注意事项

首先，情感的表达适应具体场合，或尊重、或谦逊、或感激、或鞭策。

其次，虽是离别之言，欢送词的格调应是积极的，不可过多流露消极伤离的情绪。

再次，感情真诚，字里行间应有感情自然流露，忌罗列空话、套话。

例文

致××省武警部队光荣退伍老战士欢送词

光荣退伍的老战士同志们：

几年前，你们怀着保卫祖国的崇高理想，离开温暖的家庭或舒适的工作、生活环境，加入到中国人民武装警察部队的行列，来到贵州高原，肩负起维护稳定、保卫贵州改革与发展的重任，履行了光荣的兵役义务，现在你们即将退出现役，奔赴新的工作岗位。在这个依依惜别的时刻，我们代表总队党委、机关和全体留队官兵向全省武警部队光荣退伍的老战士表示衷心的感谢，致以崇高的敬意！并向你们的亲人致以亲切的慰问！

在几年来的警营生活中，你们认真践行"三个代表"重要思想，忠实履行武警战士的光荣使命，努力争做党和人民的忠诚卫士，在思想上政治上行动上始终与党中央、中央军委保持高度一致。你们爱警习武，甘于奉献，居安思危，提高警惕，刻苦训练，坚忍不拔，执法护法，文明执勤，上一线打头阵，圆满完成了以执勤和处置突发事件为中心的各项工作任务。你们视人民为父母，把驻地当故乡，热爱人民，打击罪犯，密切了警政警民关系，促进了"三个文明"建设，展示了武警战士的风采。你们热爱贵州高原警营，在风雪哨位上，在滔滔洪水中，在熊熊火场里，在"处突"战斗中，处处都留下了你们的战斗身影和奋斗足迹，你们为我省武警部队的建设，为全省经济发展、社会稳定，构建和谐社会作出的突出贡献，党和人民是不会忘记的。

党的十六大提出了高举邓小平理论伟大旗帜，全面贯彻"三个代表"重要思想，确立了全面建设小康社会的目标,吹响了中华民族伟大复兴的号角,为我们光荣退伍老战士提供了大显身手的广阔舞台。你们在部队这所大学校里,培养了忠于党、忠于社会主义、忠于祖国和人民的高尚品德,练就了一身铮铮铁骨和过硬本领,学到了许多科学文化知识和专业技能,相信同志们退伍后,一定会大有作为。希望同志们继续保持和发扬我党我军的优良传统,艰苦奋斗,与时俱进,奋发有为,积极投身火热的经济建设之中,创造出无愧于时代的辉煌业绩,努力为全面建设小康社会,开创中国特色社会主义事业新局面而奋斗。

同志们,参军卫国站岗放哨无上光荣,退伍复员参加地方经济建设同样无上光荣。希望同志们"退伍不褪色",继续保持和发扬武警战士的光荣本色,继续关心武警部队建设,始终牢记《忠诚卫士誓词》和《守则》,把你们的好思想、好作风留下来,传下去。在返乡途中,守纪律、讲文明、播撒一路文明新风。

祝同志们一路平安,早日与家人团聚!

祝同志们奔赴新的工作岗位,旗开得胜,马到成功!

第五节　开幕词

一、开幕词的含义

开幕词是指党政机关、社会团体、企事业单位举行重要会议或重大活动开幕时,由会议主持人或主要领导人发表讲话时的文稿。通过开幕词郑重宣布开幕,并阐明会议主旨,明确指导思想,说明会议程序,提出注意事项等。旨在营造隆重气氛,鼓动与会代表圆满完成任务。

二、开幕词的内容和结构

开幕词一般由以下五部分构成:

（一）标题

可在首行正中写明文种"开幕词";也可采用"事由＋文种"的形式,如《中国共产党第××次全国人民代表大会开幕词》;还可采用"致词人＋事由＋文种"的形式,如《×××同志在××××会议上的开幕词》。另外,开幕词也经常用复合标题的形式,即由主标题和副标题共同构成。主标题揭示会议的宗旨、中心内容,副标题为"事由＋文种"或"致辞人＋事由＋文种"的形式,如《我们的文学应该站在世界的前列——中国作家协会第四次会议代表大会开幕词》。

（二）时间

写于标题之下,用括号注明会议开幕的年、月、日。

（三）致辞人

有时在时间下面还要写明致词人。

（四）称谓

在时间的下一行顶格写。一般根据会议的性质及与会者的身份确定称谓,如"同志们"、"各位代表、各位来宾"、"女士们、先生们"等。

（五）正文

一般包括开头、主体和结语三部分。

开头一般以简短而有鼓舞性的语言宣布大会开幕，也可以对会议的规模及与会者的身份等作简要介绍，并对会议的召开及对与会人员表示祝贺或欢迎。

主体部分是开幕词的核心，一般包括以下几层意思：回顾总结以往的工作、成绩；分析当前形势、背景；提出本次大会的指导思想、主要任务、会议的议程和安排；表达对与会代表的希望和要求；阐明会议的意义，对会议作出预示性评价等。

结语一般是以简明概括的语言表达对会议的良好祝愿，如："预祝大会圆满成功！"

三、开幕词写作的注意事项

首先，篇幅要求简短、内容切忌重复啰嗦。

其次，语言要求口语化，富有感情色彩，又要求生动活泼。

再次，语气要有号召性、鼓动性。

例文

在重庆直辖十周年文艺晚会暨首届中国重庆文化艺术节开幕式上的讲话
（2007年6月17日）
王鸿举

各位领导、各位来宾，女士们、先生们、朋友们：

大家晚上好！六月的重庆，繁花似锦、歌声如潮；盛夏的渝州，高朋云集、嘉宾荟萃。在成功召开市第三次党代会之后，我们又迎来了重庆直辖十周年。在这个美好时刻，首届中国重庆文化艺术节今天隆重开幕了。在此，我代表中共重庆市委、重庆市人民政府和全市3100万各族人民，向各位领导、各位嘉宾的光临表示热烈的欢迎和衷心的感谢！

重庆直辖十年来，全市经济社会发展取得了令人瞩目的巨大成就，文化建设也取得了长足发展，文学艺术日益繁荣，文化体制改革深入推进，文化事业和文化产业协调发展。直辖十周年前夕，胡锦涛总书记发表了重要讲话，为重庆工作"定向导航"。前不久召开的重庆市第三次党代会，全面贯彻落实胡锦涛总书记对重庆工作的重要指示，着眼于新的历史使命，确立了新阶段的战略思路、奋斗目标和重点任务，必将激励全市各族人民向着新的目标阔步前进。文化作为一种"软实力"，已日益成为参与国际竞争的重要条件，成为增强一个国家和地区综合实力和竞争力的重要因素。重庆作为中国历史文化名城，有着深厚的文化底蕴、独特的城市魅力和浓厚的民族风情。市委、市政府决定从今年起，每两年举办一届文化艺术节，这是实施软实力提升战略，推进全市文化建设又好又快发展的一项重大举措。本届文化艺术节以"庆直辖十年，展巴渝风采"为主题，将举办国内外舞台精品剧目展演、文化产业博览会、群众文化活动、艺术展览、艺术系列学术讲座等系列大型文艺活动，集中展示重庆文化艺术事业的辉煌成就，充分展现全市人民奋发向上的精神风貌。我们相信，在国家各部委的有力指导下，在兄弟省市和社会各界人士的大力支持下，本届文化艺术节必将成为文化精品荟萃的艺术盛会，成为人民群众欢庆的盛大节日。"等闲识得东风面，万紫千红总是春。"站在新的历史起点，希望广大文艺工作者以胡锦涛总书记重要讲话和市第三次党代会精神为指引,始终坚持"二为"方向和"双百"方针,弘扬主旋律,提倡多样化,主动担当历史使命,积极发扬创新精神,自觉做到德艺双馨,创作一批文艺精品,努力开创繁荣昌盛、欣欣向荣的文化艺术新局面,为加快建设城乡统筹发展的直辖市,在西部地区率先实现全面建设小康社会的宏伟目标作出重要贡献。

最后,祝各位来宾和朋友们在渝期间生活愉快、身体健康!祝全市人民节日快乐!

现在,我宣布:首届中国重庆文化艺术节开幕!

第六节 闭幕词

一、闭幕词的含义

闭幕词是党政机关、社会团体、企事业单位在一些重要会议或重大活动结束时,由会议主持人或有关领导向会议所作的带有总结性、评估性的讲话文稿。闭幕词通过郑重宣布闭幕,与开幕形成呼应;并通过评价总结大会,肯定会议成果,提出今后任务,旨在激励与会代表贯彻会议精神。

二、闭幕词的内容和结构

闭幕词一般由以下五部分构成:

(一) 标题

闭幕词的标题与开幕词的标题构成形式基本一样。可在首行正中写明文种"闭幕词";也可采用"事由+文种"的形式,如《中国共产党第××次全国人民代表大会闭幕词》;还可采用"致辞人+事由+文种"的形式,如《×××同志在××××会议上的闭幕词》。另外,闭幕词也可用复合标题的形式,即由主标题和副标题共同构成,主标题揭示会议的宗旨、中心内容,副标题为"事由+文种"或"致辞人+事由+文种"的形式。

(二) 时间

写于标题之下,用括号注明会议闭幕的年、月、日。

(三) 致词人

有时在时间下面,还要写明致词人。

(四) 称谓

在时间的下一行顶格写。一般根据会议的性质及与会者的身份确定称谓,如"同志们"、"各位代表、各位来宾"、"女士们、先生们"等。

(五) 正文

一般包括开头、主体和结语三部分。

正文的开头一般是简要说明大会经过,是否圆满完成了预定的任务。

主体部分是对大会进行概括总结、归纳肯定。包括:大会讨论通过的主要文件、研究解决的重大问题;会议的重要意义及如何贯彻会议精神等。主体的结尾还可以表达良好祝愿,并对保证大会顺利进行的有关单位及服务人员表示感谢。

结语一般是以简明而又充满信心的语言,或郑重宣布会议结束,如:"现在,我宣布××××大会闭幕。"或者是一句良好的祝愿,如:"祝××××一路平安"。

三、闭幕词写作的注意事项

首先,篇幅要简短;语言简洁明快。

其次,内容层次要清晰明了。

再次,语气要求热情而有信心。

例文

国际艺术研讨会闭幕词

各位来宾,女士们、先生们:

经过几天来紧凑而富有成效的活动,"2000年中国国际艺术研讨会"现在就要闭幕了。如此众多的艺术界和理论界的朋友光临,这是千年故都的荣幸,也是各位对我们这次研讨会的最大支持,在此,我谨代表本次活动的主办单位××院、××研究中心,对各位艺术表演家、文艺理论家为本次研讨会作出的贡献表示衷心的感谢!

在研讨会期间,与会人士围绕着"二十一世纪东西方现代艺术交汇"这一主题进行了深入的研讨,发表了很多很有见地的观点,同时我们还举办了"第一届中国国际艺术作品邀请展",举行了"中国第一届国际艺术电影展",陶艺家们还进行了现场创作交流。通过这些活动,我们表达了彼此的观点,加深了了解,增进了友谊,同时对国际现代艺术的发展也将产生积极的作用。

在本次研讨会即将结束之际,我要特别感谢××市人民政府、市文化局对本次活动的重视和关心,感谢××市文化事业基金会、××有限公司、××市群众艺术馆、××市博物馆、××市图书馆、××话剧团、××艺术馆和××酒店对本次活动的大力支持。我还要特别提到××先生和××教授,他们对本次研讨会贡献良多,我代表主办单位和在座的每一位对他们表示诚挚的谢意!

我们在一起度过了一段美好的时光,朋友们,请记住一张张洋溢友谊和欢乐的笑脸,请记住这座古老而年轻的城市。同时,为这次研讨会成功举办而作出贡献的所有的朋友,与会专家都不会忘记你们!

祝各位嘉宾和艺术家们一路平安!

谢谢各位!

第七节 演讲稿

一、演讲稿的含义

演讲稿又称为演讲词,它是在重要场所或者群众集会上向听众阐述观点,发表意见,抒发情感的文稿。演讲稿的对象是听众,所以写作时要求观点鲜明,主题突出,情感真挚,感染力强,语言要求形象通俗。

二、演讲稿的种类

(一) 按照体裁分

1. 叙述式

向听众陈述自己的思想、经历、事迹,转述自己看到、听到的他人的事迹或事件时使用的。叙述当中,也可夹用议论和抒情。

2. 议论式

摆事实、讲道理,既有事实材料,又有逻辑推断,立场坚定,旗帜鲜明。

3. 说明式

对听众说明事理,通过解说某个道理或某一问题来达到树立观点的目的。

(二) 按照内容分

1. 政治演讲稿

政治演讲稿,是政治性演讲文稿。它是针对国内外现实生活中的政治问题,阐明自己的政治观点。

政治演讲稿的写作要求:

(1) 论点要鲜明,论据要有力;

(2) 论证要严密,感情要充沛;

(3) 态度要鲜明,语气要肯定。

2. 学术演讲稿

学术演讲稿是就某一学科领域中的课题进行研究、探讨,向听众表述新的科学研究成果,传播科学知识的演讲文稿。

学术演讲稿的写作要求:

(1) 要深入浅出,通俗易懂;

(2) 要谦虚谨慎,平等待人;

(3) 借助直观显示手段。

3. 社会生活演讲稿

社会生活演讲稿,是以社会存在的某一方面的问题为对象来表达自己的思想、情绪、愿望、要求的演讲文稿。

这种演讲稿的写作要求:

(1) 要有时代气息;

(2) 要选择和提炼主题;

(3) 要生动活泼,声情并茂。

4. 课堂演讲稿

可分为两种:一是教师在传授知识时使用的;一是学生为培养自己演讲能力写的。

这两种演讲稿的写作有共同的要求:

(1) 明确的目的性;
(2) 严格的时限性;
(3) 内容的充实性;
(4) 语言的简明性。

三、演讲稿与作文的区别

演讲和作文有很大的区别,其主要有以下两个方面。

(一) 演讲是演讲者就人们普遍关注的某种有意义的事物或问题,通过口头语言面对一定场合的听众,直接发表意见的一种社会活动。

(二) 作文是作者通过文章向读者单方面的输出信息,演讲则是演讲者在现场与听众双向交流信息。严格地讲,演讲是演讲者与听众、听众与听众的三角信息交流,演讲者不能以传达自己的思想和情感、情绪为满足,他必须能控制住自己与听众、听众与听众情绪的应和与交流。

三、演讲稿的特点

(一) 针对性

演讲是一种社会活动,是用于公众场合的宣传形式。它为了以思想、感情、事例和理论来晓谕听众、打动听众、"征服"群众,必须要有现实的针对性。所谓针对性,首先是作者提出的问题是听众所关心的问题,评论和论证要有雄辩的逻辑力量,要能为听众所接受并心悦诚服,这样,才能起到应有的社会效果;其次是要懂得听众有不同的对象和不同的层次,而"公众场合"也有不同的类型,如党团集会、专业性会议、服务性俱乐部、学校、社会团体、宗教团体、各类竞赛场合,写作时要根据不同场合和不同对象,为听众设计不同的演讲内容。

(二) 可讲性

演讲的本质在于"讲",而不在于"演",它以"讲"为主、以"演"为辅。由于演讲要诉诸口头,拟稿时必须以易说能讲为前提。如果说,有些文章和作品主要通过阅读欣赏领略其中的意义和情味,那么,演讲稿的要求则是"上口入耳"。一篇好的演讲稿对演讲者来说要可讲;对听讲者来说应好听。因此,演讲稿写成之后,作者最好能通过试讲或默念加以检查,凡是讲不顺口或听不清楚之处(如句子过长),均应修改与调整。

(三) 鼓动性

演讲是一门艺术。好的演讲自有一种激发听众情绪、赢得好感的鼓动性。要做到这一点,首先要依靠演讲稿思想内容的丰富、深刻,见解精辟,有独到之处,引人深思,语言表达要形象、生动,富有感染力。如果演讲稿写得平淡无味,毫无新意,即使在现场"演"得再卖力,效果也不会好,甚至相反。

五、演讲稿的内容和结构

演讲稿的结构分开头、主体、结尾三个部分,其结构原则与一般文章的结构原则大致一样。

(一) 开头

演讲的开头,也叫开场白。它在演讲稿的结构中处于显要的地位,具有特殊的作用。演讲稿的开头,通常有以下几种:

1. 开门见山,揭示主题

一般政治性的或者学术性的演讲稿都是开门见山,直接揭示演讲的中心。比如宋庆龄《在接受加拿大维多利亚大学荣誉法学博士学位仪式上的讲话》的开头:"我为接受加拿大维多利亚大学荣誉法学博士学位感到荣幸。"

运用这种方法,必须先明确把握演讲的中心,把要向听众揭示的论点摆出来,使听众一听就知道讲的中心是什么,注意力马上集中起来。但这种方法有时显得平淡,难以马上吸引听众的注意力。

2. 说明情况,介绍背景

比如恩格斯《在马克思墓前的讲话》的开头:"三月十四日两点三刻,当代最伟大的思想家停止了思想……,——但已经永远地睡着了。"

这个开头对事情发生的时间地点人物作出了必要的说明,为进一步向听众揭示论题做准备。运用这种方法开头,一定要从演讲的中心论点出发,不能信口开河,离题万里,更要防止套话、空话,败坏听者的胃口。

3. 提出问题,引起关注

写演讲稿的开头,可根据听众的特点和演讲的内容,提出一些激发听众思考的问题,以引起听众的兴趣。这种问题应该新颖、独特,确实能促使听众去思考。例如弗雷德里克·道格拉斯1854年7月4日在美国纽约州罗彻斯特市举行的国庆大会上发表的《谴责奴隶制的演说》,一开讲就能引发听众的积极思考,把人们带到一个愤怒而深沉的情境中去:"公民们,请恕我问一问,今天为什么邀我在这儿发言?我,或者我所代表的奴隶们,同你们的国庆节有什么相干?《独立宣言》中阐明的政治自由和生来平等的原则难道也普降到我们的头上?因而要我来向国家的祭坛奉献上我们卑微的贡品,承认我们得到并为你们的独立带给我们的恩典而表达虔诚的谢么?"除了以上三种方法,还有释题式、悬念式、警策式、幽默式、双关式、抒情式等。

(二)主体

演讲稿在开头后要迅速转入主体,这是演讲的正文和核心部分,也是演讲稿的高潮所在,能否写好,直接关系到演讲的质量和效果。内容的安排应注意以下几个问题。

1. 确定结构形式

演讲稿的形式比较活泼,或旁征博引、剖析事理,或引经据典、挥洒自如,或层层深入、或就事论事。结构形式不管怎么样变化,都要求内容突出、问题说透、推理严密、层次清晰、情理交融。

2. 认真组织好材料

演讲稿的理论依据和事实论据的组织安排要适当。首先必须保证例证的真实性、典型性。演讲稿不能太长,一般以中等语速,不超过30分钟为限。内容要求言简意赅,起到画龙点睛的作用。

3. 构筑演讲高潮

一个成功的演讲,不可能没有高潮。要体现三个特点:一是思想深刻、态度明确,以集中体现演讲者的思想观点;二是感情强烈,演讲者的爱恶、喜怒在这里得到尽情宣泄;三是语句精练,处处闪现智慧的光芒。

如何构筑演讲高潮呢？

首先要注重思想感情的升华。必须在对某个问题有较为深刻全面的分析、论证，演讲者的思想倾向要逐渐明朗，听众也能逐渐领会演讲者的思想观点，并有可能与演讲者的思想感情产生共鸣，从而构筑高潮。

其次要注意语言的锤炼，使用排比反问等句式增加气势，也可借助名言警句把思想揭示得更深刻。

（三）结尾

演讲内容到结尾时应自然结尾。结尾是演讲稿的有机组成部分。结尾给听众的印象，往往将代表整个演讲给听众的印象。言简意赅、余音绕梁，能够使听众精神振奋，并促使听众不断思考和回味。

写结尾时常犯的毛病就是要么草草收兵，要么画蛇添足，要么就是套用陈词滥调。更有些人在本来已经讲完后，又唠叨几句"我讲得不好，请大家批评指正"之类的话，这样势必让人反感。演讲稿的结尾没有固定的格式，或对整个演讲全文要点进行简单小结，或以号召性、鼓动性的话收尾，或者以诗文名言以及幽默俏皮的话结尾。但一般原则是要给听众留下深刻的印象。

六、演讲稿写作的注意事项

（一）了解听众，有的放矢

演讲，首先要了解听众，注意听众的构成。了解他们的性格、年龄、受教育程度、出生地，分析他们的观点、态度、希望和要求等等。总之，在尽可能多掌握听众各方面信息的基础上，就可以决定采取什么方式来吸引听众、说服听众，取得良好的效果。

（二）主题集中、鲜明。

无中心、无主次、杂乱无章的演讲是没有人愿听的。一篇演讲稿只能有一个中心，全篇内容都必须紧紧围绕着这个中心去铺陈，这样才能使听众得到深刻的印象。

（三）融理性与感性于一炉

好的演讲稿，应该既有热情的鼓动，又有冷静的分析，要把抒情和说理有机地结合起来，做到动之以情、晓之以理。

（四）语言准确、精练、生动形象

好的演讲稿语言生动活泼，通俗易懂，用词精准。不能讲假话、大话、空话，也不能讲过于抽象的话。要多用比喻，多用口语化的语言，深入浅出，把抽象的道理具体化，把概念的东西形象化，让听众听得入耳、听得明白。

例文一

（竞选办公室副主任的）演讲稿

尊敬的各位领导、评委、同事：

大家好！

首先感谢××党委给我提供这样一个良好的机会，让我有幸参加今天的竞选。领导干部竞争上岗,是大势所趋,是时代的呼唤、现实的选择,是贯彻落实《党政干部选拔任用工作条例》的要求,是新时期人事制度改革的迫切需要。我参加竞争的目的,并不是想伸手向党和人民要官,而是想通过竞争来展现自我、挑战自我、超越自我,追求进步,主动给自己更大的压力,并积极化压力为动力,勇挑更重的担子,敢负更大的责任,更好地为××工作服务,为本单位的文秘工作作出更大的贡献,同时也通过自己勤奋的工作来实现新的人生价值。

我今天参加主管文秘的办公室副主任这一职位的竞选,我认为自己主要有以下几点优势:

一是思想上进,具有较高的政治思想觉悟。我能积极参加各项政治学习,认真学习邓小平理论和"三个代表"重要思想,不断提高政治觉悟和思想境界,以一个党员的标准严格要求自己,以身作则,模范带头,依法办事,为警清廉。

二是努力工作,具有较丰富的××工作经验。我自1992年参加××工作,十一年来,先后从事××工作三年,××工作两年,××管理干事三年,办公室秘书三年,无论做什么工作我都能恪尽职守、敬业奉献,做到干一行、爱一行、钻一行,并能认真总结经验,积极撰写××工作论文,在省级以上刊物发表论文三篇,其中,《试论新时期教育改造工作的主要矛盾及其对策》一文获全省××系统论文比赛三等奖。在平时的工作中,吃苦耐劳、踏实肯干,力求把每一项工作做得更出色,尽量把领导交付的每一次任务完成得更好,调入本单位后,在近四年的考核中,有两年被评为优秀公务员。

三是勤奋学习,较熟悉文秘工作业务。2000年调入办公室后,单位先后三次送我参加文秘工作培训,使我系统地学习了新闻报道、保密工作和公文写作知识,我也自学了大量文秘业务书籍,并认真做了两大本读书笔记,更为重要的是,在日常的写作实践中,得到领导和同志们大量的指导和帮助,从而使自己的业务水平提高很快,从采写信息到编辑简报,从写一般通知到写重要报告,从撰写领导讲话到起草单位工作计划,几乎所有的公文文种和日常的事务文书,我都得到了具体实践和很好的锻炼,所写的材料多次获得领导和同志们的好评。

四是热爱写作,具有较扎实的文字基本功。警校毕业后,我通过自学考试,先后获得了南昌大学中文专业大专、本科文凭,为写作奠定了良好的基础,同时我能较好地把读书与写作相结合,勤奋练笔,积极宣传单位好事新风,仅去年就在《南方日报》、《羊城晚报》、《党风》等报刊上发表各类文章30多篇,其中《囚犯给狱警上课》获2002年度广东省好新闻二等奖。

当然,成绩和经历只能说明过去,关键在于如何开创未来。雄关漫道真如铁,而今迈步从头越。如果这次竞选能够如愿以偿,我将努力做到:

一是摆正位置。办公室副主任只是一个"副手",要找准自己的坐标,把握好"为副"的角色。首先要增强正职的核心意识,明确自己的从属地位,在主任的领导下开展工作;其次要牢固树立配合意识,积极主动,全力以赴支持"一把手"的工作。自觉做到多汇报、多维护,不争"红花",甘当"绿叶"。

二是理顺关系。正确处理好为领导服务、为科室服务、为基层服务之间的关系,既要积极为领导服务,又要热情为群众办事,对领导做到急事急办、特事特办,让领导感到可靠,对科室、基层做到有求必应、有问必答,让大家感到可信。

三是加强修养。办公室角色复杂,头绪纷繁,任务艰巨,作为办公室领导,要特别加强个性修养,敢受压力,敢担责任,不怕苦,不怕累,不怕委屈,磨炼坚强的意志,培养良好的性格。多与领导交心,多沟通、多交流,做到配合默契、工作得力。懂得理解人、宽容人,与下属和谐相处、团结一心。

四是规范办文。重点把握好"两关",第一关是公文审核关,坚持实事求是、精简高效原则,做到行文确有必要,用语规范,结构合理,重点突出。第二关是公文制作关,严格按照公文制作新标准,进一步规范公文格式,加强文秘人员公文制作学习培训,确保有关人员熟练掌握公文制作知识,共同促进我狱公文规范化、标准化。

五是勇于创新。为领导当好参谋,不仅要善于领会领导意图,还要深入进行调查研究,多为领导提出新思路、新对策,但是切记不给领导出"馊主意"。做到创造性地开展工作,与时俱进,求实创新,善于发现新问题,积极采取新措施,努力开创新局面。各位领导、各位评委,俗话说得好,说得好不如做得好,实践出真知,学习长才干!无论这次竞选成功与否,我都真诚地感激大家对我的鼓励、支持和帮助,胜不骄、败不馁,忠于职守,不断进取,努力在今后的工作中做得更好。

谢谢大家!

例文二

演讲稿

尊敬的各位老师,同学们:

大家好!

今天我演讲的题目是《诚信,一朵永不凋零的花》。

很多人都听过这样一个故事,一个叫孟信的人,家里很穷,无米下锅,只有一头病牛。一天他外出,他的侄子将牛牵到集市上卖了。孟信回来后非常生气,责备他的侄子不该把病牛卖给人家,并亲自找到买主将钱如数退还,牵回了自家的病牛。透过历史的烟尘,我们清楚地看到孟信手中紧紧牵住的绝不是一头生病的黄牛,而是一条健康与高尚的道德纤绳,它将一个人的人品、修养引入了纯洁的圣地。这就是诚信的力量。

有人说,在现代社会,商品经济风起云涌,道德沦丧如决堤之水,诚信缺失也就随之泛滥成灾。我们谁都无法否认市场经济中存在严重的诚信危机,但我们更无法否认诚信永远像一朵不凋零的鲜花,它的芬芳宜人,它高雅迷人,一直吸引着完美的灵魂向它靠拢。

2004年5月份,《扬子晚报》刊登过这样一条新闻:安徽滁州一位50多岁的老农民来到南京,等他打算回家时才发现口袋里的钱买车票还差5元。他在南京举目无亲,在万般无奈之下,他向玄武区某民警借了5元钱。5元钱,也许谁也不会放在心上,更何况是一个被人们认为素质低下的农民借去的呢?但第二天一大早,这位农民就将5元钱给这位民警送来了。这是一个很简单的故事,没什么曲折离奇、扣人心弦的情节,但它透露出来的质朴,折射出来的诚信,却不能不震颤人的心灵,它在拷问每一个在诚信危机重压下的人们,难道我们真的就应该背信弃义、唯利是图,视诚信如粪土吗?难道我们就真的应该将诚信摧残得面目全非、无地自容吗?也许你会说我们整天生活在平静如水的校园,这些事情离我们很远。诚然,这类事情离我们的生活有一定的距离,但诚信却近在我们的身旁,它一直在我们的心中埋藏,它时时在我们的耳畔呐喊。近几年来,大学生偿还助学贷款的问题成为全社会普遍关注的焦点,牵动着社会各界人士的心。

据湖南大学和中国勤工俭学在线网的一份调查显示,有3.5%的贷款学生承认从不考虑还贷问题。而中国工商银行北京分行的负责人表示大学生的拖欠贷款率已经高达20%。一个在新时期成长的大学生,一个接受过高等教育的人,一个在生活最困难的时候接受国家帮助的人,居然在顺利毕业之后,把贷款一事忘得干干净净,将诚信二字践踏得粉碎……

诚信是耀眼璀璨的阳光,他的光芒普照大地;诚信是广袤无垠的大地,他的胸怀承载山川;诚信是秀丽神奇的山川,他的壮丽净化人的心灵;诚信是最美丽、最圣洁的心灵,他让人问心无愧、心胸坦荡。同学们,让我们守住诚信的阵地,笑看诚信之花的绚丽绽放!

我的演讲完了,谢谢大家!

思考与练习

1. 某大学艺术学院艺术团在全国"小荷杯"艺术比赛中获舞蹈一等奖,请你以该校学生会的名义写一封贺词表示祝贺。
2. ××公司组织五人代表团到上海某集团公司访问拟建立技术合作关系,访问结束时,双方达成了一系列合作事宜。请你以代表团团长的身份拟一份答谢词在告别酒会上宣读,对对方的热情款待和业务上的大力支持表示感谢。
3. 全省"风采杯"大学生演讲大赛将在××大学举行,该校校长将在开赛前致欢迎词。请你代该校校长办公室拟一份欢迎词。
4. ××大学文化传播学院毕业生即将离校,请你以该学院院长的身份拟一份欢送词。
5. 为了响应"全民健身"活动,某市开发区每隔三年举行一次秋季运动会。今年十月又将举办第四届区运动会,请你代该区区长办公室拟一份运动会开幕词。
6. 某市开发区第四届区运动会顺利结束,区内各单位均表现出良好的精神风貌并取得不俗的运动成绩。请你以该区区长的身份拟一份运动会闭幕词,高度评价此次运动会。
7. 演讲稿写作要注意哪些细节?
8. 试分析例文一、例文二这两则演讲稿。

第六章　科技文书

第一节　实验报告

一、实验报告的含义

实验报告是在科学研究活动中,用文字形式描述、记录科学实验过程和结果的书面材料。撰写实验报告是科技实验工作不可缺少的重要环节,必须在科学实验的基础上进行。实验报告可以帮助实验者不断地积累研究资料,总结研究成果;也可向有关部门汇报实验结果,为其决策提供依据。

根据实验本身的性质,实验报告可分为创新型实验报告和检验型实验报告。

二、实验报告的内容和结构

由于实验的目的和内容不同,实验报告的结构形式也不尽相同。一般来说,实验报告的结构有以下几个部分:

(一)实验名称

即标题,由实验项目加文体名称组成,如《新型防火阀与火灾报警器定期观测实验报告》。

(二)作者及其单位

包括实验主持人和实验组成员,一般要署真名,不署笔名、化名等,同时要署作者学习或工作单位的名称。如果是科研单位的集体实验,可以只标科研单位的名称。

(三)摘要

它是报告内容的缩写和高度概括。要以简洁的语言,陈述报告的主要内容,包括实验的目的、实验材料和方法、实验结果和结论等。

(四)前言

即序言、引言。它是报告主体部分的开端,应简要说明该实验工作的目的、范围、理论分析和依据、研究方法、实验方案和要达到的目标等。

(五)实验原理

它是实验的理论依据,要写明实验所依据的基本原理,介绍实验涉及的重要概念、实验依据和重要定律公式等。

(六)实验设备装置和材料

要列出实验器材、设备装置和所需的原材料。

(七)实验方法和步骤

写明依据何种原理、定律或操作方法进行实验,按操作的流程逐步进行表述,要简明扼要,不必全程记录。

(八) 实验结果与分析

实验结果是记录实验现象或实验数据。实验分析是通过文字、数字、表格及插图等方式,分析实验中所发生的现象或所得出的数据。

(九) 结论或讨论

结论是根据实验结果所作出的最后判断,是实验报告的精髓,通常用肯定的语言对实验中成功的结果、失败的教训、存在的问题进行概括说明。讨论是根据相关的理论知识对所得到的实验结果进行解释和分析,是感性认识向理性认识的升华。讨论的内容视结论与预期结果是否一致而定,或说明实验结果的意义,或分析其异常的可能原因,以及实验应该注意的事项,等等。

另外,也可以写一些本次实验的心得以及提出一些问题或建议等。

(十) 致谢(可略)

在实验工作中提供过重要指导和帮助的人,可在正文后致谢。

(十一) 参考文献

在报告中凡是引用别人的结论、实验数据、计算公式,都应注出所引用的文献。

根据实验报告的不同性质,以上内容可酌情调整。

三、实验报告写作的注意事项

(一) 如实记录实验过程和结果,语言冷静客观,不能夹带感情色彩,更不能杜撰、歪曲实验现象。

(二) 叙述要有条理,说明要准确,分析要合乎逻辑,忌天马行空、洋洋洒洒、行文绚烂而转移读者的注意力。

(三) 实验报告专业性强,尽量用专用术语,以做到准确;文字简洁明白,少用修饰词,以做到一目了然。

例文

影响滑动摩擦力大小的因素的实验报告

实验目的:

验证滑动摩擦力大小与压力大小、接触面积大小、接触面粗糙程度的关系。

实验器材:弹簧测力计,长木板,棉布,毛巾,带钩长方体木块,砝码,刻度尺,秒表。

实验原理:

1. 二力平衡的条件:作用在同一个物体上的两个力,如果大小相等,方向相反,并且在同一直线上,这两个力就平衡。

2. 在平衡力的作用下,静止的物体保持静止状态,运动的物体保持匀速直线运动状态。

3. 两个相互接触的物体,当它们做相对运动时或有相对运动的趋势时,在接触面上会产生一种阻碍相对运动的力,这种力就叫摩擦力。

4. 弹簧测力计拉着木块在水平面上做匀速直线运动时,拉力的大小就等于摩擦力的大小,拉力的数值可从弹簧测力计上读出,这样就测出了木块与水平面之间的摩擦力。

实验步骤:用弹簧测力计匀速拉动木块,使它沿长木板滑动,从而测出木块与长木板之间的摩擦力;改变放在木块上的砝码,从而改变木块与长木板之间的压力;把棉布铺在长木板上,从而改变接触面的粗糙程度;改变木块与长木板的接触面,从而改变接触面积。

实验数据:
1. 用弹簧测力计匀速拉动木块,测出此时木块与长木板之间的摩擦力:0.7 N
2. 在木块上加50 g的砝码,测出此时木块与长木板之间的摩擦力:0.8 N
3. 在木块上加200 g的砝码,测出此时木块与长木板之间的摩擦力:1.2 N
4. 在木板上铺上棉布,测出此时木块与长木板之间的摩擦力:1.1 N
5. 加快匀速拉动木块的速度,测出此时木块与长木板之间的摩擦力:0.7 N
6. 将木块翻转,使另一个面积更小的面与长木板接触,测出此时木块与长木板之间的摩擦力:0.7 N(如果是验证欧姆定律这样地给出试验数据后并根据数据画图像,并用计算器拟合算出斜率。)

实验结论:
1. 摩擦力的大小跟作用在物体表面的压力有关,表面受到的压力越大,摩擦力就越大。
2. 摩擦力的大小跟接触面粗糙程度有关,接触面越粗糙,摩擦力就越大。
3. 摩擦力的大小跟物体间接触面的面积大小无关。
4. 摩擦力的大小跟相对运动的速度无关。

第二节 论 文

一、论文的含义

论文就是用来进行科学研究和描述科研成果的文章,它既是探讨问题进行科学研究的一种手段,又是描述科研成果进行学术交流的一种工具。

根据写作目的的不同,论文可分为学术论文和学位论文两种。

学术论文是某一学术课题在实验性、理论性或观察性上具有新的研究成果或创新见解和知识的记录;或是某种已知原理应用于实际中取得新进展的总结,用以提供在学术会议上宣读、交流或讨论;或在学术刊物上发表;或作其他用途的书面文件。

学位论文是表明作者从事学科研究取得创造性的成果或有了新的见解,并以此为内容撰写而成,作为提供申请授予相应学位时评审用的学术论文。学位论文分为学士论文、硕士论文和博士论文三个等级。

学士论文是本科生应完成的毕业论文。它应能表明作者确已较好地掌握了本门学科的基础理论、专门知识和基本技能,并具有从事科学研究工作或担负专门技术工作的初步能力。

硕士论文是硕士研究生应完成的毕业论文。它应能表明作者确已在本门学科上掌握了坚实的理论基础和系统的专门知识,并对所研究课题有新的见解,有从事科学研究工作或独立担负专门技术工作的能力。

博士论文是博士生应完成的毕业论文。它应能表明作者确已在本学科上掌握了坚实的宽广的基础理论和系统深入的专门知识,并具有独立从事科学研究工作的能力,在科学或专门技术上做出了创造性的成果。

二、论文的内容和结构

论文一般由以下几个部分组成：

(一) 题名

或称论文的标题,它要能够概括明了地说明论文的主要内容。一般不超过20字,外文标题不超过10个实词。有的论文分正、副标题,正标题多从论文整体着眼概括文章,有的标题揭示论文的中心、性质,有的是交代论文研究的范畴、意义;副标题则往往更具体,一些商榷性的论文,一般都有"与××商榷"之类的副标题。有的为了强调论文所研究的某个侧重面,也可以加副标题。

(二) 作者

研究工作的参与者和论文的撰写者。必须署真实姓名,并写明工作或学习单位。

(三) 摘要

它是对论文内容的高度概括,是文章内容不加注释和评论的简短陈述,其内容应与原文有同等的核心信息量,读者通过阅读摘要可以大致知晓全文内容并衡量其价值,也可供文摘等二次文献采用。语言要求概括、凝练。

(四) 关键词

或称主题词,它是从论文中选取出来的用以表示全文主题内容的单词或术语。一般选3～8个。

(五) 引言

又称绪论或前言,是写在正文之前的导引部分,一般简要说明研究工作的目的、范围、相关领域中前人的工作和知识空白、理论基础分析、研究设想、研究方法和实验设计、预期结果和意义等。

(六) 正文

是论文的主体,说明论证过程和论证结果。不同类型的论文,其正文的内容也不相同。

实验研究型论文的正文部分,一般包括实验材料、实验方法、实验结果、讨论这几方面内容。由于论文论题的不同,这些内容的详略也会有所区别。

观测描述型论文的正文部分,一般包括材料与方法、观测结果和讨论几个内容。

理论分析型论文的正文部分,须有鲜明的论点、充分的论据和合乎逻辑的论证。内容的安排要有严密的逻辑性和明晰的条理性。

论文的正文通常采用序码和小标题表明层次关系。

(七) 结论

结论是对正文的分析、论证加以综合概括和总结。在结论里,也可以提出建议与设想或展望发展前景等。

(八) 致谢

是作者对整个研究过程和论文写作中给予帮助的单位或个人表示感谢。一般要说明致谢原因和致谢对象。

（九）参考文献

是论文写作中所参考或引用的专著或文章论文。参考文献的列出有规定格式，一般先表明所引文献作者，其次是文献名称，接下来依次是所刊载期刊书籍名或出版社名、刊载或出版时间、页数等。论文和专著的列出内容略有不同。根据 GB3469-83《文献类型与文献载体代码》规定，以单字母标识参考文献的出处：

M——专著(含古籍中的史、志论著)　　R——研究报告
C——论文集　　　　　　　　　　　　S——标准
N——报纸文章　　　　　　　　　　　P——专利
J——期刊文章　　　　　　　　　　　A——专著、论文集中的析出文献
D——学位论文　　　　　　　　　　　Z——其他未说明的文献类型

（十）附录

参考文献是论文的重要补充。凡因篇幅所限，有重要参考价值的资料、数据、图表等均可录入。根据论文的性质、类型的异同，以上内容或可增删。

三、论文写作的注意事项

（一）论题选择要有创新价值，最好是前人没做过或没有完全解决的问题；也可以是前人做过，但做得不完全或有纰漏和谬误，须补充或修正的问题；论题还可以选择学术史上前人提出过的假说和猜想。

（二）广泛占有材料。论文写作忌主观臆想，需在客观事实基础上对研究对象进行科学、全面认识，所以要收集足够丰富、全面的材料，并且材料须真实可靠，有说服力。

（三）论证过程要严谨、合乎逻辑，论证思维要理性，忌感性。

（四）论文写作语言要准确、规范，忌模糊用语。

例文

对《论语》中的"是"的特征分析

一、论语中"是"字用法的分类

我们以中华书局 2011 年，杨伯峻版本的《论语译注》为底本，对《论语》中出现的"是"字进行了全面的统计分析。我们发现《论语》中"是"实际出现 56 次(除去重复的用法)，除第六、第八、第十章外，其余各章均出现了"是"字。"是"在《论语》中的用法和功能，几乎包含了它在古汉语中的全部用法。

在 56 个例证中，作指示代词 2 例，作形容词 2 例，作助词 5 例，作为词素与"以""故"结合而成复合连词(是故、以是)的 5 例，作判断词"是"的 2 例。下面把这些用法作具体分析说明。

（一）"是"作指示代词

"是"字作指示代词在句中多作主语、谓语、宾语、状语。

1. 作主语

① 今之孝者，是谓能养。（《为政》）

② 知之为知之，不知为不知，是知也。（《为政》）

2. 作谓语
滔滔者天下皆是也,而谁以易之?(《微子》)
3. 作定语
① 夫子至于是邦也,必闻其政,求之与?抑与之与?(《学而》)
② 子于是日哭。(《述而》)
4. 作状语
言不一可以若是其几也。(《子路》)
5. 作宾语
① 有是哉,子之迂也,奚其正?(《子路》)
② 吾党之直者异于是,父为子隐,子为父隐——直在其中矣。(《子路》)
③ 有酒食,先生馔,曾是以为孝乎?(《为政》)
"是"作动词"亡"的前置宾语。以上例句说明,"是"作指示代词,表示近指,指代人、事物。"是"的语法功能可以用作句子的主语、谓语、宾语、定语、状语。就"是"字的意义说,一般相当于现代汉语的"这"。

(二)"是"用作形容词
"是"作形容词可以作谓语有2例:
① 二三子,偃之言是也。前言戏之耳。(《阳货》)
——言偃的话是正确的。我刚才的那句话不过同他开玩笑罢了。
② 子路曰:"为孔丘。"曰:"是鲁孔丘也。"曰:"是也。"(《微子》)
——子路道:"是孔丘。"长沮又道:"是鲁国的那个孔丘吗?"子路道:"对的"。

(三)"是"用作助词
"是"作助词有两种情况:
第一种"是"标志宾语提前。有2例:
① 论笃是与。(《先进》)
——总是推许言论笃实的人。
与:动词,推许。论笃:宾语提前。
② 无乃尔是过也。(《季氏》)
——恐怕应该责备你吧!
过:动词,责备。尔:第二人称代词。宾语提前。与"唯命是从"的格式相同。
第二种"是"用在句中使语句和谐匀称,可不译。有3例:
① 周有大赉,善人是富。(《尧曰》)
——周朝大封诸侯,使善人都富贵起来。
② 子曰:"伯夷、叔齐,不念旧恶,怨是用希。"(《公冶长》)
——伯夷、叔齐这两兄弟不记念过去的仇恨,别人对他们怨恨很少。
③ 室是远而。(《子罕》)
——因为家住得很远。

(四)词组相连
指示代词"是"和介词"以"连词"故"组成"是故""是以"等词组。
"是以"本来是一个介宾词组,由于经常用在句首,逐渐由词组虚化为连词。

1. "是以"有3例

① 子曰:"敏而好学,不耻下问,是以谓之文也。"(《公冶长》)

——孔子说:"他聪明、爱好学问又谦虚下问,不以为耻,因此称他做文。"

② 致远恐泥,是以君子不为也。(《子张》)

——恐怕它妨碍远大的事业,所以君子不去做它。

③ 是以君子恶居下流,天下恶皆归焉。(《子张》)

——所以君子不愿居于下流,一居下流,天下什么坏名声都会集中于他身上了。

"是故"本来由指示代词"是"和连词"故"组成词组,即"如此所以"的意思。

2. "是故",有2例

① 子曰:"是故恶夫佞者。"(《先进》)

——孔子道:"所以我讨厌像你这样强嘴利舌的人。"

② 曰:"为国以礼,是言不让,是故哂之。(《先进》)

——孔子道:"治理国家应该讲求礼让,可是他的话却一点不谦虚,所以笑笑他。"

二、《论语》中"是"作系词用法研究

在先秦,作判断词用的"是"是否出现,至今是一个有争议的问题。主要有四种见解:

(一)"西汉末年或东汉初年"说

关于系词"是"的产生,王力先生最初认为"始于魏晋,盛于南北朝",后来采纳了洪城先生的观点,修正为"西汉末年或东汉初年",王力先生的看法具有很大的权威性,在二十世纪七十年代以前,汉学界对此观点基本无异。

(二)"西汉时期(或战国时期)"说

这种观点的支持者主要为郭锡良先生,他认为长沙马王堆帛书《天文气象杂占·彗星图》中的"是是帚慧,有内兵,年大孰"等五个例句可看作系词,并认为帛书应是西汉初年的材料,并且还引例《说苑》《韩诗外传》中的一些例子:

"学者博览而就善,何必是周公孔子,故曰法之而已。"(《盐铁论·申韩篇》)

"口是何份?祸之门也。"(《说苑·敬慎篇》)

"此是螳螂也。"(《韩诗外传》)来确定系词"是"产生于西汉初年,并总结得出,在西汉用系词"是"的判断句是一种新型的句法结构,所以用的还不太普遍。

(三)"先秦"说

先秦说的观点,拥趸众多,许多人都认为系词"是"是产生于先秦时期。诸如:朱诚、刘斐、张庆棉、毛玉玲等持此观点。

诸如《论语》中的:子路宿石门,晨门曰:"奚自?"

对曰:"自孔氏"

曰:"是知其不可而为之者与?"

(四)"战国末期"说

林序达先生在《判断系词"是"的形成与发展》一文中,指出系词"是"产生的年代应该是战国末期,而不应该是西汉。

他举例:

1. 问人曰:"此是何种也?"

对曰:"此车轭也。"(《韩非子·外储说左上》)

2. 蔡人不知其实陈君也。(《谷梁传》)
3. 此是家人言耳。(《史记·儒林外史传》)
认为例一中的"此"是指示代词,因而"是"在这里只能是判断词(即系词)。

三、个人观点

综观上述的观点,和对《论语》中"是"的全部分析、考验后,我个人认为从一个较宽松的维度,来观察系词"是"的产生,其应该为萌芽于先秦,在汉代得以进一步的成熟与发展。

(一)为何说系词"是"萌芽于先秦,首先我们可以从《论语》中可以找到两个例子。

① 长沮曰:"夫执舆者为谁?"

子路曰:"为孔丘。"

曰:"是鲁孔丘与?"

曰:"是也。"

② 桀溺曰:"子为谁?"

曰:"为仲由。"

曰:"是鲁孔丘之徒与?"

对曰:"然。"

杨伯峻先生在《论语译注》中,对这两段文字是这样翻译的:

① 长沮问子路道:"那位驾车的人是谁?"

子路道:"是孔丘。"

他又道:"是鲁国的孔丘吗?"

子路道:"是的。"

② 桀溺道:"你是谁?"

子路道:"我是仲由。"

桀溺道:"您是鲁国孔丘的门徒吗?"

答道:"对的"。

从译文可以看出杨伯峻先生是把"是鲁孔丘与"、"是鲁孔丘之徒与"中的"是"当作判断词来译的。另外,我认为"是鲁孔丘与"、"是鲁孔丘之徒与"两句话是子路与长沮、桀溺面对面的对话,"是"没有指代作用,所以不应分析为指示代词。还有最后两个例句"为"和"是"并用,"为"作为动词,意义等于"是",在主谓之间起联系作用,"是"也同样是起联系作用,"为"和"是"都应看成判断词。

王力先生说过"说有易,说无难",清儒有所谓"孤证不立说",黎锦熙先生也说过"例外不十不破例",都是说要推翻一个结论要有足够多的证据。语言是一个逐渐发展的过程,"是"字作为判断系词,我们还可以从先秦的其他典籍中找到例证,我们先看几个例句:

1. "人毋(无)故而鬼惑之,是戏鬼,善戏人。"(《日书》)
2. "人毋(无)故而鬼取为胶,是是哀鬼,毋(无)家,与人为徒。"(《日书》)
3. "一宅中无故室人皆疫,或死或病,是是剌鬼焉。"(《日书》)
4. "是是帚彗,有内兵,年大孰(熟)。"(《天文气象杂占》)
5. "是是箒彗,军起,兵几(饥)"(《天文气象杂占》)
6. "是是竹彗,人主有死者。"(《天文气象杂占》)
7. "是是苫彗,兵天下起,若在外归。"(《天文气象杂占》)

8."是是苦发彗,军起,兵几。"(《天文气象杂占》)

首先,我们可以看到"是是刺鬼"、"是是衰鬼"的"是是"模式,指示代词"是"位于谓语前,在上古汉语里主要充当主语,其语法功能是复指前面的主语,相当于"此(这)",与"彼"相对。在上述的两个例子中,"是是"不可能是两个指示代词连用。表"这这"意思,而应为第一个"是"作指示代词,复指主语,第二个"是"为系词,表名词性宾语和主语之间的某种关系。(例三也可以依据此法类推)

其次,再看例一中的"是戏鬼,善戏人",只有一个"是",这里的"是"是否为系词呢?,由于指示代词"是"位于谓语之前,只是起到复指主语的作用,因此,这种复指,可有可无,只要表明意思,也可省略不用。

湖北云梦睡虎地所出土的竹简《日书》,考古学家研究,其成书时间应在公元前二世纪中叶,即秦昭公二十年至秦王政元年之间。由此,便可将系词"是"的产生年代推至"先秦"时期。关于长沙马王堆三号墓帛书《天文气象杂占》的成熟时代,则存在着一定的争议。据有人考证,认为应算是西汉初年的资料,许多学者包括王力先生,认为《天文气象杂占》中的"是是"句很奇怪,只见于这个材料,认为是"孤证",不足以作为系词"是"的起源,因而摒弃掉了这个材料。我认为,语言循着新质要素不断增加,旧质要素的不断消失的途径发展,具有强大的生命力的新生的东西不可能一产生便广泛的通行开来,它总是个别的或少数现象。对于这些少数的或个别现象,我们不仅不应该忽视,相反,还应予以高度的重视,只有抓住这些现象,才能弄清楚它们的演变至产生,产生至壮大的过程。

(二)为何说成熟于汉代?首先在汉代发现了许多系词"是"的现象,并且不像先秦时,只存在少许的孤例。

如:口是何伤? 祸之门也。(《说苑·敬慎篇》)

此是螳螂也。(《韩诗外传》)

学者博览而就善,何必是周公子。(《盐铁论》)

除了上述一些肯定的系词"是"的例子外,还有如下一些例子:

朱家心知是季布。(《史记》)

龟者是天下之宝也。(《谷梁传》)

何以知其是陈君也?(《谷梁传》)

这些例子中的"是",是一些两可的例句,也能透露出"是"有代词向系词转变的时间信息。这也是符合语言发展的一般规律,是一个循序渐进的演变过程,直至东汉时期,得以成熟起来。在东汉时期,有许多的佛经译文,我们可以从这些佛经中找出一些线索。

"如是等,名各诸见天上人所知所,敢是佛界中,悉皆照明。"(《兜沙经》)

"尔时六师即作是言,瞿县沙门正是幻术所化作用。"(《中本起经》)

从佛经的诸多引例中,不难发现系词"是",在此时已普遍化使用。并且依照王力先生"系词句"的判定方法:"一、它摆脱了语气词'也'。二、可以被副词所修饰。三、在系词'是'前加否定词'不'字",由此,便也可推知系词"是"已非常成熟地运用于东汉。

纵观以上的分析,我认为系词"是",起源于先秦,在西汉用系词"是"的判断句是新兴的句法结构,所以用得不太普遍,而不用"是"的判断句仍占有绝对优势,东汉时得以普遍使用,这就是系词"是"的萌生—发芽—蜕变—壮大的过程。

从《论语》、《左传》、《战国策》、《韩非子》、《国语》等著作中可以看出,"是"字有作判断词的用法，这是客观存在的语言事实。

从《论语》中的"是"作为研究的起点，融合与《论语》同时代的相关著作，可以推演出系词"是"的产生与发展的过程。

参考文献：

[1] 石毓智,李讷. 汉语语法化的历程[M]. 北京：北京大学出版社,2001.
[2] 王力. 汉语史稿[M]. 北京：中华书局,2006.
[3] 郭锡良. 汉语史论集[M]. 北京：商务印书馆,1997.
[4] 罗杰瑞. 汉语概说[M]. 北京：语文出版社,1995.
[5] 冯胜利. 古代汉语判断句中的系词[J]. 古汉语研究,2003.
[6] 杨伯峻,何乐士. 古汉语语法及其发展[M]. 北京：语文出版社,1995.
[7] 朱熹. 四书章句集注[M]. 上海：上海古籍出版社,2001.
[8] 十三经注疏[M]. 北京：中华书局,1980.
[9] 敖镜浩. 论系词"是"的产生[J]. 语言教学与研究,1985.
[10] 唐钰明. 上古判断句辨析[J]. 古汉语研究,1993.
[11] 吴峥嵘. 系词"是"的成因再探[J]. 山东师范大学学报,2005.
[12] 董希谦. 古汉语系词"是"的产生和发展[J]. 河南大学学报,1985.
[13] 孟昭水. 试论判断词"是"的形成原因及形成时间[J]. 泰安师专学报,2000.
[14] 聂忠泽. "是"字表判断的脉略[J]. 自贡师专学报,1993.
[15] 邢福义. 汉语语法学[M]. 长春：东北师范大学出版社,1996.
[16] 蒋绍愚. 古汉语词汇纲要[M]. 北京：北京大学出版社,1989.

思考与练习

1. 选择自己做过的课题或实验，写一篇实验报告。
2. 以下一段文字是论文《关于公共事业管理专业建设与发展的思考》的摘要：

公共事业管理本科专业是为培养新型的公共事业复合型专业管理人才而设立的新建专业，在专业建设过程中，取得了一定成绩，但也存在着人才培养的目标定位模糊、课程设置不够合理、专业教材严重缺乏、师资力量薄弱等诸多问题，本文试提出若干改进思路，以求得该专业健康有序的发展。

请你根据摘要提供的信息提炼该论文的关键词。

第七章 法律文书

第一节 法律诉讼文书

法律文书,是与法律诉讼、法律事务相关的文书。其特点是专业性、针对性强。随着社会经济的繁荣和人们法律意识的增强,法律文书的应用必定会越来越多、越来越广。

法律文书的制作、签署是非常严肃的事情——文书一旦签署立刻产生法律效力,签署人必须对文书规定的内容所产生的法律后果承担责任。因此,对法律文书的内容以及文书的制作人、签署人有特定的要求:一、相关人必须具备法定的资格;二、相关人必须具备法律所规定的行为能力;三、文书的内容不得违反国家法律法规;四、文书内容不得侵害第三人的合法权益和社会公共利益。

按照法律文书的性质、内容与用途的不同,大体可以划分为法律诉讼文书与法律事务文书两大类。

法律诉讼文书,是指公民、法人或其他组织在自己的民事权益受到侵害或者与他人发生争议时,为维护自身利益和保护自身权利,依据事实和法律,向人民法院提出的书面请求。

按照法律诉讼文书的内容、性质不同,可以分为起诉状、上诉状、申诉状、反诉状、答辩状等。

一、起诉状

(一)起诉状的含义

起诉状又叫起诉书,是指刑事自诉案件的自诉人或民事、行政案件的原告人向人民法院提出或指控被告的书状,通称起诉状。起诉状按照其内容和针对对象的不同,可分为刑事自诉状、民事起诉状和行政起诉状。

(二)起诉状的内容和结构

起诉状应当写明以下事项:

1. 当事人的姓名、性别、年龄、民族、籍贯、职业、工作单位和住址,企业事业单位、机关、团体的名称、所在地和法定代表人姓名、职务;
2. 诉讼请求和所根据的事实和理由;
3. 证据和证据来源,证人姓名与地址。

(三)民事起诉状的格式

民事起诉状

原告:
住所地址:
法定代表人:

被告：
住所地址：
法定代表人：
诉讼请求：
事实和理由：
　此　致
××人民法院

　　　　　　　　　　　　　　　　　　　　原告人：　　　　　（盖章）
　　　　　　　　　　　　　　　　　　　　法定代表人：　　　（签字）
　　　　　　　　　　　　　　　　　　　　××××年××月××日

附：
　合同副本　　　×份。
　本诉状副本　　×份。
　其他证明文件　×份。
　注：
　1. 事实和理由中应写清合同签订的经过、具体内容、纠纷产生的原因、诉讼请求及有关法律、政策依据。
　2. 原告应向法院列举所有可供证明的证据。证人姓名和住所，书证、物证的来源及由谁保管，并向法院提供复印件，以便法院调查。
　3. 本诉状适用于被告为法人或其他组织。

例文

民事起诉状

原告：李××，女，1962年1月9日出生，汉族，住贵州省黔西县城关镇××村××组，电话：1398511××××。

被告：贵州××电力建设工程有限公司，

住所：贵阳市南明区××村××路，

法定代表人：胡××，

联系电话：1398488××××。

被告：彭××，男，1983年4月24日出生，汉族，住贵州省黔西县××乡××村××组，电话：1368511××××。

第三人：中国人民财产保险股份有限公司贵阳市云岩支公司

地址：贵阳市中山东路123号，

主要负责人：孙××，

联系电话：0851-5610273。

诉讼请求：

1. 请求法院依法判决二被告连带赔偿原告各项损失共计××元(包括医疗费××元、误工费××元、护理费××元、住院生活补助费××元、交通费××元)；

2. 请求法院依法判决第三人在道路交通事故责任强制保险责任限额范围内将以上费用直接赔付给原告；

3. 本案诉讼费由被告承担。

事实及理由：

2009年8月16日9时30分，驾驶人彭××驾驶贵AP××××号轻型普通货车从天平方向沿莲城大道往大转盘方向行驶，途径黔西县城关镇中心医院二分院门口时，因超速行驶碰撞正在公路上打扫卫生的原告李××，造成原告受伤。原告受伤后，于当天被立即送往黔西县中心医院住院治疗，于2009年9月4日出院，共住院19天。

另外，彭××驾驶的贵AP××××号轻型普通货车属于贵州××电力建设工程有限公司所有，驾驶人彭××是该公司的工作人员，在履行职务过程中发生交通事故导致原告受伤。另查，贵AP××××号轻型普通货车在第三人中国人民财产保险股份有限公司贵阳市云岩支公司投保了交强险，保险期间自2009年6月26日至2010年6月25日。

原告出院后，被告拒不赔偿原告的各项损失，故原告依法诉至人民法院，请法院判决支持原告诉讼请求。

此致
××市××区人民法院

具状人：李××
二〇一〇年七月二十六日

附：
1. 起诉状副本4份；
2. 身份证复印件1份；
3. 交通事故认定书复印件1份。

二、上诉状

（一）上诉状的含义

上诉状是指诉讼当事人或者他们的法定代理人，不服一审法院的第一审判决或裁定，在法定的上诉期内，向原审法院的上一级法院提起上诉，要求重新审理案件的书面请求。

（二）上诉状的格式

民事上诉状

上诉人：（基本情况）

被上诉人：（基本情况）

上诉人因××一案，不服××人民法院××××年××月××日（××××××）字第×号判决，现提出上诉。

上诉请求：（具体表明）

上诉理由：(详细说明)

此致
××市中级人民法院

上诉人：(签字)
××××年×月××日

附：本上诉状副本×份。
(注：本诉状格式亦可适用于经济案件中公民提起上诉。)

例文

民事上诉状

上诉人(一审原告)：江西省宜春市袁州区慈化镇光明花爆厂，住所地：宜春市袁州区慈化镇

法定代表人金本胜，厂长。

被上诉人(一审被告)：新绛县新合烟花爆竹有限责任公司，住所地：山西省新绛县龙新路125号。

法定代表人王轩，经理。

上诉人因不服山西省新绛县人民法院(2011)新民二初字第041号民事判决，现依法提出上诉。

上诉请求：

1. 请求二审法院依法撤销一审法院(2011)新民二初字第041号的错误判决，改判被上诉人立即给付爆竹款131 737元及该款同期银行贷款利息和其他损失予上诉人；

2. 申请二审法院依法查明本案收货人柳佳如的自然人身份证明，如不能查明收货人柳佳如的法定身份情况，则根据《最高人民法院、最高人民检察院、公安部关于在审理经济纠纷案件中发现经济犯罪必须及时移送的通知》第一至第五条的规定，将本案移送山西省新绛县公安局立案侦查，依法追究被上诉人及相关责任人诈骗罪(共犯)的刑事责任；

3. 本案的一、二审诉讼费用全部由被上诉人承担。

上诉事实和理由：

一、一审法院认定柳佳如不是本案被上诉人新绛县新合烟花爆竹有限责任公司的爆竹收货人即柳佳如收货系个人购买行为无有效证据证实，认定上诉人与柳佳如个人之间形成买卖合同关系显属错误的事实认定。

根据本案被上诉人一审向法院出示的全部证据(共6份)，根本无法证明柳佳如不是被上诉人新绛县新合烟花爆竹有限责任公司的爆竹收货人即柳佳如收货系个人行为，更无法证明柳佳如是上诉人的业务主管，理由如下：

1. 第1份证据即购销合同书，由于没有购销双方的法人单位盖章，明显系伪造的，不是真的，不能作为认定本案事实的依据。

2. 第3份证据即证人张洪振的证言，由于该证人与被上诉人有利害关系，先暂且不论其

证言的真伪,起码该证人能够证明货是卸到被上诉人仓库,如不是被上诉人购买的货会让放进仓库吗? 同时该证人没有证明柳佳如是上诉人的业务主管。

3. 第5份证据即柳佳如的名片,该证据由于不是证明柳佳如身份的法定证据,根据我国法律规定,要证明自然人的身份,必需以有效的身份证件(身份证)或户籍登记资料为准,可以肯定该张名片上的内容也是胡编乱造的,该证据是假的,比如柳佳如的电话18635956383(早已停机)手机归属地是山西运城地区的联通卡,传真号0794-4455168(是空号)的归属地是江西省抚州地区,如果柳佳如是上诉人的业务主管怎么会用山西运城地区的手机卡而又用江西抚州地区的传真机号呢? 这太难以理喻,也有悖人们基本的日常生活经验法则。

该假证只能证明被上诉人为了逃避付款义务,欲窃取非法利益而利令智昏,连作假都不会了。

4. 被上诉人提供的其他3份证据(即第2、4、6份证据)则因与本案无关联性,无法证明柳佳如不是被上诉人处的爆竹收货人,更无法证明柳佳如是上诉人的业务主管。

最后,更为重要的是,证明柳佳如自然人身份的法定证据(身份证信息)被上诉人没有向一审法院出示提供,根据被上诉人的工商登记资料显示确定,被上诉人系1人(自然人)有限责任公司,现在上诉人完全可以断定本案自始至终上诉人就涉嫌有预谋的骗取上诉人的爆竹牟利,由于当时上诉人的送货人基于对被上诉方的信任(有被上诉人开出的爆竹购买证,货又是卸在被上诉人的仓库内,又是自称是上诉人处的业务经理柳佳如的亲笔开具的收货单——柳佳如自称为上诉人的业务经理时被上诉人处的在场人员并没有提出异议),所以就没有审查柳佳如的身份证明。

现在看来,有可能柳佳如这个人根本就没有,而是上诉人的收货人当时胡编的一个人的名字;有可能柳佳如这人就是上诉人法定代表人的一个亲朋好友或公司的其他工作人员,被上诉人现在为了逃避付款义务竟然故意不承认与收货人的实际身份关系;也有可能柳佳如这人是与被上诉人合伙专门诈骗他人财物的犯罪分子。

退一步说,如果一审法院认定上诉人与柳佳如个人之间形成买卖合同关系的事实成立,那么就成了上诉人的业务主管柳佳如通过被上诉人来购买自己厂家的爆竹?——一审法官如此"神断",岂不贻笑大方?

综上,被上诉人在一审期间未能举证证实上诉人的爆竹由柳佳如出具收条就是其个人行为并为其个人购买这一事实,一审法院认定货物交由柳佳如个人接受,系个人行为,并据此认定上诉人与柳佳如个人之间形成爆竹买卖合同关系显属错误的事实认定,认定该事实无任何有效证据佐证,上诉人恳请二审法院依法查明、纠正一审的这一错误事实认定。

二、二审法院依法应当认定爆竹的收货人就是被上诉人新绛县新合烟花爆竹有限责任公司,并判决被上诉人立即给付爆竹款131 737元及该款同期银行贷款利息和其他损失予上诉人。

根据我国法律规定,烟花爆竹属于特许经营物品,凭国家有关部门颁发的许可证经营销售,《烟花爆竹经营许可实施办法》明确规定,未取得烟花爆竹经营许可证的,不得从事烟花爆竹经营活动。同时该办法第五条、第六条又规定,经营批发烟花爆竹的企业必须具有法人资格(即个人无权经营批发烟花爆竹,个人不能成为经营批发烟花爆竹的买卖主体)。一审法院认定上诉人与柳佳如个人之间形成爆竹买卖合同关系不仅无事实依据,也是对法律的无知。

正是基于法律的如此规定,所以上诉人是凭被上诉人于2010年12月23日在新绛县公安局申请开出的烟花爆竹购买证才发货给被上诉人的,上诉人认的"购买方"是被上诉人这个"法人"而不是联系购货人"柳佳如"。

上诉人在一审已经提供充分有效的证据证明,该批爆竹的购买人就是被上诉人,且被上诉人已经收到了上诉人送去的爆竹,柳佳如个人不是该批爆竹的购买主体,其开具的收货凭据只能证明该批爆竹已经进了被上诉人的仓库,由被上诉人实际控制,上述几个事实已形成完整的证据锁链,足以证明上诉人已完成交货义务,被上诉人已经收到上诉人交付的爆竹(详见上诉人向一审法院出示的第2、3、4、5、6份证据及被上诉人承认货是卸在其仓库内的事实),至于货进仓库后(卸下后)被上诉人如何经营、批发、销售这批爆竹或就地转卖给他人,则是被上诉人的事,与上诉人无关。打个比方,即使该批爆竹第二天被盗了或意外灭失了,被上诉人也要支付全部货款给上诉人。

综上,由于上诉人已提供充分的证据证明被上诉人就是该批爆竹的购买方,且已收到该批货物(本案上诉人有足够的理由相信柳佳如就是被上诉人的收货人),根据我国法律的相关规定,被上诉人依法应当承担付款义务。

三、如被上诉人不能提供收货人的真实姓名,二审法院又确实无法查清收货人柳佳如的真实身份而导致本案因事实不清而无法改判的,则依法应将本案移送公安机关立案侦查以查清本案事实;也可直接判决被上诉人承担举证不能的不利法律后果。

根据民事诉讼的举证规则,如本案被上诉人要否认自己是该批爆竹的购买方应当举证证实收货人柳佳如的真实身份(一审证据不能证明柳佳如的真实身份,被上诉人尚未完成举证责任),并提供证据证明柳佳如的收货行为系个人行为且与被上诉人无关,否则,被上诉人就应当承担举证不能的不利法律后果(即承担付款义务)。如被上诉人拒不提供合法有效的证据证明柳佳如的真实身份,二审法院又查不清柳佳如的真实身份,那么,二审法院也可以被上诉人涉嫌诈骗罪将本案移送公安机关处理,以维护上诉人的合法权益不受非法侵害。

综上所述,本案要么依法撤销一审无事实依据的错误判决,改判被上诉人立即给付爆竹款131 737元及该款同期银行贷款利息和其他损失予上诉人;要么将本案移送山西省新绛县公安局立案侦查,依法追究被上诉人及相关责任人诈骗罪(共犯)的刑事责任;由公安机关追回上诉人的损失。上诉人相信素有诚信之邦美誉所在地的二审中级人民法院的法官能够公正司法,为上诉人主持公道,依法纠正一审错误、极其不公的判决,并对本案及时作出公正的处理,以维护法律的尊严,保护上诉人的合法权益。

此致
山西省运城市中级人民法院

上诉人:江西省宜春市袁州区慈化镇光明花爆厂
2011年10月10日

三、申诉状

(一) 申诉状的含义

申诉状又称申诉书,是申诉人对人民法院已经发生法律效力的判决、裁定,认为有错误而向人民法院或者人民检察院提出重新审理而予以复查纠正的书面请求。

（二）申诉状的格式

民事申诉状

申诉人：姓名、性别、出生年月、民族、文化程度、工作单位、职业、住址。

（申诉人如为单位，应写明单位名称、法定代表人姓名及职务、单位地址）

被申诉人：姓名、性别、出生年月、民族、文化程度、工作单位、职业、住址。

（被申诉人如为单位，应写明单位名称、法定代表人姓名及职务、单位地址）

申诉人因××（写明案由，即纠纷的性质）一案不服××人民法院（写明原终审法院名称）第××号××判决，现提出申诉，申诉请求及理由如下：

请求事项：（写明提出申诉所要达到的目的）

事实和理由：（写明申诉的事实依据和法律依据，应针对原终审判决认定事实、适用法律或审判程序上存在的问题和错误陈述理由）

此致
××人民法院

申诉人：（签名或盖章）
××××年×月×日

附：本申诉状副本×份（按被申诉人人数确定份数）。

（注：民事、行政、刑事自诉各类案件申诉状的格式基本相同）

例文

民事申诉状

申诉人：刘盛宠　男　苗族1964年月日生　住城步县西岩镇四团村。

被申诉人：肖翔　男52岁　汉族　干部　广东省吴川市人，现住长沙市东区五一西路7号

被申诉人：西岩镇人民政府

法定代表人：于澄洋　镇长

申诉事由：申诉人不服城步县人民法院（1999）城民再初字第04号判决书。根据《中华人民共和国合同法》第272第三款和《水利工程建设项目招标投标管理规定》的第二十六条，承包人未取得水利工程建设项目所需的资质，承包扩改河堤工程淹死人命，西岩镇政府戴青英诱导证人作假证，不赔偿损失，向贵院申诉。

申诉请求：请求上级法院依法判处上述二被申诉人因其有过错造成申请再审人小孩死亡赔偿金，误工费，资料费，差旅费，精神抚慰金合计28万元。

由被申诉人承担一、二再审的全部诉讼费。

申诉事实理由：

1997年3月18日被申诉人肖翔是广东省吴川市留级停薪的干部，没有施工资质。因其爱人是湖南省财政厅干部的特殊关系，被申诉人西岩镇政府却将70万元平整河床的工程发包给了没有施工资质的被申诉人肖翔。（见承包工程合同书）

1997年6月5日下午施工到杨家山村河段，施工挖机师傅黄承焕又调转到已平整好河床的四团村河段，为方便施工人员洗澡，在三水河和大冲溪水交汇处，村民用于洗菜，洗衣，夏天小孩戏水的公共场所河床中间挖了一个2～3米宽，2米深的锅底形水坑，被申诉人也未事先通知村委会和四团村村民，更未设置任何警示标志，1997年6月7日，申诉人的小孩刘世规不知河中挖了个锅底形深水坑，看牛回家因天气热到河里去洗澡，掉入刚挖的锅底形水坑，爬不上来被水淹死，我夫妇在广东打工听到这个恶信急忙赶回家，找该工程施工人员和西岩镇府负责任该工程指挥长戴青英问个清楚，戴青英不但不进行安慰，反而恶语伤人说："申诉人欺辱外地人，要申诉人把他的屁股咬二口"，一次协商没有达成赔偿协议。事故发生后，城步劳动局伍宗告等人也到现场作了调查后，向局长杨菊容作了汇报，杨菊容又包庇二被申诉人，杨菊容至今未将责任事故向县政府汇报。（见原政府办主任陈亚荣证据）

　　申诉人为了被无辜淹死的小孩讨回公道，1997年7月25日向城步县法院起诉。西岩镇负责该工程的指挥长戴青英诱导刘月平作假证，又串通村支部书记刘本余作假证，城步县法院审理时认定了刘月平和刘本余作的假证，于1997年12月12日城步法院作出(1997)城民初字第52号判决书，邵阳市检察院1999年8月11日提出抗诉，城步县法院于1998年8月20日再审，作出(1999)城民初再字第04号判决。认定"：被申诉人肖翔的施工人员在平整河道竣工时应部分群众要求，在河床中挖掘一个约2米深，2～3米宽的水坑方便群众洗澡，并无不当，其行为与刘世规之死没有直接因果关系，故在本案中不应承担赔偿责任"。申诉人认为：(1997)城民初字第52号判决书和(1999)城民再初字第04号判决没有适用本案事实的一条法律作出判决，是错误的判决，其申诉理由是：

　　1. 被申诉人西岩镇政府将扩改河道的工程错误的发包给没有任何资质的包工头被申诉人肖翔，违反了《中华人民共和国合同法》第二百七十二条第三款的规定和《水利工程项目建设招标管理规定》第二十六条，被申请人西岩镇政府违反招标投标规定擅自将扩改河道工程发包给不具备资质的肖翔发包违法，肖翔不具备水利工程建设项目资质承包工程同样违法，所以肖翔没有资质也就没有预见的能力，使该工程竣工后，为方便自己施工队人洗澡，再挖一个水坑会造成淹死人的事故发生没有预见到。

　　2. 被申诉人肖翔在施工竣工后再挖一个水坑，是为方便自己工程队的人，借四团村部分群众的名义挖一个水坑洗澡，超出合同施工范畴，属于违规。

　　3. 一审和再审时二被申诉人举证的所谓部分群众只有刘月平一人，刘月平证词中称："刘世和、刘世旺、刘高平、刘庭车四人同时要被申诉人挖水坑。"而实际上刘世和等四人均不在施工现场，其中二人在离家二百里之外亲戚家中，是戴青英为逃避责任向法庭作伪证，

　　4. 城步法院城民再初字第04号认定的刘月平伪证词中所谓的部分群众仅只四人，而实际只有刘月平一人，他既不是村干部，也不是人大代表，难道仅凭刘月平一人就能代表四团村一千多口人的要求吗？岂不是更荒唐吗？（见四团村委会证据）

　　5. 城民再初字04号还称："被申诉人西岩镇政府与被申诉人签订和履行河道平整合同时没有过错，故被申诉人西岩镇政府对本案亦不应承担赔偿责任"。申诉人认为，被申诉人肖翔是一个没有资质的承包人，根据《最高人民法院关于审理建设工程施工合同纠纷案件适用法律问题的解释》法释[2004]14号第一条规定，建设施工合同具有下列情形之一的，应当根据《合同法》第五十二条(五)项的规定，认定无效：

（一）承包人未取得建筑施工企业资质或者超越资质等级的；

《中华人民共和国水利工程建设项目招标投标管理规定》：

第二十六条：投标人必须具备水利工程建设项目所需的资质（资格）

申诉人认为，根据以上法律规定，被申诉人西岩镇政府与被申诉人肖翔签订的合同属无效合同，在施工中违规操作造成淹死人命大案，应承担本案全部赔偿责任（见二被申诉人的承包工程合同）。

6. 城步法院城民再初字第04号还称："被申诉人肖翔雇请的施工人员，在河道挖掘水坑的地方不属公共场所，也不是路旁，无需设立警示标志和张贴告示"。也不应承担民事赔偿责任。申诉人认为，挖水坑的地方距村直走小道只有124米，自古就是四团村民洗衣、放牧家禽、洗菜、夏天上百人洗澡、小孩戏水的公共场所，无安全隐患，故去此地的老幼均无需监护，申请再审人村中年老少均可作证。这样一个公共场所被申请人肖翔不经四团村大多数人及村委会同意，擅自主张挖了一个2米多深，2~3米宽的锅底形水坑，难道不需要立警示和张贴公告？城步县法院却视而不见，指为不是，这跟秦王朝的赵高指鹿为马又有何区别？

7. 根据2006年4月15日，刘月平当着四团村干部刘盛容、刘世红承认：1997年7月29日戴青英、马进利找他作证词是出于报复心理，是假的；该证明足以证明了戴青英是该工程的指挥长为逃避责任，故意诱导刘月平作假证。刘月平在1997年6月5日下午根本没有到过施工挖水坑现场，戴青英与马进利诱导刘月平作出的假承述误导城步县法院作了不公正的判决。据此，二被申请人应负本案的全部法律责任（见刘月平2006年4月15日证据）。

申请再审人明白，本案的申请再审人与二个被申请人双方权力和势力、财力相差悬殊，申诉人是无权、无势、无钱的弱势农民，而被申诉人是有权、有势、有钱的西岩镇政府，和腰缠万贯的包工头肖翔，原审城步县法院二次审理认定了戴青英提供的伪证，不顾事实的真相，不适用本案的法律作枉法判决，为此，申请再审人对(1999)城民再初字04号判决书不服，根据《中华人民共和国民事诉讼法》第一百七十九条第（一）款、第（三）款、第（六）款规定和《中华人民共和国民法通则》第一百二十五条及《中华人民共和国合同法》第二百七十二条第三款的规定和《中华人民共和国水利工程建设项目招标投标法》第二十六条的规定，请求撤销(1999)城民再初字第04号判决书，要求级法院裁定再审。

此致

邵阳市中级人民法院

申诉人：刘盛宠

2009年7月29日

附新证据：

1. 2006年6月15日刘月平向四团村委会承认是西岩镇副镇长戴青英诱使作伪证，证据一份

2. 西岩镇政府与肖翔签订的合同证据一份

（一）反诉状的含义

民事反诉状是民事诉讼的被告人就原告人起诉的同一事实，向人民法院提交的请求适用同一诉讼程序与原告人的起诉合并审理，并追究原告人相应民事责任的法律文书。在民事诉讼中，被告人针对原告人提出反诉是被告人在诉讼中享有的权利，目的在于就原告人起诉的同一事实阐述原告人应当承担的相应责任，请求人民法院适用同一诉讼程序并与原告的诉讼作为同一诉讼案件合并审理，进而追究原告人应负的民事责任，以达成抵消或吞并对方诉讼请求的目的。因此，民事反诉状是被告人指控原告人的书面依据，也是人民法院对原告人的本诉、被告人的反诉适用同一诉讼程序合并审理的基础。

（二）反诉状的格式

民事反诉状

反诉人（本诉被告）：（写明姓名、性别、年龄、民族、籍贯、职业或者工作单位和职务、住址）

被反诉人（本诉原告）：（写明姓名、性别、年龄、民族、籍贯、职业或者工作单位和职务、住址）

反诉人就　　　　一案，对被反诉人提起反诉。

反诉请求：（写明请求的具体内容）

事实与理由：（写明具体的时间、地点、经过、见证人等）

证据及其来源，证人姓名和住址：（如有证人，应当写明证人姓名和住址）

此致
人民法院

反诉人：
年　　月　　日

附：
1. 本诉状副本×份。
2. 证据　×份。
3. 证人姓名×××　　　　住址×××……

例文

民事反诉状

反诉人：李××，男，白族，现年56岁，云南省大理市人，现住云南省大理市××路45号，联系电话138872×××××。

诉讼代理人：马培杰，男，云南安华律师事务所律师，联系电话13508724904。

被反诉人（原告）：杨××，男，白族，1960年9月6日生，云南省大理市人，现住大理市，身份证号码：532901×××232，联系电话1398855××××。

反诉请求：
1. 请求法院判令被反诉人对反诉人在承租房屋上总价71 317.5元的添附进行折价补偿。
2. 本案本诉与反诉的诉讼费用由被反诉人承担。

事实及理由：

反诉人李××与被反诉人杨××此前就争议房屋有九年的租赁合同关系，三年一签。反诉人与被反诉人于2006年12月15日经平等协商一致，签订了《房屋出租合同》。合同约定：被反诉人将其所有的位于××××大门南侧的房屋出租给反诉人使用，合同期限为三年，至2009年12月15日止。

合同履行期间，反诉人觉得双方的租赁关系一直进行得很顺利，双方合作关系良好，肯定会和以前一样续签租赁合同。为了改善经营环境，遂分别于2008年3—4月和2009年9—10月两次对所承租的房屋进行零星改造和装修，共花费人民币71 317.5元。(2008年3—4月：55 317.50元；2009年9—10月：16 000.00元)。施工期间，被反诉人对反诉人的施工行为表示同意，未表示任何异议，也未进行任何善意提醒。2009年12月15日双方租赁合同到期当天，被反诉人杨××突然通知反诉人，告知其要收回房屋自用。

反诉人李××认为，在双方租赁合同履行期间和即将届满之时，被反诉人杨××允许反诉人对所承租的房屋进行零星改造和装修，此装修和改造已经构成我国民法规定的添附。双方对此添附的归属无约定，应当适用《关于贯彻执行〈中华人民共和国民法通则〉若干问题的意见》第86条之规定处理："非产权人在使用他人的财产上增添附属物，财产所有人同意增添，并就财产返还时附属物如何处理有约定的，按约定办理；没有约定又协商不成，能够拆除的，可以责令拆除；不能拆除的，也可以折价归财产所有人"。

2010年1月，被反诉人向贵院提起诉讼要求反诉人返还出租房屋。现反诉人为了维护自己的合法权益，特向贵院提出反诉，主张法院判令被反诉人对反诉人在承租房屋上总价71 317.5元的添进行折价补偿。望贵院判如诉请，作出合法公正判决。

此呈
××人民法院

具状人：李××
2010年4月2日

附：1. 本反诉状副本一份；
    2. 主要证据复印件一份。

五、答辩状

(一) 答辩状的含义

答辩状是指民事或行政案件被告人或被上诉人在收到起诉状或上诉状副本后，在法定限期内，针对起诉或上诉的事实、理由、请求，进行回答和辩解的一种文书。

(二) 答辩状的格式

民事答辩状

答辩人：姓名、性别、出生年月、民族、文化程度、工作单位、职业、住址。
（答辩人如为单位，应写明单位名称、法定代表人姓名及职务、单位地址）

被答辩人：姓名、性别、出生年月、民族、文化程度、工作单位、职业、住址。
（被答辩人如为单位,应写明单位名称、法定代表人姓名及职务、单位地址）
答辩人因××（写明案由,即纠纷的性质）一案,进行答辩如下：
请求事项：（写明答辩所要达到的目的）
事实和理由：（写明答辩的事实依据和法律依据,应针对原告、上诉人、申诉人,即被答辩人提出起诉、上诉、申诉所依据的事实、法律和所提出的主张陈述其不能成立的理由）

此致
××人民法院

答辩人：（签名或盖章）
××××年×月××日

附：本答辩状副本×份（按被答辩人人数确定份数）。
（注：民事、行政、刑事自诉各类案件答辩状的格式基本相同）

例文

民事答辩状

答辩人（被告）李政,男,1970年8月9日出生,汉族,住开封市泰山庙街338号。

答辩人就被答辩人（原告）陈敏、李玲、乔邦、李升起诉合伙纠纷一案,答辩意见如下：

一、起诉状诉称"由于李政管理不善,造成经营混乱"与事实不符。

虽然合伙协议约定"李政为合伙企业事务执行人。"但是在经营过程中,由于各合伙人的经营理念不同,从一开始,每个合伙人就各自当家,李升大肆装修自己的办公室,又装空调又铺木地板,又买家具。而李政的办公室仅有一个办公桌椅。虽然由李玲管理财务,但是各合伙人随意使用合伙资金,白条冲账的行为比比皆是。在经营过程中,合伙人之间经常出现分歧,矛盾和纠纷不断,李政无法正常行使管理权,使合伙企业不能正常经营运作,最终使合伙人协商一致解散企业。各合伙人对合伙企业都有管理权和监督权,将责任全推到李政一人身上不但与事实不符,也是不公平的。

二、李政并没有将合伙企业剩余资金和剩余物资装入自己囊中,更未违反合伙协议中解散清算的约定,被答辩人的诉讼请求没有事实依据和法律依据。

2009年10月31日合伙人算账后,在乔邦的公司办公室共同协商签订了"解散合同",就合伙财产的处理达成一致意见"1. 李升、乔邦、李玲各分现金57 000元,陈敏分现金26 000元；2. 厂里原有剩余设备归李政所有；3. 厂里李升办公室内所有设施归李升所有；4. 上述内容已电话通知陈敏,陈敏再有异议纠纷,由李玲、乔邦、李升、李政承担。"该"解散合同"是李玲起草的,用乔邦的打印机打印的。当时仅仅陈敏不在现场。根据协议,李升、李玲、乔邦的现金他们均已全部拿走；陈敏得到了现金9 900元,仅余16 100元尚未领取。当时并未约定每人"先得"那么多现金,"解散合同"以及每人的收条上也没有"先得"的字样和内容。合伙企业的解散清算过程完全符合"合伙协议书"中关于解散清算的约定,也是全体合伙人的真实意思表示。而且这份"解散合同"正是原告起草和打印的。

李政的农业银行卡中并没有尚未分配的资金,卡中的款是合伙人经过清算后用来归还欠款的资金,其中包括李政在合伙期间垫支的款项。这些资金在签订"解散合同"前的算账时已经考虑在内,原告现在却不承认了。

三、被答辩人增加的诉讼请求部分没有任何事实依据。他们这一诉讼行为恰恰暴露了他们的不讲诚信的态度,以及他们行使诉讼权利的随意态度。这种行为也是对国家的诉讼资源的肆意占用和浪费。

根据2009年10月31日的"解散合同"第二条约定"厂里原有剩余设备归李政所有"。"企业合伙协议书"第七条约定"李政出资比例为22%,分配比例为25%",李政的分配比例应当高于其他合伙人,而李政在清算中资金分文未得,只分得了剩余的旧设备,这些旧设备折合成现金远远不到50 000元,但是李政考虑到合伙企业亏损的客观事实,本着以和为贵、朋友一场、好聚好散的想法,对现金的分配并未斤斤计较。这些旧设备至今仍然堆积在李政的房子里,原告竟然要求分割,实在令人费解。

再者,从原告的"增加诉讼请求申请书"上可以看出,原告对合伙财产掌握得是如此透彻,分割财产是如此仔细,那么,他们在签订"解散合同"时,吃亏的事情他们会干吗?他们可能让留存剩余资金吗?另外,木地板、大龙骨、窗子窗帘这些装饰材料都在当时租赁的房子里,原告尽管去拆除取走好了。

会计李婷5、6、7三个月的工资与本案不属于同一法律关系,如果合伙企业欠她工资,那么应当由她本人做原告起诉全体合伙人来主张自己的权利。

四、2009年10月31日所签的"解散合同"是全体合伙人的真实意思表示,其效力依法应当得到确认。

2008年9月30日,全体合伙人所签的"企业合伙协议书"第九条规定"合伙企业解散后,清算人由全体合伙人担任,未能由全体合伙人担任清算的,经全体合伙人过半数同意可以自合伙企业解散后15日内指定1名或者数名合伙人,或者委托第三人担任清算人依法进行清算。"事实上,全体5名合伙人中有4名合伙人参与了清算,并签订了"解散合同",完全符合合伙企业清算的约定即全体合伙人过半数同意,虽然陈敏当时未在现场,但是"解散合同"的内容当时已经电话通知了陈敏,陈敏并未提出异议,这一事实有"解散合同"上李玲、乔邦、李升、李政的签字相互印证。因此,从上述事实可以认定"解散合同"是全体合伙人的真实意思表示,其效力依法应当得到确认。

虽然合伙人没有形成书面的清算报告,但是合伙人之间的算账就是清算行为,试问如果没有清算行为,那么怎么可能签订"解散合同"呢?而"解散合同"的内容就反映出了财务清算的结果,事实上也就是一种财务清算报告。那种没有书面清算报告散伙协议就属无效的认识是没有法律依据的。

五、关于本案的法律适用问题。

本案中所称的合伙企业,并没有办理工商企业营业执照,也没有经过政府及文化主管部门的批准,在合伙经营进行期间,被告李政为了使合伙企业的具备印刷合法资质身份,将王兰经营的开封市绿叶彩印厂的工商登记变更到合伙企业的地址上。而原告在诉讼中根本就不承认开封市绿叶彩印厂的存在,因为合伙企业自始至终一直对外称为开封市海堡彩印厂。所以,本案中所称的合伙企业根本就没有依法成立,事实上是一种自然人的合伙关系,故本案不适用《中华人民共和国合伙企业法》,而应当适用《中华人民共和国民法通则》和《最高人民法院关于贯彻执行中华人民共和国民法通则若干问题的意见》(试行)。

再有,"解散合同"第四条约定"若陈敏再有异议纠纷,由李玲、乔邦、李升、李政承担。"所以李玲、乔邦、李升作为共同原告起诉李政,其主体不适格。本案应当终止审理。若陈敏再有异议纠纷,应当由她将李玲、乔邦、李升、李政一并列为被告,另行起诉。

六、关于陈敏的银行卡的问题。

因为银行卡里边的款项是一个动态的状况,该卡先后由不同的人拿着,卡在谁手里掌握,关系着谁使用了卡里的钱。李政说该银行卡是往卡里打9 900元(即2009年11月6日)以前一个月的时候从李婷手里接过来的,也就是2009年10月初的时候,而按照原告证人李婷的证言,该卡是2009年4月25日交给被告李政的。从银行卡的交易记录上可以看到,2009年4月25日和2009年10月初这两个时间点以前银行卡分别已经透支9 797元和9 900.38元,李政的妻子王兰于2009年11月6日将9 900元存入卡以后,卡中透支额仅剩290.38元。可见这9 900元的性质确实是根据"解散合同"分配的资金。

综上所述,答辩人认为,除了应当支付陈敏16 100元清算资金以外,原告的其他诉讼请求没有任何事实和法律依据。《最高人民法院关于贯彻执行中华人民共和国民法通则若干问题的意见》(试行)第55条规定:"合伙终止时,对合伙财产的处理,有书面协议的,按协议处理;没有书面协议,又协商不成的,如果合伙人出资额相等,应当考虑多数人意见酌情处理;合伙人出资额不相等的,可以按出资额占全部合伙额多的合伙人的意见处理,但要保护其他合伙人的利益。"本案中,合伙人已经签订了散伙协议即"解散合同",对合伙财产进行了清算和分割。虽然原告在诉讼中称"解散合同"无效,但是当初在签字时,"解散合同"确实是全体合伙人的真实意思表示。因此,原告的诉讼请求是没有根据的,请求人民法院依法予以驳回,以维护正常的社会经济秩序和公民的合法权益,维护法律的尊严。

此致
××人民法院

答辩人:李政
2010年3月16日

第二节　法律事务文书

法律事务文书,是指公证机关、律师或当事人为处理日常非诉讼性法律事务而制作的法律文书。这类文书虽然不以诉讼为目的,但具有法律约束力和公证作用,必要时可以作为呈堂证据用于诉讼。

法律事务文书种类很多,日常应用比较广的有协议书、遗嘱、公证书、授权委托书等。

一、协议书

（一）协议书的含义

协议书是在社会活动中就某一问题或某些事项交换意见，为维护双方的权利和利益，经过协商、谈判达成共识后，由有关各方共同签署的具有法律效力的文书。常见的协议书有就业协议、财产分割协议、赡养继承协议、收养领养协议、离婚协议等。

（二）协议书的格式

协议书的写作格式包括三部分：首部、正文、尾部。

1. 首部

包括标题和当事人基本情况
（1）标题：协议内容加文种。如：《财产分割协议书》。
（2）当事人基本情况：姓名、年龄、民族、住址等（必要时须写清与其他协议人的关系）。

2. 正文

（1）立协议书的原因。
（2）具体协议内容。

3. 尾部

（1）本协议是本着协议人自愿的原则。
（2）立约人、见证人签字、盖章，标明立约时间。

（三）协议书的种类

按内容和性质的不同，协议书可分为就业协议书、财产分割协议书、赡养继承协议书、收养协议书、离婚协议书等几种。

1. 就业协议书

就业协议书是明确毕业生、用人单位和学校在毕业生就业工作中权利和义务的书面表现形式。就业协议书一般由国家教育部或各省、市、自治区就业主管部门统一制表。

就业协议书与劳动合同是用人单位录用毕业生时所订立的书面协议，但两者分处两个相互联系的不同阶段，表现在：

（1）毕业生就业协议书是毕业生在校时，由学校参与见证的，与用人单位协商签订的，是编制毕业生就业计划方案和毕业生派遣的依据。劳动合同是毕业生与用人单位明确劳动关系中权利义务关系的协议，学校不是劳动合同的主体，也不是劳动合同的见证方，劳动合同是上岗毕业生从事何种岗位、享受何种待遇等权利和义务的依据。

（2）毕业生就业协议书的内容主要是毕业生如实介绍自身情况，并表示愿意到用人单位就业、用人单位表示愿意接收毕业生、学校同意推荐毕业生并列入就业计划进行派遣。劳动合同的内容涉及劳动报酬、劳动保护、工作内容、劳动纪律等方方面面，更为具体，劳动权利义务更为明确。

（3）一般来说就业协议书签订在前，劳动合同订立在后，如果毕业生与用人单位就工资待遇、住房等有事先约定，亦可在就业协议书备注条款中予以注明，日后订立劳动合同时对此内容应予认可。

（4）就业协议书是毕业生和用人单位关于将来就业意向的初步约定，对于双方的基本条件以及即将签订劳动合同的部分基本内容大体认可，并经用人单位的上级主管部门和高校就业部门同意和见证，一经毕业生、用人单位、高校、用人单位主管部门签字盖章，即具有一定的法律效应，是编制毕业生就业计划和将来可能发生违约情况时的判断依据。

例文一

全国普通高等学校毕业生就业协议书

毕 业 生＿＿＿＿＿＿＿＿＿＿＿＿＿＿＿＿＿

用人单位＿＿＿＿＿＿＿＿＿＿＿＿＿＿＿＿＿

学校名称＿＿＿＿＿＿＿＿＿＿＿＿＿＿＿＿＿

国家教育部高校学生司制表

按《普通高等学校毕业生就业工作暂行规定》的要求，为维护国家就业计划的严肃性，明确毕业生、用人单位、学校三方在毕业生就业工作中的权利和义务，经协商，毕业生、用人单位、学校三方签订如下协议：

一、毕业生应按国家规定就业，向用人单位如实介绍自己的情况，了解单位的使用意图，表明自己的就业意见，在规定的时间内到用人单位报到，若遇到特殊情况不能按时报到，需征得用人单位同意。

二、用人单位要如实介绍本单位的情况，明确毕业生的要求及使用意图，做好各项接收工作。凡取得毕业资格的毕业生，用人单位不得以学习成绩为由提出违约，未取得毕业资格的结业生，本协议无效。

三、学校要如实向用人单位介绍毕业生的情况，做好推荐工作，用人单位同意录用后，经学校审核列入建议就业计划，报国家教育部批准，学校负责出具派遣手续。

四、学校应在学生毕业前安排体检，不合格者不派遣，本协议有特殊要求，原则上应在签订协议前进行单独体检，否则，以学校体检为准。

五、毕业生、用人单位、学校三方如有其他约定，应在备注栏注明，并视为本协议书的一部分。

六、本协议经各方签字、盖章后生效。三方都应严格履行本协议，若有一方提出变更协议，须征得另两方同意。若一方违约，由违约方向另两方各交纳违约金1 000～2 000元。

七、本协议一式四份，毕业生、用人单位、学院、学校毕办各执一份，复印无效。

毕业生情况及意见

姓名、性别、年龄、民族

政治面貌、培养方式、健康状况

专业学制、学历

家庭地址

应聘意见：

毕业生签名：　　　年　　　月　　　日

用人单位情况及意见

单位名称
邮政编码及详细地址
联系人联系电话
档案转寄单位名称、详细地址及邮编
用人单位意见:
签章
  年 月 日
用人单位上级主管部门意见:
(有用人自主权的单位此栏可略)
签章
  年 月 日
学校意见
学校通讯地址、联系电话、邮政编码
学院意见:
签章
  年 月 日
学校毕业生就业部门意见:
签章
  年 月 日

注意事项

一、每名毕业生只有一套就业协议书,每套一式四份,用人单位、毕业生、学院和学校毕办各持一份。

二、就业协议的签订程序:

1. 毕业生本人填写基本情况,签署应聘意见;

2. 用人单位签署接收意见;

3. 毕业生所在学院签署意见并备案;

4. 学校毕业生就业办公室签署意见并列入就业方案。

三、报考研究生的毕业生在签订就业协议书时,应将报考研究生的有关情况告知用人单位,双方协商并达成一致意见后,在备注栏中注明。

四、毕业生与用人单位如果另有其他约定,可在备注栏中注明,并由学校签章鉴证。

五、协议签订之后,毕业生应及时将协议书邮寄或送交用人单位。

备注

2. 财产分割协议书

财产分割协议书是指财产共有人经协商一致,对其共有的财产达成分割意见的书面协议。分割系共有人分配共有财产的行为,常见的财产分割有:分割家庭共有财产、分割夫妻共有财产、分割共同继承或受遗赠的财产、分割合资(合作)或联营的财产等。

例文二

财产分割协议书

协议人：

王××，男，58岁，×族，××市××区人，退休工人，现住××市××区××胡同××号（系下列立约人之父）。

王××，男，32岁，×族，籍贯、住地同上，系王××之子。

王××，女，30岁，×族，干部，家住××市××区××小区××号。为王××之女。

见证人：赵××，男，56岁，××市人，现住××市××区××胡同××号（与立约人王××系邻居）

立约人王××生有一男一女，二子女均已结婚，现三人均表示愿意分家产，改变过去共同生活的状态，各立门户。经协商，达成如下分产契约，并由邻居赵××作见证人：

（一）王××随其长子王××一起生活。

（二）现住平房3间，归长子王××所有，长女王××随其丈夫另住。

（三）家具及家用电器。熊猫彩电、组合音响、海尔冰箱归其长子王××，录像机、摄像机各一台，归其长女王××。

（四）存款×万元，由其长女王××分得×万元，长子王××分得×万元。其长子王××负担其父王××日常生活费用。

（五）王××如遇重病或其他意外，费用由其长子王××和长女王××共同负担。

（六）以上所列各项，立约人完全同意，并有见证人作证。

此协议书自各方签字之日起生效，立约人可以随时提出执行要求。

立约人：王××，王××，王××
见证人：赵××，××律师事务所
年　　月　　日

3. 赠养继承协议书

赠养继承协议书是协议人与关系人等在协商一致的基础上达成的关于老人的赠养以及家庭财产的继承书面协议。

赠养继承协议一般是在家庭成员之间协商达成，也有无子女老人为了老有所靠而与无亲属关系的其他人达成赠养继承协议的情况。

例文三

赠养继承协议书

协议人：

刘备：男，汉族，58岁，现住武汉市汉正街1089号506室。

刘禅子：男，36岁，现住武汉市中山路2073号408室。

刘湘女：女，32岁，现住武汉市上海路687号603室。

关系人：

李琳，女，33岁，系刘禅之妻，住址同刘禅。

张弛，男，35岁，系刘湘之夫，住址同刘湘。

上列当事人为赡养老人和财产继承一事，依照国家法律和政策，本着互谅互让、团结友爱精神，从实际情况和需要出发，经共同协商一致，并征得众关系人同意，达成协议如下：

一、老人_____随_____生活，负责照顾衣、食、住、行和医病等事宜。

二、自_____年_____月_____日起，子女共同负担_____的生活费用。_____家中生活困难，每月负担_____元，_____生活较富裕；每月负担_____元，_____经济状况一般，每月负担_____元；_____因负担照顾_____生活，免于负担。各人应在每月初将应负担之款分别交给或寄给_____，用来安排_____生活。

三、现有座落在_____省_____市_____路_____号宅院_____座，有住房_____间，铺面_____间，连院落共_____平方米，房地产权所有证_____号（由_____保管）。分配如下：

北房_____间归_____所有；东房_____间和_____间厨房归_____所有；西房_____间和_____间贮藏室归_____所有；临街_____间铺面归_____所有。北屋可自住，可出租，但不能出售。非出售不可时，应尽量出售给其他协议人。

四、家中现有电视机_____台、家具_____套及生活用品归_____所有。_____百年后，作价给其他协议人，所得款项用作丧葬之用，不足部分由子女按第二条规定的负担比例负担。

以上协议，各协议人均属自愿，保证遵照执行。

本协议书自签订之日起生效。一次打印_____份。协议人各执_____份，报街道居委会和_____市房地产管理局各_____份，_____律师事务所律师_____份。

协议人（签字）：_____   关系人（签字）：_____
　　　　_____年_____月_____日　　　　_____年_____月_____日

见证人（签字）：_____
　　　　_____年_____月_____日

4. 收养协议书

收养协议书是指收养人与送养人之间达成的有关收养被收养人的权利义务关系的协议。

收养的依据是《中华人民共和国收养法》。根据《收养法》的规定，收养是确立拟制血亲关系的重要途径。因此，收养必须符合一定的条件，收养不得违背计划生育的法律、法规，以充分维护收养人与被收养人的合法权益。

例文四

收养协议书

送养人：

卢崇文，男，××省××县，1965年出生，教师，住××市××路×号，被收养人生父。

李怀英,女,××省××县,1967年出生,教师,住址同上,被收养人生母。
收养人:
李怀明,男,××省××县,1960年出生,职员,住××市××路×号。
陈亦芳,女,××省××县,1969年出生,医生,住址同上。
被收养人:卢耀辉,男,××省××县,1997年出生,住××市××路×号。

收养人李怀明是送养人李怀英的胞兄。李怀明同陈亦芳结婚后,一直无生育。而卢崇文、李怀英育有三男一女。经协议,卢、李夫妇愿将他们的幼子卢耀辉过继给李、陈夫妇为养子,被收养人也表示愿意。

本着遵守国家法律、尊重个人意愿的原则,以上关系人一致协议如下:
一、被收养人卢耀辉于本协议签订之日起,即为李怀明、陈亦芳的养子;
二、卢耀辉改名为李耀辉;
三、卢耀辉以父母称呼其养父母;
四、今后,上列三方应共同遵守法律所规定的收养关系的权利和义务:
1. 李怀明、陈亦芳对卢耀辉承担父母对子女的抚养、教育责任;
2. 卢耀辉今后应对李怀明、陈亦芳尽子女对父母的赡养责任;
3. 卢耀辉应听从养父母的教育,努力学习,养成良好的品德;
4. 卢耀辉有权随时回家探视其生父母,其生父母亦有权随时前来探视卢。

此协议书自关系三方签字盖章之日起生效。

协议人:卢崇文(签名盖章) 李怀英(签名盖章)
　　　　李怀明(签名盖章) 陈亦芳(签名盖章) 卢耀辉(按手指印)
证明人:邱××(签名盖章) 胡××(签名盖章)

20××年×月×日

5. 离婚协议书

离婚协议书是指即将解除婚姻关系的夫妻双方所签署的、关于财产分割、子女监护与探视、配偶赡养费以及子女抚养费等的书面协议。

离婚协议书必须为书面形式,由夫妻双方当事人签字认可。

离婚协议书一旦签署,可以作为婚姻登记机关办理离婚手续的依据;经法庭认可,也可以成为离婚判决的一部分,具有其法定效力。

例文五

离婚协议书

男方:蓝某某,男,汉族,＿＿＿＿年＿＿＿＿月＿＿＿＿日生,住＿＿＿＿＿＿,身份证号码:＿＿＿＿＿＿＿＿＿＿＿＿＿＿＿＿＿

女方:刘某某,女,汉族,＿＿＿＿年＿＿＿＿月＿＿＿＿日生,住＿＿＿＿＿＿,身份证号码:＿＿＿＿＿＿＿＿＿＿＿＿＿＿＿＿＿

双方于_____年_____月认识,于_____年_____月_____日在_____登记结婚,婚后于_____年_____月_____日生育一儿子(女儿),名_____。现夫妻感情已经完全破裂,没有和好可能,经双方协商达成一致意见,订立离婚协议如下:

一、男女双方自愿离婚。

二、子女抚养、抚养费及探望权:

儿子(女儿)_____由女方抚养,随同女方生活,抚养费(含托养费、教育费、医疗费)由男方全部负责,男方应于_____年_____月_____日前一次性支付_____元给女方作为女儿的抚养费(或男方每月支付抚养费_____元,男方应于每月的1—5日前将女儿的抚养费交到女方手中或指定的××银行账号)。

在不影响孩子学习、生活的情况下,男方可随时探望孩子。(男方每星期休息日可探望女儿一次或带女儿外出游玩,但应提前通知女方,女方应保证男方每周探望的时间不少于一天。)

三、夫妻共同财产的处理:

1. 存款:双方名下现有银行存款共_____元,双方各分一半,为_____元。分配方式:各自名下的存款保持不变,但男方(女方)应于_____年_____月_____日前一次性支付_____元给女方(男方)。

2. 房屋:夫妻共同所有的位于×××的房产价值_____元,双方协议该处房产所有权归女方所有,房产权证的业主姓名变更的手续自离婚后一个月内办理,男方必须协助女方办理变更的一切手续,过户费用由女方负责。女方应于_____年_____月_____日前一次性补偿房屋差价_____元给男方。

3. 其他财产:婚前双方各自的财产归各自所有,男女双方各自的私人生活用品及首饰归各自所有(附清单)。

四、债权与债务的处理:

双方确认在婚姻关系存续期间没有发生任何共同债务,任何一方如对外负有债务的,由负债方自行承担。(_____方于_____年_____月_____日向×××所借债务由_____方自行承担……)

五、一方隐瞒或转移夫妻共同财产的责任:

双方确认夫妻共同财产在上述第三条已作出明确列明。除上述房屋、家具、家电及银行存款外,并无其他财产,任何一方应保证以上所列婚内全部共同财产的真实性。

本协议书财产分割基于上列财产为基础。任何一方不得隐瞒、虚报、转移婚内共同财产或婚前财产。如任何一方有隐瞒、虚报除上述所列财产外的财产,或在签订本协议之前两年内有转移、抽逃财产的,另一方发现后有权取得对方所隐瞒、虚报、转移的财产的全部份额,并追究其隐瞒、虚报、转移财产的法律责任,虚报、转移、隐瞒方无权分割该财产。

六、经济帮助及精神赔偿:

因女方生活困难,男方同意一次性支付补偿经济帮助金_____元给女方。鉴于男方要求离婚的原因,男方应一次性补偿女方精神损害费_____元。上述男方应支付的款项,均应于_____年_____月_____日前支付完毕。

七、违约责任的约定:

任何一方不按本协议约定期限履行支付款项义务的,应付违约金_____元给对方(按_____支付违约金)。

八、协议生效时间的约定：
本协议书一式三份，男、女双方各执一份，婚姻登记机关存档一份，自婚姻登记机关颁发《离婚证》之日起生效。

男方：(签名)　　　　　　　　　女方：(签名)
＿＿年＿＿月＿＿日　　　　　　＿＿年＿＿月＿＿日

二、遗嘱

(一) 遗嘱的含义

遗嘱是指遗嘱人生前在法律允许的范围内，按照法律规定的方式对其遗产或其他事务所作的个人处分，并于遗嘱人死亡时发生效力的法律行为。

任何成年的公民都可以在任何时候就他个人的合法财产设立遗嘱。

(二) 遗嘱的内容和结构

标题——遗嘱(居中、大字)

1. 立遗嘱人：(身份基本情况)
2. 立遗嘱原因
3. 立遗嘱人的所有财产名额、特征
4. 立遗嘱人对身后所有财产的具体处理意见，对于不动产，应写明财产坐落的地址
5. 所立遗嘱的份数
6. 立遗嘱人
7. 见证人
8. 时间

结构格式如下：

例文

遗　嘱

立遗嘱人：
(姓名)　　(婚姻状况)　　(职业)　　(身份证号码)

由于本人已经风烛残年，身体多病，又子女较多，且各自成家独立门户，为避免本人百年之后子女为继承财产发生矛盾，特立此遗嘱，以免后患。

一　本人指定及委派　　(姓名、身份证号码、居住地址)为本人此遗嘱之唯一执行人及受托人。

二　本人将本人名下　　(物业名称、数量、详细地址、权证号码)之物业遗赠××(受益人姓名)承受及享用。

三　本人将本人名下的　　(财物名称、数量、存放地点)等财物遗赠　(受赠人姓名、身份证号、居住地)承受及享用。

四　本人将本人名下的　　(财物名称、数量、存放地点)等财物遗赠　(受赠人姓名、身

份证号、居住地)承受及享用。

　　五　除上述第二、三及四段的产业外,本人将本人名下在各处所有之不动产及动产产业,除清付本人丧葬费及其他费用(包括债项在内)外,全部尽行遗赠　　(受赠人姓名、身份证号、居住地)承受及享用。

立遗嘱人(签字)
年　月　日

　　上面遗嘱,××人在场见证:由该立遗嘱人(立遗嘱人姓名)亲自签署,作为其遗嘱;同时××人应其所请,为之见证,于签署名字做见证人时,该立遗嘱人与××均同时在场,此证。

见证人
姓名:
身份证号码:
签署:

三、公证书

(一)公证书的含义

　　公证书,是指公证处对当事人申请公证的事项,经过审查核实,认为符合公证条件的,按照法定程序制作的,具有特殊法律效力的司法证明文书,是司法文书的一种。

(二)公证书的内容和结构

　　公证书应按司法部规定或批准的格式制作,内容主要包括,公证书编号、当事人的基本情况、公证证词、承办公证员的签名(签名章)、公证处印章和钢印和出证日期。结构格式如下:

例文

财产公证

(　　)字第××号

　　根据×××(调查材料等),兹证明×××(性别,×年×月×日出生)在本公证日拥有以下个人财产:

1. 房产:……
2. 机动车:……
3. 银行存款:……
4. ……
5. ……

中华人民共和国××省××市(县)公证处
公证员(签名)
××××年××月××日

四、授权委托书

(一) 授权委托书的含义

公民授权委托书,是当事人、法定代表人依法委托他人作为代理人,向人民法院提交的写明委托事项和委托权限的文书。

(二) 授权委托书的内容和结构

1. 名称。应写明"授权委托书"。

2. 委托人(即被代理人)和受委托人(即委托代理人)的个人基本情况。即姓名、性别、年龄、民族、籍贯、职业、住址。

3. 委托的实质内容。包括三个方面:

(1) 委托代理的是什么案件。要写明案件的名称,如继承案或是经济合同纠纷案等。

(2) 根据法律规定,写明"委托人×××自愿委托×××,并经其同意为受委托人"。

(3) 必须具体说明委托的事项和权限。委托人所委托代理的事项和权限,根据委托人的授权而有所不同。诉讼委托书应说明是全权委托或部分委托。如果是全权委托,应说明:"全权代表委托人出庭进行一切诉讼事宜。"如果是部分委托,则应说明具体的部分事项和权限。不论是何种委托,对于全部或部分放弃诉讼请求、承认诉讼请求、变更诉讼目的、与对方和解、不服判决提起上诉、领取判给的财产等等,都必须在诉讼委托书中特别予以说明。其目的是明确责任,以便受委托人按委托人明确的委托权限进行诉讼。如有超越代理权限的行为,对委托人不发生效力。按照诉讼委托书中所规定的代理权所实施的一切诉讼行为,其法律后果均由委托人承担。因此,诉讼委托书在具体说明委托事项和权限时,其法律用语的含义应十分明确,不能笼统,如"给予法律上的帮助"和"部分诉讼代理"等含义不清的用语应当忌用。

4. 结尾。委托人签名并盖章;受委托人签名并盖章,注明具文时间(年、月、日)。

例文一

授权委托书

委托人:　　　　身份证号码:　　　　联系电话
受托人:　　　　身份证号码:　　　　联系电话

就中关村证券股份有限公司行政清理工作组(以下简称"中关村证券清理组")个人债权人申报登记债权的事宜,委托人对受托人授权如下:

1. 授权受托人代理委托人向中关村证券清理组提交并接收申报债权的有关资料;

2. 授权受托人代理委托人根据《中关村证券股份有限公司债权登记公告》的规定,办理向中关村证券清理组申报登记债权的其他事宜。

本授权委托书自委托人签字之日生效。

委托人(签字):
受托人(签字):
2006 年　月　日

例文二

授权委托书

（法人或其他组织的委托代理人用）

委托单位名称：

所在地址：

法定代表人或代表人姓名：　　　　职务：

受委托人姓名：　　　性别：　　　身份证号：

工作单位：　　　　　　　电话：

住址：

  现委托_____在我单位与_____一案中，作为我方参加诉讼的委托代理人。委托权限如下：

1. 授权受托人代理委托人接收法院通知并与法院沟通；
2. 授权受托人代理委托人应诉，并依法维护委托人的合法权益；
3. 授权受托人代理委托人与对方谈判、调解，并维护委托人的合法权益；
4. 授权受托人代理委托人调查与本案相关的人、事，并获取相关证据；

委托单位：

年　月　日

思考与练习

1. 请从特点和格式上对比这几种诉状的相同点和不同点。
2. 起诉状是在什么情况下产生的诉状？起诉状的格式具备哪几部分内容？
3. 常用的协议书有哪几种？其各自的内涵分别是什么？
4. 蓝天旅行社拟招三名旅游学院毕业的学生，请你为蓝天旅行社拟写一份就业协议书。

第八章 宣传策划文书

第一节 广告文案策划

一、广告的含义及作用

广告,汉字字面意思就是"广而告之",即向公众告知某件事,它是一种传播信息的重要手段。

广义的广告包括经济广告和非经济广告。

经济广告也就是人们通常所说的商业广告,是一种付费的宣传形式。是以盈利为目的,广告主支付一定的费用,通过各种面向大众的传播媒介传递有关商品、劳务、观念方面的信息,从而影响公众消费、投资行为的一种信息传播活动。

非经济广告是为了达到某种宣传目的的非营利性广告,如声明、启示以及防止空气污染、美化经济环境、维护交通秩序、促进公共福利事业等内容的社会公益广告。

狭义的广告,专指商业广告。

现代社会已经没有不做广告的企业和企业家,也没有不依赖于广告进行商品销售的商业活动。广告已成为促进供需的道路,沟通产销的桥梁,活跃市场的媒介,生产生活的向导。现代社会的全部经济活动都离不开广告,广告已被公认为人类文明中的第八艺术。

二、广告策划及文案创意

(一)广告策划

广告策划是广告承担者思维主体运用知识和能力对广告整体战略、策略进行思考、运筹和谋划的活动。广告策划对整体广告活动具有指导性、系统性、超前性和创造性的特征。

广告策划的内容:

1. 广告环境分析

包括地域环境分析、市场环境分析(包括企业分析、产品分析、销售分析、消费习惯分析等)。

比如,有些商品的销售是受到地域自然条件的限制的。如果到热带地区去做烤火器或羽绒服广告,即使创意再好、投入再多,也是没有回报的。

又比如,有些国家法律对烟酒广告是严格禁止的,在那些国家做烟酒广告是违法行为。

2. 广告目标

包括消费目标、品牌形象目标、市场占有目标等。任何一种商品都不可能得到所有消费者的欢迎。因此,任何广告都只能针对特定的消费群体——只要成功地吸引了目标群体的注意,广告就算成功了。

有很多广告之所以失败,都是因为消费目标不明确。一则广告,如果消费目标模糊,或者试图面对所有消费者,把他们一网打尽,结果往往是一无所获。

3. 广告主题

包括广告口号、广告象征物、广告观念等。广告主题要鲜明——明确告诉消费者产品的卖点是什么,让消费者觉得有理由来买你的产品。比如,"今年过节不收礼,收礼只收脑白金",这个广告的主题就是模糊的。消费者从这则广告中看不出脑白金究竟有什么与众不同的卖点,也就没有什么理由说服自己来买脑白金了。

4. 广告媒体

包括报刊、广播、电视、网络等。广告根据内容不同、商品性质不同而选择不同的媒体。媒体选择不恰当,同样会产生投入与产出不一致的矛盾。

5. 广告预算

包括策划费、制作费、刊播费等。广告费用是计入商品成本的,成本的提高会直接影响到商品在市场上的销售状况。因此,广告费是广告策划过程中必须顾及的重要内容。

(二) 广告文案

广告文案是指广告作品中用以表达广告主题和创意的全部语言文字。

今天,广告的表现手段和发布形式已经或正发生着重大的变化,由过去简单、单一的手段和形式发展为声、光、电、色彩、图片、装饰、雕刻等多种手段和表现形式。但无论如何,广告文案的语言和文字的组织、撰写都是重中之重。没有良好的创意文案就不会产生出优秀的广告。

广告文案一般包括标题、正文、标语、随文四部分。

1. 标题

广告标题是广告文稿的精髓,被称作广告的灵魂。广告标题是标明广告主旨和区分不同内容的标志,反映着广告的精神和主题。出色的标题不仅能帮助消费者了解广告客体的主旨、内容及独特的个性,还能在瞬间激发消费者的兴趣。

广告标题分为直接标题、间接标题和复合标题三种:

(1) 直接标题

即以简明的文字表明广告的内容,使人们一看就知道广告的信息内涵。如:"云南国际旅游服务公司为您提供优质服务","今天我要喝——娃哈哈果奶"。有些店铺店面的门牌本身就是广告:如"食全食美"、"鸡不可失"、"谭鱼头"等等。

(2) 间接标题

这种标题往往不直接说明产品或与产品有关的情况,而是先用富有趣味性和戏剧性的语言抓住人们的好奇心和注意力,使人们非弄明白不可,直到读了广告正文才恍然大悟。如:"出门前轻轻一按,回到家有饭有菜"(黄山牌电饭锅),"老人、女士也能脚下生风"(天津港田牌后四轮驱动助力自行车)。

(3) 复合标题

把直接标题和间接标题复合起来,一则广告有两个或三个标题,形成复合标题。例如:

军旗升起的地方(引标)
——"八一"起义纪念馆(主标)

四川特产,口味一流(引标)
天府花生(主标)
越吃越开心(副标)

2. 正文

正文是广告的中心和主体。主要凭借正文来体现广告的目的和内容,它包括三方面内容:首先,对标题提出的商品或其他方面加以说明或解释;其次,具体说明提供商品或其它方面的细节,让人消除疑虑,这是正文的中心段;最后是结尾,用热情诚恳的语言诱导消费者去购买。

3. 标语

为了加强公众印象,在广告中长期、反复使用的一种简明扼要的口号性语句就是广告标语,有人称其为广告的"商标"。它可以出现在正文的任何部位,一般情况下,独立于正文之外,作为广告相对独立的一部分。它高度概括,语言凝练,具有很强的号召力。广告标语的特点是简洁、整齐、有韵、上口、易记。

4. 随文

是正文的附属,又称附文、落款,对广告正文起补充、说明作用。它包括广告单位名称、地址、邮编、电话号码、电报挂号、银行账号、负责人或业务联系人姓名等。

(三)广告的创意技巧

广告创意是从表现主题的需要,经过精心策划和思考,运用恰到好处的表现方式和特有的艺术表现手段,创造出新颖独特、感人至深的意境的全部过程。广告创意是表现广告主题的构思。

说话、写文章要有主题,广告创意同样要有主题。主题是广告创意的灵魂和统帅。广告创意的主题要求鲜明突出,重点明晰,层次清楚,能以简洁的语言传递出一种明确的思想和意念。

成功的广告创意,能够引起消费者注意,激起消费者兴趣,诱发消费者欲望,加深消费者记忆,促成消费者行动。

广告创意要具备以下几个特征:

1. 新颖独特

今天,广告已经是铺天盖地,无处不在,这就更要求广告创意要新颖独特。比如在广告语言上要更加鲜活、生动,富于感染力。"质量上乘,物美价廉"、"誉满全球"、"实行三包"、"超级服务"等一些陈旧的广告词语已经难以引人注意。

要激发人们的兴趣,就要与时俱进,在观念上、语言上不断创新,深入挖掘商品的卖点,生动传达商品的卖点,以吸引消费者的注意力。

如"酸酸乳,初恋的味道"、"古井贡酒,饮以为荣"、"喝孔府宴酒,做天下文章"、"美特斯邦威,不走寻常路"、"李维牛仔:一样的裤,不一样的酷"。

2. 情趣生动

广告创意要生动活泼,富有生活情趣,才能给人留下深刻印象。

如"做女人挺好!婷美内衣,一穿就挺"、"汇仁肾宝,做男人也挺好"、"微软鼠标:按捺不住,就快滚"、"感冒打喷嚏怎么办? 快找四大叔啊(斯达舒)啊!"

3. 形象逼真

广告创意离不开形象设计,无论是人是物,都要形象逼真,鲜活感人。要通过画面、语言和声音的运用,调动一切手段,运用一切方法,塑造出活生生的艺术形象,给人留下过目不忘的深刻印象。

如"爷爷,我看到大海了,您听!"(手机广告)、"白大夫,就是让你白"(化妆品广告)、"大宝啊,对得起咱这张脸!"(男士润肤品广告)

4. 通俗易懂

广告的对象是大众,如果晦涩难懂,就会脱离群众,普通人看不明白,事倍功半。同样,如果庸俗低下,曲意迎合,遭大众唾弃,就会得不偿失。只有通俗易懂,喜闻乐见,才能两全其美。

如"要想富,先修路,少生孩子多种树"、"农夫山泉有点甜"、"怕上火,喝王老吉"、"得痢疾,拉肚子怎么办? 用泻痢停啊"。

5. 艺术升华

> 梦中花园——丽江古城
> 兼山乡之容、水乡之貌
> 一座依顺自然的山水之城
> 一座亲和自然的田园之城
> 丽江古城
> 载纳西民俗风情
> 深层历史文化
> 一个以人为本的世外桃源
> 一个天人合一的梦中家园
> 滇西北雪域大江中
> 在熙攘浮躁的当今世界,这座古城已成了
> 难得一闻的一曲远山清音,红尘牧歌

这是一则丽江古城的旅游宣传广告。它在创意上以丽江古城的自然之美、古朴之美、人文之美为铺垫,使自然与人、历史与文化、仙境与人间,水乳交融。在远山清音之中,升华出一片人们久已向往远离尘世的净土。到这里来吧,这里有古文化的熏陶,世外桃源的宁静,在这里能够得到大自然的洗礼。这就是这则广告创意达到的艺术效果。

广告文案是一种特殊的艺术形式,具有深刻文化内涵和审美属性。优秀的广告创意不仅能快速、准确地传递商品信息,同时还应该有丰富的精神内涵,创造较高的审美价值,实现审美性和功利性完美地结合。要体现广告信息的完整性,使受众从广告文案中得到审美享受,获得某种精神上的愉悦。

6. 别出心裁

具备创新性是广告成功的关键。任何一件广告作品,人云亦云都会使人感到厌倦。

如"一品黄山,天下无山"、"原来生活可以更美的!"、"英特尔:给电脑一颗奔腾的芯"、"人类失去联想,世界将会怎样"、"车到山前必有路,有路就有丰田车"、"立邦漆,处处放光彩",这

些广告都别出心裁,富有创意,既给消费者留下了深刻印象,也为商家赢得了丰厚的利润回报。

例文

康师傅广告策划书

随着人们生活节奏的不断加快,人们的饮食生活也被深深打上了时代的烙印。因为方便面给大家提供了很大的便利,所以成为了很多人生活中不可缺少的食物组成部分。提起方便面,很多人立刻就会想到康师傅这个台湾品牌,康师傅方便面在中国几乎是家喻户晓的。"康师傅"塑造了一个可爱的动画人物图样,以讲究健康美味的美食专家的形象在中国市场建造了"康师傅"食品王国。大学生是方便面的重要消费群体,我们通过对产品市场的综合调查分析,以提高康师傅方便面在中原工学院的市场占有率为主要目的,做了一整套营销策略方案。

一、市场分析

1. 销售环境分析

大学生是方便面的重要消费群体。就我们学校而言,学校周一到周五实行封闭式管理,学生的活动范围基本都是在校园里,我们食堂条件单一,且吃饭时间集中。同学们在厌倦了食堂那永远不变口味的食物和挤食堂抢饭的烦恼时自然会选择实惠方便的方便面。

2. 自我剖析和销售比较

康师傅方便面品质精良、汤料香浓,碗装面和袋装面一应俱全,更重要的是它有一个"康师傅"的名字。顶新国际集团董事长魏应交曾说:"许多人认为'康师傅'的老板姓康,其实不是。'康'意为我们要为消费者提供健康营养的食品。'师傅'在华人中有亲切、责任感、专业成就的印象,这个名字有亲和力。用'康师傅'这个品牌反映了我们的责任心。"

康师傅是国内最大的方便面品牌,根据我们在中原工学院南校区的市场调查问卷得知,很多人在买方便面时首选是康师傅,购买原因,一是因为品牌效应,二是因为好吃。而校园外全国近期内的市场调查是这样的数据:

冠军:康师傅的市场综合占有率保持在34%以上。亚军:统一。第三位:华龙。第四位:日清。第五位:农心。第六位:福满多。第七位:华丰。第八位:今麦郎。第九位:好劲道。第十位:公仔。

虽然"统一"、"今麦郎"、"白象"、"好劲道"等品牌也因为味道和价格差距等特点在校园内市场中各领风骚,但"康师傅"这一中国最大的方便面品牌还是占据了方便面市场的半壁江山。

3. 消费者分析

学生一般都离不开方便面,而学生一般又会在什么情况下选择方便面呢?

根据我们的调查得知,大致有以下几种情形:

(1)懒。很多同学忙于学习,懒得去吃饭或者下课晚时看到食堂吃饭的人太多,会选择吃方便面。

(2)穷。学生本身属于消费群体,吃方便面省钱。

(3)整天用电脑的人。学生中有很大一部分喜欢游戏或者学习电脑软件。这部分人对着电脑就不愿意离开,很多时候会选择方便面这种快餐式的饮食。

(4)形单影只。不喜欢单独去食堂吃饭的人,会选择方便面。

(5)真的很喜欢吃方便面。

既然这些人会更多的选择方便面,那我们怎么样才能更抓住这些人的注意,让他们在买方便面时更多的购买方便面呢?

4. 竞争对手的分析

根据对其他品牌的调查我们得知,学生选择白象方便面的原因是因为它最便宜,选择好劲道和福满多的原因是这两种面价格定位在中低档,相对于因为价格便宜而选择以上几款方便面的情况,把价位定格在中高档的统一、今麦郎、康师傅这几个品牌的,竞争是相当激烈的。康师傅吸引学生群体的特点就是面筋道,滑溜,味香,品牌大,包装好看,价格适中。康师傅在推出各种口味的方便面时做了很全面的市场调查和分析,调查后知道,中国人最喜欢的面条口味是牛肉味,第二、第三是排骨和鸡肉口味,第四才是海鲜口味。确定牛肉味后,经过不断改进,请上万人试吃,才终于生产出适合大众口味的产品。所以康师傅的红烧牛肉面跟所有品牌比较都是无敌的。再看统一和今麦郎,它们面和料也很具特色,销售紧跟我们之后。那么,我们的最大特色在什么地方呢?而我们又怎么强化这些特点促进康师傅的销售呢?

二、广告策略

根据我们多次的讨论,我们最终确定把康师傅品牌信誉度高、品牌形象亲切和"好吃看得见"这几点强化突出。既然这是一个老的知名品牌,我们的广告策略重点不用放在更大的品牌宣传上,我们在广告策略上侧重于深化康师傅这个可爱的动画人物给我们带来的亲切感,在品牌上加入人文关怀的因素,让同学们在看到听到这个品牌时就觉有温馨的感觉,就可以强化它的品牌效应。而强调它的好吃,我们就可以在网络上做突出康师傅方便面十分好吃这点特色的 FLASH 广告。我们推广的目标市场是中原工学院南区,我们就要针对这个环境特点选用最合适的广告策略,使用尽可能少的广告费用。

下面我们就进行一个更详细的说明。

1. 广告方式

首先,我们选用的媒体是广播。在下课(特别是吃饭)的时间,无论我们身处校园的哪个角落都能听见广播。我们选在吃饭的时间在校园广播上推出一个介绍健康饮食知识的小栏目,比如说康师傅友情提示在炎热的夏天我们应该多吃点水果,吃西红柿有美容作用等,以增加其健康的良好形象。

其次,我们可以抓住大学生网络生活占了很大的课余时间这个特点,在校园网上制作一个点击网页弹出式 FLASH,这个 FLASH 最主要是突出了康师傅的美味(后面附有这个广告的脚本)。另外,我们可以在校园网上发布一个由康师傅公司赞助的康师傅网页和 FLASH 设计大赛,其实这比赛就是一个很好的促销手段,因为对赛事有兴趣的同学们就会自然而然为了更进一步了解康师傅这个牌子的方便面而更多地去品尝,我们比赛的奖品可以设为:头奖可以得到在康师傅公司打暑假工的机会,二奖设为做康师傅校园销售代表,优秀奖设为康师傅方便面一箱和证书。

再者,我们还有几种比较巧的策略:

(1) 形象。根据我们调查:买方便面的有70%的人属于冲动型购买,在去超市之前不会计划好要买什么品牌。我们可以在学校的几个超市康师傅方便面摆放的地方贴上以康师傅的亲切可爱"康师傅"本人形象为画面的小的 POP 指示牌。突出易看、易取、易买。

(2) 户外。我们在北区和新校区的路间设一个自行车免费充气点。就是摆放一把印有康师傅标识的大遮阳伞下有一个自行车电动充气设备。

(3) 促销。中工南区的宿舍楼是没有电风扇的,我们针对悄然来临的夏季,从人文关怀的角度出发,进行买五袋装的康师傅方便面就可获赠一把印有康师傅字样的漂亮纸扇的促销活动。

(4) 设临时售点。既然是懒人爱吃方便面,那就让懒人懒得更舒服吧。针对懒人这个消费群体的特点,我们就让康师傅方便面变得更方便,我们可以在每幢宿舍楼都设一个小的销售点,(这个销售点可以是网页或者FLASH大赛的获奖者的学生所在的宿舍或者是我们康师傅提供的一个让学生的勤工俭学的机会)开通一个免费电话和一个销售网页,学生想吃方便面了,一个电话打来或者一个信息打进来,面和水就一起送上门来。这样又进一步扩大了康师傅方便面的销售。

另外我们还可以再使用一些无成本的非常规的方式来加深康师傅的品牌影响。我们康师傅在大陆的销售地位是毫不动摇的,可以说它有一种王者风范。我们可以从游戏上打广告,因为玩游戏的人占吃方便面的一大群体,比如在一个现有的中原工学院网络游戏的私服上,我们可以通过游戏中强者的身份和康师傅身份的对等来坚定康师傅的王者风范的印象。就像网络上一个很流行的网络游戏——仙境传说。它里面的传送站就直接叫孙燕姿,每次要从一个城市到另一个城市游戏者都会直接说孙燕姿而不说传送站。这种方式就很容易针对上网的这些人群深入一个人或者一个产品的形象。对于康师傅,我们可以同样在游戏里这样做广告。比如把一些极品装备的命名和康师傅这几个字连上关系。又或者在校园网上以康师傅名义为同学们提供一些学习用的软件什么的。当然,如果要采取这些手段的话,只能由我们小组的成员自发去做,才能保证无成本。

经过这样的广告,其实就是把康师傅这个品牌加入了很多人文的气息,我们借助了康师傅本身形象给人的亲切温馨可爱的印象,在同学们的心里一点一滴地深入扩大,使消费者有首选康师傅方便面的理由。

2. 广告定位
(1) 诉求点:品牌大、味道好。
(2) 广告语:随时随地关爱你——康师傅方便面
(3) 广告媒体:(FLASH脚本)、(POP牌)

三、广告总策划

1. 广告目标:通过提高品牌形象扩大销售。预计中原工学院南区夏季销售量达到3 000箱(如果一箱方便面厂商大概纯盈利为8元,那么$8 \times 3\,000 = 24\,000$元)。

2. 广告时间:
(1) POP广告,广播,网络的广告时间为6月1日—6月30日
(2) 临时售点的户外广告为6月、7月
(3) 促销时间为6月1日—6月30日之间的每周五下午

3. 广告预算:

POP广告 100元

广播 100元

网络(含奖品) 200元

促销赠品 200元

临时售点 150/月$\times$2=300元

户外 100 元

总费用 1 000 元(预测波动价大概价位就在 1 000 到 1 200 元之间)

附:FLASH 广告脚本

4. 广告设计(略)

附件:

康师傅方便面市场调查问卷

您是否经常吃方便面? A 是　B 否　C 偶尔

您的首选方便面是什么品牌? A 康师傅　B 统一　C 白象　D 好劲道　E 今麦郎　F 福满多　G 华龙

您选此方便面的理由是什么? A 价钱　B 口味　C 品牌　D 分量　E 包装

您觉得康师傅的外包装如何? A 不喜欢　B 喜欢　C 一般

您觉得康师傅方便面的价钱是否合理? A 合理　B 不合理　C 可以接受

您认为您可以接受的方便面的价钱是多少? A 1 元以下　B 1~2 元　C 2~3 元　D 3~5 元

您觉得康师傅方便面的面量怎样?　　A 多　B 少　C 中等

您是从哪里了解康师傅的? A 电视　B 杂志　C 朋友　D 促销　E 网络　F 其他

您最喜欢康师傅方便面的哪种口味? 红烧牛肉面、香辣牛肉面、鲜虾鱼板面、香菇炖鸡面、西红柿打卤面、八宝肉酱面、椒香牛肉面、辣味八宝面、麻辣排骨面、麻辣牛肉面、酸辣牛肉面

第二节　营销策划文书

一、营销策划的含义

在市场营销中,把策划过程用文字写出来,这种营销策划方案就是营销策划书。通过营销策划,使企业在市场营销过程中达到获得利润的目的。企业能否成功地进行营销策划并实施,是企业经营成功或失败的关键所在。

二、营销策划书的内容和结构

营销策划书的结构要根据商品决定其内容,不同的商品,其营销策划的内容是不同的。一般情况下,营销策划书的基本结构包括以下几个方面:

(一) 前言

这是营销策划的开头部分,包括:策划的缘起、背景材料、问题点与机会点、创意的关键等,将以上内容作概括的说明。

(二) 市场状况分析。

市场状况分析包括以下内容:

1. 整个产品市场的状况。

2. 与其主要竞争品牌的销售量与销售值及市场占有量的比较分析。

3. 消费者的情况分析,包括年龄、性别、籍贯、职业、学历、收入、家庭结构的分析等。
4. 竞争品牌市场区隔与产品定位的比较分析。
5. 竞争品牌广告费用与广告表现的比较分析。
6. 双方公关活动的比较分析。
7. 公司产品的利润结构分析。
8. 公司过去几年的损益分析。

(三)产品策略

产品策略包括:
1. 新产品开发策略。
2. 产品生命周期策略。
3. 产品组合策略。
4. 产品包装策略。

(四)价格策略

价格策略一般包括以下五个方面:
1. 定价标准。
2. 制约定价的基本因素。
3. 定价的程序。
4. 定价的基本方法。
5. 定价策略。

(五)营销渠道策略

营销渠道策略包括营销渠道的选择策略和中间批发商的营销策略。

(六)促销策略

促销活动实质是一种沟通活动、激励活动,它具有沟通信息、创造需求、突出特点、稳定销售等四大功能。其中包括促销手段的选择和营业推广。

随着市场经济的不断深入和发展,市场形势更加变幻莫测,企业每时每刻都在面临着激烈的市场竞争。如何写作营销策划书,没有固定不变的模式,要紧密结合实际,学会灵活运用。

例文

佳洁士牙膏策划书

前言

始创于1837年的宝洁公司,是世界最大的日用消费品公司之一。2002—2003财政年度,公司全年销售额为434亿美元。在《财富》杂志最新评选出的全球500家最大工业/服务业企业中,排名第86位,并位列最受尊敬企业第七。宝洁公司全球雇员近10万人,在全球80多个国家设有工厂及分公司,所经营的300多个品牌的产品畅销160多个国家和地区,其中包括洗发、护发、护肤用品、化妆品、婴儿护理产品、妇女卫生用品、医药、食品、饮料、织物、家居护理及个人清洁用品。

佳洁士-节约牙膏是宝洁公司推出的新产品,为配合宝洁公司的牙膏市场推进计划,特进行本次广告策划,本次策划将为佳洁士-节约牙膏塑造独特的市场形象,并以全新的方式推向市场。

本次策划书的文本结构如下:

市场分析——牙膏中国品牌发展历程

产品分析——自身产品特点/对手产品特点

销售与广告分析

企业营销战略——企业目标与市场策略

企业广告策划——广告目标/广告对象和市场/广告策划主题/广告创意设计

广告媒介策略——公共关系策略——广告效果预测,评估——实施策略

一、市场分析

(一)牙膏中国市场品牌发展历程

1998年,全国牙膏产量达到28.07亿支,比1949年增长了133.6倍,2000年产量达到了36亿支,年人均使用量提高到了2.8支,有关专家预计,2005年中国牙膏产量将达到45亿支,2010年将达到54亿支。

近二十年来,中国牙膏市场大致经历了四个阶段:

第一阶段(1949—1992年):国内品牌三足鼎立

1949年到1992年期间,中华、两面针和黑妹三大国产品牌一直分享了中国庞大的牙膏市场。但三大品牌几乎没有正面竞争,各居一隅,分别占据着东部、南部和西部市场,相安无事。

第二阶段(1992—1996年):洋品牌小试牛刀

1992年,世界最大的牙膏品牌高露洁进入中国市场,1995年宝洁公司的佳洁士进入中国。在这一阶段,由于外国品牌的价格过高(约为国产品牌的3倍左右),他们仅仅进入了沿海大中城市的高端市场。

第三阶段(1996—2000年):洋品牌洗牌中国市场

外资品牌完全改变了中国牙膏市场格局:一方面通过收购国产品牌来取得市场份额和渠道,如联合利华从上海牙膏厂取得了中华和美加净的品牌经营权;另一方面通过出色的营销手段及价格调整,让大众接受自己。1996年,国内牙膏10强品牌中外资品牌仅占两席,到1998年已经增至四席,而2000年更是增加到了6席。而蓝天六必治、芳草、两面针等昔日国产名牌整体陷入颓势。

第四阶段(2000年—)中国牙膏品牌寻求突破

冷酸灵、田七、蓝天六必治等国内品牌在经历了一轮市场洗礼后,营销手段和品牌管理理念日渐成熟。他们避开与外国品牌的正面交锋,在中老年口腔护理和中草药护理等细分市场上大做文章,取得了不错的效果。

(二)现有市场竞争格局发展

1. 第一梯队优势明显

高露洁稳居榜首,佳洁士紧随其后,这两个品牌占据了市场份额大部。在人们的心目中,高露洁、佳洁士几乎成了牙膏的代名词。短短的几年中,这两个品牌已将国产老品牌远远抛离,成为了中国牙膏市场的主导品牌。而老品牌中华经过了联合利华重新品牌定位和包装之后,重焕光彩……

2. 二线品牌竞争激烈

冷酸灵、两面针、蓝天、黑妹等老品牌虽已风光不再,但凭借原有的品牌优势依然占据了一席之地,而不少国外品牌如 LG、黑人、安利也开始瞄准中国市场大力推广,由此造成了二线品牌的激烈竞争态势。从成长指标来看,新兴国外品牌可谓是后劲十足,发展前景良好。

(三) 消费者分析

牙膏虽然是一种家庭消费品,但随着国外品牌的进入,国内与国外品牌之间在消费群结构上开始出现差异。

国产品牌牙膏的主要消费群集中在低收入者以及中老年人;而年轻人或中高收入者则偏向于使用国外品牌的牙膏。造成以上差异的原因可能有以下两点:

1. 不同年龄段的消费习惯不同

对于中老年人来说,使用习惯是很难改变的,特别是对于一种使用了十几年甚至几十年的产品,老品牌早已根深蒂固,要想让他们接受新事物恐怕很难。

2. 中外品牌价格有差距

尽管高露洁等品牌在近几年产品线延伸到了各消费层,但相对于国产品牌来说,价格还是高了些许。对于一般的消费者来说,使用国产牙膏已经可以满足基本的清洁需求,也算得上是"价廉物美"了。

(四) 市场发展趋势分析

目前,彩电、空调等的价格战正打得如火如荼。其实国内牙膏的市场竞争一点也不亚于一些大件商品的竞争。两面针牙膏突然降价的消息在牙膏同行内就已掀起了风波。但面对两面针此次的降价行动,业内人士称牙膏市场暗战激烈,但整体价格却难波动。

中国牙膏市场长期以来被国有品牌所垄断。中华、黑妹、两面针等三大品牌一直以来分享了中国庞大的牙膏市场。

外资品牌面对牙膏这一高利润的行业,当然不甘心放弃这个共有 12 亿人口的大蛋糕,近一两年来,一下子冲出了几个外资品牌,如高露洁、佳洁士、洁诺等,其以巨大的广告费作为铺垫,誓要与国产品牌争高低。

中国消费者的健康观念在不断地改变,对自己及家人的照顾从口腔开始的广告信息不断充斥影响个人的消费购买行为,从以往单一清洁牙齿的工具到补钙的、防酸的、防蛀的,各种各样名目的新牙膏产品如雨后春笋般涌现,令人一时眼花缭乱。中国市场从原来的三国鼎立的局面一下子被划分的七零八落,出现了各品牌重新洗牌的现象。

牙膏市场价格战是否打起来现在还是未知数,广告战已是不争的事实。据央视调查咨询中心对全国 340 多个电视频道的监测所得,2000 年 1—5 月牙膏电视广告总投放量为 38 932 万元,比上年同期增长了 37%。

前几年,整个中国牙膏市场基本被国产的几个品牌所划分,但据统计,1999 年 1—5 月牙膏电视总投放量为 28 326 万元,中华、两面针、冷酸灵、黑妹、六必治等几个品牌的广告投放量只占总广告量的 32%,外资品牌的佳洁士、高露洁等广告投放量占 42%。因为国产品牌受到合资品牌的外来压力,为了巩固已有的市场份额,争夺战一触即发,2000 年 1—5 月各国产品牌的电视广告费用都有所上升,由于中华与联合利华兼并,广告费比上年同期猛增接近 6 倍。在此期间,中华中草药牙膏以 5 773 万元的广告费高居各产品之首。

从媒体选择来看,国产牙膏相对比较集中在中央台,全国各省的投放面也相对松散,采取一网打尽的广告投放方式。但中华、两面针、黑妹等几个国有品牌唯独在北京、上海地区1999年1—5月基本没有广告投入,这是其他一些外资品牌所没有的。是否就是自己的领地就自顾不暇呢?而面对合资品牌的广告疯狂入侵,2000年1—5月在以上地区相对有所增加。特别值得一提的是,中华一改以往作风,在上海地区2000年1—5月已投入500多万元,北京地区投入220多万元。

广西柳州的两面针和广州的洁银牙膏是国内最早打响中药护牙概念的产品,但前者发展较快。两面针中药牙膏依然是近段时间广告首推产品。1999年1—5月这一产品已投入了近450多万元。但面对中华中草药牙膏的强劲推出,两面针不敢怠慢,迅速推出两面针强效中药牙膏加入竞争,2000年1—5月的广告投入了1852万元,但面对中华中草药牙膏的庞大广告冲击,又显得是有心无力了。但其他的外资品牌暂没有涉足中草药这一领域,多以防蛀、全效、超白等特点作为广告卖点。

报纸作为第二大的广告媒体,各牙膏品牌却显得不屑一顾。据央视调查咨询中心对全国380多份报刊的监测所得,1999年1—5月只有高露洁一个品牌高唱独角戏,在报刊投入广告费达262万元,其它牙膏品牌基本没有投放广告。此局面维持到了2000年1—5月出现了新的改变。两面针、中华等牙膏品牌象征性地投入了几十万元,也算占了一席领地。面对其他品牌的加入,高露洁不但没有加入广告战,反而比上年同期节约了50%的广告费,令人费尽思量。另一合资品牌佳洁士依然按兵不动。据统计,2000年1—5月牙膏的报刊广告总投放费用是338万元,占电视的0.9%,显得微不足道。

面对此次风波,牙膏同行众多品牌表示不跟进,靠单一的降价来换取销售量的上升,是极其危险的营销手段。有关人士指出,在消费层次多元化,消费观念国际化的今天,会有越来越多的人接受价高质优的观念,国内品牌在以优质价廉稳住广大实惠消费群体的同时,也不要把高消费群体市场消极放弃。

(五)未来产品发展趋势

几年前,国外品牌的进入从根本上改变了中国牙膏市场的竞争格局,今天,这些已经奠定了坚固市场根基的国际品牌依然保持着旺盛的生命力,而又一批国外品牌也来到了中国,准备掀起新一轮的竞争。相比之下,国产品牌则显得后劲不足。在今后的牙膏市场中,上演的应该是国外品牌之间的争夺,市场份额将被重新划分。

二、产品分析

(一)佳洁士-节约牙膏分析

我公司为回报广大消费者,特生产出一款牙膏,外型设计独特,牙膏口是其他产品的1半。牙膏是液体,容易粘在牙刷上,这样的设计为了便于消费者使用,也便于消费者养成节俭的习惯。我们的这款牙膏有水果香型、薄荷型,能24小时全天为您服务,白天让您口气清新,散发自信的魅力,夜晚它会为您消灭牙齿中的病菌,维护您牙齿的健康,有各种克数的牙膏为您服务。

(二)竞争对手牙膏分析

1. 两面针牙膏

薄荷香型预防:牙本质过敏、牙周炎、牙痛,120克

水果香型预防:消炎、止痛、牙龈出血,180克

冰凉薄荷型预防:清除牙垢、使牙齿洁白、全新易挤软管,120克

天然水果香型预防：牙周炎、口腔异味、脱敏防蛀，100克
清爽薄荷预防：缓解牙本质过敏、牙龈出血、牙痛、口腔异味、止血，120克
水果香型预防：清新口气、牙痛，180克

2. 中华牙膏

长效防蛀预防：防蛀、坚固牙齿，170克清新口气
中草药预防：发炎、蛀牙、口腔溃疡，120克清新口气
长效防蛀预防：坚固、120克清新口气
精装全效预防：含氟、钙、强齿素CAGP、坚固、拒绝蛀牙，100克口气清新

3. 蓝田六必治牙膏

绿茶预防：抑治口腔病菌、阻止牙菌斑生成、清热去火除口臭，冰茶茉莉香型
生物酶预防：口腔菌平衡、防止口腔牙周疾患、修复组织、抑制出血
中草药预防：口腔炎症、牙龈出血、疼痛、异味，水果香型
全效预防：口腔炎症、牙龈出血、肿痛、口臭、牙齿过敏、口腔溃疡，冬青薄荷型

4. 黑人牙膏

水清新富含氟化物、晶莹蓝色膏体、蕴涵法国天然香水、独有水拧清新分子

三、销售分析

（一）宝洁公司的知名度、美誉度与企业形象

1988年宝洁公司在广州成立了在中国的第一家合资企业——广州宝洁有限公司，从此开始了宝洁投资中国市场的14年历程。为了积极参与中国市场经济的建设与发展，宝洁公司已陆续在广州、北京、上海、成都、天津等地设有十几家合资、独资企业。

14年来，宝洁公司一贯奉行"生产和提供世界一流产品，美化消费者的生活"的企业宗旨，在中国生产出了众多质量一流、深受消费者喜爱的产品。宝洁的飘柔、海飞丝、潘婷、舒肤佳、玉兰油、护舒宝、碧浪、汰渍和佳洁士等已经成为家喻户晓的品牌。迄今为止，宝洁在华投资总额已逾10亿美元，拥有约4 000名员工。自1993年起，宝洁公司连续9年成为全国轻工行业向国家上缴税额最多的企业。

宝洁公司历来崇尚消费者至上的原则，在中国也不例外。为了深入了解中国消费者，宝洁公司在中国建立了完善的市场调研系统。开展消费者追踪并尝试与消费者建立持久的沟通关系。宝洁公司在中国的市场研究部建立了庞大的数据库，把消费者意见及时分析、反馈给生产部门，以生产出更适合中国消费者使用的产品。

宝洁公司是一个创新型的现代化企业，一贯重视科学研究、技术开发及人才培养，注重产品质量及加速原材料本地化的进程。宝洁公司在全球建有19个大型技术研究中心，拥有8 300名科学技术研究人员，其中有2 000名具备博士学位的研究员。公司每年科研经费的投入在17亿美元以上，平均每年申请专利达20 000余项。在中国，为了使宝洁在技术上有更大的发展，宝洁与清华大学共同创建的全球第18个大型科研中心已于1998年4月在北京正式落成。这将确保利用宝洁全球的技术优势，研究开发先进的产品技术，创造设计出更适合中国消费者需要的产品。

公司高度重视人才培养，向员工提供了独具特色的培训计划，公司的目标是尽快实现员工本地化，计划在不远的将来，逐渐由国内员工取代外籍人员担当公司的中高级领导职位。

在争取尽早实现原材料本地化的进程中，宝洁公司积极帮助中国吸引外资，加速原材料工

业的发展。在宝洁的影响下,已有众多国际原材料供应商来华投资,宝洁与罗纳普朗克公司的合作就是其中的一例。

宝洁公司14年来一贯恪守"取诸社会,用诸社会"的原则,做有高度社会责任感的企业公民。近几年来,宝洁公司在中国已累计向社会捐助4 000多万元人民币,用于支持发展教育、健康、城建、环保、助残及赈灾救济等各项社会公益事业。例如:宝洁1996—1998年向希望工程累计捐款1 200万元,在全国27个省、自治区兴建了76所希望小学。1997年还向春蕾计划捐款50万元,支持女童教育,帮助她们重返课堂。

1998年4月,在宝洁公司董事长来华访问期间,宝洁向清华大学捐款1 070万元人民币,引进目前世界上最先进的实验仪器,帮助完善学校的教学实验设施及用于承担宝洁与清华大学共同合作的科研项目。同时向教育部捐款700万元人民币,用于支持中、小学青春期健康教育。此外,宝洁公司还向野生动物保护基金会捐款150万元人民币,以保护国宝大熊猫。

宝洁公司在中国14年所取得的成就得益于迅速发展的中国经济和日臻完善的投资环境,离不开中国各级政府和广大消费者以及社会各界的支持。宝洁将一如既往地为提高中国消费者的生活质量而不懈努力,同中国一起发展,一起繁荣,以实现宝洁的承诺:让我们尽心尽力,让每一天尽善尽美。

(二)宝洁公司的市场销售现状

1. 产品质量

佳洁士-节约牙膏,将以品质为第一位,为消费者生产出放心的商品

2. 价格定位

佳洁士-节约牙膏,2~4元不等

3. 渠道策略

佳洁士-节约牙膏,全国各地的大、中、小超市

4. 品牌定位

佳洁士比高露洁晚进入中国市场3年,一直处于步步落后的境地,近几年来,佳洁士和高露洁在中国的营销战更是到了白热化的状态。虽然和高露洁一样,佳洁士都是定位在了高端市场,但是与高露洁的专业形象不同的是,佳洁士将营销目标瞄准儿童,广告上频繁出现的是一张张儿童没有蛀牙的笑脸。通过在儿童心目中树立的良好品牌形象,来影响父母选择牙膏品牌。

四、主要品牌定位策略分析

(一)高露洁　高露洁一直占据着牙膏高端市场。近年来,由于人们生活水平的提高和消费习惯的改变,消费者对品牌的偏好程度加强,对价格的敏感程度下降,高露洁更是牢牢地占领了牙膏市场份额第一的位置。通过与中国牙防协会等医疗机构的合作,以及广告中身着白大褂的牙医对消费者的谆谆诱导,高露洁在中国消费者心目中树立起了牙科专家的品牌形象。

(二)中华　1994年,欧洲日化用品巨头联合利华公司和上海牙膏厂采取商标使用许可的合作方式,租赁了中华的商标使用权。联合利华很看重中华的品牌知名度和在中老年人群中的影响力。2001年5月,联合利华更换了中华牙膏的标识,并推出了各种不同口味的中华牙膏,使之消费群体向年轻化拓展。

(三)冷酸灵　冷酸灵是重庆市著名的牙膏品牌,它能在竞争激烈的市场中生存下来,当初的产品定位和广告宣传功不可没。冷酸灵的广告主题在很长时间里一直集中在向受众表

达,冷酸灵能解除牙齿遇到冷热酸甜后所遭受的痛苦。这使得冷酸灵品牌被牢固定位于药物牙膏上,并成为了这方面的第一品牌。20世纪90年代中期以后,在高露洁、佳洁士等品牌的大举进攻下,冷酸灵仍然坚持了已有的正确主题与定位,提炼出了一句带给受众直接利益的口号:想吃就吃,冷酸灵牙膏,进一步强化了产品的诉求点,从而守住了市场自己的市场份额。但可惜的是,其后来用坚忍不拔,作为冷酸灵的口号,以及大象篇、立起篇等广告策略的失败,让冷酸灵牙膏痛失了不少市场份额。

五、企业营销战略

(一) 营销目标

1. 短期目标

通过宣传令消费者认识此产品,并且购买。

2. 长期目标

令消费者对此产品拥有品牌忠诚度。

(二) 市场策略

1. 产品定位

让消费者节俭,从产品出发让消费者能做到节俭。

2. 诉求对象

单身青年和青少年。

3. 广告主题

"佳洁士-使节约"。

六、广告表现

(一) 非媒介

1. 针对青少年

(1) 用儿童作节约的各种宣传,把活动编成儿歌,歌颂节约美德。

(2) 在各小学树立节约美德,评选节约美德先锋队员(例如:颁发证书,奖品等)。

(3) 节假日儿童自己购买"佳洁士-牙膏"儿童装,可以半价购买(销售地点:各小学门口,公交车站)。

2. 针对青年

(1) 产品推出一段时间后,可以在指定日期可用旧牙膏换新牙膏。

(2) 可以定期搞优惠或兑奖活动。

(二) 媒介

1. 电视

(全国性)CCTV-1、CCTV-5、CCTV-6、CCTV-8。

(地方性)北京电视台、青岛电视台、哈尔滨电视台。

2. 报纸

(专业类)《中国经济报》、《少儿导报》等;

(综合类)《中国电视报》、《青年报》、《打工报》、地区性日报、地区性晚报等。

3. 杂志

(专业类)《销售与市场》等;

(综合类)《少男少女》、《读者》、《意林》、《青年文摘》等。

4. 户外广告

各个目标市场的路牌、灯箱和车身。

5. 媒体广告预算

报纸广告预算：10万元人民币

杂志广告预算：5万元人民币

电视广告预算：35万元人民币

户外广告预算：15万元人民币

合计：65万元人民币

七、公关营销策略

(一) 目的

公关营销的最终目的是提高企业效益，最高的目的服务公众，贡献社会。具体的目的是让公众了解宝洁，让宝洁了解公众，了解他们的真正需要，公众对产品的意见反馈和建议。

(二) 活动策划

1. 产品上市新闻发布会(以提倡节约新起点为主题进行，向公众宣布一种新起点的诞生)；

2. 牙膏试用(向目标市场的消费者发放10 000管牙膏，并记录下使用者的数据，宣传"提倡节约新起点"为主题。

八、效果预测、评估

售前：我们采用向消费者促销的方式。

售中：利用媒介和非媒介一起向消费者介绍"佳洁士-节约"牙膏。

售后：对广告效果进行整体评估。

九、附件

1. 电视广告脚本。

2. 消费者市场调查问卷。

3. "佳洁士-节约"牙膏电视广告脚本系列。

4. "佳洁士-节约"牙膏(儿童篇)。

第三节　专题活动策划文书

一、专题活动策划书的含义

专题活动主要指对外接待、参观、开业、庆典、新闻发布会、记者招待会、竞赛、捐助等大型活动。这种专题活动是为了达到一定的目的，在一个特定的时期、特定的场合下，使每一个人都能亲身体会到直接针对性的某种媒介刺激，这种直接性刺激是报纸杂志、广播电视等媒介所不可比拟的。

当企业有新产品问世、开张营业时，当组织声誉受损，受到指责、误解时，有针对性的专题公关活动是十分必要的。而活动策划书就是对上述这些活动所制定的行动计划的文书。

二、专题活动策划书写作的基本步骤

（一）确定主题

主题是整个策划的灵魂。主题是对活动内容的高度概括，是策划所要达到具体目的的主要理念，是统领整个活动、连接各个项目、各个步骤的纽带。专题活动要为广大公众接受，就必须选好主题。

活动的主题是多样的，它既可以是一句口号，如"为了千千万万个失学儿童"、"迎接奥运，爱我中华"等。主题看似简单，但设计难度很大，它既要虚拟、拔高，又不能空洞、口号化，必须贴近受众心理。

（二）确定日期

日期的选择一般较为灵活，策划人员首先要将日期和时间确定下来，以便作具体的时间安排，并将其列入组织计划中去。

（三）选择地点

策划人员在选择活动地点时必须考虑公众分布情况、活动性质、活动经费以及可行性等因素。

（四）通知参加者

要通知具体日程安排，如设计日程计划表，明确起止日期和公众宣传日程。

（五）费用预算

无论是举办什么活动，都要考虑成本问题。策划人员应计划如何用有限的资金支付各项费用，估计可能需要的各种支出，准备呈报上级批准。

总之，专题活动策划的基本要求是主题明确，内容具体；时机恰当，规模适中；形式新颖，组织周密；符合公众心理，赢得社会支持。

三、专题活动策划书的种类

当今社会各类专题活动层出不穷，相应的专题活动策划书也就应运而生，大致概括为：新闻活动策划书、社会赞助活动策划书、重大节日庆祝与庆典活动策划书等。

（一）新闻活动策划书

写作新闻活动策划书时应想到的 8 个问题：

1. 确定活动主题，认真审视会议将宣布什么？
2. 时间是否合适、地点是否便利、环境是否舒适？
3. 记者可能提出哪些问题？
4. 应邀出席者的范围与活动涉及的范围是否合适？
5. 是否为记者提供了较完备的信息资料？
6. 有关会务问题是否能够落实？
7. 整个活动进程安排得是否科学、缜密？
8. 会后工作是否准备就绪？

（二）社会赞助活动策划书

社会赞助活动是指社会组织通过对某一社会事业、事件无偿地给予资金或物质上的捐赠或赞助，以扩大组织的知名度和美誉度，使组织获得一定的形象传播效益的社会活动。社会组织所赞助的社会事业范围涉及体育、科技、文化、教育、社会慈善、社会福利、环保及人类和平事业等。

社会赞助活动策划书写作的基本步骤为：

1. 活动的前期研究

包括：妥善选择赞助的对象，确定赞助的主题，积极的社会意义及将要产生的影响，分析政策和目标，保证组织受益和社会受益，达到树立企业良好形象、扩大社会影响力、显示爱心、提高社会组织知名度和美誉度的目的。

2. 制订赞助计划

包括：赞助对象的范围、计划的预算、赞助的形式、赞助的宗旨等。

3. 整个活动的程序

包括：报请公司批准→提请有关方面赞同许可→成立专门活动组织进行操作→得到内部员工和企业的支持→获得资金→确定分配方案并予以实施→新闻传播→获得领导和专家在内的各方面好评。

（三）重大节日庆祝与庆典活动策划书

1. 重大节日庆祝与庆典活动的类型

（1）庆典活动。如国庆、校庆、厂庆、店庆、婚庆、开业典礼、奠基典礼等。

（2）纪念活动。如纪念"五四"活动、纪念党的生日活动等。

（3）剪彩仪式。如开业剪彩、开幕剪彩等。

（4）开放参观仪式。如展览馆开馆仪式、揭幕仪式等。

（5）联谊活动。如单位联谊、同学聚会、同乡聚会、军民联谊等。

一个单位或组织开展上述活动都要制定出活动方案。良好的策划方案，加上顺利的实施就能使活动圆满成功。

2. 写作重大节日庆祝与庆典活动策划的基本步骤

（1）选定主题

主题是对活动内容的高度概括，是整个策划的灵魂。要为广大公众接受，就必须选好主题。

（2）选定日期

除了固定的纪念日，日期的选择一般较为灵活，但策划时首先要将日期和时间确定下来，以便作具体的时间安排，并将其列入组织计划中。

（3）选择地点

选择地点时必须考虑公众分布情况、活动性质、活动经费以及活动的可行性等诸多因素。

（4）通知参加者

要将具体日程安排通知参加者，包括设计日程计划表，明确起止日期，明确每一天的活动项目。除节目内容和日期的安排外，许多时候同时也进行公众宣传方面的日程安排。

（5）费用预算

要计算好活动成本和各项费用支出，让有限的资金发挥最大的作用。

总之，写作重大节日与庆典活动策划时要明确庆典活动的目的意义，确定主题。要精心设计活动的形式和内容，要有独特的创意，避免落入俗套。

例文

"中国网通杯"2006（嘉兴）首届企业电子商务应用方案大赛策划书

嘉兴市电子商务服务中心是根据我市企业开展电子商务活动的需要而组建的，是我市中小企业服务体系建设的重要组成部分，主要为企业开展电子商务活动提供经常性的专业服务。

为落实"数字嘉兴"规划，鼓励企业积极开展电子商务，配合嘉兴市经济贸易委员会开展电子商务"企业@家"活动，提高嘉兴企业的电子商务应用的水平，也使国内的互联网爱好者拥有一个发挥自己才能的舞台，特举办"中国网通杯"2006中国（嘉兴）首届企业电子商务应用方案大赛。

本次大赛的参赛选手不限地区和年龄，以实战为主，命题和素材均由嘉兴市电子商务服务中心提供。欢迎嘉兴境内的中、小企业报名申请成为大赛实战的对象，大赛将免费为企业提供应用方案和制作网页，最终帮助企业建成网站，并取得ICP证书正式开通和运行。

一、大赛名称

"中国网通杯"2006中国（嘉兴）首届企业电子商务应用方案大赛

二、大赛宗旨

挖掘人才，相互交流，加强国内电子商务多边合作；

服务企业，提升形象，提高我市电子商务应用能力。

三、参赛对象

以嘉兴及周边地区网页制作爱好者、电子商务从业者及在校学生为主，按报名诉求提供实战命题和素材，作品初选入围后将由评审会和群众评议等多种形式公开确定奖第。全国各地有较好水平的作品也可提交参与。

四、组织单位

主办单位：嘉兴市经济贸易委员会
　　　　　嘉兴市信息产业局

冠名单位：中国网络通信集团公司嘉兴市分公司

承办单位：嘉兴市电子商务服务中心

协办单位：嘉兴市计算机应用研究所有限公司
　　　　　嘉兴市加捷网络技术有限公司

支持单位：相关网站、报纸、广电等媒体

设大赛组委会和评审会（名单另发）

五、参赛事项

本次大赛分电子商务应用方案的设计制作和应用策划两个层次，要求以具体企业为背景，最终实际应用为目的。

"参赛须知"和"评比条件"另发。

六、奖品设置

1."××"最佳静态网页设计

一等奖1名：价值2 000元

二等奖2名：价值600元

三等奖4名：价值300元

优秀奖若干人：颁发荣誉证书

2."××"最佳动画设计

一等奖1名：价值2 000元

二等奖2名：价值600元

三等奖4名：价值300元

优秀奖若干人：颁发荣誉证书

3."××"最佳中、小企业网站应用（含策划、推广等）方案

一等奖1名：价值2 000元

二等奖2名：价值600元

三等奖4名：价值300元

优秀奖若干人：颁发荣誉证书

4."××"最佳国字号行业电子商务网站设计

一等奖1名：价值3 000元

二等奖2名：价值800元

三等奖4名：价值500元

优秀奖若干人：颁发荣誉证书

（未获奖作品一经企业或嘉兴市电子商务服务中心采纳，也即致报酬；参赛者若参与维护，嘉兴市电子商务服务中心提供相应经费）

七、大赛日程

1. 大赛前期宣传及参赛者、实战企业报名（2006年3月8日至5月8日）；

2. 参赛选手网页设计和方案策划阶段（2006年4月8日至6月8日）；

3. 网上投票及专家评选阶段（2006年6月8日至7月8日）；

4. 颁奖，发放奖品（7月底）。

八、其他事宜

1. 经费筹措

（1）冠名单位提供10万元资金，确保大赛的基本运作等。

（2）协办单位各提供1至5万资金，确保大赛的奖品发放等。

（3）承办单位提供20万元资金，确保参加实战的百家企业的网站开通运行等。

冠名单位和协办单位的资金在协议（或协议附件）确认后的3个工作日内汇至嘉兴市电子商务服务中心（开户：上海浦发银行嘉兴支行；账号：86010154800000097）。

2. 大赛开辟专题网站

3. 其他未尽事宜，另行协商和发布

思考与练习

1. 尝试为某著名景区的宣传做一个广告策划。
2. 请对"用心相印纸巾,把海水吸干"这则纸巾广告做分析解读。
3. 请你为所在地方的一种特色食品做市场调查,写出营销策划方案。
4. 请为你所在地方的旅游产品写一份销售策划方案。
5. 利用业余时间对手机市场进行调查,写出销售手机的策划方案。
6. 以一个值得纪念的日子为题,如同学聚会、重大事件、节日,写出一份策划书,并模拟举办一次庆典活动。

第九章　财经文书

第一节　经济合同

一、经济合同的含义

合同,也称协议,旧称契约。司马光在《涑水纪闻》第九卷中就有如下记载:"武宁节度使王德用,自陈所置马得于马商陈贵,契约俱在。"

合同是当事人双方或多方为实现某种目的而协商同意订立的有关权利义务关系的文书,具有法律效力,广泛运用于社会生活的各个方面。

经济合同是以经济为内容的合同,是当事人双方或多方为实现一定的经济目的,通过平等协商,明确相互之间权利与义务而共同订立的一种具有经济关系的协议,是当事人表示见解一致的法律行为。

二、经济合同的主要特征

（一）合法性

《经济合同法》明确规定:"订立经济合同,必须遵守国家的法律,必须符合国家政策和计划的要求。"违反法律和国家政策、计划的经济合同是无效合同。只有按照国家的法令政策签订的合同才具有法律效力,才能受到国家法律的承认和保护。

签约的当事人可以是法人,即具有一定民事活动能力的组织机构。这个组织机构必须是依法成立的,并且具有独立支配的财产,能以自己的名义进行民事活动;也可以是自然人。《经济合同法》明确规定个体工商户、农村承包经营户也是签订合同的主体。

（二）约束性

经济合同是制约性文书,是为保证双方经济目的的实现而制定的双方必须遵守的协议,一经签订,双方必须如约执行,不得随意违反,否则要承担法律责任。如若双方权利与义务有所遗漏,可以签订补充修订协议书。

（三）平等性

签订经济合同的双方当事人,不论单位大小、级别高低,在协商时是平等的,在承担法律责任时,其法律地位也是平等的。一方不得将自己的意志强加给另一方。一方以胁迫手段订立的合同无效,因此而造成的损失应予赔偿。

（四）自愿性

经济合同中的一切条款,都必须在当事人双方经协商达成一致的意愿后才能写入,未取得一致意见的条款不能写入。绝不允许一方把自己的意志强加给另一方,任何单位和个人也不得非法干预。若一方以欺诈、胁迫的手段或者乘人之危,使对方在违背自己的意愿的情况下订立的合同,受损害方有权请求人民法院或仲裁机构变更或者撤销合同。

(五) 诚信性

双方当事人在行使权利、履行义务时应当诚实守信。不得有欺诈行为,否则合同无效;如受害方已履行合同,可要求人民法院或者仲裁机构变更或者撤销。

(六) 履约性

为了达到双方各自的经济目的,双方都必须享有要求对方履行义务的权利同时也应该承担保证对方权利实现的义务,且明显表现为甲方的权利就是乙方的义务,反之亦然,如收货交货、付款收款等。

三、经济合同的种类

经济合同的种类,可以根据不同的标准分成不同的类型。

(一) 根据经济合同的表达形式可以分为口头经济合同与书面经济合同。

口头经济合同是双方经过口头对话就可以钱货两清的"君子协定"。

书面经济合同是经当事人双方协商一致,但又不能及时清结,需要用文字形式记载下来予以表示的协议。根据《经济合同法》的规定,凡不能及时清结的经济合同,均应采用书面形式。

(二) 按有效期限分为长期经济合同、短期经济合同和一次性经济合同。

(三) 按照经济合同书面表现形式,分为条款式经济合同、表格式经济合同、表格和条款组合式经济合同。

(四) 按内容和性质分,根据我国《经济合同法》第八条规定,经济合同的种类主要有买卖合同、购销合同、建设工程合同、承揽合同、运输合同、租赁合同、融资租赁合同、保管合同、仓储合同、借款合同、供用电、水、气、热力合同、技术合同、居间合同、行纪合同、赠与合同等。

1. 买卖合同

买卖合同,是指平等主体的当事人协商签订的由一方转移标的物的所有权于他方,他方受领该标的物并支付相应价款的合同。简单地讲,就是出卖人转移标的物的所有权于买受人,买受人支付价款的合同。在买卖合同中,移转标的物所有权的一方称为出卖人(卖方),受领标的物并支付价金的一方称为买受人(买方)。买卖合同是调整买卖行为的合同形式。

2. 购销合同

购销合同是买卖合同的变化形式,它同买卖合同的要求基本一致。主要是指供方(卖方)同需方(买方)根据协商一致的意见,由供方将一产品交付给需方,需方接受产品并按规定支付价款的协议。

3. 建设工程合同

建设工程合同,又称为建筑安装工程承包合同,是发包人与承包人之间为完成商定的建设工程项目,确定双方权利和义务的协议。习惯把合同中的当事人称为发包方(甲方)和承包方(乙方)。

4. 承揽合同

承揽合同,是指当事人一方按他方的要求完成一定工作,并将工作成果交付他方,他方接受工作成果并给付酬金的合同。提出工作要求,按约定接受工作成果并给付酬金的一方是定作人;按指定完成工作成果、收取酬金的一方是承揽人。

承揽合同的承揽人可以是一人,也可以是数人。在承揽人为数人时,数个承揽人即为共同承揽人,如无相反约定,共同承揽人对定作人负连带清偿责任。

5. 运输合同

运输合同又称运送合同,是承运人将旅客或货物运到约定地点,旅客、托运人或收货人支付票款或运费的合同。其特征有:运输合同是有偿的、双务的合同;运输合同的客体是指承运人将一定的货物或旅客到约定的地点的运输行为;运输合同大多是格式条款合同。

6. 租赁合同

租赁合同是指出租人将租赁物交付给承租人使用、收益,承租人支付租金的合同。交付租赁物的一方为出租人,接受租赁物的一方为承租人,被交付使用的财产即为租赁物。租赁物须为法律允许流通的动产和不动产。租赁合同写明租赁物的名称、数量、用途、租赁期限、租金及支付期限和方式、租赁物维修等条款。租赁期限不得超过20年,合同期满可以续订,续订合同也不得超过20年。

7. 融资租赁合同

融资租赁合同是出租人根据承租人对出卖人、租赁物的选择,向出卖人购买租赁物,提供给承租人使用,承租人支付租金的合同。它涉及三方当事人(回租租赁形式除外):出租人、承租人、供货商。在这里供货合同与租赁合同的紧密结合形成完全意义上的融资租赁合同。

融资租赁合同的内容包括租赁物名称、数量、规格、技术性能、检验方法、租赁期限、租金构成及其支付期限和方式、币种、租赁期届满租赁物的归属等条款。

8. 保管合同

保管合同是保管人有偿地或无偿地为寄存人保管物品,并在约定期限内或应寄存人的请求,返还保管物品的合同。

9. 仓储合同

仓储合同是保管人储存存货人交付的仓储物,存货人支付仓储费的合同。合同用仓单来体现。仓单应包括以下事项:存货人的名称和住所;仓储物的名称、数量、质量、包装、件数和标记;仓储的损耗标准、储存场所、储存时间;仓储费;仓储物已经办理保险的,其保险金额、期间以及保险人的名称;填发地和填发日期。保管人在仓单上盖章。

10. 借款合同

借款合同是当事人双方为借贷一定数额的货币而明确相互权利义务关系的协议。它又称借贷合同、贷款合同。其中,提供货币的一方称贷款人,受领货币的一方称借款人。

11. 供用电、水、气、热力合同

供用电、水、气、热力合同是当事人约定,一方在一定期限内供给一定种类、品质和数量的电、水、气、热力予他方,而由他方给付价金的合同。供用电合同上要写明供电方式、质量、时间,用电量、地址、性质,计量方式,电价、电费的结算方式,供用电设施的维护责任等条款。供用水、气、热力的合同,可参照供电合同的规定。

12. 技术合同

技术合同是当事人就技术开发、转让、咨询或者服务订立的确立相互之间权利和义务的合同。

13. 居间合同

居间合同是居间人向委托人报告订立合同的机会或者提供订立合同的媒介服务,委托人支付报酬的合同。其中报告订立合同机会或者提供订立合同的媒介服务的一方为居间人,给付报酬的一方为委托人。

居间的早期形式,我国西汉时期就存在,民间将居间人称"牙行"、"牙纪",亦称"互郎"。居间产生的初衷是当事人双方在进行交易时,对对方不了解,需要中间人介绍来促进双方交易。久而久之,就产生居间合同,介绍人和需要介绍的人用合同的形式确定双方的权利和义务。居间人是指促进交易双方成交而从中取得报酬的中间人。

14. 行纪合同

行纪,在法律上也称为经纪,又称牙行,是指以自己的名义为他人从事动产和有价证券买卖或者其他商业交易,而收取报酬的(营业)经营活动。不动产买卖通常不在行纪的交易范围内。

行纪合同又称信托合同,是行纪人以自己的名义为委托人从事贸易活动,委托人支付报酬的合同。其中,接受委托以自己名义从事一定贸易活动的称为行纪人;委托他人为自己从事一定贸易活动给付报酬的当事人称为委托人。

15. 赠与合同

赠与合同是赠与人将自己的财产无偿给予受赠人,受赠人表示接受赠与的合同。

四、经济合同的主要条款

经济合同的主要内容是指经济合同当事人之间的权利和义务。具体到每一个经济合同法律关系中,就是经济合同当事人确定相互权利义务关系的各项条款。它是经济合同的有效条件,缺任一内容合同不成立。

根据经济合同法的规定,经济合同的内容主要条款如下:

(一)标的

标的本是靶子,引申为目标。经济合同中的标的是合同法律关系的客体,是当事人权利和义务关系共同指向的对象,如:买卖合同中的货物、租赁合同中的租赁物、建筑工程合同中的工程项目,借款合同中的款,就是标的。对标的规定要明确。例如购销合同中要明确产品的名称、规格、型号等,切忌含糊不清。否则,容易引起合同纠纷,造成经济损失。

(二)数量

经济合同的标的在数量上应明确计量单位、正负尾数、合理磅差、损耗标准等。其中计量单位和数字必须写清楚。因为数量直接影响到当事人的权利和义务。

(三)质量

经济合同对标的质量应有具体明确和详细的规定。质量是产品内在品质的要求和外表形态的统一,极易产生合同纠纷。因此质量是按国家标准、专业标准、地区标准来执行,还是按双方当事人协商一致的标准来执行,都要写清楚。有的产品还需要规定质量检验的方法和地点。

（四）价款或者报酬

价款是为取得对方产品而支付的代价；报酬是指为获得对方的劳务或智力成果而付出的代价。价款和报酬简称为价金。签约时必须在产品价款或劳务的报酬上协商一致，并写明数目和结算货币名称、结算方式、付款方式、付款期限，注明是否给付定金及金额，开户银行名称及账号等。

（五）履行期限，地点和方式。

履约期限应明确具体。工业品应写明交货月份或季度，不要写得太笼统。农副产品交货期要考虑到季节性和产品性质的要求。确定履行期限时要考虑到履行的可能，无法按期履行的宁可不签约，也不要拖期，有时拖期不仅要被罚款，而且会给对方造成经济损失。

履行地点要写清楚，因地点不清曾发生过把洛阳的货物发运到沈阳的事故。包装材料和方法应做出规定。

履行方式因合同性质不同而不同。签约时要将合同是一次履行或分期履行、可否由他人代为履行等规定清楚。

（六）违约责任

违约责任又叫经济责任，是对不按合同规定履行义务的制裁措施。合同中应规定当事人违约，根据何种法律承担责任，或依法商定应承担的违约责任。责任条款是促进履约的重要保证。目前有些合同不写责任条款，违约后又推脱责任，这是应该注意的。

（七）解决争议的方法

解决争议的方法是指合同在履行过程中发生合同纠纷而采取解决的方法。解决争议的方法有和解、调解、仲裁、诉讼，可供当事人选择约定。

（八）其他必要的条款

其他必要的条款是指根据有关法律规定或具体经济合同的性质必须具备的条款，或者当事人一方要求另一方同意规定的条款。如：仓储合同中所涉及的损耗问题等。

这类条款通常有三种情况：第一种是按照有关法律规定必须具备的条款，第二种是按照合同性质应规定的特有条款，第三种是当事人一方要求规定的某些条款。

五、经济合同的格式

经济合同的格式也称合同纸格式，是指经济合同的构成要素按一定的顺序组合而成的体系形式。

（一）经济合同的构成要素

经济合同的构成要素不像公文那样有严格的规定，它一般包括以下几个要素：

1. 标题

标题是用来提示合同的性质、种类，它由事由和文书名称两部分构成。如："购销合同"、"租赁合同"、"工程设计协议书"，其中"购销"、"租赁"、"工程设计"是事由，"合同"、"协议"是文书名称（习惯称为文种）。

2. 当事人名称

当事人名称或代理人姓名是指订立合同的单位名称和代表人，要写全称，可以用括号附注简称。

为正文叙述方便,当事人可用"甲方"、"乙方"或"供方"、"需方"等代称。

3. 订立合同的编号、地点和日期

合同的编号是为了日后查找,订立合同的地点,关系到发生合同纠纷时申请仲裁、起诉要在何地进行的问题,订立合同的日期是指合同的生效期。如:

农副产品买卖合同

供方:
需方:
合同编号:
签约地点:
签约时间:　　年　　　月　　　日

4. 正文

经济合同的正文包括缘由和主体。

缘由是正文的开头,是双方当事人订立合同的依据、目的、范围和经过。如:"根据《中华人民共和国经济合同法》规定,经过平等协商,愿依照《借款合同条例》和贷款方的有关贷款办法签订本合同,以资共同遵照执行。"缘由也可只写经过,如:"经过供需双方的协商,特签订本合同,共同遵守。"

正文是经济合同的核心部分,合同条款都要明确地写出来,不可遗漏。

5. 附则

附则是对经济合同本身的说明。如:合同的有效期,条款未尽事宜的处理办法,合同的份数和合同的保存等。

6. 生效标识

(1) 签字盖章是合同订立完成和有效的标识,是当事人负责的法律依据。合同要有代表人签字,印章必须是法人单位印章或合同专用章。有的合同还需鉴证机关、双方主管机关审批。

(2) 当事人的住所、电话号码、电报挂号、开户银行及账号、邮政编码等都要交代清楚。

(二) 经济合同的格式

经济合同的表现形式主要是表格式、条款式和表格条款式。

1. 表格式

表格式经济合同,是把某些合同关系必然涉及、必须明确规定的内容设计印制成固定的表格,当订立这些合同时,按表格项目一一填写就可以了。表格式合同可以防止经办人员因大意而疏漏条款,也便于管理检查、汇总统计,但在填写表格时也同样不可大意,要求词语准确,内容表达得明确清楚,数字精确无误。

2. 条款式

条款式合同是用文字叙述的形式,把双方协商一致同意的合同内容,一条一条地记载下来。一般内容特殊又复杂繁多或不常用的经济合同用条款式来撰写,如建设工程合同等。为了加强经济合同的管理,国务院决定从1990年10月起在全国逐步推行经济合同示范文本制度,凡有示范文本的合同都要按示范文本的规格印制合同纸,用以签订合同。

3. 表格条款结合式经济合同

把条款式合同和表格式合同结合起来,既有文字叙述的条款,又有固定的表格,使用机动灵活,运用范围广。

六、经济合同写作的注意事项

(一) 注意经济合同与协议和一般民事合同的区别

1. 经济合同与协议的区别

经济合同与协议既有共同点,又有区别处。经济合同具有明确、详细、具体和违约责任的特点;协议的特点是没有具体标的,简单、概括、原则,不涉及违约责任。协议是签订合同的基础,合同又是协议的具体化。因而区别这一概念,不能只从名称上来区分,应根据其实质内容来确定。如果协议的内容写得比较明确、具体、详细、齐全,并涉及违约责任,即使其名称写的是协议,也是合同;反之,则是协议。

2. 经济合同与一般民事合同的区别

经济合同的主体主要是法人;民事合同的主体主要则是公民个人,一般情况下,公民权与社会组织之间订立的合同是民事合同。经济合同的客体包括生产资料和生活资料;民事合同的客体也包括生活资料,但它只包括满足公民个人自身所需要的那部分资料。经济合同当事人之间发生合同纠纷时首先协商,协商不成时,任何一方可以到有管辖权的仲裁机关申请调解或仲裁;民事合同纠纷则可以不经仲裁程序,直接到人民法院提起诉讼。

(二) 内容要合法、具体

经济合同的内容必须符合《中华人民共和国经济合同法》规定的三项基本原则:一是必须遵守国家的法律,必须符合国家政策;二是任何单位和个人不得利用合同进行非法活动,扰乱经济秩序,损害国家利益和社会公共利益,牟取非法收入;三是必须贯彻平等互利、协商一致、等价有偿的原则。

经济合同的内容必须写得具体,才能表达得明确。当事人各方在经济合同履行中一旦对合同中的文字理解不同,就会各自朝着有利于减少自身义务、增加自身权利的方向解释,但合同文书又不能提供法定的解释。如甲地毛线厂向乙地畜产品公司订购羊毛,每吨×元,合同标的、品种、质量都未写具体,到货时毛线厂发现羊毛有粗有细,质量不一,拒收。需方认为他们需要的是细羊毛,不是粗羊毛。这种羊毛不值×元一吨。供方则认为,合同要求的是羊毛,到货的都是羊毛,每吨×元是供货的平均价。由此发生纠纷。

笼统含糊也是不具体、不明确的表现。如有的合同的违约责任这样写:"若违反合同就追究违约责任"。怎么"追究","责任"有多大,都空洞含糊,违约金额的确定就没有根据。又如"按需方要求均衡供货",什么叫"均衡",到底什么时候供什么货、供多少货都不具体。

协议内容要合法,合同内容要具体是经济合同正确履行的要求。

(三) 结构要完整,条款要完备

经济合同必要的构成要素不能残缺,特别是主要条款不能遗漏。残缺不全的经济合同在法律上常常是无效的,或部分无效;遗漏了主要条款的经济合同引起的纠纷,常常难以处理。如有些订货合同、承揽合同,格式过分简单,只有需方的要约,而无供方的承诺。缺少违约责任的合同更是常见,如上海某厂两年间签107份采购合同,其中93份近87%的合同没有违约责任,42份销货合同全部没有违约责任。这样的单位并非个别,一旦引起纠纷,就没有解决的依据。

构成要素的完整是经济合同内容规范化在书面上的表现,所以合同的结构必须完整。

(四)语言要斟酌

经济合同是法律文书,订立后不能随便改动;经济合同又是经济文书,直接与当事人的利益有关。所以合同中的文字就特别需要斟酌推敲,签订合同要求内容要具体,也是通过斟酌推敲来达到的。那些在订立合同时不讲究文字的人,当履行中发生纠纷时,几乎对每个字都能推敲出意义来。例如×公司向×县氮肥厂订购化肥,合同中规定:"需方不按期到厂提货满一个月以上,需付堆积费、短途运输费等。"后来就因为这个"等"字发生纠纷。供方认为"等"字表示还需付给保管费、损耗费。需方认为"等"字不包括其他费用。因对合同表达的文字理解不同产生歧义而发生纠纷的案例不少,所以斟酌首先要消除歧义。

另外,标点符号马虎也会引起歧义。如,"甲方为乙方生产螺丝螺帽垫圈等零件三种主要设备由乙方提供"。后来甲方认为是"……等零件三种,主要设备由乙方提供",并指出主要设备需要提供五种。乙方则认为是"……等零件,三种主要设备由乙方提供"。可见合同中的标点也应十分重视。

最后,合同中涉及"价款和酬金"时,为了避免歧义,必须大写。

例文

苹果购销合同

合同编号:

需方(甲方):＿＿＿＿县＿＿＿＿区供销社

供方(乙方):＿＿＿＿县＿＿＿＿区＿＿＿＿乡＿＿＿＿村＿＿＿＿组

签订地点:

双方经协商一致,订立本合同,共同信守下列条款:

1. 品名、数量、交货时间、地点。
2. 品质规格:按照有关主管部门确定的标准及双方协商,乙方应将好果卖给甲方。
3. 价格:由甲、乙双方协商一致确定。
4. 交货办法:在合同规定日期内,柑橘成熟后具体商定交货日期和日交量,做到有计划采收。
5. 验收办法:按国家规定的散果或成件果验收办法,在收购点过秤前抽样验收。
6. 价款结付:甲方按实收数量、等级在＿＿＿＿日内(除扣回订金、扶持资金外)全部付清。延期按银行同期存款利息付息。
7. 费用负担:交货前由乙方自理。如超过合同规定交货地点收货,其超里程运费,由甲方负担。
8. 其他:

9. 双方的责任：乙方应努力提高产量、质量，按采收计划按时、保质、保量完成合同任务后，才能自行处理多余产品。如遇人力不可抗拒的灾害影响合同的执行时，应在十月二十日前提出协商修改合同。甲方，不得少收或不收，做好生产采收技术指导。

10. 违约处理：任何一方违反合同，按合同总值处以_____％违约金赔偿另一方损失，并按《合同法》及有关法规处理，如发生争议，任何一方都可向人民法院起诉。

11. 本合同自双方签字之日起生效，履行完毕作废。此合同一式正本二份，双方各执一份。

甲方单位：_____（盖章）　　乙方单位：_____（盖章）
经办人：_____（签字）　　　　　　　　经办人：_____（签字）
地　址：_____　　　　　　　地　址：_____
电　话：_____　　　　　　　电　话：_____
开户银行、账号：_____　　　开户银行、账号：_____

　　____年____月____日　　　　　　　　　　____年____月____日

第二节　招标与投标文书

在商务活动中，招标与投标是国际通行的交易形式。随着我国经济持续、稳定地发展，招标与投标这种现代商业活动日益显示出其重要性。中国改革开放后，许多大型项目面向全球招标；与此同时，国内有实力的公司也积极参与国际项目的竞争并屡屡中标。例如三峡工程设计安装的 26 台 70 万千瓦水轮发电机组向国际招标，结果分别由国内的东方电机股份有限公司和哈尔滨电机厂有限责任公司、法国的阿尔斯通水电公司中标；2004 年在德国科隆市政府和亚琛市政府的一次滚筒洗衣机大批量采购招标过程中，海尔集团生产的滚筒洗衣机经过多轮竞争，最终一举击败了 Candy-Hoover、Beko、LG、Merloni-Indesit、Beko 等著名国际品牌，在激烈的竞争中脱颖而出，赢得了两市市政府的 3 000 台生产订单。为了使招标与投标活动规范、有序，1999 年 8 月 30 日第九届全国人民代表大会常务委员会第十一次会议通过了《中华人民共和国招投标法》（以下称《招标投标法》）。《招标投标法》规定，凡在中华人民共和国境内进行下列工程建设项目包括项目的勘察、设计、施工、监理以及与工程建设有关的重要设备、材料等的采购，必须进行招标：

1. 大型基础设施、公用事业等关系社会公共利益、公众安全的项目；
2. 全部或者部分使用国有资金投资或者国家融资的项目；
3. 使用国际组织或者外国政府贷款、援助资金的项目。

一、招标与投标的含义

（一）招标

是指由买方或项目建设单位发出公告，明确提出拟购商品或拟建项目的有关条件和要求，征召卖方或承包商等合作对象在指定的时间、地点，按照一定程序前来投标的一种经济行为。

（二）投标

是指卖方或承包商等在指定的时间和地点，按招标方在标书中所提的条件和要求，以填具招标单的形式向招标人发盘，争取中标的经济行为。

二、招标与投标的意义

根据《招标投标法》第八条，招标人的身份是依照本法规定提出招标项目、进行招标的法人或者其他组织。通过招标使招标单位扩大了选择投标方的范围，从而获得理想的招标效果。招标投标是分配社会资源的重要手段，通过招投标发挥竞争机制作用，在投标者中优中选优，将社会资源分配给管理好、技术强的企业，自身也能降低成本，提高功效。对投标企业而言，要紧盯市场，强化内功，加强管理，提高技术水平，才有可能多中标、中好标。招投标模式是市场经济下的一种较为规范的运作方式，它摒弃了暗箱操作的积弊，是计划经济向市场经济转变的重要步骤。具体而言，招标与投标有以下几方面的意义：

（一）推行招投标制基本形成了由市场定价的价格机制，使招标项目的价格更加趋于合理。

推行招投标制最明显的表现是若干投标人之间出现激烈竞争（相互竞标），这种市场竞争最直接、最集中的表现就是在价格上的竞争。通过竞争确定出招标项目的价格，使其趋于合理或下降，这将有利于节约投资、提高投资效益。

（二）推行招投标制便于供求双方更好地相互选择，使招标项目的价格更加符合价值基础，进而更好地控制项目的造价。

由于供求双方各自出发点不同，存在利益矛盾，因而单纯采用"一对一"的选择方式，成功的可能性较小。采用招投标方式就为供求双方在较大范围内进行相互选择创造了条件，为需求者（如建筑单位、业主）与供给者（如勘察设计单位、施工企业）在最佳点上结合提供了可能。需求者对供给者选择（即建设单位、业主对勘察设计单位和施工单位的选择）的基本出发点是"择优选择"，即选择那些报价较低、工期较短、具有良好业绩和管理水平的供给者，这样即为合理控制工程造价奠定了基础。

（三）推行招投标制有利于规范价格行为，使公开、公平、公正的原则得以贯彻。

我国招投标活动有特定的机构进行管理，有严格的程序必须遵循，有高素质的专家支持系统、工程技术人员的群体进行评估与决策，能够避免盲目过度的竞争和营私舞弊现象的发生，使招标项目的价格形成过程变得透明而较为规范。

（四）推行招投标制能够减少交易费用，节省人力、物力、财力，进而使工程造价有所降低。

我国目前从招标、投标、开标、评标直至定标，均有一些法律、法规规定，已进入制度化操作。招投标中，若干投标人在同一时间、地点报价竞争，在专家支持系统的评估下，以群体决策方式确定中标者，必然减少交易过程的费用，这本身就意味着招标人收益的增加，对招标项目的造价必然产生积极的影响。

三、招标与投标的原则

《招标投标法》第五条明确规定：招标投标活动应当遵循公开、公平、公正和诚实信用的原则。

公开，是指招标投标的程序应有透明度。如招标人将招标信息公布于众。招标人的全称、地址、联系方式、招标项目的具体内容等信息都要一并披露。开标的过程必须公开进行,中标的结果通知所有的投标人等。

公平,是指招标人和投标人的权利义务是平等的。当事人双方是平等的民事法律关系主体,享受对等的权利,承担相应的义务。

公正,是指所有的投标人在招标投标活动中享有平等的权利。不得对投标人实行歧视待遇。所有投标方均享有同等的中标机会,招标方不得故意设置特别限制条款以达到阻止某些投标方参与的目的。

诚实信用,是民事活动的基本准则。无论是投标人和招标人都应诚实守信,以善意的方式履行其义务。特别是投标人,必须要具有相应的资质、业绩等,有符合招标文件要求的能力,不得以欺骗或虚假手段投标。

为真正落实上述原则,《招标投标法》规定,依法必须进行招标的项目,其招标投标活动不受地区或者部门的限制。任何单位和个人不得违法限制或者排斥本地区、本系统以外的法人或者其他组织参加投标,不得以任何方式非法干涉招标投标活动。

四、招标与投标的程序

一般包括准备阶段、招标阶段、开标阶段和中标、订立合同等几项程序。以物业管理招标投标为例:

(一) 准备阶段

1. 选择招标方式

是公开招标还是邀标、议标。

2. 成立招标领导小组

在政府物业管理行政主管部门指导下,由业主方(如房地产开发商或业主委员会)成立招标领导小组,小组成员由业主方派出,也可聘请有关部门人员和物业管理专家参加。通常还委托招标代理机构(如物业管理招投标有形市场)来具体实施招标工作。

3. 确定招标项目、招标指导思想及原则

4. 编写招标书

招标书的主要内容有:

(1) 拟招标的物业基本情况。包括占地面积、建筑面积、房屋类型与数量、公用设施、场地情况等。

(2) 物业管理内容。包括基础服务管理、特殊要求管理,还有专项管理。

(3) 对招标的有关说明。如物业管理委托期限,物业移交日期,给物业管理提供的条件(如提供管理用房、商业用房面积),物业管理服务收费及维修资金标准,以及其他需要说明的问题。

(4) 物业管理考核标准与奖惩措施。

(5) 投标开标时间。

此外,对招标书的具体内容和要求还应做出较详细的说明,如提供建筑结构图、设备型号清单等,以便投标单位编制标书。

5. 若是公开招标,则将向社会发布招标公告

通过公众信息渠道向社会公开发布招标公告。公告内容主要包含招标的物业名称、投标

单位条件、报名投标截止日期、投送投标书截止日期,以及联系地址、电话等有关事项。

（二）招标阶段

1. 招标单位向投标单位提供招标文件,接受咨询

在进行规模较大、比较复杂的物业项目招标时,通常由招标单位委托的招标代理机构在投标人购买招标文件后,统一安排一次投标人会议,即标前会议。标前会议通常安排在现场；或者先到现场视察,再集中开标前会。召开标前会议的目的在于解答投标人提出的各类问题。

2. 投标单位资质资信审查

在报名截止日期后,对报名投标单位进行资质审查,从中选择若干家参加投标,并书面通知各投标单位。

3. 投标书的报送

参加投标的物业管理企业应在规定的报送投标书截止日期前,将投标书密封送达投标领导小组（办公室）或其委托的招标代理机构。

（三）开标阶段

1. 按照标书中规定的时间、地点,在法律公证机关公证员及有关投标管理部门工作人员、投标单位代表共同参与监督下,公开开标并登记。

2. 由评标委员会采用会议形式审查和评议各投标单位的标书,确定中标单位。评标委员会成员通常由物业管理专家组成。评标的原则包括：竞争优选；公正、公平、科学合理；质量好、信誉高、价格合理、工期适当、施工方案先进可行；反不正当竞争；规范与灵活性相结合。评标可按两段三审进行。两段指初审和终审；三审指符合性评审、技术性评审和商务性评审。经过评标后,就可得出中标单位。《招标投标法》规定,中标人的投标应当符合下列条件之一：能够最大限度地满足招标文件中规定的各项综合评价标准；能够满足招标文件的实质性要求,并且经评审的投标价格最低,但是投标价格低于成本的除外。

3. 公证员宣读公证书,确认预选中标单位。

（四）中标和订立合同

确定中标单位后,应书面通知中标单位。中标单位与业主方一般还会进行必要的商务谈判,才会正式签订物业管理服务合同。合同签订后才标志着中标单位取得了对该物业的物业管理权。

五、招标书的内容和结构

招标书是招标人在承包建设项目、购买大宗商品、进行某项科学研究、技术攻关或合作经营某项业务之前,所发布的用以公布项目内容及其要求、标准和条件,以期择优选择承包对象的文书。

常用招标投标文书的种类有：招标公告（或广告、通告）、招标通知书。招标公告是招标人通过报刊、广播或电视等公共传播媒介介绍、发布招标公告或信息而进行招标的文书；招标通知书是招标人定向发送给具有资质的特定的法人或者其他组织的文书,招标人采用邀请招标方式的,应当向三个以上具备承担招标项目能力、资信良好的特定的法人或者其他组织发出投标邀请书。

招标书通常由标题、正文、落款、附件等几个部分组成。

（一）标题

标题由招标单位全称、招标项目和文种名称三部分构成，如《大学机房设备采购招标公告》。也可以省略为招标单位名称、文种名称两部分，如《公司招标公告》。

（二）正文

正文的成文形式根据招标的内容可以是表格式或文章式，文章式又分为条文式和片段式两种。一般而言，内容相对繁杂的用表格式或文章条文式，内容相对简单的用文章片段式。

1. 前言

前言部分要简明扼要写明招标单位的基本情况，招标的缘由和根据，招标项目的名称和资金来源、招标范围等内容。

2. 主体

主体部分包括招标文件编号、招标项目介绍、招标投标方法与步骤、招标人的联系人与联系方式、投标与开标时间等，其中最主要的部分是招标项目介绍。此部分要完整无缺地写明招标项目的具体内容，涉及标的的性质、数量、价格、规格、型号、质量要求、对投标人的资质要求等。

3. 结尾部分

写明招标人的联系地址、邮政编码、电话、传真、电子邮箱、联系人等。

（三）落款

落款为招标单位的全称并加盖公章。

（四）附件

有的招标文书附带有关标的说明书和图表列于其中。如工期一览表、标的施工的地质勘查资料、地形地貌示意图、设计图纸等。

六、招标书写作的要求

写作招标书要注意掌握以下几点原则：

（一）全面反映招标单位的需求

招标书的内容要翔实，项目说明要具体、全面，文字表述体现规范性和专业性。对招标项目的质量、数量、规格、标价等要写得具体，各项数据准确无误；对投标人的各项要求要明确。

（二）科学合理

有的招标项目内容多、工期长，招标书应科学地分标段分别招标。这样既扩大了中标范围，照顾到各方的利益，又能使中标单位发挥各自的专业特长，保证招标单位的项目按时按质按量完工。

（三）公平竞争

招标单位招标的目的就是在最大的范围内选择最优的投标单位，因而不能故意设置障碍刁难、歧视有资质的投标单位参与招标项目的竞争。

（四）维护国家、社会、他人利益，严守招标单位秘密

任何招标单位的招标活动都不能损害国家、社会、他人的利益，否则这样的招标活动就是违法和违背社会道义的。招标书要体现编写人员的法制观念和道德情操。同时，招标书不能透露招标单位的商业秘密，以免给招标单位造成潜在的重大损失。

例文

清远市深联招标有限公司关于广东省清远市地方税务局办公商用机设备
招标项目的招标公告

清远市深联招标有限公司（以下简称"招标代理机构"）受广东省清远市地方税务局的委托，就以下内容采用公开招标方式进行采购，邀请国内合格的投标人就本项目采购的货物和有关服务提交密封投标。

1. 项目名称：广东省清远市地方税务局办公商用机设备招标项目
2. 招标编号：0658-1001SZTC9060
3. 采购内容：
3.1 设备名称：办公商用机设备；
3.2 数量：187套；
3.3 技术、商务要求：均详见招标文件中相关的内容。
注：本项目不允许进口设备参与投标。
4. 投标人的资格要求：
4.1 必须是在中华人民共和国境内注册并合法运营，经营范围包含本项目的采购内容，符合《中华人民共和国政府采购法》第二十二条（一）至（六）款规定的法人机构；
4.2 须在招标代理机构按规定办理报名及登记手续并购买了招标文件；
4.3 投标人若非所投办公商用机设备的制造商或代理商，需具有所投办公商用机设备制造商或代理商针对本项目的授权书；
4.4 本项目不接受联合体进行投标；
4.5 相关的法律、法规规定的其他资格要求。有意向的投标人可在清远市深联招标有限公司得到进一步的信息和查阅招标文件。
5. 报名及购买招标文件的信息：
5.1 报名及购买招标文件日期时间：2010年3月12日至2010年3月19日，每天（节假日除外）上午8：30至11：30，下午14：30至17：30；
5.2 招标文件费：150元人民币；
5.3 报名及购买招标文件地点：清远市深联招标有限公司业务部；
5.4 报名及购买招标文件时须提供营业执照副本复印件（须加盖公章）；
5.5 如非现场购买招标文件的，须在招标文件购买期限内将招标文件费汇入我司账号。并将汇款凭证、报名及购买文件登记表和营业执照副本复印件（均须加盖公章）传真至我公司。
6. 投标文件的递交信息：
6.1 投标文件递交截止时间：2010年4月1日15：00；
6.2 投标文件递交地点：清远市深联招标有限公司开标室；

7. 开标信息(投标人代表须携带本人身份证参加开标)：
7.1　开标时间：2010年4月1日15：00；
7.2　开标地点：清远市深联招标有限公司开标室。
8. 采购人联系信息：
8.1　采购人：广东省清远市地方税务局；
8.2　联系人：罗先生；
8.3　联系地址：广东省清远市地方税务局9楼信息管理科；
8.4　联系电话：0763-3868261。
9. 招标代理机构联系信息：
9.1　地址：清远市新城二号区连江路13号商业大厦8楼(市工商局对面)；
9.2　邮政编码：511515；
9.3　传真：0763-3380185；
9.4　联系人：李幸男、曾美玲、阮伟健。
10. 招标代理机构账户信息：
10.1　户名：清远市深联招标有限公司；
10.2　开户银行：中国建设银行清远市分行营业部；
10.3　账号(人民币)：44001760301050843721。
11. 本招标文件内提及的"时间"和"天"，除有特别声明外，分别指"北京时间"和"日历日"，并均含本数。

清远市深联招标有限公司
二〇一〇年三月十二日

七、投标书的写作

投标书是投标单位按照招标书所提出的条件和要求，向招标单位提交的投标申请的书面材料。主要有投标申请书、标书和投标书等几种，投标书最为常见。

(一) 投标书的内容

投标书一般由标题、招标单位名称、正文、落款几个部分构成。

1. 标题

由招标项目名称和"投标书"组成，如："××安装工程投标书"。也可以简化为只写文种，如："投标书"、"投标单"。

2. 招标人名称

顶格书写投标书的主送机关即招标单位的全称。切忌书写招标单位的负责人。

3. 正文

投标书的正文内容大致有：
(1) 介绍投标单位的基本情况。重点强调该单位的资质、实力和经验等，不吹嘘、不虚构，实事求是；

(2) 表明投标的积极性。态度积极、言辞诚恳,信心十足;

(3) 对应招标书的具体要求作出肯定的答复。这部分是投标书的核心,应实质上响应招标书的所有条款,无显著的差异或保留。如果投标书实质上不响应招标书的要求,招标单位将予以拒绝,并且不允许通过修正或撤销其不符合要求的差异或保留,使之成为具有响应性的投标。

4. 落款

写明投标单位的全称(加盖公章)、投标单位的地址、电话、网址、电挂、邮政编码、联系人、日期。

(二)投标书写作的注意事项

1. 弄懂弄通招标书,熟悉招标文件条款,充分理解招标书诉求,应完全响应招标方的工期、付款等要求。

2. 对招标文件中的技术条款方面,应着重研究,吃透设计要求,防止重大技术参数或方案偏差。在投标书中对关键技术环节阐述应清晰。

3. 仔细研读招标文件中的评标办法,做投标书时对涉及评标的所有项目,均附上仔细的资料,以防评标时因漏项而失分。对项目管理人员及受奖励等应附有证明资料。

4. 报价要科学、合理。压低成本价并非保证中标的好方法,而要以更多的成功案例证明自己的实力。

5. 投标书外观装订精美,页面不要太多,投标书逻辑性要强,前后连贯,文字不要艰涩。不要用太多的专业语言,能用图就不用文字,比如结构图、逻辑图。

例文一(投标书样式)

投标书

致:_____

根据贵方为_____项目招标采购货物及服务的投标邀请_____(招标编号),签字代表_____(全名、职务)经正式授权并代表投标人_____(投标方名称、地址)提交下述文件正本一份和副本一式_____份。

(1) 开标一览表

(2) 投标价格表

(3) 货物简要说明一览表

(4) 按投标须知第 14、第 15 条要求提供的全部文件

(5) 资格证明文件

(6) 投标保证金,金额为人民币_____元。

据此函,签字代表宣布同意如下:

1. 所附投标报价表中规定的应提供和交付的货物投标总价为人民币_____元。

2. 投标人将按招标文件的规定履行合同责任和义务。

3. 投标人已详细审查全部招标文件,包括修改文件(如需要修改)以及全部参考资料和有关附件。我们完全理解并同意放弃对这方面有不明及误解的权利。

4. 其投标自开标日期有效期为＿＿＿＿＿＿＿＿＿＿个日历日。

5. 如果在规定的开标日期后，投标人在投标有效期内撤回投标，其投标保证金将被贵方没收。

6. 投标人同意提供按照贵方可能要求的与其投标有关的一切数据或资料，完全理解不一定要接受最低价格的投标或受到的任何投标。

7. 与本投标有关的一切正式往来通讯请寄：

地址：＿＿＿＿＿＿＿＿＿＿＿＿＿＿＿＿ 邮编：＿＿＿＿＿＿＿＿＿＿＿＿＿＿＿

电话：＿＿＿＿＿＿＿＿＿＿＿＿＿＿＿＿ 传真：＿＿＿＿＿＿＿＿＿＿＿＿＿＿＿

投标人代表姓名、职务：＿＿＿＿＿＿＿＿＿＿＿＿＿＿＿＿＿

投标人名称（公章）：＿＿＿＿＿＿＿＿＿＿＿＿＿＿

日期：＿＿＿＿年＿＿＿＿月＿＿＿＿日

全权代表签字：＿＿＿＿＿＿＿

例文二

投标书

致：春秋航空有限公司

根据贵公司发布的航机杂志合作项目的招标公告及相关文件，我公司＿＿＿＿＿＿＿＿＿＿＿＿＿＿＿＿（投标单位名称、地址）＿＿＿＿＿＿＿＿＿＿＿＿＿＿＿＿＿＿＿＿（"我公司"或"投标单位"）决定前来参加投标，签字代表＿＿＿＿＿＿＿（姓名、职务）经正式授权并代表我公司提交下述文件正本一份和副本一式＿＿＿＿＿＿＿份。

（1）投标书

（2）开标一览表

（3）投标报价表

（4）资格证明文件

据此函，我公司宣布同意如下：

1. 投标单位决定投标：＿＿＿＿＿＿＿航机杂志，刊数/年＿＿＿＿＿＿＿，月交纳广告费（目前8架飞机）＿＿＿＿＿＿＿元，投标合作期限＿＿＿＿＿＿＿年，留存春秋广告部版面＿＿＿＿＿＿＿页，留存春秋集团宣传版面＿＿＿＿＿＿＿页，机队到10架飞机每架飞机交纳广告费提增＿＿＿＿＿＿＿元，每增加5架每架飞机交纳广告费提增＿＿＿＿＿＿＿元。

2. 投标单位已详细审查全部招标文件并对本项目有关问题与贵公司进行了充分沟通，并基于自身独立理解和判断参加投标，我们自行承担所有投标费用和支出并完全理解并同意放弃因任何因招标活动而针对招标单位的主张损失的索赔权利。

3. 投标单位将按招标文件规定履行合同责任和义务。

4. 本投标书相关承诺自开标日起有效期60个工作日。

5. 如果我公司虚构、变造或伪造有关资质文件参加投标；或在规定的开标时间后，投标单位在投标有效期内撤回投标；或者，投标单位在收到中标通知后，未能按中标通知书规定的时间和地点与贵公司签订合同的，我公司同意贵公司没收已经缴纳的投标保证金。

6. 投标单位同意提供按照贵公司可能要求的与其投标有关的一切数据或资料，理解贵方不一定要接受最高价的投标或收到的任何投标。

7. 与本投标有关的一切正式往来通讯请寄：
地址：_____ 邮编：_____
电话：_____ 传真：_____ Email：_____
8. 本公司承诺：如因本次招投标活动而产生任何争议的，应先友好协商解决；如未能协商解决的，同意由开标所在地法院依法裁决。
投标单位法人代表：_____ 签字代表签字：_____
投标单位名称：_____（公章）
投标日期：_____年_____月_____日

第三节　市场调查与预测

企业制订营销计划的前提是充分掌握市场信息，了解市场的走向。为此，市场调查就是必不可少的环节。企业进行市场调查既可以委托专业市场调查公司开展调查，也可以由企业自己来完成。无论采取什么方式进行市场调查，都应以严谨的态度、科学的方法获得相关的、准确的、可靠的、有效的和当前的信息，从而为管理层的决策提供重要的依据。

一、市场调查的含义

市场调查就是指运用现代科学方法，有目的地、有系统地搜集、记录、整理有关市场营销信息和资料，分析市场情况，了解市场的历史、现状及其发展趋势；市场预测则是在充分的市场调查基础之上，预测未来市场的发展趋势。市场调查自古有之，《史记·货殖列传》记载春秋战国时期大谋略家范蠡颇具战略家的眼光。他通过实地调研，认定陶地为"天下之中，诸侯四通"，是理想的货物贸易之地，于是在此设营销点大举经营。果然，19年间他三致千金，成为巨贾。当今的美国宝洁公司是世界上最大的日用消费品公司之一，其营销范围遍及全球。中国庞大的消费市场自然是宝洁公司重点布局的区域。1985年宝洁公司开始在中国开展广泛、持久和扎实的市场调研工作，取得了大量的一手信息，三年之后即1988年，宝洁公司在广州成立了在中国的第一家合资企业——广州宝洁有限公司，从此开始了其中国业务发展的历程。宝洁公司因此被视为是在中国市场上率先使用市场研究方法的先行者。

二、市场调查的步骤

企业要建立市场调查项目的组织领导机构，可由企业的市场部或企划部来负责调查项目的组织领导工作，针对调查项目成立市场调查小组，负责项目的具体组织实施工作。

市场调查一般有以下几个步骤：

（一）明确调查目标

进行市场调查，首先要明确市场调查的目标。按照企业的不同需要，市场调查的目标有所不同。企业制定经营战略时，必须调查宏观市场环境的发展变化趋势，尤其要调查所处行业未来的发展趋势；企业制定市场营销策略时，要调查市场需求状况、市场竞争状况、消费者购买行为和营销要素情况；当企业在经营中遇到了困难，要针对存在的问题和产生的原因进行市场调查。

(二)设计调查方案

一个完善的市场调查方案一般包括以下几方面内容:

1. 调查目的

根据市场调查目标,在调查方案中列出本次市场调查的具体目的要求。

2. 调查对象

市场调查的对象一般为消费者、供应商、零售商、批发商、竞争对手、营销渠道等。

3. 调查内容

可根据市场调查的目的确定具体的调查内容。如调查竞争对手时,可按竞争对手的进货渠道、货物品种及价格、促销手段、市场占有率等几个方面列出调查的具体内容项目。

4. 调查表

调查表是市场调查的基本工具,调查表的设计质量直接影响到市场调查的质量。设计调查表要注意调查表中的问题容易让被调查者接受,内容要简明,使被调查者能在较短的时间内完成调查表的填写。

5. 调查范围

调查范围应考虑调查地区的人口年龄结构、收入水平、男女比例、文化程度等各种因素,划定取样区域。

6. 样本的抽取

调查样本要在调查对象中抽取,应制定一个抽样方案,以保证抽取的样本能反映总体情况。样本的抽取数量可根据市场调查的准确程度的要求确定,市场调查结果准确度要求愈高,抽取样本数量应愈多,但调查费用也愈高,一般可根据市场调查结果的用途情况确定适宜的样本数量。

7. 资料的收集和整理方法

常用的资料收集方法有调查法、观察法和实验法。一般来说,前一种方法适宜于描述性研究,后两种方法适宜于探测性研究。企业做市场调查时,采用调查法较为普遍,调查法又可分为面谈法、问卷法、电话及电子邮件调查法等;观察法是社会调查和市场调查研究的最基本的方法。它是由调查人员根据调查研究的对象,利用眼睛、耳朵等感官以直接观察的方式对其进行考察并搜集资料;实验法由调查人员跟进调查的要求,用实验的方式,对调查的对象控制在特定的环境条件下,对其进行观察以获得相应的信息。这几种调查方法适用于不同的调查场合,企业可根据实际调研项目的要求来选择。

实地调查结束后,即进入调查资料的整理和分析阶段,由调查人员对调查表进行逐份检查,剔除不合格的调查表,然后将合格调查表统一编号,以便于调查数据的统计。调查数据的统计可利用 Excel 电子表格软件完成;即可获得已列成表格的大量的统计数据,利用上述统计结果,就可以按照调查目的的要求,针对调查内容进行全面的分析工作。

8. 撰写调查报告

撰写调查报告是市场调查的最后一项工作内容,市场调查工作的成果将体现在最后的调查报告中,调查报告将提交企业决策者,作为企业制定市场营销策略的依据。

三、市场调查报告的内容和结构

市场调查报告就是根据市场调查所搜集到的各类信息,经过分析、提炼而写成的文书。市场调查报告一般由题目、概要、正文、结论和建议、附件等组成。

（一）标题

一般而言,市场调查报告的标题,虽没有固定的格式,但要体现市场调查的内容,要求用精练简洁的文字来表现文章的主题。市场调查的标题主要类型有：

1. 完整式标题

由调查时间、调查对象、调查区域和文种组成,如《2009年国内煤炭行业年度报告》。

2. 省略式标题

由完整式中的一项或几项组成,如《电动自行车销售现状调查》。

3. 新闻式标题

直接指出调查对象的状况或直接表述调查的结果,或点明调查中形成的观点。还有的类似于新闻消息有主副标题,如《谁持彩练当空舞——2009年彩电市场走势一瞥》。

（二）正文

正文一般分前言、主体、结尾三部分

1. 前言

前言也称引言,写明市场调查的缘由和目的、时间和地点、对象和范围、经过和方法、调查的组织和组成人员等,也可简明扼要提炼出全文的主旨,或简要地概括全文的主要内容,陈述调查的观点。其作用在于让读者对市场调查报告的内容、调查的意义获得初步印象。

2. 主体

这是调查报告最主要的部分,也是写作的重点和难点所在。它要完整、准确、具体地说明调查的基本情况,进行科学合理的分析预测,在此基础上提出有针对性的对策和建议。具体包括以下三方面内容：

（1）基本情况

包括历史材料、现实材料、典型事例、统计数据等。要用叙述和说明相结合的手法,重点反映现实情况。要如实介绍调查对象的现实状况,要指出其特点及存在的问题,并应做到材料具体,观点明确。这部分可按问题性质归类表述,借用小标题或提要句的形式,也可按时间空间顺序分层次介绍,有时还可采用列表附图等方式补充说明。

（2）分析评价和预测

通过对事实、资料的分析研究、判断,掌握市场发展变化的基本趋势。对调查结果的评价正确与否,将直接影响到领导层的决策,关系到企业今后的经济效益和未来的发展。

（3）对策建议

根据决策结论,顺应市场变化的趋势,抓住市场供求中的主要矛盾,提出具体的行动计划、对策和措施。这也是市场调查的目的所在,因而要十分注重建议的切实可行。

3. 结尾

结尾的写法也比较多,可以提出解决问题的方法、对策或下一步改进工作的建议；或总结全文的主要观点,进一步深化主题;或提出问题,引发人们的进一步思考;或展望前景,发出鼓舞和号召。

4. 写作要求

(1) 实事求是。以充分翔实的资料为依托写作市场调查报告,一定要从实际出发,实事求是地反映出市场的真实情况,一是一,二是二,不夸大,不缩小,要用真实、可靠、典型的材料反映市场的本来面貌。

(2) 突出重点。材料要服从主旨需要,运用多种方式进行市场调查,得到的材料往往是大量而庞杂的,要善于根据主旨的需要对材料进行严格的鉴别和筛选,给材料归类,并分清材料的主次轻重,按照一定的条理,将有价值的材料组织到文章中去。

(3) 注重分析。一份好的市场调查报告不是简单地罗列数据、陈述事实,而更应在市场调查的基础上去做比较、甄别、分析、预测,从而揭示市场发展的内在规律。

(4) 讲究时效。要顺应瞬息万变的市场形势,调查报告必须讲究时间效益,做到及时反馈。只有及时到达使用者手中,使决策跟上市场形势的发展变化,才能发挥调查报告的作用。

(5) 叙议结合。市场调查报告介绍基本情况部分主要采用叙述手法,叙述要层次分明,语言通俗易懂;分析和预测部分主要采用议论手法,议论要有的放矢,能抓住要害。

例文

九江楼市调查分析

第一章 宏观市场分析

一、地理概况

九江位于江西省北部,长江中下游交接处南岸,地处赣、鄂、皖、湘四省交界处,是长江黄金水道沿岸十大港口城市之一,现在是赣北政治、经济、文化、旅游、交通中心。得天独厚的自然条件和优越的经济地理位置,使九江在振兴江西经济建设中,具有特别重要的战略地位。

二、地理位置

九江地理坐标为东经113°57′—116°53′,北纬28°47′—30°06′,全境东西27公里,南北宽140公里,总面积18 823平方公里,占江西省总面积的11.3%。九江地处中亚热带向北亚热带的过渡区,气候温和,四季分明,年平均气温16℃~17℃。雨量充沛,年降雨量1 300~1 600毫米,40%~50%的降水量集中在第二季度。年均日照百分率为38%~47%,年均湿度达70%~80%,区域分布明显,垂直差异较大。

三、交通

九江地处黄金水道中下游,是大京九铁路与万里长江唯一交汇城市。水陆交通十分便利,是一个集水陆空于一体的立体交通枢纽城市,九江已成为长江经济带和京九经济带交叉辐射的重点城市。

四、人口

1998年以来,九江市人口总数为49.66万,其中浔阳区26.55万,庐山区23.11万,人口密度为710人/平方公里。

五、九江市社会经济现状

九江是著名的旅游胜地,其自然景观庐山、龙宫洞、石钟山、吴城冬季候鸟栖息地与人文景观东林寺、能仁寺、真如寺、烟水亭、浔阳楼交相辉映。因1998年金融风暴和长江特大洪水的猛烈侵袭,使九江当年的旅游业受重大影响,全市共接待海外旅游者8 565人次,旅游收入2 017.9万元人民币。接待国内旅游者272.1万人次,旅游收入14.57亿元人民币,分别比历史最好水平的1997年下降67.8%、69.6%和15.2%。为持续发展九江旅游业,1998年起先后修建了五老峰旅游度假村、秀峰索道、太乙村、落星墩等景点,开发了不少旅游新景点,注重度假和会展设施的建设与完善,为使庐山尽快成为国际旅游度假中心和国际会议展览中心创造条件,为九江旅游业持续发展提供了强有力的后劲。

六、人民生活、物价

1998年市区居民人均可支配收入为3 973元,人均消费支出3 170.54元。食品支出占消费性支出的53.2%;家庭设备用品及服务支出小幅上升;通讯消费增幅最大;住房消费逐步提高,由1997年的人均388.76元增长到1998年的405.04元。人均居住面积也由9.82平方米上升到10.98平方米。自2000年始,在1999年集资房淡出市场后,居民用于购买商品房,改善居住条件的消费明显上升,据保守统计,住房消费将达到人均440元左右。

第二章 九江房地产市场分析

一、九江房地产市场基本情况

(一) 九江房地产市场发展现状及特征

"十五"时期,国家将房地产业作为国民经济的增长点,相关产业政策陆续出台。2000年全国商品房销售火爆,全面出现增长势头,初步概算全国商品房销售总额可达1 800亿元人民币,比1999年增长了40%左右,江西省同比增长率高于全国平均水平,据粗略统计可达60%左右,九江同比增长率与全省平均水平基本持平。

相比南昌房地产市场,九江房地产起步慢,开发规模小,开发经营范围小,开发意识薄弱。但经过近三年的市场培育,已取得了可喜突破,具体体现在三个方面:

1. 住宅开发势成主流,小区开发日渐唤醒

随着九江整体投资环境改善,相关优惠政策出台,房地产投资加大,1999年九江房地产开发新开工面积24.78万平方米,住宅开发占绝对比例,商业服务用房较少,2000年开发面积较1999年同比增长了14.37%,达到28万平方米。据统计,2000年九江商品房住宅投资占整体投资比例的85%以上,2001年住宅开发力度持续加大,据报批资料粗略统计有近20万平方米的新工程即将上马。一些空置已久的项目在取得银行信贷后,通过重新定位加以包装,将陆续进入市场,参与竞争。

浔阳路、十里大道、长虹大道等城市主干道,住宅建设日益高涨。市场竞争也由过去低层次、同类地段同质楼盘的价格竞争,上升到物业综合素质的竞争;从单栋临街商住楼发展到稍有规模的住宅小区。

发展商开始注重小区环境,例如滨江花园着力塑造中心庭园、喷泉广场;青年路的湖滨花园规划出中心庭院,浔阳东路的鸿丰花园腾出空地布置中心花园,成为2000年度受消费者追捧的置业热点。以此为契机,未来几年住宅小区发展方向将遵循沿海发达地区往生态社区发展的模式,营造回归自然的居住环境。

2. 买方市场需求明显,专业营销开始走俏

供大于求是目前买方市场最明显的特征。2000年竣工面积达20多万平方米的住宅销售趋旺,但面对近20万平方米的存量住房,市场供给压力激增。不少户型功能不完善、间距过

小、建筑质量不好的住宅物业在同类项目竞争中遭到消费者无情抛弃。受外地专业策划公司在九江策划代理的明星楼盘的影响,九江不少开明的发展商日渐走出拍脑袋的思维误区,开始引用"外脑"资源。从前期市场调研、市场定位、规划设计的立项到整个项目的销售及售后服务,都采用规范的全程策划代理,避免决策的盲目性,规避入市的风险,缩短运作周期,降低运作成本,提高项目的可操作性。

在整个项目的运作中,既讲究分工合作,又充分利用各自资源优势,找准市场缺口,积极引导消费,创造有效需求,专业营销扮演市场出奇制胜的关键角色。

3. 消费者置业日趋理性,个性化物业成为热点

九江房地产市场已初步进入买方市场,消费者面临更多可以选择的楼盘,消费者的需求日益扩大,消费行为也日趋成熟、理性。消费者不仅关心价格和比较户型,更关注居住环境和小区配套。善于比较、注重实惠是当前消费者的突出特征,龙鑫花园的创意户型(跃层),湖滨花园的楼中楼赢得市场喝彩。

(二)九江房地产发展前景与趋势

九江商品房在走向市场化的同时,注重学习外地的先进开发经验。绿化从无到有,从零星点缀到规划高绿化生态社区,物业管理从无意识到有意识地实行人本服务精神,整体建筑从简单的筒子楼、千篇一律的兵营式排列到拥有新颖外立面、舒适实用的户型,以及拥有小区生活配套设施等都将是未来几年九江房地产市场的发展方向。在未来的市场发展中,将呈现几大新趋势:

1. 开发商所开发的住宅小区规模将逐渐加大

不少实力派品牌企业将瞄准房地产业高回报利润空间进军房地产业,投资住宅开发。改变过去投资主体小、开发范围窄的旧格局,庐峰路、长虹大道、九龙街将成为开发热点。

2. 价格稳中有升,需求有望拉大

随着江西整体经济的稳步增长,刺激房地产需求的多种利好政策频频出台,信贷放宽,公房上市,梯度消费即将形成,九江商品房供求也随之趋热,价格稳中有升,但升幅不大。

3. 户型面积需求加大,功能日趋完善

目前空置积压的三房一厅、二房一厅的比例过高,在售的安居型的三房二厅、二房二厅,因户型功能分区、通风采光设计较实用,而受到消费者的欢迎。不少有前瞻眼光的发展商注重项目的市场调研和全程策划,以市场需求为导向,定位适销对路的商品房,三房二厅、二房二厅将成为市场需求主流,少量的创意户型如楼中楼、跃层、错层也会受到个性需求的消费者喜爱,但市场需求份额不大。

4. 规模住宅小区将成为置业热点,优秀物业管理成为新的物业卖点

追求高品质生活是改善居住条件的终极目标,拥有完善的生活配套设施、清新宜人的居住环境、居则无忧的物业管理是走向成功的发展商的最佳选择。相邻城市南昌房地产行业在激烈的市场竞争中,培育出了一系列广受消费者喜爱的生活社区。人文气息浓厚、居住环境优越的住宅小区已成为置业亮点,市场有效需求释放的巨大利润空间将吸引越来越多的九江房地产开发商着手提高所开发物业市场竞争力,营造消费者需求的规模小区,成为市场的置业热点。

5. 交通便捷缩短时空距离,置业半径会逐次扩大

新经济时代,各行业的持续发展,经济触角将伸至各居民区,突破仅在繁华地段的市中心商业区中发展营业网点的旧观念。城市交通的快速发展,为市中心拥挤的居住环境提供了新

的发展空间,缓解市中心置业安家的压力,郊区置业已成为现实。尽管不少受传统市中心情结影响的消费者,仍然关注浔阳路等市中心地段住宅发展,但受城市规划市中心用地限制的影响,未来几年房地产业重点将围绕市政规划的商业主干道而展开,长虹大道、庐峰路、前进路将是最直接的受益者。新材料、新能源的在城郊结合部规模社区的推广适用,大大降低了运作成本,如此诸多优势会吸引市场主流的中档收入家庭到城郊结合部安家置业。

二、销售状况

九江房地产业经过近几年的市场培育,虽然取得了可喜的进步,市场需求趋旺,市场前景看好,但作为拉动九江经济增长的内在动力,仍显力度不够。市场发育的不完善,仍然是其主要特征。商品房住宅市场呈现出个别物业销售尚好,但未形成明星楼盘,出现了整体销售形势不容乐观的局面,房地产市场销售状况具体体现在以下几个方面:

(一) 市场竞争的层次低下

由于九江房地产市场小,受开发思路的局限,跟风现象较严重,略有成功之处很快就会被全盘照搬,听说欧陆建筑较时尚,到处贴上"欧陆风情"的标签。某些项目的二房二厅、三房二厅好销,市场全都定位二房二厅、三房二厅。造成同类地段同质物业增多,真正能满足差异性需求的楼盘较少,可供消费者选择的余地减少,市场竞争只能走低层次的价格竞争路线。

(二) 营销手段落后,不能挖掘潜在优势

尽管不少开发商搭起了售楼处,在外墙上作了包装,尝试引进上海、深圳的营销模式。但由于九江整体销售水平的落后,销售人员未经系统的专业培训,对销售技巧未能充分领悟,不能很好地引导消费;策划未能充分分析物业的优劣势,对市场风险的估计不足;在资源整合上不能形成突出特征,只能走大众化路线,满足基本的属性需求,这也是九江未能形成明星楼盘的关键因素。众多住宅物业重视地段位置优势,忽视了满足公共活动区的灵活处理,使小区缺乏亲和力,物业流于大众化。

(三) 物业管理发展滞后,影响物业档次提升

九江市目前物业管理水平较低,还处在起步阶段,现有的商业性物业管理公司不多。商品房住宅的物业管理大多由房地产开发公司下属的物业管理处承担,物业管理单位与业主对住宅物业管理服务认识的误区也仅限于日常代收水电费,垃圾清理,门卫看守以及入住前装修的管理。对于住宅小区的生活环境保证及物业维护认识不足,消费心态仍处于 10~20 元/户/月的水平,造成九江市物业管理现状普遍的"脏、乱、差",直接影响在售物业的档次提升。

三、典型楼盘分析

(一) 鸿丰花园

1. 项目概况

鸿丰花园位于浔阳东路 36 号,占地 30 亩,建筑面积 3.8 万平方米,规划 10 栋 6 层商住楼,周边师专附中、市八中、浔东小学、龙山小学和九师附小等学校林立。三里街菜场、马狮商厦、联盛百货、解放军 171 医院均在数百米之内。金融、保险机构在附近沿街设有营业网点,生活配套较为设施完善。

该小区一期临街四栋,于 2001 年 5 月 31 日入住。二期五栋自 2000 年 5 月开盘以来,实现 70% 的销售业绩。

2. 规划设计

鸿丰花园充分利用该梯形地块,规划出 36% 高绿化 2.1 容积率的封闭式小区。

(1) 沿街南北朝向"一"字形4栋多层商住,挡住交通主干道的喧闹,东西朝向的"品"字形;
(2) 气派的门碑楼将临街的2栋楼联成一体;
(3) 大型的落地玻璃保证充足的光线;
(4) 一梯二户的单元式住宅,维持邻里的宁静;
(5) 以二房二厅、三房二厅为主力户型满足换房一族的置业需求。

3. 户型构成:(略)

综合评述

鸿丰地产务实的开发理念,工期短、绿化率高、户型适当、价格合理等诸多综合因素的作用,使鸿丰花园成为外地生意人和市中心情结的九江居民的置业目标,为九江市为数不多的畅销住宅项目。

(二) 龙惠花园(略)

(三) 湖滨小区(略)

(四) 滨江花园(略)

第三章　消费群体分析

一、消费需求趋势

根据市场调研得出消费需求结论

(一) 区域范围

由于九江市区范围不大,消费者对距离的远近认识通常以交通方便来衡量。浔阳区交通通畅,商业繁华,仍是市中心情结的消费者关注的热点。但价格合理,配套完善,交通便利的地段区域仍受到消费者的喜爱,市政规划的商业热点区域将再次成为消费者置业热点。

(二) 住宅类型

多层住宅仍然是消费者最能接受的。别墅作为一种身份的象征受到不少人士的推崇,但消费者能够接受的别墅价格较低,价格适当、环境优美的别墅将受到中高档收入家庭喜爱。但比例不宜过大。高层住宅受到价格高、费用高、实用率低以及停电停水等因素的困扰,市场需求极小。

(三) 价格水平

九江市整体收入水平不高是直接影响居民购房消费的主要因素。浔阳区消费者最能接受的价格是900～1 000元/平方米;庐山区消费者最理想的价位是500元/平方米左右。从市场供求上分析,浔阳区定位在1 200元/平方米的价格的中档偏上多层住宅将大有市场,庐山区经过提高物业的综合素质,价位在600～700元/平方米的多层住宅,1 200～1 300元/平方米的别墅应该能被市场接受。

(四) 住房面积

2000年整体市场经过调整,中档偏大的三房单位、二房单位已成为主流。其中70～99平方米的二房、100～130平方米的三房占大多数,而70～90平方米的二房、90～110平方米的三房单位,市场需求大于供给。

(五) 户型构成

因安居型的三房二厅、二房二厅易满足中档偏上家庭置业一步到位的需求,故错层楼、楼中楼成为新生代家庭个性需求的热点。开发面积大小适中(70～99平方米的二房二厅和91～110平方米的三房二厅单位)功能分区完善,通风采光俱佳的创意型户型,既有别于平层的实在又有别墅型享受,将会受到市场的追捧。

(六)交通便利

消费者在居住得舒适的同时,又关注市政配套设施的发展。交通的便利程度直接关系消费者上班购物、下一代上学等日常生活的舒适顺畅。周围景观好、地理位置较佳、交通便利的楼盘依然是市场关注的焦点。

二、消费者群体分析

(一)消费群体分类

1. 受访者性别

本次调查采用登门拜访、电话预约、售楼处现场调研等方式,发放回收230份问卷,其中住宅问卷114份,有效问卷103份。商场消费问卷116份,有效问卷111份。住宅问卷其中男性是家庭购房的主要决策者,占68.9%,女性相应较少占31.1%。

性别	男	女	总计
人数(个)	71	32	103
比例(%)	68.9%	31.1%	100%

2. 受教育程度

教育程度	初中以下	高中或中专	大专	本科及以上	合计
人数(个)	10	70	16	7	103
比例(%)	9.7%	68%	15.5%	6.8%	100%

文化程度是高中或中专占70%,大专或本科以上占6.8%,文化水平总体还算高,素质也相对的高一些。

3. 家庭收入

家庭年收入	2万元以下	2~4万元	4~8万元	8万元以上	合计
人数(个)	66	31	4	2	103
比例(%)	64%	30.1%	3.92%	1.98%	100%

家庭收入2万元以下的受访者比例最多,占42.62%,2~4万元之间的占30.1%,再其次是在4~8万元之间者占3.92%,整体数据显示为九江消费者的收入水平比较低,商品房开发的主力消费群是家庭收入在2~4万元左右。

4. 现住宅性质

现居住宅	租房与借房	商品房	合计
人数(个)	52	51	103
比例(%)	50.5%	49.5%	100%

消费者所住商品房比例占49.5%,而租房与借房公房宿舍两者总占50.5%,表明九江住房商品化程度不高,随着市政府住房商品化的全面推进,九江商品房的需求潜力巨大,一大批有购买能力的租房户、借房户和住集体宿舍家庭都将转化为有效需求。

(二)住宅消费需求特征分析

1. 准备何时购房

何时购买	3个月内	半年内	一年内	二年内	暂无计划	合计
人数(个)	1	3	17	13	69	103
比例(%)	0.1%	2.9%	16.5%	12.6%	67.9%	100%

据调研结果显示,二年以内的准备购房者占32.1%,其中半年至一年内购房者占整体调研比例的16.5%,一年至二年内购房者占12.6%。

2. 您购房的主要原因

买房原因	置业	改善条件	现家居不理想	投资	为父母	为子女	其他	合计
人数(个)	12	13	37	6	3	12	20	103
比例(%)	11.7%	12.6%	36%	5.8%	2.9%	11.7%	19.3%	100%

据调研结果表明:

(1)因居住不理想,而拟购房者比例最高。据进一步询问发现,该部分受访者或住集体宿舍或借房、租房居住者较多。起居不分,餐厨合用,洗漱功能不全是他们目前住房的共同特征,严重地影响居住生活质量,给生活带来不便。

(2)其次,欲改善居住条件而购房者占12.6%,据进一步询问发现居住十里大道的有房受访者,受以住建筑规划设计落后之苦,采光、通风、厨房排烟、污水处理等不尽理想,希望通过换房来实现居住条件和生活质量的同步提高。

3. 您喜欢的住宅类型

住宅类型	高层公寓	多层住宅	独门独户的别墅	合计
人数(个)	8	74	21	103
比例(%)	7.8%	71.8%	20.4%	100%

目前生活条件中下,多层住宅仍然是消费者最乐意接受的,占71.8%;其次是条件允许的前提下,受访者宁愿选择独门独户的别墅,占20.4%;而选择高层公寓的比例极小,占7.8%。进一步调查显示:由于九江经济疲软,相对于经济收入来说购买能力比较低,多层住宅价格一直处在较低的水平,自然受到消费者欢迎。且九江房产市场尚未形成多元化,别墅和高层住宅,在九江房地产市场正处于萌芽状态,尚不形成对多层住宅的竞争。别墅项目仅在弘雅花园旁兴建二十多栋,高层公寓仅滨江花园有二栋,数量较少,销售并未看好。

4. 您希望购买住宅户型

户型	二房一厅	二房二厅	三房一厅	三房二厅	四房二厅	复式(跃式)	合计
人数(个)	8	22	24	21	15	13	103
比例(%)	7.8%	21.4%	23.3%	20.4%	14.5%	12.5%	100%

据市场调研结果显示,受访者对二房、三房的市场需求较大。其中,三房一厅是消费者最

受青睐的户型,占23.3%;其次是二房一厅占21.4%、三房二厅占20.4%;复式、跃层式户型等创新户型也受到不少消费者的喜爱。

进一步询问发现:

(1) 三居室的户型因功能较完备,能满足首次置业者一步到位或换房一族改善居住条件的需求。

(2) 因消费者生活质量的提高和消费观念的改变,消费者对两个厅的选择趋势明显增强。

(3) 复式、跃层等新颖户型,体现一种时尚高贵的生活追求,消费者潜意识中想拥有此等户型,但经济条件限制了有效需求。

5. 您准备选择的住宅面积

住宅面积	人数	比例
70 m^2 以下	8	7.9%
71 m^2~90 m^2	38	36.8%
91 m^2~110 m^2	33	31.6%
111 m^2~130 m^2	9	8.8%
131 m^2~150 m^2	6	6.1%
151 m^2~170 m^2	2	1.8%
171 m^2~190 m^2	1	0.9%
191 m^2 以上	6	6.1%
合计	103	100%

受访者对住宅面积的需求集中在70~130平方米的区段,占整体比例的77.2%,而其中70~90平方米占36.81%,90~110平方米占31.6%;110~130平方米占8.8%,而对其他面积的需求较分散。

据进一步分析发现:

(1) 70~90平方米的二房较符合新婚年轻家庭消费要求,尤其是在庐山区年轻家庭需求更明显。

(2) 90~110平方米的三房是较符合中青年家庭的消费需求。

(3) 110~130平方米能满足中高档收入家庭置业需求。

6. 您购房的信息来源

信息来源	电视广告	报纸广告	户外广告	亲友广告	合计
人数(个)	14	25	29	45	113
比例(%)	13.6%	24.3%	28.2%	33.9%	100%

通过亲友广告获取楼盘信息的最多占33.9%;其次是户外广告占28.2%,报纸广告占24.3%,电视广告效果并不明显。

7. 您选择住宅的类型

类型	现楼	期楼	合计
人数（个）	75	28	103
比例（%）	72.8%	27.2%	100%

据调研结果表明：消费者对现楼的选择趋向较期楼更明显，有72.8%的消费者认为现楼风险小、入住快，而偏爱现楼。27.2%的消费者认为期楼可供选择的余地大，对户型功能分区、通风、采光等建筑质量都有较大的选择权而中意期楼。

8. 您希望的付款方式

付款方式	分期付款	一次性付款	银行按揭	合计
人数（个）	25	25	53	103
比例（%）	24.3%	24.3%	51.4%	100%

从付款方式来看，九江居民的消费者较一年前有较大的改变，选择银行按揭来提前消费购房者有大幅提高，选择分期付款来购房者明显减少。据调查统计选择分期付款的占24.3%，选择银行按揭的付款方式占51.4%。

9. 您是否希望所购住宅装修

装修状况	不装修	全套装修	简单装修	厨卫装修	合计
人数（个）	54	15	26	8	103
比例（%）	52.42%	14.56%	25.2%	7.8%	100%

有52.42%的消费者选择不装修，但希望开发商提供可参考的装修设计方案；有14.56%的消费者愿意选择全套；有25.2%的消费者选择简单的装修，说明九江居民住房消费正在逐渐接受外来文化教育的熏陶，注重居住生活的品位提高，同时表明在九江消费者看来住房装修仍是颇费财力、精力的事情。

10. 您认为物业管理收费多少合适

物业管理收费（元/m²）	0.1以下	0.1~0.2	0.2~0.3	0.3~0.4	0.4以上	合计
人数（个）	56	40	2	3	2	103
比例（%）	54.5%	38.8%	1.9%	2.9%	1.9%	100%

接受物管费在0.1元/平方米以下的占54.4%；其次是0.1~0.2元/平方米占38.8%，而选择0.2元/平方米以上的占6.8%。

据进一步询问获悉：九江住宅物业的物业管理水平低、服务范围小导致可收取的物业管理费用也较低。虽然有个别住宅小区引进封闭式物业管理服务，但目前尚未起到示范作用。

根据以上的消费调研得出以下结论：

1. 九江市域范围不大，但受行政区域内的经济、文化的影响，置业者对房地产板块的选择呈现出北热南平的格局，北部具体地说浔阳区作为市中心依然是消费者置业的最佳归宿，南部的开发区和庐山区在近几年的房地产发展中虽有趋暖之势，但相对市中心聚集了相当部分中等收入的家庭置业安家。

2. 近三年的房地产市场的积极培育下,九江房地产已经取得较大的突破,商品房的消费群体从中高收入阶层向中等收入家庭扩散。随着二级市场放开及城市规划的日趋完善,土地资源的合理利用,一大批潜在的消费群体将转化为有效需求,而成为换房一族,中高档住宅市场仍然是高收入阶层市场,相当于经济适用房价格的商品房成为中等收入家庭的置业首选,梯度消费即将形成。

3. 受置业区域的影响西一路一带房地产发展尚未成熟,周边配套欠完善,消费者能接受的住房以中等偏上为主。面积在90～130平方米的三房和70～110平方米二房,单价在900元/平方米左右,总价在10万元左右的商品房能被中等偏上的家庭接受。规划超前小区配套完善,物业管理佳,日常生活便利等综合因素上物有所值,物超所值的规模小区物业即将成为引导消费的市场热点。

4. 适应九江消费观念的转变,开发动静分区、起居分开,餐厅客厅隔离,洗溺分开的三房二厅、二房二厅为主的户型,辅以少量的三房一厅和复式户型,单位面积应结合户型结构,突出适用性的住宅单位会受到市场追捧。

5. 在住宅销售中,样板房展示的引导效果反应极好,九江消费者对住宅装修有进一步认识,选择精装修的倾向有所增强,因而在实际销售中应根据不同需求个性的消费者制订装修套餐服务,激发消费需求产生冲动购买,并进一步引导消费者现场成交。

6. 从广告信息来源的结果看,九江消费者通过亲友广告途径获取信息最多,据现场销售反应,在九江老客户带新客户成交的现象十分明显,充分利用消费者口碑宣传效果,能够迅速地树立项目的市场品牌。因此在实际销售过程中,从开发商到代理商,从销售一线业务员到后勤的各方面人员,均应自始至终贯彻执行销售服务第一的策划精神,实现"人推人"的销售策略,争取在短期内将本项目包装成明星楼盘,带旺市场需求。

7. 经过市场的积极培育,银行按揭的顺利推广,九江消费者的消费观念的转变,扩大了消费层,激发了相当部分消费者的投资意识,对期房进行适度的包装,通过到位的促销手段,制造羊群效应,会取得良好的销售开局。

8. 根据户外广告效应的时间长,广告受众较集中和消费者易接受的特点,结合邮政夹页广告和报刊悬念广告来配合现场的墙体形象广告,可以在短期内实现众人皆知的视觉冲击效果。因此,可以通过较新颖的创意和图案在市场竞争中脱颖而出。

三、市场消费行为分析(略)
....

四、市场预测报告

(一)市场预测报告的概念

市场预测报告就是依据已掌握的有关市场的信息和资料,通过科学的方法进行分析、研究,从而预测未来发展趋势的一种预见性报告。是在市场调查的基础上,综合调查的材料,用科学的方法估计和预测未来市场的趋势,从而为有关部门和企业提供信息,以改善经营管理,促使产销对路,提高经济效益。市场预测报告实际上是调查报告的一种特殊形式。

（二）市场预测报告的特点

1. 预见性

市场预测报告的性质就是对市场未来的发展趋势作出预见性的判断，它是在深入分析市场既往历史和现状的基础上的合理判断，目的是将市场需求的不确定性极小化，使预测结果和未来的实际情况的偏差概率达到最小化。

2. 科学性

市场预测报告在内容上必须占据充分翔实的资料，并运用科学的预测理论和预测方法，以周密的调查研究为基础，充分搜集各种真实可靠的数据资料，才能找出预测对象的客观运行规律，得出合乎实际的结论，从而有效地指导人们的实践。

3. 针对性

市场预测的内容十分广泛，每一次市场调查和预测，只能针对某一具体的经济活动或某一产品的发展前景，因此，市场预测报告的针对性很强。选定的预测对象愈明确，市场预测报告的现实指导意义就愈大。

（三）市场预测报告的分类

1. 按预测的范围来分，可归纳为如下几类

（1）宏观市场预测报告。宏观市场预测报告是对大范围或整体现象的未来所作的综合预测，常指有关国民经济乃至世界范围内的各种全局性、整体性、综合性的经济问题的报告。

（2）微观市场预测报告。微观市场预测报告是某一部门或某一经济实体对特定市场商品供需变化情况、新产品开发前景等分析研究的预测报告。

2. 按预测的时间分，可归纳为如下几类

（1）长期预测报告。是指超过五年期限的经济前景的预测报告。

（2）中期预测报告。是指对两年至五年时间内经济发展前景的预测报告。

（3）短期预测。是指对一年内经济发展情况的预测报告。

3. 按预测的方法分，可归纳为如下两类

（1）定量预测报告。定量预测报告包括数字预测法预测报告和经济计量法预测报告。数字预测法预测报告，是采用对某一产品（商品）已有的大量数据进行分析研究，用统计数字表达，从中找出产品（商品）的发展趋势而写成的报告。经济计量法预测报告，是根据各种因素的制约关系用数学方法加以预测而写成的报告。

（2）定性预测报告。定性预测报告是对影响需求量的各种因素，如质量、价格、消费者、销售点等进行调查、分析研究，在此基础上预测市场的需求量而写成的报告。

（四）市场预测报告的内容和结构

1. 标题

市场预测报告的标题常见的形式有公文式、文章式和新闻式。

（1）公文式。一般由作者、事由和文种三部分组成。其中作者可以省略，如《关于当代青年消费问题的调查报告》。对市场预测报告来说，其事由还应当标明预测时限、预测区域、预测对象，如《十五期间我国电视机市场需求趋势预测报告》、《2002年—2006年北京市家用轿车需求量预测报告》。有的以正副标题的形式出现,如《苦练内功——关于企业扭亏问题的调查报告》。

(2) 文章式。即不要求作者、事由和文种齐全,而根据内容的需要取舍,标题只要能够突出主题即可,如《××火柴市场透视》《2002年应届毕业生需求情况预测》《电信资费调整预测》。

(3) 新闻式。这种标题类似新闻报道的标题,如《加入WTO——企业最关心什么?》。

2. 前言

这一部分要求以简短扼要的文字,说明预测的主旨,或概括介绍全文的主要内容,也可以将预测的结果先提到这个部分来写,以引起读者的注意。这一部分是对调查或预测情况的简要说明。包括调查的原因、时间、对象(地区、范围)、经过、方法(是普查,还是随机抽查)等。其具体形式可以是:

(1) 说明式。也称为报道式。即用说明的方式,对调查或预测的时间、地点、对象、经过、方式进行简单介绍,使人对报告有一个总体印象。

(2) 议论式。即将要调查或预测的中心问题提出来,并对该类问题的重要性以及问题的性质加以议论,以加深读者对该类问题的理解和重视。有关调查的时间、地点、对象、经过、方式暂不说明,而是随着后文的叙述予以说明。

(3) 结论式。即将报告所取得的基本结论先在前言中提出来,使读者先获得对调查或预测的本质性认识。

3. 正文

市场预测报告的正文是市场预测报告的主体部分,一般包括现状、预测、建议三个部分:现状部分,预测的特点就是根据过去和现在预测未来。所以,写市场预测报告,首先要从收集到的材料中选择有代表性的资料、数据来说明经济活动的历史和现状,为进行预测分所提供依据;预测部分,利用资料数据进行科学的定性分析和定量分析,从而预测经济活动的趋势和规律,是市场预测报告的重点所在。这个部分应该在调查研究或科学实验取得资料数据的基础上,对材料进行认真分析研究,再经过判断推理,从中找出发展变化的规律;建议部分,为适应经济活动未来的发展变化,为领导决策提供有价值的、值得参考的建议,是写市场预测报告的目的。因此,这个部分必须根据预测分析的结果,提出切合实际的具体建议。

4. 结尾

结尾是归纳预测结论,提出展望,鼓舞人心,也可以照应前言或重申观点,以加深认识。

(五) 撰写市场预测报告的注意事项

1. 掌握市场预测的基本程序和科学的预测方法

(1) 确定预测的具体目的。只有目的明确具体,才能根据预测的目的去搜集必要的资料,决定适当的步骤,选用合适的方法,否则会浪费人力、物力和时间。

(2) 收集分析有关历史资料和现实资料。要对掌握的资料进行整理分析,检验测定和调整。

(3) 选定预测的方法。市场预测的方法多种多样,其中常用的预测方法有:集合意见法,就是集中各有关人员的意见,归纳起来进行分析判断,确定预测值;专家意见法,是根据预测的目的和要求,向专家提供一定的背景资料,请他们根据自己的判断,对未来作出预测。专家预测在具体运用中,常采用两种形式:专家会议法和专家通讯法。专家会议法就是邀请有关方面的专家,通过会议的方式,请各专家发表预测意见,在专家们分析预测的基础上,综合出预测结果。专家通讯法,是请各专家在互相保密的情况下,用书面的方式独立地回答预测者提出的问题,并经反复修改各自的意见,最后在各位专家意见趋于稳定时,预测者进行综合,确定预测值;时间数列模型预测。这种预测是假定已知时间数列的变化趋势会连贯到未来时期,运用这种连贯性原则预测未来。常用趋势外推方法、移动平均法、指数平滑法;因果预测法。因果预测法也称相关分析法,市场上各种经济现象都是互相联系的,一种经济现象发生变化会引起另一种经济现象变化。例如,市场商品价格变化会引起商品销售量的变化;居民手持现金变化会引起银行储蓄变化。我们称这种经济关系为相关关系,运用这种相关关系可进行因果预测。

(4)进行预测并及时分析预测误差,改进预测方法。预测值往往和实际值不一致,也就是说,预测会有误差,如果误差很大,预测就没有什么意义了。这时,就要分析产生误差的原因,同时,由于客观实际情况在不断变化,预测的方法也有必要随情况的变化而修改了。

2. 全面掌握材料,突出预测重点目标

市场预测必须在对市场的历史、现状进行深入分析的基础上进行,这是写好预测报告的前提。准备阶段所取得的资料不准确、不全面,不仅不能全面正确地把握市场变化的趋势和规律,而且很可能作出错误的结论,给生产和决策带来损失。因此,掌握市场历史和现状的资料是写好预测报告的前提。

此外,还要注意突出预测的重点目标。预测报告在市场预测报告的写作中具有重要作用。明确了目标后,材料的收集、筛选和使用就有了针对性,报告的结构安排才有依据。目标明确后要突出重点。一篇预测报告只能突出重点问题,不能面面俱到。

3. 力求预测准确,建议切实可行

预测本身带有不确定性,而且由于市场变幻莫测,预测的结果与实际结果始终存在误差,有时甚至会相差甚远。这就要求我们在进行预测时,要全面掌握各方面的情况和科学的预测方法,尽可能的进行周密的论证分析和思考,坚持实事求是,从实际出发的原则,力求减少计算与表述的误差,以克服预测的盲目性,增强预测的准确性。尤其是在提出建议和意见部分,要做到切实可行,避免抽象笼统。这样,预测的结果才能更好地服务于企业,并为其科学决策提供强有力的保障。

例文

中国产业发展景气报告及2006年发展展望

从2005年前三个季度行业总体运行看,促进和抑制行业发展的两个方面的因素都存在,到目前为止,行业经济总体运行处于高位,态势良好。但经济长期高速发展,宏观调控带来的结构调整和外部经济运行带来的不确定性和潜在风险在逐步增加,从趋势看,经济趋稳回落是当前和今后一段时期内发展的主旋律。

与去年同期相比,效益景气处于较好及以上水平的行业所占比例为51.3%,效益差的行业所占比例23.1%,行业效益水平总体仍然乐观。从结构看,能源及原材料行业,部分机械制造业,以及有最终需求支撑的部分消费品制造业其效益景气处于较好状态。

2005年前三个季度,国民经济总体形势良好,经济呈良性发展态势,投资、消费、出口、外资和工业增长均延续了2004年的高速发展态势,贸易顺差继续保持,金融运行健康平稳。但与2004年相比,固定资产投资、货币供应、中长期贷款和工业生产、物价指数、信贷规模等各项指标增速均有不同程度回落。消费景气连续5个月下降;工业增长逐步趋于中长期通道,结构调整取得一定成效。"趋稳趋降"成为这一阶段经济的主要旋律。从目前经济增长的趋势看,这种平稳回落态势将会继续延续,并对全年的产业发展格局产生重要影响。

自2001年起,中国经济进入新一轮增长周期。同过去20年相比,新一轮增长周期的力量——消费结构升级、城市化加快、全球产业转移和投资加速——具有更好的市场化特征,也更为有力和持续。即使经历了非典、国际油价冲击和宏观调控,经济总体上依然保持着良好状态。从中长期来看,中国经济增长的主导力量依然强劲。从短期的角度审视,经济温和回落的同时,有利因素亦在逐步聚集,物价水平处于较低水平,企业利润水平仍然较高,瓶颈环节逐步缓解,经济结构发生着积极的调整,回升的力量在不断积蓄。

从经济周期波动情况看,2006年将是一个敏感年,中国经济由第一波景气周期向第二波景气周期过渡,经济运行仍将呈稳中趋降的态势,产业间的梯次轮动也将继续显现。在产业结构升级的大背景下,重工业主导工业增长的格局不会发生根本改变。

一、产业运行态势分析

2005年以来,宏观经济保持高位运行,产业经济总体运行良好,需求保持强劲,投资保持稳步增长,出口成为拉动产业增长的重要力量,主要产品产销量继续大幅上升,宏观调控效果显现,经济运行继续保持高位平稳回落,产业运行的结构不合理有了很大改善。第一、第三产业的发展继续得到加强,与第二产业的增速差在减小,第二产业作为我国经济增长的发动机,在去年高起点的基础上今年依然保持良好态势,但在运行过程产业链不同环节差距显著,同时也带来宏观结构失衡,市场供求矛盾加剧等问题。

1. 当前行业运行呈现以下特征:

一是工业经济快速发展势头保持良好,重工业主导工业增长的格局依旧,重化工业的特征依旧明显。2005年前三季度,第二产业实现增加值60 440亿元,增长11.1%,全国规模以上工业增加值50 450亿元,同比增长16.3%,其中重工业增长16.9%,轻工业增长13.4%,重工业仍是带动经济高速发展的主要力量。

二是工业经济效益水平保持高位,相对于2004年的高点,今年利润增幅和利润率下降不可避免。但企业盈利在整体上仍保持较高水平,并不无大幅度滑落。2005年前三季度,全国规模以上工业企业实现利润9 883亿元,比去年同期增长20.1%。工业经济效益综合指数171.96,比去年同期提高10.42点。新增利润前五大行业分别是石油开采、煤炭、钢铁、化工、纺织业。

三是产业链不同环节的行业走势分化明显,产业发展的传导与波及效应明显显现:

第一类是上一轮高增长的先导性行业及其相关产业已深度回落。

如汽车和橡胶工业,受房地产增速放慢影响而明显回落的建材工业,尤其是水泥、制造业等,已经回落到较低水平,上轮主导产业中的家用电器制造业、通信及相关设备制造业、电子计算机制造业、电子元器件制造业等也出现消费的阶段性调整,低位稳定运行。

第二类行业是钢铁、建材和大部分机械装备制造等中游制造业正在回落。

以钢铁、建材、大部分机械设备和部分化工产品制造业为代表的,是典型的重化工业行业,周期性特征突出，而且对宏观调控反应敏感。对先导型行业的回落会作出较为迅速的反应，由于前期的高投资，前期的调控对其迅速扩张起到了很大的抑制作用，面临产能相对过剩的阶段性压力，今年的增长和效益水平已比去年明显低了一个台阶，行业增速放缓或出现下降，总体正处于回落状态。

第三类行业是部分能源及原材料工业仍高位运行。

能源原材料行业一直是前期经济高速发展过程中的瓶颈产业，2005年煤、电、油、运等"瓶颈"行业的建设继续得到加强。前三季度，煤炭开采及洗选业投资同比增长81.9%；石油和天然气开采业投资增长25.6%；电力、燃气及水的生产和供应业投资增长35.1%；铁路运输业投资增长39.2%。同时能源原材料行业的利润也继续保持高速增长，煤炭、石油、黑色金属矿、有色金属矿、非金属矿等采矿业利润同比分别增长77.8%、75.1%、44.9%、124.6%、78.5%。下游行业的快速发展，高投资的拉动支撑了行业需求仍保持较高增长，使得产能利用率继续提升，同时产品价格大幅度提升，表现出利润增长快于收入增长，利润率持续提升的特征。

第四类行业是与"瓶颈"行业相关的设备制造业仍处于上升周期。

煤、电、油、运等瓶颈行业的投资的大幅增长带动了相关设备制造业的快速发展，与其相关的冶金、矿山设备制造业、轴承、阀门制造业、铁路运输设备制造业、船舶制造业等行业，由于需求的持续有力拉动，增长景气维持高位，效益景气持续上升，行业在今后一段时期内仍将处于上升阶段。

2. 行业运行态势分析

（1）增长景气和效益景气情况

与去年同期相比，2005年9月，86.8%的行业增长景气处于较好以上水平，行业总体运行态势良好，但处于好及很好的行业比例只占21%，且产品构成基本是处于产业链上游的能源及原材料行业，大部分中游制造业和下游消费品行业相对平稳。从增长景气变化趋势看，增长景气下降及下降较快的行业比例占52.6%，而上升及上升较快的所占比例只有44.8%，可见大部分行业与去年同期相比增长景气都有所下降，其中，烟草行业、水泥制造业、汽车制造业、家用电器制造业、自来水生产供应业已下降到景气较低端，钢铁工业及有色金属工业虽然目前景气仍维持较高位置，但由于产能的扩张及下游消费拉动的减弱，增长景气也迅速下降。

与去年同期相比，效益景气处于较好及以上水平的行业所占比例为51.3%，效益差的行业所占比例23.1%，行业效益水平总体仍然乐观。从结构看，能源及原材料行业，部分机械制造业，以及有最终需求支撑的部分消费品制造业其效益景气处于较好状态。从行业的变化趋势看，过半以上的行业其效益景气处于下降及下降较快的状态，而上升及上升较快行业所占比例不到30%，可见与去年同期相比，大部分行业效益下滑，且相当大的一部分行业效益下滑较快，从行业分布看，受上游成本上升增加较快的影响，化学工业、石油加工业效益景气明显下降，在上游成本的增加，及宏观调控影响下需求的减弱使得建材、钢铁、有色等行业效益景气也明显下降。消费结构的阶段性调整也使得家电、通讯、电子等产业效益下滑。其中，石油加工业、印刷业、汽车制造业、家用电器制造业、通信及相关设备制造业行业整体效益景气已下滑到较差阶段。

目前，增长景气和效益景气同时处于好及很好状态的只有化学原料及化学制品制造业、有色金属工业，煤炭工业的增长和效益景气也仍维持在相对稳定的高水平。支撑化学原料及化学制品制造业高景气的主要是化肥制造与日用化学产品制造业的高景气，而有色金属工业受产能快速增加和需求增速减缓的影响,增长和效益景气已出现明显回落。

(2) 跟踪的39个行业的产能利用水平、库存率、应收账款比重、成本传导能力等指标变化

工业固定资产是工业生产能力的基础,固定资产净值及其变化反映了工业生产能力的实际规模和变化。流动资金则反映了企业短期生产活动的规模变动。所以,通过单位固定资产所承载的流动资金量,可以基本反映工业生产能力发挥的水平,或者说反映工业生产能力利用率。我们以工业流动资金/固定资产余额,反映工业生产能力利用水平变化情况。产成品是库存中的重要部分,产成品的比重如果长期维持在高位,说明销售不畅,产品面临相对过剩的危险,对行业和企业进一步成长不利,我们以累计产成品/当月销售收入,反映工业产成品中库存率的变化情况。应收账款/销售收入的大小一定程度上可以说明行业资金回流状况,我们以应收账款比重的变化情况反映行业资金流动情况。销售成本是行业成本的重要部分,在上游成本上升时,能否顺利地将成本传导出去,是衡量行业抗风险能力的一个重要指标,我们以当月销售成本/当月销售收入的比值反映行业总体成本的传导能力。

从2002年下半年开始,工业企业总体产能利用水平呈稳步增长态势。其中,2004年下半年,随着新增生产能力逐步投产,需求增长速度逐步回落,工业产能利用水平增长速度放缓,2004年底至2005年初产能利用水平有所下降,但2005年3月以来,产能利用水平开始回升,目前总体利用水平仍呈上升趋势并处于高位,产能利用水平总体稳步上升。工业行业库存率总体也稳步下降,并且目前处于较低位置。

从成本传导能力指标看,总体变化不大,但长期趋势上略有上升,大部分行业成本仍能较为顺畅的传导出去,但传导能力稍有减弱。我国国内要素价格长期维持较低水平,长期中要素价格呈上升趋势是必然的规律,由此带来的传导能力的下降,利润率水平的总体趋降也是行业运行的必然趋势,从当前来看,行业总体传导能力并无明显恶化的迹象,维持了缓步上升的走势。从应收账款比重的指标来看,自2002年以来,维持了回落的态势,2005年处于最低点,说明企业资金回收较为顺畅。

与去年同期相比,从具体行业看,各指标的相对变化情况如下:

与去年同期相比,产能利用水平上升的行业占69.1%,库存率下降的行业占82%,应收账款比重下降的行业占74.4%,但成本传导能力改善的行业占30.8%。可见,从指标判断,目前行业运行处于良好状态,大部分行业延续了前期的高增长。四个指标中有三个指标反映了行业运行总体较好,并且在去年行业各项指标良好的基础上继续得到改善;而传导能力的普遍恶化说明成本增加带来的风险是系统性的,除了石油天然气开采业、煤炭工业、塑料制造业、玻璃及玻璃制品业、自来水生产供应业等具有较强定价能力的行业,以及前阶段市场较缺乏的行业外,资源和要素成本上升的压力在行业面得到普遍反映,自2002年下半年以来缓慢上升,但总体而言上升幅度不大,目前只是趋势的延续并无明显恶化的迹象。

(3) 从行业增长景气、效益景气指标,结合其他四指标综合分析当前行业运行从增长及效益景气指数来看:

处于较好及以上的行业有:化学原料及化学制品制造业、有色金属工业、煤炭工业、石油天然气开采业、耐火材料制品业、钢铁工业、食品制造业、纺织业、造纸工业、煤气生产供应业、橡胶制造业、专用设备制造业、服装及其他纤维制品制造业、普通机械制造业、农副食品加工业、玻璃及玻璃制品业、陶瓷制品业、金属制品业、电器机械及器材制造业、仪器仪表制造业等。

目前较稳定的行业有:化学纤维制造业、化学药品制造业、塑料制造业、电力工业、饮料工

业、文教体育用品制造业、交通运输设备制造业(不含汽车)、电子元器件制造业、烟草行业、水泥制造业。

处于较差状态的行业有:石油加工业、中药材及中成药加工业、印刷业、生物、生化制品的制造业、通信及相关设备制造业、电子计算机制造业、汽车制造业、家用电器制造业、自来水生产供应业等。

结合四个指标综合考虑:

处于较高位运行的行业中,玻璃及玻璃制品业、钢铁工业其库存的迅速增加,面临产能阶段性过剩的压力。化学原料及化学制品制造业、金属制品业库存率也有所上升,若需求的增长跟不上产能的扩张,其未来的发展也面临一定的不确定性。陶瓷制品业应收账款比重大幅增加,石油天然气开采业、玻璃及玻璃制品业等也面临应收账款比重的提高。从成本传导能力指标来看,化学原料及化学制品制造业、橡胶制造业、钢铁工业等传导能力下降,利润空间可能会进一步减小。

二、2006年行业总体走势展望

目前我国经济仍处于2002年以来的经济长周期的上升期,消费结构由吃穿向住行方面的升级带动了社会生产结构的调整,由此推动的工业化、城市化进程的加快。同时全球产业结构转移步伐的加快和投资加速也给我国的快速发展带来了巨大的机遇。种种有利因素的结合,奠定了我国本轮经济上升的长周期的基础。

在经济周期性发展过程中,处于产业链不同位置的行业间的发展也必然表现出差异,经济上升阶段,汽车、电子通讯及房地产等先导型行业的快速发展,将带动设备、机械装备制造等中游制造业的兴起,并传导到煤炭、石油、电力、钢铁、水泥、有色、石化等上游能源和原材料行业;在经济周期性下降阶段,这样的产业间梯次轮流波动的波及传导规律也会同样表现,近年来的产业运行,正是这种规律的充分体现。

2006年是中国经济由第一波景气周期向第二波景气周期过渡的关键时期,经济稳中趋降的态势不会改变,产业间的梯次轮动规律也将继续显现。产业结构升级带动下重工业主导工业增长的格局不会发生根本的改变,结构调整将更加合理。产业景气总体将平稳回落,不同行业将继续表现出不同差异:

第一,住房,汽车,计算机,基础设施建设相关行业等前期深度回落的行业,正逐步走稳,并积蓄上行的动力。

产能的快速扩张和需求的阶段性放缓,使得2005年以来,汽车行业和电子行业景气下降明显,但内在的消费结构升级带动下的行业的需求依然强劲,在经历了前期的低迷以后,汽车行业已连续7个月效益景气保持正增长,其中轿车特别是经济型轿车的表现尤为突出,在内外需求同时拉动下,2005年,1—9月份全国累计生产轿车211.31万辆,比上年同期增长17.7%。在销售升温的带动下,生产商库存、经销商库存压力渐小,产能利用水平也有所回升,2006年有望继续保持快速回升势头并带动汽车行业走出周期性谷底。电子工业经过一段时间的调整,目前也已经处于较低位置并趋于稳定,且目前的库存率已降低到较低的水平。房地产行业受宏观调控影响较大,但中国正处于住宅业高速发展期,在调控影响下2006年房地产投资的结构将更趋合理,且随着价格的合理回归和前期降价预期下积压的需求的逐步释放,2006年可能有恢复性的增长。

第二,大部分中游投资品面临产能阶段性过剩的压力,产能的释放和竞争的压力使得总体景气仍将下行,能源及原材料行业随着产能的增加和需求的减缓,景气也将逐步回落。

后向连锁效果较强的先导型产业的前期回落,必然带动中游投资品行业的相继回落,原材料价格的高位运行又进一步吞噬其利润空间。从景气看,建材工业较2004年已有深度回落,其中水泥制造业各项指标已在较低水平,玻璃及玻璃制品业虽仍维持较高景气,但回落趋势明显,金属制品业需求减弱,库存率上升,景气指数稳步回落趋势明显,机械制造业景气年初大幅下行后呈抛物线缓升,目前位于较为稳定的区域。由于我国经济处于内生性重化工业化阶段,装备工业的快速发展内在的带动了机械制造业的发展,企业大量增加的设备投资和技术研发支出也奠定了机械制造相对稳定的基础,从周期看,中游投资品处于周期的下降通道但总体幅度不会太深。部分能源原材料景气目前依然保持高位,但总体景气稳中回落的趋势难以避免。以煤炭、电力、石油、交通运输行业等能源行业及石化、化工、有色等原材料行业为代表,前期带有明显"瓶颈"特征。自2004年,在供给"短缺"压力的推动下,这类行业受宏观调控影响较小,多数呈现景气持续回升的态势,产出、效益和价格水平均达到历史的最高水平。指数也一直维持在高位水平,这也是2005年经济总体高位运行的重要原因。目前这些行业生产能力的发挥程度多数已达到历史最高水平,随着经济结构的逐步调整,高耗能产业发展得到有效控制,下游行业发展的减速,加之瓶颈行业投资的大幅增加,瓶颈的制约将逐步缓解,部分以前的瓶颈甚至可能成为下一轮增长的过剩产业。能源原材料行业也将在高位趋稳,逐步构筑平缓的"抛物线"型景气周期顶部。

部分行业的走势已有所显现,钢铁工业由于积压的大量产能,同时面临下游需求增速放缓,其库存已明显增加,传导能力下降,效益景气已明显回落。化学原料及化学制品制造业面临传导能力下降,库存增加的隐忧,煤炭、石油、黑色金属矿、有色金属矿、非金属矿等采矿业利润虽仍保持高位,但同比分别增长均有所回落。有色金属工业的景气已明显下行,大部分行业产能过剩的危机有所显现,景气稳中回落的趋势在所难免。

第三,与瓶颈行业相关的部分制造业,仍将处于上升周期。

瓶颈行业的快速发展,拉动了与其相关的专用、通用设备制造业的快速发展,轴承、阀门制造业、冶金、矿山设备制造业、农业机械制造、铁路运输设备制造业、船舶制造业等,增长景气快速上升或维持在高位,效益景气处于上升态势。随着瓶颈项目建设的进一步加强,这些行业仍将持续目前的发展态势,仍将处于行业发展的上升阶段。

第四,下游最终消费品和服务业,由于居民收入的增加,消费能力的释放及经济增长方式的转变,奠定了稳步增长的基调。2005年前三季度,社会消费品零售总额45 081亿元,比去年同期增长13%。其中9月份5 495亿元,同比增长12.7%,消费品零售总额已连续21个月保持10%以上的增长态势,我国消费已经进入新一轮快速增长通道。随着居民收入的继续增加,收入预期的提高,消费增长的惯性也愈强,预计2006年消费需求仍将继续平稳较快增长。

从效益景气看,2003下半年以来,最终消费品类行业景气一直保持着较为稳定的走势,各项指标都保持在稳定或在向好的方向发展,最终消费品和服务业仍将成为带动2006年平稳走势的重要力量,食品制造业、农副食品加工业、饮料工业、文教体育用品制造业等仍将保持较快的发展势头,纺织业、服装及其它纤维制品制造业除了受国内需求的影响外,贸易环境的变化也将成为影响其景气的重要内容,但高端轻工业制造中心的全球地位及无可比拟的国际比较成本优势和内需的增长决定了纺织服装业不会回落太深。

总体策划
谢伏瞻　国务院发展研究中心副主任
刘世锦　国务院发展研究中心副主任
杨育松　上海证券报副总编辑
课题负责人
冯　飞　国务院发展研究中心产业经济研究部部长
杨建龙　国务院发展研究中心产业经济研究部研究室主任
杨宇东　上海证券报采编中心主任助理
课题组成员
邹民生、梁洁波、王剑、许伟、魏云
作者：国务院发展研究中心

第四节　可行性研究报告

一、可行性研究报告的含义

可行性研究报告是从事一种经济活动（投资）之前，通过对经济、技术、生产、供销直到社会各种环境、法律等各种因素进行全面具体调查、研究、分析，确定有利和不利的因素，从而提出该项目是否值得投资和如何进行建设的咨询意见，为决策者和主管机关审批的上报文件。

二、可行性研究的作用

我国自 20 世纪 70 年代起开始采用可行性研究方法，并在政府的倡导下加以推广。1981 年国家计委明确把可行性研究作为建设前期工作中一个重要的技术经济论证阶段，纳入了基本建设程序。1983 年 2 月，国家计委正式颁布了《关于建设项目进行可行性研究的试行管理办法》，对可行性研究的原则、编制程序、编制内容、审查办法等做了详细的规定，以指导我国的可行性研究工作。可行性研究的作用如下：

（一）可行性研究为项目投资决策提供重要的依据

开发项目投资决策，尤其是大型投资项目决策的科学合理性，是建立在根据详细可靠的市场预测、成本分析和效益估算进行的项目可行性研究的基础上的。

（二）可行性研究是项目立项、审批、开发商与有关部门签订协议、合同的依据

在我国，投资项目必须列入国家的投资计划。

（三）可行性研究是项目筹措建设资金的依据

银行等金融机构是否提供贷款，主要依据可行性研究中提供的项目获利信息。因此可行性研究也是企业筹集建设资金和金融机构提供信用贷款的依据。

（四）可行性研究是编制设计任务书的依据

可行性研究对开发项目的建设规模、开发建设项目的内容及建设标准等都作出了安排，这些正是项目设计任务书的内容。

三、可行性研究的工作步骤

可行性研究工作根据项目的进展可以分以下几个阶段进行：

（一）投资机会研究

该阶段的主要任务是对投资项目或投资方向提出建议，即在一定的地区和部门内，以自然资源和市场调查预测为基础，寻找最有利的投资机会。投资机会研究相对比较粗略，主要依靠笼统的估计而不是依靠详细的分析。

（二）初步可行性研究

在投资机会研究的基础上，进一步对项目建设的可能性与潜在效益进行论证分析。

（三）详细可行性研究

详细可行性研究是开发建设项目投资决策的基础，是在分析项目在技术上、财务上、经济上的可行性后作出投资与否决策的关键步骤。

四、一般可行性研究报告的内容和结构

可行性研究工作完成后，接下来就是编写可行性研究报告。可行性研究报告没有固定的格式，根据需要研究的内容来确定形式。一般而言，可行性研究报告主要的框架结构应当包括封面、摘要、目录、图表目录、术语表、正文、结论和建议、参考文献以及附件十个部分。可行性研究报告的封面，没有固定的要求，但是项目名称、报告单位、报告时间等内容不可缺少。其中摘要、目录、图表目录、术语表、参考文献与附件等项可根据报告的需要进行选择。

（一）封面

一般要反映可行性报告的名称，专业研究编写机构名称及编写报告的时间三个内容。可行性报告的名称一般由编写单位、项目名称和文种构成。如果报告的篇幅较小，也可以不用封面和目录。

（二）摘要

用简洁明了的语言概要介绍项目的概况、市场情况、可行性研究的结论及有关说明或假设条件。要突出重点，假设条件清楚，使阅读人员在短时间内能了解全报告的精要。

（三）目录

有的可行性研究报告多达数十页，为了使阅读人员掌握报告的全文大纲和报告各部分内容的前后关系，必须编写目录。

（四）正文内容

正文是可行性研究报告的主体，要求以全面、系统的分析为主要方法，以经济效益为核心，围绕影响项目的各种因素，运用大量的数据资料论证拟建项目是否可行。当项目的可行性研究完成了所有系统的分析之后，应对整个可行性研究提出综合分析评价，指出优缺点和建议。各类可行性研究报告内容侧重点差异较大，篇幅有的多到几十万字，有的少到几千字，但一般来说应包括以下内容：

1. 项目概况

项目概况是对项目做简明扼要地概述。项目的评估、审批、贷款以及对合作者的吸引，其

成败在一定程度上取决于项目概况部分写作质量的好坏。因此在可行性研究报告的编制中,该部分尤为重要。项目概况的内容一般包括项目名称及背景,项目开发所具备的自然、经济、水文地质等基本条件,项目开发的宗旨、规模、功能和主要技术经济指标,委托方、受托方,可行性研究的目的,可行性研究的编写人员,编写的依据,编写的假设和说明等。

2. 市场调查和分析

在深入调查和充分掌握各类资料的基础上,对拟开发的项目的市场需求及市场供给状况进行科学的分析,并作出客观的预测,包括开发成本、市场售价、销售对象及开发周期、销售周期等。

3. 规划设计方案优选

在对可供选择的规划方案进行分析比较的基础上,优选出最为合理、可行的方案作为最后的方案,并对其进行详细的描述。

4. 开发进度安排

对开发进度进行合理的时间安排,可以按照前期工程、主体工程、附属工程、竣工验收等阶段安排好开发项目的进度。作为大型开发项目,由于建设期长、投资额大,一般需要进行分期开发,需要对各期的开发内容同时作出统筹安排。

5. 项目投资估算

对开发项目所涉及的成本费用进行分析评估。例如房地产开发所涉及的成本费用主要有土地费用、前期工程费用、建筑安装费用、市政基础设施费用、公共配套费用、期间费用及各种税费。估算的精度没有预算那样高,但需力争和未来开发事实相符,提高评价的准确性。

6. 项目资金筹集方案及筹资成本估算

根据项目的投资估算和投资进度安排,合理估算资金需求量,拟订筹资方案,并对筹资成本进行计算和分析。

7. 项目财务评价

依据国家现行的财税制度、现行价格和有关法规,从项目的角度对项目的盈利能力、偿债能力和外汇平衡等项目从财务状况进行分析,是考察项目财务可行的一种方法。具体包括在成本预测基础上进行预计损益表、预计资产负债表、预计财务现金流量表的编制,债务偿还表、资金来源与运用表的编制,以及进行财务评价指标和偿债指标的计算,如财务净现值、财务内部收益率、投资回收期、债务偿还期、资产负债率等,据以分析投资的效果。

8. 不确定性分析和风险分析

主要包括盈亏平衡分析、敏感性分析和概率分析等内容。该分析通过对影响投资效果的社会、经济、环境、政策、市场等因素的分析,了解各种因素对项目的影响性质和程度,为项目运作过程中对关键因素进行控制提供可靠依据。同时根据风险的可能性,为投资者了解项目的风险大小及风险来源提供参考。

9. 可行性研究的结论

根据对相关因素的分析和各项评价指标数值,对项目的可行与否作出明确的结论。

10. 研究人员对项目的建议

对项目中存在的风险和问题提出改善建议,以及对建议的效果作出评估。

（五）附件

它包含可行性研究的主要依据，是可行性研究报告必不可少的部分。一般来讲，一个项目在做正式的可行性研究时，必须有政府有关部门的批准文件（如规划选址意见书、土地批租合同、土地证、建筑工程许可证等）。专业人员必须依照委托书和上述文件以及相应的法律、法规方能编写项目可行性研究报告。

（六）附图

一份完整的可行性报告应包括以下附图：项目的位置图、地形图、规划红线图、设计方案的平面图，有时也包括：项目所在地区或城市的总体规划图等等。

五、写作可行性研究报告要注意的问题

可行性研究报告的写作要求主要包括以下三个方面：

（一）内容真实

可行性研究报告涉及的内容以及反映情况的数据，必须绝对真实可靠，不许有任何偏差及失误。可行性研究报告中所运用的资料、数据，都要经过反复核实，以确保内容的真实性。尤其要注意的是，对项目投资的不利因素一定不能避而不谈。

（二）预测准确

可行性研究是投资决策前的活动。它是在事件没有发生之前的研究，是对事物未来发展的情况、可能遇到的问题和结果的估计，具有预测性。因此，必须进行深入地调查研究，充分地占有资料，运用切合实际的预测方法，科学地预测未来前景。切不可先入为主认为项目一定可行，也不可揣摩"长官意志"去做预测。

（三）论证严密

论证性是可行性研究报告的一个显著特点。要使其有论证性，必须做到运用系统的分析方法，围绕影响项目的各种因素进行全面、系统的分析，既要作宏观的分析，又要作微观的分析。但目前许多可行性研究报告中宏观的、模糊的数据多，而微观的、具体的数据少，这就很难对项目进行科学的评估与判断了。还要充分考虑到项目投资与实施过程中可能遇到的各种不确定因素。

例文一

吉林大学"十五""211工程"建设项目可行性研究报告

一、总论

项目名称：吉林大学"十五""211工程"建设

建设地点：吉林省长春市吉林大学校园内

建设单位：吉林大学

可行性研究报告编制依据：《中华人民共和国国民经济和社会发展第十个五年计划纲要》、《吉林省、长春市第十个五年计划纲要》、《"211工程"总体建设规划》、《国家计委、教育部、财政部关于"十五"期间加强"211工程"项目建设的若干意见》、《关于做好"十五""211工程"建设项目可行性研究报告编制和立项审核工作的通知》、《吉林大学"九五""211工程"建设项目验收

总结报告》、《吉林大学事业发展"十五"计划和2010年规划纲要》以及吉林大学合校后学校运行和发展的实际情况。

主要建设内容：

重点学科建设项目

1. 化学材料合成与理论
2. 超高压等极端条件下物质结构、性质和新型功能材料
3. 光电子学与光学
4. 计算与软件科学及信息处理
5. 汽车与工程装备设计制造
6. 农业机械化工程
7. 材料成形技术与新材料
8. 资源、环境与地球圈层动力学
9. 公路智能交通运输工程
10. 神经系统疾病的病理生物学和分子酶学
11. 马克思主义在21世纪的理论创新和人才培养
12. 东北亚区域政治、经济、历史与社会发展

公共服务体系建设项目

1. 校园网二期工程
2. 数字化图书馆
3. 教育基础二期工程

师资队伍建设项目

1. 骨干教师队伍建设
2. 教师素质提高与能力培训
3. 高层次人才及智力引进

基础设施建设项目

1. 无机合成与制备化学和超分子结构化学实验室
2. 机械与材料工程馆
3. 麦克德尔米德实验室
4. 超硬材料与高压合成实验室

总投资及构成： 单位：万元

总投资	中央专项资金	学校自筹资金
42 860	11 500	31 360

项目法人组织：（略）

二、建设的意义和必要性

吉林大学实施"211工程""十五"期间建设，旨在充分利用五校合并后的综合优势，与时俱进，更好地适应科技进步、经济建设和社会发展的需要，提高高层次人才培养、知识创新和科研成果转化的能力与水平，为推动科技和经济发展、促进社会进步，特别是为地方经济的跨越式发展作出更大的贡献。

"九五"期间,吉林大学以"211工程"重点学科建设为龙头,通过调整优化结构,学科实力显著增强;科研装备水平和科研能力明显提高,取得了"原子簇的结构规则和化学键"、"汽车动态仿真技术研究与应用"等一批标志性成果;办学基本条件明显改善,为高层次人才培养打下了坚实的基础;创造条件吸引优秀人才,师资队伍状况得到初步改善;公共服务体系建设初具规模,为学科建设服务的能力进一步增强。"211工程"建设有力地推动了学校办学水平的提高和综合实力的增强。

"十五"期间,学校建设面临着五校合并后的新形势和新特点。学校现有在校全日制学生58 839人,其中研究生10 753人;校园占地面积8 000余亩,校舍建筑面积250多万平方米;是目前国内规模最大的高等学校。

五校合并后,学校以改革促融合,以改革促发展,进行了实质性的院系重组与学科整合,使学科布局进一步趋于合理,学科门类更加齐全。现有学科涵盖哲学、经济学、法学、教育学、文学、历史学、理学、工学、农学、医学、管理学等十一大学科门类。学校现有本科专业111个,研究生一级学科学位授权点12个,硕士学位授权点192个,博士学位授权点105个,博士后科研流动站17个。有国家重点学科16个,国家基础科学研究与教学人才培养基地7个,教育部人文社会科学重点研究基地5个,国家重点实验室5个,教育部重点实验室7个,其他专业部委重点实验室11个。目前,学校师资力量较为雄厚,荟萃了一批学识渊博、治学严谨的国内外知名学者。现有教师5 610人,其中教授1 270人,副教授1 652人,有中国科学院和中国工程院院士13人,国务院学位委员会委员1人,国务院学位委员会学科评议组成员14人,国家有突出贡献的中青年专家16人,教育部跨世纪优秀人才29人,国家杰出青年基金获得者14人,国家"973"项目首席科学家1人,长江学者奖励计划特聘教授13人。

新吉林大学在人才培养、科学研究、学科建设、师资队伍建设等方面呈现出更加广阔的发展前景。这一切为进一步实施"211工程""十五"期间建设奠定了更加坚实的基础。

"211工程"是面向21世纪的战略工程,高等学校和重点学科的建设是一个长期的过程,需要不断的支持和不懈的努力,才能充分发挥其效益,特别是对于吉林大学这样一所合并重组后的学校,除了通过自身努力之外,国家和社会的支持,是使其快速健康发展必不可少的条件。因此,在"九五""211工程"建设的基础上,继续支持我校实施"十五""211工程"建设显得十分必要。预期通过建设,使学校能够进一步立足国情,特别是东北地区的实际情况,根据国际高等教育发展的趋势和规律,瞄准学科发展前沿,推动重点建设的学科项目达到国内一流水平,部分研究领域达到国际先进水平,形成合理的学科体系,促进高层次创新人才的培养、高水平研究成果的产出以及科技成果向现实生产力的转化。使学校在创新和传播知识、推动社会文明和进步的同时,进一步面向国民经济建设主战场,为国家及地方经济建设和社会发展作出更大的贡献。

三、建设目标及主要建设内容

(一)指导思想及总体建设目标

1. 指导思想

以邓小平理论和江泽民同志"三个代表"的重要思想为指导,更好地贯彻落实科教兴国战略,巩固成果,深化改革,提高质量,争取新的跨越式发展,提高学校的办学水平,增强学校的综合实力。

"211工程""十五"期间建设,将进一步发挥学校的优势与特色,在全方位学科整合的基础上,以学科建设为主线,以改革和创新为动力,以上质量、上水平为宗旨,精选重点项目予以建设,确保产出一批高水平的标志性成果。积极扩展"211工程""九五"期间的建设成效,努力实现教学和科研的健康发展,全面提高学校为国家特别是为东北地区经济建设和社会发展服务的能力与水平。

2. 总体建设目标

依据适度发展、控制规模、优化结构、突出特色、提高质量的基本思路,经过五到十年的努力,使吉林大学成为我国特别是东北地区高质量创新人才培养、高水平科学研究和成果转化、高层次决策咨询的重要基地;成为在人才培养、科学研究、学科建设、师资队伍等方面都有自己的特色和优势,某些学科达到国际先进水平,在国内有重要地位,在国际上有重要影响的综合性、开放式、研究型大学,实现江泽民总书记提出的"把吉林大学建成一流的社会主义大学"的目标。

(二)"十五"建设目标和建设任务

1. "九五"期间"211工程"建设情况及"十五"期间"211工程"建设起点

吉林大学"九五"期间"211工程"建设实际上承担了两个建设项目,即原吉林大学"211工程"建设项目和原吉林工业大学"211工程"建设项目。"九五"期间投资总额为34 352万元,其中中央专项资金为9 000万元。共建设了理论化学与催化剂等功能材料的分子设计、汽车设计制造等11个重点学科(群)。建设了校园网、电子化图书馆、教育基础工程等公共服务体系项目以及部分基础设施项目。

原吉林大学和吉林工业大学"九五""211工程"建设项目于2001年5月同时通过了国家验收。专家组在验收意见中指出:自"211工程"立项以来,学校领导带领广大教职员工抓住机遇,努力拼搏,扎实工作,保证了工程项目的顺利实施,按期完成了国家下达的"211工程""九五"期间项目建设计划,较高质量地完成了各项建设任务。通过"211工程""九五"期间的建设,学校在学科建设、人才培养、科学研究、师资队伍建设、基础设施建设以及管理等方面都取得了长足的进展,学术水平和办学效益有了比较明显的提高,学校的总体办学水平上了一个新台阶。理论化学与催化剂等功能材料的分子设计、无机合成化学与材料化学、汽车设计制造、公路运输管理工程等学科的建设项目成绩突出,取得了一批标志性的成果。学校在部分学科的交叉、渗透方面进行了积极的探索并取得了良好的效果。"211工程""九五"期间建设目标已经实现。

专家组建议学校应进一步深化改革,按照新的吉林大学的总体发展规划,进一步优化学科结构,继续加强人文社会学科和理科基础学科的建设力度,着力发展新兴交叉学科,充分发挥学科覆盖面广、智力密集的优势,努力争取学术创新和对国民经济有重大影响的科技成果,为国家特别是吉林省和东北地区的经济建设和社会发展作出更大的贡献;进一步加强师资队伍建设,不断提高教育质量和办学效益;按照建设国内外知名高水平大学的目标,进一步加强校园的规划、建设和管理;努力使校内管理体制进一步规范化,使"211工程"建设项目发挥更大的效益。

学校在认真领会和听取专家组提出的意见和建议的基础上,总结"九五""211工程"建设的经验,充分发挥学校现有的优势与特色,深入发掘潜力,在"九五"期间"211工程"建设构筑的平台上,认真地进行了"十五""211工程"建设规划。

2. "十五""211工程"建设目标

经过"十五"期间"211工程"建设,重点建设的学科项目达到国内一流水平,部分学科领域接近或达到国际先进水平。在重点建设项目的研究领域中取得一批标志性成果。成为我国特别是东北地区高素质创新型人才培养、基础理论研究、高新技术研究和成果转化、高层次决策咨询的重要基地,为把我校建设成为在国内有重要地位,在国际上有重要影响的综合性、开放式、研究型大学奠定坚实的基础。

3. "十五""211工程"建设任务

围绕上述建设目标,"十五"期间我校"211工程"建设将以改革为动力,全面深化校内管理体制和后勤社会化改革,特别是人事分配制度和教学、科研领域的改革,以改革促创新,以创新带建设,全面提高学校,特别是重点建设学科的综合实力和核心竞争力。其主要任务是:

(1) 人才培养

探索具有我校特色的创新人才培养模式和机制。全面推进素质教育,进一步实施"吉林大学教学改革和建设2001行动计划"。努力实现培养目标的多元化和培养模式的多样化。本科生阶段着力培养厚基础、高素质、能创新的"学科型人才"、"应用型人才"和"复合型人才",培养质量要达到国内一流水平。研究生阶段着重提高学生科学研究的创新能力以及使科研成果转化为现实生产力的能力,其培养质量要达到国内一流水平,部分学科的研究生培养质量接近或达到国际先进水平。到2005年,全日制各类在校生总数控制在60 000人左右。其中研究生数量达到16 000人左右,留学生数量达到1 000人左右。

(2) 学科建设

选择部分国家重点学科、"九五""211工程"重点建设学科以及部分基础较好、优势鲜明、特色突出,具有一定发展潜力的基础学科、人文社会学科、应用学科特别是新兴交叉学科和高新技术学科进行重点建设。"十五"期间将重点建设化学材料合成与理论,超高压等极端条件下物质结构、性质和新型功能材料,光电子学与光学,计算与软件科学及信息处理,汽车与工程装备设计制造,农业机械化工程,材料成形技术与新材料,资源、环境与地球圈层动力学,公路智能交通运输工程,神经系统疾病的病理生物学和分子酶学,马克思主义在21世纪的理论创新和人才培养,东北亚区域政治、经济、历史与社会发展12个重点学科建设项目。争取到2005年"211工程"重点建设的学科项目达到国内一流水平,部分学科研究领域达到国际先进水平。产生若干对国民经济和社会发展具有推动作用的标志性成果。

(3) 科学研究

巩固和发展基础研究的优势和特色,按照不同基础学科的性质和特点,着眼于原始创新和理论突破,取得若干项具有国内领先水平和国际先进水平的标志性成果;大力加强应用与高新技术研究,提高科技创新能力,加速科技成果转化;加强人文社会科学理论与应用研究,把经济和社会发展的重大理论和实践问题作为主要研究方向,力争取得突破性研究成果。加强科研基地建设,努力增建国家重点实验室,形成若干个具有较强自我发展能力的应用型研究基地和工程研究中心。

到2005年,自然科学年科研经费达到3亿元,争取获得5~8项国家重点基础研究项目,10~15项高新技术攻关或产业化项目。"十五"期间争取获国家级奖励6~10项,获省级奖励40~50项。被SCI收录论文数保持全国高校前10名。

人文社会科学基础理论研究,力争形成体现时代精神的吉大学派,应用性研究要发挥政府和企事业单位的思想库和智囊团的作用,成为东北亚地区重要的学术研究基地。

(4) 队伍建设

建设以院士、著名专家和长江学者奖励计划特聘教授、国家杰出青年基金获得者和跨世纪优秀人才等为代表,以学科带头人为中坚,以中青年骨干教师为基础的高层次创新型人才队伍。改革用人制度,在进行岗位管理和目标考核的基础上,进一步完善教师聘任制;实施"吉林大学人才工程",坚持培养与引进并重的方针,制定高层次人才引进和培养的措施与办法;支持中青年教师在职攻读博士学位,实施"吉林大学教师队伍博士化工程";改革师资管理模式,建立鼓励人才脱颖而出的新机制。

到2005年,教师总数为5 800人左右,生师比约为14∶1。形成一支规模适当、结构合理、基础雄厚、治学严谨,在国内达到较高水平,在国际上有一定影响的具有较大发展潜力的师资队伍。

(5) 办学条件

加强基础实验室的建设,改善实验设备条件。更新实验教学设施,建设物理、化学、生物、机械和电工电子国家级基础教学实验示范中心;更新改造专业基础实验室和学科专业实验室,从中建设一批精品实验室;创建一批学科交叉、渗透、资源共享的实验室;进一步建设东北地区CALIS中心、数字化图书馆和校园网络。

力争到2005年大多数实验室设备条件达到国内一流水平,部分实验室设备条件接近或达到国际先进水平。公共服务体系日臻完善,为教学、科研服务的能力显著增强。

(三) "十五"期间"211工程"建设内容和建设项目

"十五"期间"211工程"建设项目分为四个部分:重点学科建设项目、公共服务体系建设项目、师资队伍建设项目及基础设施建设项目。

1. 重点学科建设项目

本着立足基础、发挥优势、突出特色、着力创新、优化配置、共享资源的指导思想,以面向经济建设主战场,适应、促进和服务于经济建设、高科技创新和社会发展需要为着力点,选出12个重点学科建设项目进行建设。

(1) 化学材料合成与理论

本项目所属领域为基础科学,涉及的主要学科专业有物理化学、无机化学、高分子化学与物理。上述学科均为国家重点学科。

本学科群现有教授68人。其中,中国科学院院士4人,国务院学位委员会学科评议组成员2人,长江学者奖励计划特聘教授5人,国家杰出青年基金获得者8人,海外杰出青年基金获得者2人,教育部跨世纪优秀人才6人,"973"项目首席科学家1人,博士生指导教师51人。

本项目在物理化学、无机化学、高分子化学与物理等方面的研究水平位居国内前列,一些研究成果达到国际先进水平,其中"原子簇的结构、化学键和结构规则"等方面研究达到了国际领先水平。"九五"期间承担国家级科研课题115项,部省级科研课题117项。科研总经费7 000余万元。目前承担国家和省部级科研课题124项,科研经费总额为3 931万元。"九五"期间获国家级奖励3项,获部省级奖励13项,获得专利45项,发表学术论文1 500余篇。

本项目已累计培养本科生4 000余名,硕士研究生713名,博士研究生233名,出站博士后研究人员39名。

"十五"期间,本项目在理论化学与催化剂等功能材料的分子设计,无机合成与材料化学,大分子组装与功能及结构高分子材料等三个主要研究领域进行重点建设。项目建设学科的整体水平保持国内领先,部分研究领域达到国际先进水平。

在理论化学领域,化学微观过程和反应控制问题研究将取得重大突破,实现消除环境污染的相关物种的分子设计;研究与建立弱相互作用生物体系化学键理论,实现新药的分子设计;合成苯二酚的复合氧化物等催化剂研究及纳米材料研究达到国际先进水平;研制复合纳米材料,实现乙肝、丙肝、艾滋病、性病等疾病的临床快速检测。在无机化学领域,围绕无机新材料的合成、制备以及性质研究,发展无机新材料的水热及溶剂热合成化学路线;获得具有新颖结构与性质的材料,揭示无机合成反应的可控性以及反应规律;开发微孔和低维结构磷酸铝化合物的定向设计与定向合成的理论方法和实验途径;开展具有多层次孔道结构微孔分子筛晶体的制备与催化性能研究。在高分子化学与物理领域,以高分子结构与性能的理论为基础,运用合成与组装方法,围绕信息功能与高性能高分子材料重点开展新物质与新功能材料研究、特种高分子材料研究、光电功能高分子研究以及高分子基础理论研究,建成国内重要的高分子科学研究与人才培养基地。

"十五"期间本项目预期可望产生"化学微观过程和反应控制问题研究"、"磷酸铝材料的分子工程设计与定向合成"和"新型有机电致发光材料的研究"等标志性成果。

本项目建设资金总额为 2 520 万元。其中,中央专项资金为 1 440 万元,自筹资金为 1 080 万元。

(2) 超高压等极端条件下物质结构、性质和新型功能材料

本项目所属领域为基础科学,涉及的主要学科专业有凝聚态物理、原子与分子物理。上述两学科均为国家重点学科。

本项目现有教授 44 人。其中,中国科学院院士 1 人,国务院学位委员会学科评议组成员 1 人,国家杰出青年基金获得者 1 人,教育部跨世纪优秀人才 2 人,长江学者奖励计划特聘教授 1 人,博士生指导教师 28 人。

本项目在凝聚态物理、原子与分子物理的相关领域已取得了显著的研究成果。在高压物理、超硬材料等方面的研究处于国际先进水平。"九五"期间承担国家和省部级科研课题 100 余项。目前承担"973"、"863"等国家和部省级科研项目 84 项。"九五"期间科研成果获国家和部省级奖励 6 项,获得专利 18 项,发表学术论文 600 余篇。

本项目学科已累计培养本科生 2 000 余名,硕士研究生 420 名,博士研究生 80 名,出站博士后研究人员 13 名。

"十五"期间,本项目将在超高压等极端条件下凝聚态物质的结构与性质、超硬和多功能新材料的高温高压合成、薄膜材料及其它特殊性能的新材料的制备与性质、极端条件下的原子分子物理研究、原子分子团簇和生物分子的结构及光激发动力学等领域开展深入的研究工作。使项目学科参与本领域国际发展前沿和重大创新性科学研究工作的能力、承担国家重大科研攻关任务和重大科研项目的能力进一步增强,形成自主研究与开发新型超硬材料及其他新型功能材料的能力,促进科研成果的产业化。将本项目学科建成国内先进、国际上有一定影响的科学研究中心和高层次人才培养中心。

"十五"期间本项目预期可望产生"超高压技术与高压相变研究"、"原子分子团簇和生物分子结构及光激发动力学"和"高温高压下优质金刚石单晶的合成研究"等标志性成果。

本项目建设资金总额为 1 680 万元。其中,中央专项资金为 960 万元,自筹资金为 720 万元。

(3) 光电子学与光学

本项目所属领域为基础产业和高新技术及基础科学,涉及的主要学科专业有微电子学与固体电子学、光学、通信与信息系统。其中,微电子学与固体电子学为国家重点学科。

本项目现有教授38人。其中,中国科学院院士1人,博士生指导教师19人。

本项目在半导体光电子学、原子相干光学等研究领域的研究水平处于国内高校领先地位。"九五"期间承担国家和部省级科研课题70余项。目前承担"973"、"863"等国家级科研项目29项,部省级科研项目40余项。总科研经费近2 000万元。"九五"期间获国家级奖励1项,获部省级奖励6项,获得专利8项,发表学术论文500余篇。

本项目学科已累计培养本科生4 200余名,硕士研究生369名,博士研究生102名,出站博士后研究人员4名。

"十五"期间,本项目将在新型光电子材料、器件及其集成技术,有机光电子学,光波导及光纤器件,光电子器件理论研究、CAD设计及信息处理,非线性光学材料与系统等领域开展研究工作。使本项目建设学科成为我国光电子学与光学领域高级专业人才培养的重要基地及主要研究基地。努力做出原创性的研究成果,着力解决涉及国家长远发展和国家安全的战略性、前沿性的理论及关键技术问题,发展具有自主知识产权的高新技术,培育高技术产业生长点,为我国信息产业的发展作出贡献。

"十五"期间本项目预期可望产生"新型光电子材料、器件研究"、"光波导与光纤器件制备技术研究"和"非线性光学材料与系统"等标志性成果。

本项目建设资金总额为1 190万元。其中,中央专项资金为680万元,自筹资金为510万元。

(4) 计算与软件科学及信息处理

本项目所属领域为基础科学、基础产业和高新技术,涉及的主要学科专业有计算机软件与理论、计算数学。上述两学科均为国家重点学科。

本项目现有教授42人。其中,国务院学位委员会学科评议组成员2人,长江学者奖励计划特聘教授1人,博士生指导教师27人。

本项目在科学与工程计算,软件新方法、新技术与新工具,信息处理的智能、数学方法与技术,分布式系统、网络软件与信息安全等方向的研究水平居国内领先行列。"九五"期间承担国家和部省级科研项目107项,科研经费3 300多万元。获国家级奖励1项,获部省级奖励16项,发表学术论文550多篇。

本项目学科已累计培养本科生4 925名,硕士研究生678名,博士研究生67名,出站博士后研究人员12名。

"十五"期间,本项目的主要研究领域为科学与工程计算,符号计算与数学机械化,软件新方法、新技术与新工具,智能信息处理与智能软件。将建成具有比较完善和富有创新能力的理论研究、技术开发和高水平人才培养中心。具有组织、承担重大和大型项目,解决大规模科学与工程计算、软件科学与信息处理等方面重大问题的能力。在计算科学与软件科学研究方面进入国内领先行列,部分方向达到国际先进水平;建成研制、开发大型软件的基地;取得一批具有重要学术价值或重大经济效益、社会效益的科研成果。

"十五"期间本项目预期可望产生"产品数据管理系统PHOSPHOR/PDM"、"农业信息化"和"科学与工程计算若干理论问题的研究"等标志性成果。

本项目建设资金总额为 1 680 万元。其中,中央专项资金为 960 万元,自筹资金为 720 万元。

(5) 汽车与工程装备设计制造

本项目所属领域为基础产业和高新技术,涉及的主要学科专业有车辆工程、机械设计及理论、机械制造及自动化、动力机械及工程、机械电子工程。其中,车辆工程为国家重点学科。

本项目现有教授 74 人。其中,中国工程院院士 1 人,国务院学位委员会学科评议组成员 1 人,长江学者奖励计划特聘教授 1 人,博士生指导教师 39 人。

本项目在汽车动态仿真与控制领域的研究成果处于国际领先水平。车辆自动变速理论与动力传动控制技术、混合动力汽车关键技术、汽车排气污染与控制、数控机床可靠性增长技术研究均达到国内领先水平。"九五"期间承担国家和部省级科研课题 82 项。目前承担国家级科研项目 17 项,部省级科研项目 53 项。总科研经费 4 796 万元。"九五"期间获国家级奖 4 项,获部省级奖 43 项,获得专利 16 项,发表学术论文 433 篇。

本项目学科已累计培养本科生 17 760 余名,硕士研究生 1 252 名,博士研究生 247 名,出站博士后研究人员 16 名。

"十五"期间的主要研究领域有汽车动态仿真与控制,汽车动力传动控制技术,汽车空气动力学,汽车发动机公害控制,汽车工程装备先进制造技术。将建成汽车与工程装备教学、科研和技术开发三位一体的高层次人才培养基地,共性技术研究基地和关键问题的技术依托单位。在一些主要研究领域具备跟踪国际前沿技术和承担国家重大攻关课题的能力,研究水平接近或达到国际先进水平。博士研究生和博士后研究人员等高层次人才培养质量接近国际先进水平。

"十五"期间本项目预期可望产生"车辆自动变速理论与动力传动控制技术"、"汽车动态仿真与高速汽车轮胎性能试验研究"和"汽车发动机公害控制"等标志性成果。

本项目建设资金总额为 2 100 万元。其中,中央专项资金为 1 200 万元,自筹资金为 900 万元。

(6) 农业机械化工程

本建设项目所属领域为农学,涉及的主要学科专业有农业机械化工程、农业生物环境与能源工程、农业经济管理、农产品加工及储藏工程、食品科学。其中,农业机械化工程为国家重点学科。

本项目现有教授 19 人。其中,中国工程院院士 1 人,国务院学位委员会学科评议组成员 1 人,长江学者奖励计划特聘教授 1 人,博士生指导教师 13 人。

本项目在农业机械动力系统分析及其相关技术、精确农业及其智能机械设计创新与环境控制、地面机械仿生理论与技术、农业机械化系统分析与管理工程、农产品转化增值工程五个研究方向已形成明显的优势与特色,在我国农机化工程领域具有特殊的不可替代的作用。"九五"期间承担国家及部省级课题 110 项,获部省级奖励 7 项,获得专利 7 项,发表学术论文 290 篇。

本项目学科已累计培养本科生 4 315 名,硕士研究生 312 名,博士研究生 63 名,出站博士后研究人员 17 名。

"十五"期间,将在农业机械动力系统分析及其相关技术、精确农业及智能机械设计创新与环境控制、地面机械仿生理论与技术、农业机械化系统分析与管理工程、农产品转化增值工程等主要研究方向上取得理论与技术上的新突破,特别是取得具有原始科技创新的成果,并创造出显著的经济效益。接近或保持在国际同类学科中的先进水平,将本项目学科建设成为为国家农业科技革命提供创新成果和高层次人才培养的重要基地,农业机械化行业的技术依托单位,成为政府在农业系统分析与科学决策方面的重要智囊单位。博士研究生培养质量接近或达到同类学科的国际先进水平。

"十五"期间本项目预期可望产生"松软地面机械行走机构创新理论及新技术"、"适合国情的按需精确变量投入理论与技术体系"和"生物非光滑仿生理论与技术"等标志性成果。

本项目建设资金总额为840万元。其中,中央专项资金为480万元,自筹资金为360万元。

(7) 材料成形技术与新材料

本项目所属领域为基础产业和高新技术,涉及的主要学科专业有材料加工工程、材料学、材料物理化学。其中,材料加工工程为国家重点学科。

本项目现有教授45人。其中,中国科学院院士1人,长江学者奖励计划特聘教授2人,博士生指导教师25人。

本项目在金属塑性与超塑性、无模成形、变质铸造、纳米材料及应用等研究领域具有较强的优势,一些研究成果已达到国际先进水平。"九五"期间承担国家级科研课题25项、部省级项目64项。目前正在运行的国家级科研项目17项、部省级项目48项。获国家级奖励3项,获部省级奖励28项,获得专利9项,被SCI收录论文219篇。

本项目学科已累计培养本科生1890名,硕士研究生264名,博士研究生91名,出站博士后研究人员8名。

"十五"期间,将在塑性精成型及模具CAD/CAE/CAM的集成,铸造合金新材料及其精密成形,汽车现代焊接成形与控制,纳米材料相变及组织与性能,功能新材料在塑性精成型中的应用等领域开展研究工作。将建成科学研究、人才培养、技术开发和中试生产一体化的基地,成为汽车零部件加工行业的技术依托单位,科研水平与人才培养质量接近或达到国际先进水平。

"十五"期间本项目预期可望产生"连续局部塑性精成形及智能化模具制造"、"功能材料的制备、表征与性质研究"和"纳米材料相变及组织与性能"等标志性成果。

本项目建设资金总额为1 260万元。其中,中央专项资金为720万元,自筹资金为540万元。

(8) 资源、环境与地球圈层动力学

本项目所属领域为资源环境,涉及的主要学科专业有地球探测与信息技术、地层学与古生物学、水文学及水资源、环境科学。其中,地球探测与信息技术为国家重点学科。

本项目现有教授124人。其中,中国科学院院士3人,国务院学位委员会学科评议组成员2人,博士生指导教师67人。

在地球物理正反演技术、地球物理探测仪器的研制、综合信息矿产预测、地球早期被子植物起源、化学岩石圈等方面已取得具有国际先进水平的研究成果。在地球探测与信息技术方面研究居国内领先地位。"九五"期间承担国家和部省级科研项目20余项。目前承担"973"、"863"等国家级和部省级科研项目19项。"九五"期间获国家级奖励4项,获部省级奖励6项,获得专利20余项,发表学术论文300余篇。

本项目学科已累计培养本科生 14 000 余名,硕士研究生、博士研究生和出站博士后研究人员 1 600 余名。

"十五"期间,本项目将重点在油气资源勘查、矿产资源评价预测、大陆岩石圈结构与演化、环境生态监测与地质灾害预防、地球探测仪器装备及新技术的应用与开发等领域从事研究,力争取得一批高水平的研究成果,把本学科建设成为高层次人才培养基地,地学基础理论、资源环境探测评价技术与工程及仪器研制开发的研究基地,地球探测与信息技术学科理论技术的依托单位。

"十五"期间本项目预期可望产生"油气能源勘查的理论与方法"、"大型、超大型矿床预测理论与方法体系"和"岩石圈结构、组成以及与生物演化的关系"等标志性成果。

本项目建设资金总额为 1 540 万元。其中,中央专项资金为 880 万元,自筹资金为 660 万元。

(9) 公路智能交通运输工程

本项目所属领域为基础产业和高新技术,涉及的主要学科专业有交通信息工程及控制、载运工具运用工程、交通运输规划与管理、道路与铁道工程。

本项目现有教授 18 人。其中,中国工程院院士 1 人,国务院学位委员会学科评议组成员 1 人,博士生指导教师 15 人。

本项目在智能运输系统、交通控制、交通环境治理和车辆智能化诊断等领域已具备较强的跟踪国际发展前沿、承担国家与行业重大科技攻关任务和培养高层次复合型人才的能力。"九五"期间共承担 121 项国家和部省级科研项目。获国家级奖励 3 项,获部省级奖励 21 项,获得专利 5 项,发表学术论文 255 篇。

本项目学科已累计培养本科生 4 000 余名,硕士研究生 144 名,博士研究生 43 名,出站博士后研究人员 3 名。

"十五"期间,本项目将在智能运输系统、载运工具智能化及可持续发展、运输系统规划与物流管理、道路桥梁安全监测与养护等方面进行重点研究与建设,使本学科成为高层次人才培养基地,解决国家和行业相关领域重大科技问题的基地。项目建设学科达到国内一流水平,部分领域博士研究生培养质量接近或达到国际先进水平。

"十五"期间本项目预期可望产生"车辆实时诱导实验系统"、"智能车辆导航机理及关键技术研究"和"运输系统可持续发展理论模型与仿真技术"等标志性成果。

本项目建设资金总额为 560 万元。其中,中央专项资金为 320 万元,自筹资金为 240 万元。

(10) 神经系统疾病的病理生物学和分子酶学

本项目所属领域为医药卫生,涉及的主要学科专业有神经病学、病理学和病理生理学、生物化学和分子生物学。其中,神经病学学科是国家重点学科。

本项目现有教授 25 人。其中,博士生指导教师 18 人。

本项目的神经病学在国内最先从神经病理学方面证明烟雾病、同心圆性硬化、朊蛋白病等十几种神经系统重要疾病在我国的存在并进行多方面系统研究,研究水平居国内领先地位,部分成果达到国际先进水平。病理生物学在肿瘤与肿瘤间质特别是肿瘤血管的发生与消退方面的研究一直处于国内领先地位,部分成果达到国际先进水平。分子酶学研究处于国内领先地位,在酶与核酶定向进化、抗体酶及模拟酶、非水介质中分子酶学等方向研究已接近或达到国际先进水平。

"九五"期间承担"973"、"863"等国家级科研项目14项,部省级科研项目30项,科研经费2 900万元。获国家级奖励2项,获部省级奖励11项,获得专利5项,发表学术论文289篇。

本项目学科已累计培养硕士研究生313名,博士研究生134名,出站博士后研究人员7名。

"十五"期间,本项目将在脑血管病、痴呆、朊蛋白病、血管生成依赖性疾病、分子酶学工程等领域开展研究工作,研究水平将达到国内一流水平,部分研究接近或达到国际先进水平。使本项目建设学科成为相关领域高层次人才培养、重大科技攻关、知识原始创新、有效社会服务及国际交流的国家级基地。

"十五"期间本项目预期可望产生"重大神经系统疾病的发病机制和治疗学研究"、"血管生成依赖性疾病中的血管生成机制研究"和"酶的分子设计模拟及环境适应性研究"等标志性成果。

本项目建设资金总额为1 540万元。其中,中央专项资金为880万元,自筹资金660万元。

(11) 马克思主义在21世纪的理论创新和人才培养

本项目所属领域为人文社会、经济政法,涉及的主要学科专业有马克思主义哲学、法学理论和数量经济学。上述学科均为国家重点学科。

本项目现有教授66人。其中,国家有突出贡献的中青年专家4人,教育部跨世纪优秀人才4人,中国杰出中青年法学家提名奖获得者1人,博士生指导教师29人。

本项目在马克思主义哲学、法学、数量经济学等领域的研究成果在国内处于理论与实践前沿。在马克思主义哲学研究领域,长期致力于哲学的理论创新,在马克思主义哲学教科书体系改革、哲学观念更新和哲学基础理论研究中,特别是在马克思主义哲学与中国现实相结合的理论发展中,发挥了独特的重要的作用,在学术界和思想理论界有着广泛的重要影响;在法学理论研究领域,率先发动、引导和推动了我国法学领域全面观念更新、方法变革和理论创新。首倡"以权利义务为基本范畴重构我国法学理论"和"权利本位"的思想,对于中国法学和中国法治建设20多年来的发展具有极其重要的指导意义。在国内法学界率先提出"建立有中国特色社会主义法学理论体系"的见解并作了充分论证。已经成为我国马克思主义法学理论的科学研究与人才培养的主要基地;在数量经济学研究领域,数量经济理论、应用、模拟等方面的研究已处于国内领先水平。本项目"九五"期间承担国家和部省级科研项目85项。获国家级奖励32项,获部省级奖励18项,出版专著152部,发表学术论文1 294篇。

本项目学科已累计培养本科生2 020名,硕士研究生716名,博士研究生172名,出站博士后研究人员8名。

"十五"期间,将在马克思主义基础理论的总体研究与当代反思,马克思主义哲学、法学和经济学在21世纪的发展,马克思主义社会发展理论与当代中国经济社会发展战略研究,哲学社会科学在21世纪的人才培养模式研究等领域进行研究与探索,创建符合新世纪要求的人文社会科学高层次人才培养模式,取得对于推进中国哲学社会科学理论创新具有普遍意义的研究成果。实施"理论创新工程"、"533人才培养工程"及"科学研究精品战略"。建成国内领先、国际上有重要影响的马克思主义哲学与法学理论研究中心、高层次人才培养中心及信息咨询服务中心。数量经济学学科建成科研及高层次人才培养基地,教学和科研水平接近或达到国际先进水平。

"十五"期间本项目预期可望产生《新现代法学》系列论著、《马克思主义哲学在当代的发展》系列论著、"宏观经济形势预测和分析系统"等标志性成果。

本项目建设资金总额为1260万元。其中,中央专项资金为720万元,自筹资金为540万元。

(12) 东北亚区域政治、经济、历史与社会发展

本项目所属领域为人文社会、经济政法,涉及的主要学科专业有世界经济、人口资源与环境经济学、国际政治、考古学与博物馆学。

本项目现有教授45人。其中,国务院学位委员会学科评议组成员1人,教育部跨世纪优秀人才2人,博士生指导教师25人。

本项目以东北亚区域为研究对象,对东北亚区域政治、经济、历史、考古、人口、社会进行跨学科的综合性研究。其中,在东北亚综合研究,马克思主义政治学基础理论,当代中国政治发展,中国边疆、东北、内蒙古、东北亚考古、满族史、俄罗斯史、日本史、中日关系史等领域的研究处于国内领先水平,部分研究达到国际先进水平。吉林大学东北亚研究中心、吉林大学边疆考古研究中心为教育部人文社会科学重点研究基地。"九五"期间共承担国家级科研项目45项,部省级科研项目116项,累计科研经费约1100万元。获得部省级以上奖励50余项,《政治学原理》获教育部面向21世纪教材一等奖,"俄罗斯经济金融形势走向及我国的对策"咨询报告荣立国务院一等功。出版专著35部,发表学术论文800余篇。

本项目学科已累计培养本科生1920名,硕士研究生792名,博士研究生91名,出站博士后研究人员15名。

"十五"期间将在东北亚区域地缘政治与我国的对策,东北亚区域经济合作研究,图们江跨国经济合作研究,东北亚区域人口、资源、环境与可持续发展,中朝边境考古与历史等领域开展深入的研究与探索。将本项目建设学科建成在相关领域具有明显优势与特色的科研与人才培养重要基地、国家及地方相关领域的决策咨询中心。

"十五"期间本项目预期可望产生《东北亚区域人口、资源与经济发展》等22部专著、东北亚区域问题政府咨询报告等标志性成果。

本项目建设资金总额为630万元。其中,中央专项资金为360万元,自筹资金为270万元。

2. 公共服务体系建设项目

在"九五"建设的基础上,"十五"期间将建设如下3个公共服务体系建设项目:

(1) 校园网二期工程

本项目为"211工程""九五"续建项目。"十五"期间针对五校合并后校园面积大、校区分散、各校区基础条件差异较大等实际情况,将在一期建设的基础上建设一个高速、快捷、稳定的千兆校园网络。该网络以以太技术为主,支持VPN、MPLS等技术,为数字化图书馆、远程教学、远程医疗等数字化校园建设提供良好的网络运行基础,具有高可靠性、高扩展性、高安全性等特点。在使网络覆盖8个校园的基础上,建立数据中心和网络教学基地,开展网络教学和科研。加强信息资源建设,培养网络建设人才,为学校的教学、科研及管理提供高水平的网络服务。

本项目建设资金总额为1800万元。其中,中央专项资金为700万元,自筹资金为1100万元。

(2) 数字化图书馆

本项目为"211工程""九五"续建项目。"十五"期间通过对合校后相关资源的整合,将在

校园网上形成大规模、高质量数字资源库群。引进一批国内外权威数据库,自建我校重点学科专题数据库。建立完整的、有本校特色的网络信息资源系统。通过教育科研网向本校及东北地区乃至全国提供高效服务;搭建数字图书馆信息共享平台,完善图书馆网络基础设施和终端设备,实现校区间的资源共享;与东北地区高校图书馆在共享书目数据库的基础上,实现图书馆文献资源的联合编目及馆际互借;培养出结构层次合理、具有较高业务素质的数字图书馆专业人才;进一步建设东北地区 CALIS 中心。力争到 2005 年建成具有国内高校一流水平的服务研究主导型现代化图书馆。

本项目建设资金总额为 1 200 万元。其中,中央专项资金为 500 万元,自筹资金为 700 万元。

(3) 教育基础二期工程

在"九五""211 工程"建设的基础上,本项目"十五"期间将建设物理、化学、生物、机械和电工电子 5 个国家级基础教学实验示范中心,1 个公共现代教育技术教学中心,1 个工程实践能力训练中心。进一步提高跨专业共用实验室的装备水平,动态调整与优化实验项目,整合与优化资源配置。加强管理,促进资源共享,提高仪器设备的利用率。

本项目建设资金总额为 1 500 万元。其中,中央专项资金为 500 万元,自筹资金为 1 000 万元。

3. 师资队伍建设项目

"十五"期间,师资队伍建设将以学术梯队建设为中心,以培养中青年骨干教师和高层次创造性人才为重点,努力提高教师整体素质,以适应教学、科研及学科专业建设的需要。具体建设内容为:

(1) 骨干教师队伍建设

重点进行学术带头人及其后备队伍、中青年骨干教师队伍、基础教学及学术梯队的建设。"十五"期间将建立责任教授或首席科学家制度;完善学术带头人队伍建设规划;实施 300 名中青年骨干教师培养计划;实施基础课和主干课"主讲教师"、"主讲教授"制度。

(2) 教师素质提高与能力培训

"十五"期间实施"吉林大学博士化工程";开展教师岗前培训、专业能力以及教学科研实践训练,选送教师在国内外进修。

(3) 高层次人才及智力引进

重点引进、招聘高层次优秀人才,适度开展国内外智力引进工作。

本项目建设资金总额为 3 360 万元,全部为自筹资金。

4. 基础设施建设项目

"十五"期间将利用 1.650 亿元自筹资金完成 4 个建设项目。项目建成后将为相关学科教学和科研提供更为先进的实验研究条件,为人才培养和科学研究提供有力的硬件支持。

(1) 无机合成与制备化学和超分子结构化学实验室

本项目建筑面积为 22 000 平方米,概算投资为 6 000 万元。含有无机合成与制备和超分子结构与谱学两个国家重点实验室。主要服务于化学材料合成与理论等重点学科建设。

(2) 机械与材料工程馆

本项目建筑面积为 23 000 平方米,概算投资为 4 500 万元。含有汽车材料教育部重点实验室。项目建成后可满足我校材料科学工程学院和机械科学学院的教学与科研要求,并为材料成型技术及新材料重点学科建设项目提供高水平的服务。

(3) 麦克德尔米德实验室

本项目建筑面积为9 800平方米,概算投资为5 000万元。本实验室的建成,将有力地促进化学及相关学科的发展,尤其将为导电高分子领域研究创造十分有利的实验研究条件。

(4) 超硬材料与高压合成实验室

本项目建筑面积为5 000平方米,概算投资为1 000万元。本实验室是国家重点实验室。其建成后,将全方位满足高压合成实验的要求,在高压情况下,人工合成金刚石及金刚石制品,并进行有关高硬度材料的研究与开发。

四、资金筹措和年度资金安排

1. 中央专项资金及主要用途

经国家计委、教育部、财政部共同研究确定,我校"十五""211工程"建设中央专项资金总额为1.150亿元。中央专项资金年度分配及来源情况详见下表:

单位:万元

	2002年	2003年	2004年	2005年	总　计
国家计委		2 200	1 000	400	3 600
财政部	700	1 000	1 000	900	3 600
教育部	4 300				4 300
中央专项资金合计	5 000	3 200	2 000	1 300	11 500

其中9 600万元用于重点学科项目建设,1 900万元用于公共服务体系项目建设。

2. 学校自筹资金

"十五"期间用于"211工程"建设的自筹资金总额为3.136亿元。其中1.150亿元用于学科和公共服务体系项目建设,实现与中央专项资金的1比1配套;3 360万元用于师资队伍项目建设;1.650亿元用于基础设施项目建设。自筹资金来源为教育事业收入和多渠道筹资。

3. 地方政府配套资金

"十五"期间,吉林省和长春市人民政府将通过提供减免政策等多种渠道,为吉林大学"211工程"建设提供地方政府配套资金,配套资金折合人民币总额为1.5亿元。

五、建设实施进度总体安排

年度	主要工作
2002年 9—12月	1. 组织校内学科论证,根据国家有关要求编制《吉林大学"十五""211工程"建设项目可行性研究报告》。 2. 修改、完善《吉林大学"十五""211工程"建设项目可行性研究报告》。 3. 完成《吉林大学"十五""211工程"建设项目可行性研究报告》的专家论证及立项审核工作。 4. 建立项目法人责任制,建立健全有关项目管理办法。 　　包括《吉林大学"十五""211工程"建设项目管理办法》、《吉林大学"十五""211工程"建设资金使用管理办法》、《吉林大学"十五""211工程"建设项目仪器设备采购、使用与管理办法》。

(续表)

年度	主要工作
2003年	1. 进一步进行子项目论证,完善"211工程""十五"期间建设规划。 2. 做好迎接三部委检查评估的相关工作。 3. 分解各项建设任务,与各子项目组签订子项目建设合同。 4. 完成本年度设备采购计划。 5. 全方位开展项目建设。重点加强师资队伍项目建设。 6. 开展年中及年末工程进展情况检查及不定期检查。
2004年	1. 继续进行各子项目总体建设,重点推动、保证预期标志性成果建设,重点做好提高已购仪器设备使用效益相关工作。 2. 完成本年度设备采购计划。 3. 开展年中及年末工程进展情况检查及不定期检查。
2005年	1. 继续进行各子项目总体建设,重点强化重点学科建设,确保预期目标全面实现。 2. 完成本年度设备采购计划。 3. 开展工程进展情况年中检查及不定期检查。 4. 做好工程建设收尾相关工作。 5. 开展工程建设校内预验收工作。

六、预期效益分析

（一）学校总体水平

通过"211工程""十五"期间建设,继续发挥基础研究的重要作用,不断提高科研水平,增强原始创新能力和学校综合实力。大力开展应用技术研究、政策研究和技术创新,创造出一批对经济建设、社会发展和科技进步有重大影响的标志性成果。到2005年,吉林大学的教育质量、科研水平和办学效益等都将有明显提高,学科优势与特色进一步强化,办学条件得到较大改善,学校整体实力显著增强,国内外影响日益扩大,为建成在国内有重要地位,在国际上有重要影响的综合性、开放式、研究型大学奠定坚实的基础。

（二）学科建设

通过"十五"期间的重点建设,使"211工程"建设的12个重点学科建设项目达到国内一流水平,部分学科研究领域达到国际先进水平。我校在科技前沿领域研究能力、创造性地开展人文社会科学研究能力和高层次人才培养能力显著提高,为国家及地方经济建设、精神文明建设和社会发展服务的能力显著增强。成为我国特别是东北地区高素质创新型人才培养、基础理论研究、高新技术研究和成果转化、高层次决策咨询的重要基地。

（三）人才培养

通过"211工程""十五"期间建设,进一步深化人才培养模式、教学内容、课程体系和教学方法的改革,积极推进教学手段的现代化,发挥教师的主导作用和学生的主体作用,建立新型的教与学模式,提高教学质量。使学生基础理论、实践能力、创新意识得到较大提高,建立起具有我校特色的人才培养模式和机制。本科生的培养质量达到国内一流水平。研究生科学研究的创新能力和使科研成果转化为现实生产力的能力显著提高,培养质量达到国内一流水平,其中部分博士研究生的培养质量接近或达到国际先进水平。优秀博士论文数量与"九五"期间相比明显增加。到2005年,全日制各类在校学生总数控制在60 000人左右,其中本科生与研究生数量比约为2.5比1,留学生人数达到1 000人左右。

(四)科技工作

通过"211工程""十五"期间建设,学校基础研究的优势与特色得到进一步巩固和发展,原始创新能力显著增强。应用研究的实力与水平进一步提高,具有国内领先或国际先进水平的标志性成果数量较"九五"期间明显增加。科技成果转化及高新技术产业化能力进一步增强,形成一批具有创新能力的产学研基地和联合攻关体以及具有较强自我发展能力的应用型研究基地。人文社会科学基础理论研究逐步形成体现时代精神的吉大学派,应用性研究发挥政府和企事业单位思想库和智囊团的作用,东北亚研究中心成为东北亚地区重要的学术研究基地。到2005年,年科研经费达到3亿元。"十五"期间争取获国家级奖励6～10项,部省级奖励40～50项。被SCI收录论文数量保持全国高校前10名。

(五)师资队伍

形成以院士、著名专家和长江学者奖励计划特聘教授、杰出青年基金获得者和跨世纪优秀人才等为代表,以学科学术带头人为中坚,以中青年骨干教师为基础的规模适当、结构合理、素质优良的高层次师资队伍。到2005年,教师总数控制在5 800人左右,生师比约为14∶1,具有硕士以上学位教师比例达到80%,具有博士学位教师比例达到或超过30%。培养300名左右学术带头人,300名左右中青年骨干教师。

(六)办学条件

通过重点学科和公共服务体系建设,为学校学科建设提供先进的实验研究仪器设备,增强承担国家和行业重大科技项目的能力,为高层次人才培养提供更为优越的实验研究条件。到2005年,争取大多数实验室设备条件达到国内一流水平,部分设备接近或达到国际先进水平,建成具有国内高校先进水平的数字化图书馆和校园网。实验仪器设备总值由7.5亿元增加到约11.0亿元,固定资产总额(含仪器设备)由约31.3亿元增加到约46.4亿元,校舍建筑面积由约250万平方米增加到约290万平方米。

七、对招投标的基本考虑

为做好我校"211工程"仪器设备的采购工作,依据《中华人民共和国政府采购法》、国家教委教备司《关于做好"211工程"建设中仪器设备采购工作的通知》等文件精神及吉林大学有关规定,"十五"期间"211工程"仪器设备采购主要采用公开招投标等方式进行,具体事宜按国家有关规定执行。

例文二

川江壹号二期工程可行性研究报告

第一章 总 论

1.1 项目概况

本报告所陈述的对象为川江壹号二期工程,以下简称本项目。本项目位于咸阳市秦都区人民路中段,团结路与人民路十字交汇处繁华路段,东北角中宏大厦二楼。本项目在一期工程的基础上,装修改造剩余空闲的地方,增加更多的席位,容纳更多的客户。

1.2 项目提出的背景及建设必要性

自从2009年4月份开业以来,在每天吃饭黄金时间客人多席位少的情况下,经过股东们协商一致认为很有必要把剩余的空间充分利用起来。

1.3 可行性研究的依据和范围

本报告是基于对市场的充分了解和对该项目的市场前景有着准确的判断而作的,具有科学性和前瞻性。本报告在以下的部分将着重对本项目的市场分析、项目定位、规划设计定位、营销推广策略以及项目的财务评价进行研究。

1.4 主要技术经济指标

总建筑面积:1 758.48平方米,实际利用面积930平方米,有828.48平方米面积闲置浪费。面积利用率53%,租金32元/平方米/月。成本额外增加32 511.36元。

1.5 施工进度计划

1.5.1 2009年9月1日动工。

1.5.2 2009年10月10日投入使用。

第二章 市场调研及前景预测

2.1 市场调研

2.1.1 本项目处于咸阳市腹地,商业密集区域,最繁华的人民路中段,人员流量大。

2.1.2 周边500米调研:事业、企业单位46家,大型商场5家,小商铺门店362家,小区3家。(备注:只要在500米边上也在内)

2.1.3 十字人流量:2009年6月18日,星期四,中午12∶30,每分钟过往340人左右。下午6∶30交汇处,每分钟过往320人。

2.1.4 周边500米餐饮业调研:小吃铺13家,小吃城一家,环境条件较差,中等以上的饭店没有。根本满足不了周边人群的需求。

2.2 本项目优劣势分析

2.2.1 本项目比周边餐饮业条件好,环境舒适,酒店管理模式,有一支专业的团队。其他餐饮业大都是作坊式操作,很不正规,更谈不上专业了。所以与本项目存在不可比性。

2.2.2 我们的总经理周跃辰,也是我们的合伙人,有6年经营四川品牌连锁火锅店"孔亮火锅"的经验。

2.2.3 本项目最大的特色容纳了川菜的两大菜系——川菜和火锅。分吃统管模式,满足不同人群的口味。

2.3 本项目前景预测

我们评价本项目的原则是谨慎、保守的,但本项目的市场综合环境又是值得乐观的。随着咸阳经济的稳定发展,我们可以预测,本项目具有较好的市场前景。

第三章 项目定位

3.1 主题定位

以川江壹号"壹"字为主题——管理团队一流,菜品味道一流,服务质量一流,环境卫生一流。

3.2 功能定位

结合川江壹号一期成功之处,规划设计的川江壹号二期,完善第一期的设施,满足不断增长的客流量的需求,提高接待能力,增强市场竞争优势。

3.3 市场定位

市场定位确切地说就是确定项目的客户群体,我们定性为以下群体:

3.3.1 家庭型——收入中等家庭以上人群,特别是双收入、工作忙群体,年龄35—45岁阶段的群体。

  3.3.2 年轻群体——刚进入社会到没有结婚阶段的青年,朋友聚餐。

  3.3.3 新婚群体——指结婚1—3年里,生活还不稳定阶段,经常外出就餐。

3.4 项目建设方案及规划设计定位

3.4.1 总体规划设计特色

规划炒菜和火锅两大区域,体现分而不乱,满足不同口味人群的需求。

3.4.2 建设设计与规划定位

在不破坏建筑设计的原则下,因地就势装修,体现整体美观,以空间视野宽敞为准则。

3.5 价格定位

星级酒店待遇,大众消费。

3.6 入市姿态及推广时机定位

3.6.1 硬件和软件设施全部到位,各岗位人员齐全,做到最完整的形象出现。

3.6.2 10月份是人们吃火锅的季节了,这个时候是推广我们品牌的最佳时机。

3.7 销售方式定位

介绍引导销售。

3.8 物业管理定位

外部物业管理由本项目后勤部与中宏大厦物业服务部协同管理;

内部物业管理由本项目后勤部管理。

第四章 营销策略

4.1 宣传主题概念

星级享受,大众消费。

4.2 优惠措施

  4.2.1 消费100元以上200元以下,送2听饮料;200元以上(包括在内)送20元代金券一张,每增加100元,再赠送20元代金券一张。

  4.2.2 节假日根据情况做一些优惠政策。

4.3 资金回笼计划

确立销售目标体系——整体推广思路,销售的目标,毫无疑问就是要顺利地将产品销售出去,这就需要每一个操作步骤都达到了预期的效果,包括形象与品牌的推广效果、公关效果、销售进度。

这些既独立执行而又要互相协调的操作步骤都各有自己的预期目标,但同时又为了实现同一个最终目标,是一个因果循环的目标体系。各步骤需要达到预期的目标。

第五章 投资估算和资金筹措

5.1 投资估算

  装修改造:120万元(包括材料);计划再招收20名新员工,平均每人培训一月计算,每人花费1 200元,共计培训费用24 000元;环境布置10万元;硬件设施30万元;软件设施20万元;广告宣传费用10万元;成本综计1 924 000元。

5.2 资金筹措

  5.2.1 自筹资金100万元;

  5.2.2 前期回笼资金12万元;

5.2.3 银行贷款 80.4 万元；

第六章 财务评价与社会效益分析

依据前期项目的收入情况，扣除所得税，每月纯利润 83 000 元；如果按占地面积计算，本项目每月纯利润 74 000 元；综计每月纯利润 157 000 元，但本项目相对第一期管理成本少了，所以，在一年内保证收回本项目投资资金。而且本项目还可以提供 20 名就业岗位，这也是本项目的社会效益所在。

第七章 结 论

通过以上的分析和策略，我们发现，项目达到的盈亏平衡点较低，而且，投资收益率高于行业基准收益率，具有较大的投资吸引力。

在项目的投资和开发中，不可预测的风险较少，可控性较强，因此本项目的投资开发无论在市场上、操作上还是在财务上都是可行的。就本项目而言，市场的分析和项目的整体定位，以及项目投资经济分析是基于经验和经济学的角度来定的，具有客观性和一般性，符合市场规律及投资经济原理，配以合理的营销手段，实现项目的销售目标，并最终实现本项目的赢利目标将是可以实现的。

第五节 经济活动分析报告

一、经济活动分析报告的含义

经济活动分析报告是经济部门和企业按照国家的有关方针、政策，以计划资料、统计信息、核算数据和调研情况为依据，对本系统、本单位以及企业内部活动状况进行分析研究、评估后写成的书面报告。

二、经济活动分析报告的基本特征

（一）分析性

经济活动分析报告需要表述经济活动分析过程，体现了很强的分析性。在经济活动分析报告中常用对比分析法、因素分析法、平衡分析法。

（二）总结性

经济活动分析报告具有总结性。它是一段时间内区域经济活动或企业经济活动状况的分析，对特定阶段经济活动的得失予以总结，可供经营决策者从中吸取经验教训。

（三）指导性

经济活动分析的结果及其总结的经验教训，对克服消极因素，提高经济活动效益，安排好下一步的工作有着积极的指导意义。

三、经济活动分析的类型

不同类型产生的原因：由于企业的性质不同，经济活动的内容就有所不同。由于企业在不同时期的经济活动不是固定不变的，因此经济活动分析也不能只是一个模式，人们分析的形式各种各样。下面就根据不同的分类标准,作适当的归纳。

(一) 按部门可分为工业经济活动分析、农业经济活动分析、商业经济活动分析等

各部门的经济活动分析虽都涉及人、财、物和供、产、销这些要素,但是这些要素在各部门的经济活动分析中各有自己的内容和形式。例如:工业企业是以生产为中心的,它的经济活动分析的内容和形式就常表现在产量、品种、质量、消耗、劳动生产率、成本、利润、流动资金等指标上。商业企业是以商品流通为中心的,它的经济活动分析的内容和形式就表现在商品流通过程中的购销调存的活动上。因此商业经济活动分析就以资金、流通费和利润等的分析作为自己的内容和形式。其他部门(如农业、交通运输、财政金融等)的经济活动分析也都各有自己特殊的内容和形式。

(二) 按范围可分为综合分析、专题分析和典型分析

1. 综合分析也叫全面分析,是对企业进行全面的检查和评估。综合分析使用大量的指标和资料,在计划经营和结果中揭示不平衡现象,抓住经营中的主要矛盾,查明主要因素,促进全面改善,提高经济效益。它对于指导企业全局具有重要意义。由于企业经营和成果最后都综合地反映在财务上,财务分析在综合分析中就有特别重要的意义。

2. 专题分析是对某些重要问题进行分析,是综合分析的继续和深入,也可以根据日常发现的问题和企业工作的要求随时进行。专题分析有助于某些关键问题的深入了解和具体解决。

3. 典型分析是对有代表性的某个单位或部门进行深入分析,从而揭示一般规律,指导或促进其他单位或部门的工作,常采用现场分析会的形式来进行,以推动面上的工作。

(三) 按时间可分为日常分析和定期分析

1. 日常分析是在生产经营活动中,根据需要随时进行的分析。各个部门各个环节都应当进行日常分析,以便及时了解情况,及时采取措施解决出现的问题。

2. 定期分析是指在规定的期间内进行的常规性的分析。有月度分析、季度分析、年度分析,从而保证经济活动分析制度化、经常化。

四、经济活动分析的基本方法

经济活动分析是建立在数据指标体系的基础上的,而指标数据的分析又需要根据目的要求和资料数据掌握情况,采用科学的技术方法,因此技术方法的选择是分析的重要一步,经济活动分析也可以说是方法论的学科。经济活动分析文书的写作需要讲究分析方法的叙述,方法叙述得精简清晰,文书才有说服力。

分析经济活动的方法多种多样,如对比分析法、比率分析法、连环替代分析法、差额分析法、平衡分析法、线性规划法等,这里介绍两种最常见的分析方法。

(一) 对比分析法

对比分析法又称比较分析法。它是通过指标对比从数量上确定差异的一种分析方法,是最简单最直观的一种方法。用来对比的指标必须具有可比性,如没有可比性则要换算成可比性的,才能发现真正的差距,才有利于查明原因,挖掘潜力。常用来对比的指标如下:

1. 实际指标与计划指标对比。这是最主要的对比分析内容,在对比中就可以说明计划完成的情况,为进一步分析提供方向。因为计划是企业一定时期的奋斗目标。

2. 本期实际指标与过去(上年同期或上月、上季)指标对比,这可以分析出企业经营中的变化趋势、潜力或措施效果。

3. 本期实际指标与国内外同类企业的平均指标或先进指标对比。这种比较也可在企业内部各部门车间、班组或个人之间进行。这种对比有利于开阔眼界,向先进看齐,防止骄傲自满。

(二) 连环替代法

连环替代法也称因素分析法。它用来计算几个相互联系的因素对指标影响程度的大小,判明主次,评价企业的管理工作。它的主要分析方法是把影响指标诸因素中的一个因素作为变量,其他的因素作为常量,然后逐个替代,分别计算,从中测定各个因素对指标影响的程度。它的数学公式是假设某项经济指标为 x,影响 x 的因素为 a、b 两个。X 与 a、b 间的关系式为 $a \times b = x$,b_0、a_0、x_0 代表计划数,a_1、b_1、x_1 代表实际数,实际指标 x 与脱离计划指标 x_0 的差异为 D,表达关系式如下:

计划: $\qquad a_0 \times b_0 = x_0 \qquad$ ①
替换: $\qquad a_1 \times b_0 = x_2 \qquad$ ②
替换: $\qquad a_1 \times b_1 = x_1 \qquad$ ③

$$②-①=x_2-x_0 \cdots\cdots 由于 a 变动的影响$$
$$③-②=x_1-x_2 \cdots\cdots 由于 b 变动的影响$$
$$D=(x_2-x_0)+(x_1-x_2)=x_1-x_0$$

由上看出,对比分析法长于发现差异,提出问题。连环替代法有利于剖析差异的原因,揭示实质性的问题,以便抓住要害,控制影响。两种分析方法配合运用,常常能起到好的效果。

五、经济活动分析报告的内容和结构

(一) 基本要素

经济活动分析报告没有固定格式要求,通常由下列要素构成:

1. **标题**

标题一般由分析对象(部门、企业名称)、年限(年度、季度或月份)和主题(分析内容、范围或种类)等几部分构成,如《1981年商业部系统财务状况的分析》、《××厂1989年利润完成情况分析》等。标题还可根据分析目的要求来拟定,如《××车间三季度质量指标为什么完成得好?》,这是个典型分析标题,为了推广先进指标的实施方法,用提问式可引人注目。

2. **概述**

这是文章的开头部分,主要用来叙述分析报告期的基本情况,分析的背景,列举各种指标。或用文字叙述,或将指标列成表格;常常是列表又加文字说明。这是展开分析的依据,有提出问题、引导分析方向的作用;有时揭示主题,有提挈全文的意义。总之,概述是必要的部分。

3. **分析**

这是回答开头概述里提出的问题的部分。它要运用适当的指标计算分析法,揭示完成任务的程度,造成问题的各种因素,以及各种因素的影响程度,分清主次,抓住关键。总之,这部分是具体分析的部分,是关键的部分。为了求得分析的准确,常常同时采用不同的分析方法,看其结果是否一致或相近。

4. 意见

这是分析结尾部分,回答"怎么办"的问题。摆出情况,找出原因,目的是趋利避害,拿出对策,改进措施,提高经济效益。意见要具体可行,行之有效,这就要求提出的意见针对性强。

(二)格式体例

1. 叙述说明式

这种体例如同一般的论文体例。虽然它有许多数据,但它把数据组成的体系用叙述说明来表达。它是一种学术论文的模式。

2. 数据文字分列式

这种体例以指标为中心,常把各种指标列成表格以显示指标间的关系,首先是对比关系。文字只是用来补充说明指标没有显示出来的因素或利用改造这些因素的建议。列表加文字说明的体式容易制作,也便于阅读,实用性比较强,企业日常的经济活动分析常采用这种体例。

六、经济活动分析报告写作的注意事项

(一)要敢于揭露问题

经济活动分析是加强企业管理的重要手段,必须如实地反映企业的经济活动。分析和写作必须坚持原则,实事求是,肯定成绩,不回避矛盾,不掩盖矛盾,要有科学的态度,科学的勇气。要坚持党和政府的政策,要全面看待、分析各种指标。例如,分析报告不仅要看实际完成的总产值的指标,而且要看各种产品实际完成的产值指标,不能报喜不报忧,差距要多从经营思想和管理上找因素,不能只推到客观因素上。分析必须具体细致深入,明确责任。掩盖差距矛盾的分析是没有实际的意义的,不能达到分析的目的和要求。

(二)要突出重点

经济活动分析不能写的面面俱到,不分主次。要抓住关键问题,深入分析,揭示潜在的问题,提出有预见性的意见,才会给人深刻的印象,于经济管理有益。例如×毛巾厂在销售分析中发现高档毛巾没有完成计划指标,直接原因是由于毛巾调价,消费者多选购中低档的毛巾。但分析者通过市场调查,发现高档毛巾滞销的主要原因不在价高,而在品种少,花式陈旧,多年"老面孔",不如中低档毛巾能适应市场需要。分析报告着重提出了高档毛巾的销售历年来还是呈上升趋势的,提出了在改进设计增加品种的同时,要提高产量的意见。企业采纳了分析的意见,下一年该厂高档毛巾的销售量有了明显的提高,获得了较好的效益。

(三)要防止单纯罗列数据

经济活动分析是用指标来分析问题的,指标十分重要,在书面报告中也占有重要地位。但是指标分析必须与因素情况分析相结合,数据才能反映问题的本质。"只有数据才是硬的,其他都是软的"这种说法有片面性。一个企业的效益上去了,也还要看看是否违反了国家的经济政策,是否损害了国家和人民的利益,是否有潜在的危机。书面报告切勿单纯罗列数据,使人不得要领。要重视分析叙述的角度,要注意数据与因素分析的结合。

(四）要加强分析的科学性

写分析报告一要客观全面，既肯定成绩，又要找出差距；既说明有利因素，又要说明不利因素；既要分析客观因素，更要分析管理上的主观因素等等，切忌片面性。二要观点和依据的统一。观点是从依据中提炼出来的，又是分析依据的出发点。不能主观臆断，凭空推测；也不能罗列现象，没有主观的分析和意见。三要注意有清晰的条理，严密的结构体系，合乎逻辑的表达方式。

例文

××公司一季度经济活动分析报告

现对我司一季度经济活动的主要情况分析报告如下：
年初，货运总公司对我司下达了年度经济责任制指标计划，具体指标计划为：

1. 责任成本××××万元
2. 船舶交通事故损失金额
   (1) 库区、中游：　　×元/ktkm
   (2) 下游：　　　　　×元/ktkm
   (3) 上海港作：　　　×元/艘
   (4) 其他港作：　　　×元/艘
3. 船舶效率
   (1) 拖轮船产量×吨千米/千瓦
   (2) 驳船船产量×吨千米/吨
4. 燃油消耗
   (1) 企业单耗×千克/千吨千米
   (2) 非生产用油×吨
   (3) 燃料油与总耗量比例×％
5. 驳船营运率×％

我司根据货司下达的年度经济指标计划，对各项经济指标进一步细化，层层分解落实。为确保年度目标的完成，船务公司领导班子带领公司全体干部职工，面对指标的压力，经过近几个月来的努力，公司一季度主要经济指标均达到计划进度要求。

一、各项经济指标运行情况分析

（一）责任成本指标

1—3月份累计责任成本151××××元，为计划进度155××××元的97.4××××，实绩比计划节约40.0××××元。

（二）安全、货运质量指标

1—3月份累计交通事故损失金额××××元，为计划进度32.3××××元的9.2×××× ；与去年同期比减少××××元。1—3月份无货运质量事故，无货主投诉，货运差损赔偿金额为零。

（三）船舶效率指标

1—3月份累计完成拖轮船产量64 185吨千米/千瓦，为计划计度(60 480吨千米/千瓦)的

106.1××××,超进度3705吨千米/千瓦;与去年同期比,增加740吨千米/千瓦,增幅1.1×××× 。

1—3月份累计完成驳船船产量3986吨千米/吨,为计划进度(3950吨千米/吨)的100.9 ××××,超进度36吨千米/吨。与去年同期比,增加35吨千米/千瓦,增幅0.8××××。

1—3月份累计完成驳船营运率97.7××××,为计划进度(96.××××)的101.7×× ××,超进度1.75百分点;比去年同期高1.1××××百分点。

(四)燃油消耗指标

1—3月份燃油企业单耗实绩2.94千克/千吨千米,与计划进度(2.98千克/千吨千米)比,降低了0.04千克/千吨千米;与去年同期比下降了0.2××××,降幅7.6××××。

1—3月份累计非生产量用油345吨,为计划进度(488吨)的70.××××;与去年同期比少耗73吨,降幅17.4××××。

1—3月份累计燃料油占总耗量的比例59.7××××,为计划进度(5××××)的104.8 ××××,超进度4.8××××百分点。

从一季度指标运行情况看,可概括为"三增、三降、一稳定"即:拖轮船产量、燃料油占总耗量的比例、驳船营运率增长,责任成本、非生产用油、企业单耗降低,安全稳定。

二、一季度经济指标监控的主要做法

1. 全面贯彻落实我司"两会"精神,积极筹备我司"两会",并在我司"两会"上分解下达了各单位、船舶年度经济指标,配套制定了武汉长航船务公司2006年经济责任制方案,提交"两会"讨论通过,为全年的经济指标运行和经济责任制考核,奠定了坚实的基础。

2. 紧密结合企业经济形势,针对今年油价高居不下、货源不足、运价下滑的严峻形势,公司将责任成本控制放在突出地位,在各项成本指标分解过程中,所有箭头向下,并低于去年同口径水平的1××××。

3. 狠抓主题不松劲。在安全质量连续一年来稳定的情况下,公司把安全工作始终作为工作的主题,常抓不懈,一季度重点抓了"百日安全无事故活动"的巩固提高,以及冬季防滑、防搁浅,防碰撞等,确保了一季度安全局面的稳定,促进了其他指标的平稳运行。

4. 结合管船公司安全工作实际,创新制定了《武汉长航船务公司领导安全责任制实施方案》,将安全管理责任、单船建设、推进SMS工作分片包干到公司各位领导,形成了纵向到底、横向到边的安全管理责任网络。

5. 加强各项指标运行的动态监控与管理,及时发现经济运行中出现的问题,并采取措施加以解决。

三、一季度经济运行中存在的主要问题

1. 成本控制压力没有缓解,主要体现在:

(1) 随着二季度生产投入的增加,各项安全生产费用和人工成本也将随之上升,加上燃油成本居高不下,运价上涨困难,企业效益压力更大,控本增效将是企业的重要举措,因此,各项成本的控制压力将更加突出。

(2) 为了进一步向内挖潜,半年工作会后上级调整指标的趋势仍然存在。

(3) 海损杂支,船舶修理费都有上年下转,并在今年成本中消化,控制压力比较突出。

2. 燃油指标压力将会显现

(1) 劣质油一季度掺燃比完成较好,因为6000匹拖轮未上线所致,随着生产投入增加,该项指标的控制压力就会显现。

(2) 非生产用油指标控制较好,是因为一季度港作船的减少所致。

(3) 单耗水平取决于货源的组织水平,如果货源不对流,附拖和空队现象以及小运转增加,对单耗产生直接影响,控制难度相当大。

3. 安全隐患犹存

我司船舶均为老旧船,设备隐患较多,加上航道秩序混乱,不安全、不可控因素越来越多,对船舶航行安全构成很大的压力。

4. 部分船舶水电费出现异常

三月份有四艘船舶水电费出现异常,严重超进度,为了查清水电费超进度的原因,责成经监处、计财处认真调查,并作出处理,今后财务对船舶的水电费进账,要登记明细,方便考核、查询和对账。

四、下步工作

参加经济活动分析会的李总经理,对公司一季度经济活动进行了总体归纳,同时布置了下步工作。

(一) 一季度指标运行正常

1. 成本管理得到了科学预控。

2. 生产指标超进度。

3. 安全保持了稳定。

4. 服务船舶的力度进一步加大。

(二) 下步工作

1. 认清形势,转变观念,保持清醒头脑

目前,我们面临三大压力:一是货司效益指标欠进度;二是成本压力日益突出;三是修费不足,对船舶设备养护造成空前压力。我司要加强科学管理,作好半年工作会指标调整的思想准备。

2. 成本控制要注意四个指标的监控

(1) 物料费指标。

(2) 海损指标(包括海损杂支指标)。

(3) 修费指标。

(4) 对船舶水电费指标出现的异常情况进行调研。

3. 强化责任意识

各指标处室负责人是本部门指标的第一责任人,要求各部门紧盯目标,加强责任,严密监控,实施目标管理。

4. 经监处要加大运行质量监控

(1) 加强指标动态监控,月度严格考核。

(2) 对指标出现异常情况的部门、单位,要督办分析,并要求指标管理部门写出书面分析材料报分管领导和公司领导,及时处理解决。

(3) 各指标处室要加强指标协调、沟通,力求将问题解决在萌芽状态。

5. 加大重点指标的监控力度

(1) 工资成本指标。

(2) 修费指标。
(3) 单耗指标。
(4) 营运间接费指标。

6. 需要解决的几个问题

(1) 加大对安全生产的投入,改善指导船长办公条件和环境。
(2) 关心船员生活和身心健康,特别是"五一"期间,做好对船员的慰问。
(3) 适度解决基层单位的困难,涉及安全生产急需的,可适当解决。
(4) 做好个税、船舶备用金的解释工作。
(5) 继续为船舶,为生产一线服务。
(6) 机关部门要认真思考和讨论"职工在我心中,安全在我手中",提高机关工作质量。

第六节　产品说明书

一、产品说明书的含义

产品说明书,又称商品说明书、使用说明书,简称说明书。它是对产品的介绍和说明,包括产品的性质、性能、构造、用途、规格、使用方法、保管方法、注意事项等。它是使用范围很广的一种说明文。

产品说明书在指导用户消费的同时,兼有宣传和推广产品,向用户提供产品信息的作用。

二、产品说明书的特点

(一) 说明性

说明、介绍产品,是主要功能和目的。

(二) 实事求是性

必须客观、准确反映产品。

(三) 指导性

包含指导消费者使用和维修产品的知识。

(四) 形式多样性

表达形式可以是文字式,也可以图文兼备。

三、产品说明书的类型

(一) 根据印制包装形式的不同划分

1. 包装式说明书

这是将内容印在产品包装上的说明书。它只需说明品名品牌和制造商,篇幅简短,适用于十分大众化的产品。它既方便省钱,又具有广告宣传作用。

2. 专用式说明书

这是把内容印成专页或小册子作为产品附件的说明书。它篇幅较长，结构复杂，内容表述周严。有的说明除了用详尽的文字外，还常附有使用的图表、图例。既能增加阅读效果，又具有审美效应。

（二）根据表现形式的不同划分

1. 条款式说明书

即对产品分条逐项地进行说明。

2. 短文式说明书

即用简短的文字对产品进行介绍。

3. 图片式说明书

即在用文字说明的同时，配以图片或表格。

（三）根据写作目的的不同划分

1. 产品制作说明书

用来介绍产品的制作原理，技术参数等。

2. 产品使用说明书

用来说明产品的安装、使用方法、维修保养、注意事项等。

四、产品说明书的内容

产品说明书的内容一般包括以下几方面：

（一）产品的名称、结构、型号、规格和性能。

（二）正确吊运、安装、使用、操作、保养、维修和存放方法。

（三）保护操作者和产品安全措施，发生意外的应急处理。

（四）对涉及环境和能源的产品，应规定必要的环境保护和节约能源方面的措施。

（五）对安全限制有要求或存在有效期的产品应提供生产日期和有效期、储存期。

（六）消费品必须注明对使用者的特殊群体例如儿童、老人和残疾人的危险说明。

（七）应尽可能设想用户可能遇到的问题。如产品在不同时间（季节）、不同地点，不同环境条件下可能遇到的问题，并提供预防和解决办法。

（八）使用说明书的封底必须有生产企业的名称、详细地址、邮政编码，本说明书的出版日期。

五、产品说明书的结构与写法

产品说明书的结构一般由标题、正文和落款三大部分组成：

（一）标题

完整的标题由商标、型号和货名再加上文种"说明书"或"使用说明书"而成，如《KX—FL503CN 高速激光传真机使用说明书》；有的省略文种，只有产品名称，如《健民咽喉片》；有的由产品名称和功效构成，如《补脑冲剂神经系统滋补品》。标题置于文首或封面上。为了醒目，常用比正文大的字号或色彩加以强调。

（二）正文

正文是产品说明书的主体,用来写产品的基本情况,如产品的用途、性能、结构、技术指标等;另外,还可用来介绍产品的使用方法等。产品不同,说明书介绍也有些不同,正文的写法也不一样。比如,药物说明书侧重于说明其成分、功能和用法;机械产品说明书侧重于说明其构造、操作方法和维修保养等方面的知识;家用电器说明书则侧重于说明其使用方法、注意事项、保养常识和常见故障排除等。一般来说,正文部分根据实际需要对以下各项可有选择性或侧重某一方面进行说明。

1. 产品概况。包括产品名称、规格、成分、产地等。
2. 性质、性能、特点。
3. 使用方法,有的配合插图来说明各部件名称、操作方法及使用注意事项。
4. 保养与维修。可配合图表,用来说明保养、排除一般故障和具体维修方法等方面的内容。
5. 产品成套明细。只有成套产品才列此项,主要用来说明成套产品的名称和数量。
6. 附属备件及工具。
7. 售后服务承诺和保修联系方式等。

（三）落款

落款又叫尾部,是用来说明产品的生产和经销企业的名称、地址、电话、E-mail等相关信息,给消费者留下有关的线索,从而为产品的售后服务提供方便。有的说明书还有其他一些标志,如:商标、批准文号、荣誉标志、保修条款、有效期限等。

内容复杂的说明书可印成折子、书本等样式,它由封面、前言、正文、封底等部分组成。

1. 封面

一般都包括"××说明书"字样的厂名,有的还印有商标、规格型号、商品标准名称和图样,如使顾客加深印象,还可配印商品彩照、图样、表格。封面的标题要求鲜明醒目。

2. 前言

前言的写作普遍采用概述式的短文。

3. 正文

它是产品说明书的主要部分。一般是用来对产品的性能、规格、使用和注意事项进行具体的说明。

4. 封底

为方便用户联系,一般都在封底上注明厂址,其中含国家地区代号和电话号码、电报挂号等内容。

六、产品说明书写作的注意事项

（一）实事求是地介绍产品

写作产品说明书时要遵守法律和法规,如实地反映产品的实际情况,准确地说明产品的使用和保养方法等。介绍时不能夸大其词、随意捏造,不能坑蒙欺骗、误导消费者,也不能估计推测。产品说明书的内容表述要科学、合理、符合操作程序,便于用户快速理解和掌握。消费品使用说明书的表述应注意让外行人易于理解,不可避免的技术语应有相应的解释。此外,重要的提示要放在醒目的地方。如"安装、使用产品前请仔细阅读本说明书"的提示应印制在说明书的封面上,有的还需要印制在产品的包装或产品上。

(二)抓住特征介绍产品

写作说明书时要注意抓住重点,突出产品个性化特征。这样才能揭示产品的本质属性,区分性质相近的同类产品。在介绍产品特征时,要有所侧重,好的说明书应起到指导消费的作用。但有些说明书却未能做到这一点,有的介绍过于复杂,让人不胜其烦;有的介绍又太简单,让人不得要领;有的把功效写得很笼统,欠具体说明。例如:某药品说明书的用法用量:成人,口服,阿米巴病,一次 0.4~0.8 g,一日 1.2~2.4 g;厌氧菌感染,一次 0.2~0.4 g,一日 0.6~1.2 g;滴虫病,一次 0.2 g,一日 0.8 g;其他,一次 0.2~0.4 g,一日 0.4~1.6 g。诸如此类的说明书"说"而不"明",含糊不清,不但不能正确引导消费者,反而误导消费者。

(三)语言要精确、简明、通俗

产品说明书是对产品的科学说明,语言一定要准确无误,恰如其分,而且要尽可能简明,用词一定要浅显易懂,适应大部分读者的知识水平和接受能力。产品名称要规范,出现在不同段落中的同一部件,其名称要一致,不能用土语或方言。语句必须遵守语法的规则。如果其表述不清或出现了病句,说明书的权威性受到质疑,用户会认为产品本身也不规范,从而会给企业形象和利益带来直接的负面影响。

另外,用词不当也会因语义含混而影响表达效果;过分的形容或夸大的描述也可能带来麻烦;生僻的文字和错别字应尽量避免;模棱两可的文字应该一律更正或删除。产品说明书同样需要遵守广告法的规定,行文中不能有贬低别人抬高自己的成分。

例文

999牌感冒灵颗粒说明书

请仔细阅读说明书并按说明使用或在药师指导下购买和使用。

【药品名称】通用名称:感冒灵颗粒

汉语拼音:Ganmaoling Keli

【成　　份】三叉苦、金盏银盘、野菊花、岗梅、咖啡因、对乙酰氨基酚、马来酸氯苯那敏、薄荷油。辅料为蔗糖粉。

【性　　状】本品为棕色的颗粒;味甜、微苦。

【功能主治】解热镇痛。用于感冒引起的头痛,发热,鼻塞;流涕,咽痛。

【规　　格】每袋重10克(含对乙酰氨基酚0.2克)

【用法用量】开水冲服,一次10克(1袋),一日3次。

【不良反应】偶见皮疹、荨麻疹、药热及粒细胞减少;可见困倦、嗜睡、口渴、虚弱感;长期大量用药会导致肝肾功能异常。

【禁　　忌】严重肝肾功能不全者禁用。

【注意事项】

1. 忌烟、酒及辛辣、生冷、油腻食物。

2. 不宜在服药期间同时服用滋补性中成药。

3. 999感冒灵颗粒含对乙酰氨基酚、马来酸氯苯那敏、咖啡因。服用本品期间不得饮酒或含有酒精的饮料;不能同时服用与本品成分相似的其他抗感冒药;肝、肾功能不全者慎用;膀胱颈梗阻、甲状腺功能亢进、青光眼、高血压和前列腺肥大者慎用;孕妇及哺乳期妇女慎用;服药期间不得驾驶机、车、船、从事高空作业、机械作业及操作精密仪器。

4. 脾胃虚寒,症见腹痛、喜暖、泄泻者慎用。

5. 糖尿病患者及有心脏病等慢性病严重者应在医师指导下服用。

6. 儿童、年老体弱者应在医师指导下服用。

7. 服药3天后症状无改善,或症状加重,或出现新的严重症状如胸闷、心悸等应立即停药,并去医院就诊。

8. 对999感冒灵颗粒过敏者禁用,过敏体质者慎用。

9. 本999感冒颗粒性状发生改变时禁止使用。

10. 儿童必须在成人监护下使用。

11. 请将999感冒颗粒放在儿童不能接触的地方。

12. 如正在使用其他药品,使用本品前请咨询医师或药师。

【药物相互作用】

1. 与其他解热镇痛药并用,有增加肾毒性的危险。

2. 如与其他药物同时使用可能会发生药物相互作用,详情请咨询医师或药师。

【贮　　藏】密封

【包　　装】复合膜;每盒装9袋

【有 效 期】24个月

【执行标准】国家药典委员会药典业发(1998)第115号文件所附质量标准

【批准文号】国药准字 Z440021940

【说明书修订日期】2007年05月15号

【生产企业】

委托方:三九医药股份有限公司

注册地址:深圳市银湖路口

邮政编码:518029

电话号码:(0755)83360999

传真号码:(0755)83350888

网址:www.999.com.cn

委托方:惠州九惠药业有限公司

生产地址:广东省惠州市南岸路

思考与练习

1. 合同的主要条款有哪些?这些主要条款一般应包括哪些内容?

2. 读下面的材料后,请根据《合同法》和示范文本的要求,结合材料的实际情况,以维护双方权益避免争议为原则,分别写成合同书。

[材料]

沈老太有一间私有住房,底层。老伴去世后,她住到嫁在外地的女儿家去了,将自己的房子出租给一户外地来本市经商的吴某,约定每月房租×××元,每个季度一次寄到她现住处。

3. 招标书与投标书各自的含义。

4. 根据以下招标公告拟作一则投标书。

田径场围网工程招标公告

1. 招标条件

项目已具备招标条件,现对该项目的施工进行公开招标。

2. 项目概况与招标范围

建设内容及规模:围网总面积2 008平方米,长502米,高4米。

招标范围:施工图纸及招标文件规定的全部内容。

3. 投标人资格要求

3.1 本次招标要求投标人须具有独立法人资格,具有房建工程施工总承包叁级以上(含叁级)资质,有类似工程业绩,并在人员、设备、资金等方面具有相应的能力。

3.2 本次招标不接受联合体投标。

4. 报名时间

4.1 凡有意参加投标者,请于2010年5月8日至2010年5月14日,每日上午8:00时至12:00时,下午2:30时至6:30时持单位介绍信、企业法定代表人资格证明或授权委托书、营业执照、资质等级证书、税务登记证、外地企业备案登记表报名。

4.2 招标文件每套售价800元,售后不退。

5. 市场调查与预测有什么内在关系?

6. 市场预测报告有哪些特点?

7. 对学校所在地区的某专业市场做专项调查,撰写市场调查报告。

8. 什么是可行性研究报告,它与调查报告有何异同?

9. 一般可行性研究报告有哪些内容?

10. 对可行性研究报告的写作有哪些要求?

11. 请为某一项自己认为熟悉且有把握的项目,编写一份可行性研究报告。

12. 经济活动分析的对象和范围是什么?

13. 上网搜索和实地调查××旅行社(或当地企业)在一定时期内的生产、计划、营销等情况,拟写一则专题经济活动分析报告。

14. 产品说明书的写作要求有哪些?

15. 下面是一份《电热褥》的选购与使用说明书,原文顺序被打乱了,读后请予调整并插入必要的小标题,使之层次清楚,条理井然。

(1) 看了无注册商标。凡没有注册商标、厂名、厂址的电热褥不宜选购。

(2) 电热褥切忌折叠或卷曲时通电使用,否则会因局部温度过高而烧坏电热线和被褥,甚至会引起火灾。在使用之前,最好在电热褥的四个角上缝四根布带系于床柱上,以免卷曲。

(3) 使用电热褥之前,必须要检查一遍电源插头、插座、褥外电热引线,高、低温控制挡等是否完好。

(4) 看外观。凡正规厂生产的电热褥外观缝制精良、美观平整、电源控制器外壳应光滑美观,无制造安装方面的缺陷。

(5) 在躺下之前半小时,将电热褥平铺在床上,上面盖上一床被单或毛毯等,再盖上一床棉被,插上电源,推上高温挡快速升温,躺下后再拨向低温挡或关掉。要注意,60瓦以上的电热褥连续通电时间,一般不超过两小时,否则会发生危险。

(6) 洗涤电热褥时只能采用干洗或刷洗,切忌拧挤、搓擦和水洗。

(7) 电热褥停止使用时,应及时将电源切断。平时切忌随意摆弄、敲击调温器、开关等,也不要用力拉扯电热褥引出线,严禁用针或其他尖锐利器刺进电热褥,以防发生意外事故。

(8) 看质量。选购电热褥时应当接通电源试验,检查质量标准。方法是:将电热褥铺平,接通电源后指示灯应立即发亮,通电两分钟即有温热感,平面温热均匀。

16. 请为某品牌牙膏编写一则产品说明书。

参考文献

1. 尹依. 新编财经写作[M]. 北京:中国商业出版社,2006.
2. 邱宣煌. 财经应用文写作[M]. 大连:东北财经大学出版社,2001.
3. 叶子雄. 经济应用文写作[M]. 北京:中国广播电视大学出版社,1993.
4. 谢忠前. 大学应用文写作[M]. 南昌:江西高校出版社,2003.